2023/2024
中国家用纺织品行业发展报告

2023/2024 CHINA HOME TEXTILE INDUSTRY DEVELOPMENT REPORT

中国家用纺织品行业协会　编著

中国纺织出版社有限公司

内 容 提 要

《2023/2024中国家用纺织品行业发展报告》分为八篇。行业报告篇详尽分析了2023年我国家纺行业的运行情况，并对2023年我国纺织及家纺行业的品牌化进程进行概述，还新增了助眠研究报告。国际动态篇聚焦全球消费需求，对纺织及家纺行业的消费需求及特点进行详细分析，并对2023年我国家纺外贸出口结构变化展开分析。国内市场篇分别从全国大型零售市场和全国纺织专业市场对2023年家纺内销市场状况进行系统分析，重点分析了床上用品零售市场的运行情况及发展趋势。上市公司篇分别对家纺行业主板上市公司和新三板上市公司2023年的生产经营情况及发展特点进行分析综述。本书2024年围绕纺织现代化产业体系的重点要求和方向，结合家纺行业发展特点，分别增设"科技创新""绿色制造"及"时尚研发"三篇。科技创新篇结合行业调研，完整梳理了家纺行业的科技研发现状及成果，并围绕新型功能纤维与健康家居主题展开专项研究。绿色制造篇着眼绿色制造体系，探讨如何提升绿色供应链管理水平，并探讨家纺行业的绿色发展方向。时尚研发篇为凸显家纺产业时尚与文化创新力，对中国家用纺织品行业协会在2023年举办的三个全国性的家纺设计大赛成果进行总结；聚焦产业链上下游产品，发布了我国纤维流行趋势报告、纱线流行趋势报告以及终端布艺、床品和家用纺织品的最新流行趋势。相关产业篇涵盖了与家纺产业链密切相关的棉纺织、化纤、印染及缝制机械行业的年度运行情况。另外，附录部分收录了2023年度与家纺有关的各类奖项名单及相关经济数据等资料。

本书是一部集中反映家用纺织品行业年度发展情况与趋势的研究报告，旨在为相关企业、部门机构科学决策和国家宏观经济管理提供具有权威性和指导性的参考依据。

图书在版编目（CIP）数据

2023/2024中国家用纺织品行业发展报告 / 中国家用纺织品行业协会编著. -- 北京：中国纺织出版社有限公司，2024.7. -- ISBN 978-7-5229-1979-9

I . F426.81

中国国家版本馆CIP数据核字第2024DK8790号

2023/2024 ZHONGGUO JIAYONG FANGZHIPIN HANGYE FAZHAN BAOGAO

责任编辑：范雨昕　由笑颖　　责任校对：高　涵
责任印制：王艳丽

中国纺织出版社有限公司出版发行
地址：北京市朝阳区百子湾东里A407号楼　邮政编码：100124
销售电话：010—67004422　传真：010—87155801
http://www.c-textilep.com
中国纺织出版社天猫旗舰店
官方微博http://weibo.com/2119887771
北京华联印刷有限公司印刷　各地新华书店经销
2024年7月第1版第1次印刷
开本：889×1194　1/16　印张：23
字数：500千字　定价：268.00元
京朝工商广字第8172号

凡购本书，如有缺页、倒页、脱页，由本社图书营销中心调换

《2023/2024中国家用纺织品行业发展报告》编辑委员会

主　　编　朱晓红

副 主 编　刘兆祥

编　　委　王　易　吴永茜　葛江霞　翁端文　宋海英　任　鹏
　　　　　郑　靖　李　艳

项目执行　王　冉　刘　丹

支持单位　浙江衣拿智能科技股份有限公司
　　　　　山东魏桥嘉嘉家纺有限公司
　　　　　TESTEX特思达（北京）纺织检定有限公司
　　　　　杭州宏华数码科技股份有限公司
　　　　　浙江爱德荣新材料有限公司

序 Foreword

2023年是全面贯彻落实党的二十大精神的开局之年，也是实施"十四五"规划承上启下的关键之年。回望这一年，我国经济呈波浪式发展、曲折式前进。从国际看，世界经济复苏乏力，地缘政治和贸易摩擦冲突加剧；从国内看，周期性和结构性问题并存，长期积累的深层次矛盾加速显现。

当前面临诸多挑战，但我国发展仍是有利条件强于不利因素。我国具有显著的制度优势、超大规模市场的需求优势、产业体系完备的供给优势、高素质劳动者众多的人才优势，科技创新能力在持续提升，新产业、新模式、新动能在加快壮大，发展内生动力在不断积聚，经济回升向好、长期向好的基本趋势没有改变，也不会改变。我们当有信心迎接未来。

聚焦家纺行业，我们在挑战中寻新机，依托坚实的发展基础与发展韧性，积极落实国家一系列扩大内需、提振信心、防范风险等政策举措。2023年，行业承压缓进，经济运行持续回升，生产、出口等主要经济指标降幅逐步收窄，内销市场得到恢复，实现一定增长。接下来，家纺行业将全面贯彻落实党的二十大精神和中央经济工作会议有关决策部署，坚持稳中求进、以进促稳、先立后破，聚焦高质量发展主线，以发展行业新质生产力为驱动，持续深化转型升级，为满足人民美好生活的追求而不断努力。

《2023/2024中国家用纺织品行业发展报告》继续深挖行业研究、聚焦行业热点，展现行业样貌，前瞻行业方向。本行业发展报告自2013年正式出版发行至今已走过十余载春秋，获得了业界和社会的多方关注和好评，虽然还有不尽完善之处，但协会将一直努力，力求把本书打造成一部集中反映行业年度发展情况与趋势的研究报告，为产业发展提供服务指南。

最后，本书在编写过程中得到了社会各界人士的大力支持、真诚鼓励和热心帮助，在此本人代表协会借此机会向相关单位及个人表示衷心的感谢！

朱晓红

2024年6月

目录 Contents

行业报告

2023年中国家用纺织品行业运行情况与发展趋势 ………………………………… 2

2023年中国纺织服装品牌发展报告 …………………………………………………… 10

2024助眠力洞察报告 …………………………………………………………………… 17

国际动态

纺织服装产品国内外消费需求分析 …………………………………………………… 38

2023年我国家用纺织品出口情况 ……………………………………………………… 49

国内市场

2023年我国床上用品市场运行情况及2024年发展趋势 …………………………… 58

2023年纺织服装专业市场及家纺市场运行分析 …………………………………… 70

上市公司

2023年家用纺织品行业上市公司经营概况 ………………………………………… 80

2023年挂牌新三板家纺企业发展情况 ……………………………………………… 123

科技创新

科技创新支撑家用纺织品行业现代化产业体系建设 ……………………………… 136

新型功能纤维与健康家居用品 ……………………………………………………… 145

绿色制造

绿色制造体系下，家用纺织品行业绿色发展现状及建议研究 …………………… 150

绿色家用纺织品及其供应链管理 …………………………………………………… 165

时尚研发

自然至真　创意至美
　　——"海宁家纺杯"2023中国国际家用纺织品创意设计大赛综述 ………… 180
"张謇杯"2023中国国际家用纺织品产品设计大赛综述 ……………………… 195
"震泽丝绸杯"·第八届中国丝绸家用纺织品创意设计大赛综述 ……………… 207
2023/2024中国纤维流行趋势发布报告 ……………………………………… 216
2023/2024中国纱线流行趋势发布报告 ……………………………………… 244
2024中国布艺流行趋势 …………………………………………………… 270
2024中国床品流行趋势 …………………………………………………… 277
2024中国家用纺织品流行趋势 …………………………………………… 288

相关产业

2023年我国棉纺织行业运行及发展情况 ……………………………………… 298
2023年中国化纤行业运行分析与2024年展望 ……………………………… 308
2023/2024年中国印染行业发展报告 ………………………………………… 314
2023年中国缝制机械行业经济运行及2024年发展展望 ……………………… 323

附　录

附录一　2023年度十大类纺织创新产品获选产品及单位名单（家纺）………… 342
附录二　2023年中国家纺行业科技优秀论文（案例）及优秀专利名单 ………… 344
附录三　中国家用纺织品行业协会智库（第一批）专家名单 …………………… 348
附录四　"海宁家纺杯"2023中国国际家用纺织品创意设计大赛获奖名单 ……… 349
附录五　"张謇杯"2023中国国际家用纺织品产品设计大赛获奖名单 …………… 351
附录六　"震泽丝绸杯"·第八届中国丝绸家用纺织品创意设计大赛获奖名单 …… 353
附录七　2023年国民经济和社会发展统计公报 ……………………………… 355

行业报告

2023年中国家用纺织品行业运行情况与发展趋势

中国家用纺织品行业协会产业部

2023年全球经济进入恢复发展的新时期，国际市场消费动力不足，国际贸易环境复杂，地缘政治和贸易摩擦等不利因素风险在一定程度上给我国家用纺织品外贸带来压力，行业外贸总体仍呈现弱复苏态势。国内市场方面，作为全面贯彻落实党的二十大精神的开局之年，在国家一系列扩大内需、提振信心、防范风险政策举措支持下，内销市场持续回暖。我国家用纺织品行业以持续推动行业高质量发展为目标，布局纺织现代化产业体系建设，深入推动转型升级取得新进展。

一、2023年家用纺织品行业运行情况

（一）经济运行平稳回升

2023年国际国内市场逐步恢复，我国家用纺织品行业全年运行呈逐步回升态势。据国家统计局数据显示，2023年全国规模以上家用纺织品企业营业收入同比小幅下降1.2%，降幅自年初以来呈逐渐收窄趋势。家用纺织品企业在成本控制与提质增效方面取得新成效，国家减税降费等政策的逐步落地也进一步减轻了家用纺织品企业的成本压力，行业的营业成本大幅降低，且下降幅度整体高于营业收入的下降幅度，从而使行业利润保持在正增长区间。据国家统计局数据显示，全国规模以上家用纺织品企业2023年的利润率为4.79%（图1），较2022年有所提高。从而体现出我国家用纺织品行业的发展韧性。

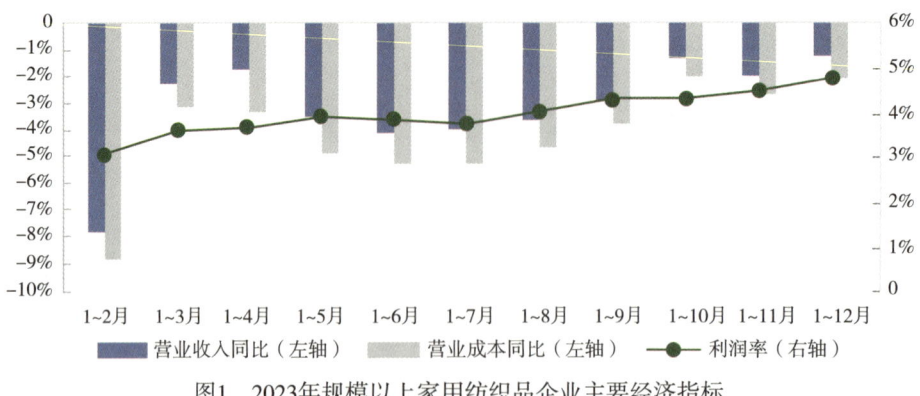

图1　2023年规模以上家用纺织品企业主要经济指标
资料来源：国家统计局

家用纺织品主要子行业床上用品、毛巾和布艺也均呈现主要指标稳步回升的总体态势。其中布艺行业的恢复性增长效率更为明显，进入四季度后，规模以上布艺企业的营业收入相比2022年恢复至正增长区间：据国家统计局数据显示，2023年规模以上布艺企业利润率为7.23%（图2），高于行业平均水平；规模以上床上用品企业利润率为4.97%（图3）；规模以上毛巾企业利润率为5.7%（图4），同比2022年均有所提升。

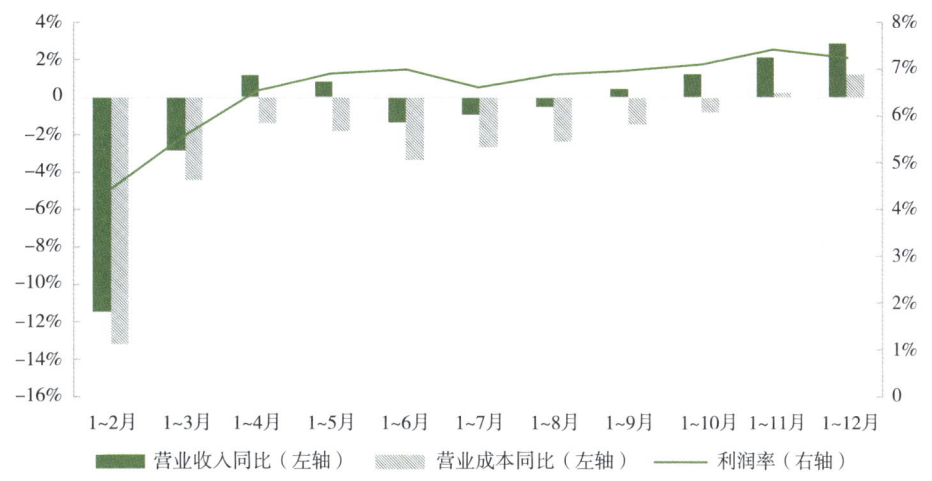

图2　2023年规模以上布艺企业主要经济指标
资料来源：国家统计局

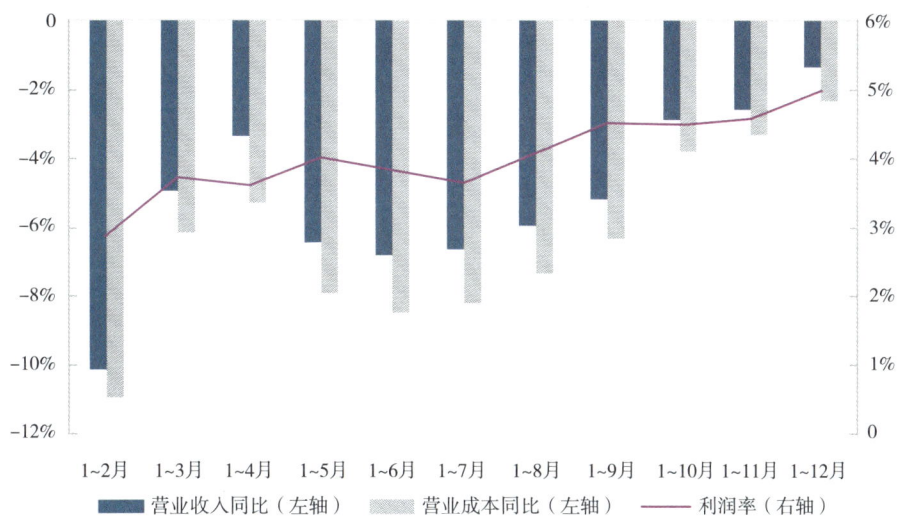

图3　2023年规模以上床上用品企业主要经济指标
资料来源：国家统计局

（二）出口降幅逐渐收窄

2023年，受国际市场整体需求偏弱以及中美贸易摩擦的持续影响，我国家用纺织品出口额同比2022年有所下降，但降幅呈逐渐收窄趋势，实现出口额共计459.78亿美元，同比下降2.29%（图5），降幅较2022年收窄1.56个百分点。自下半年来，我国家用纺织品产品的出口形势不断恢复，12月当月更是实现6.08%的较好增长。

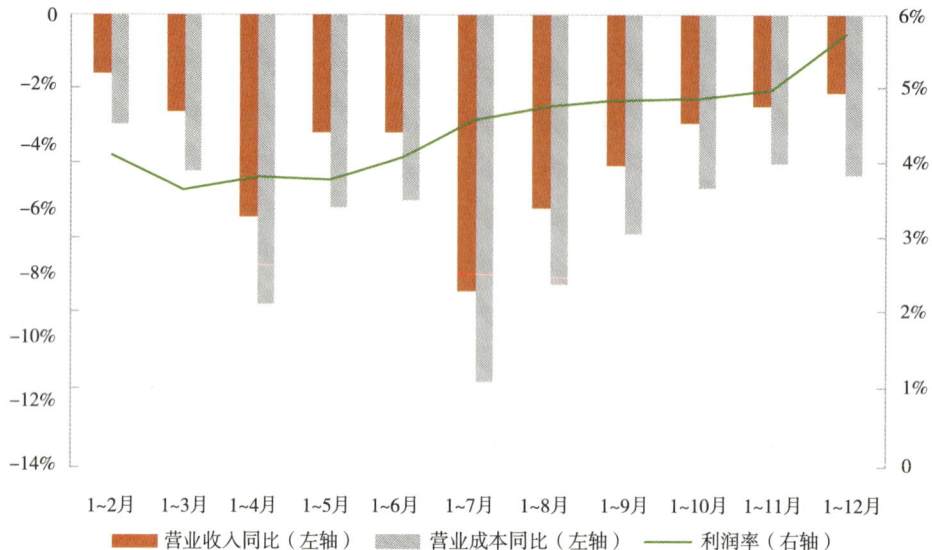

图4　2023年规模以上毛巾企业主要经济指标
资料来源：国家统计局

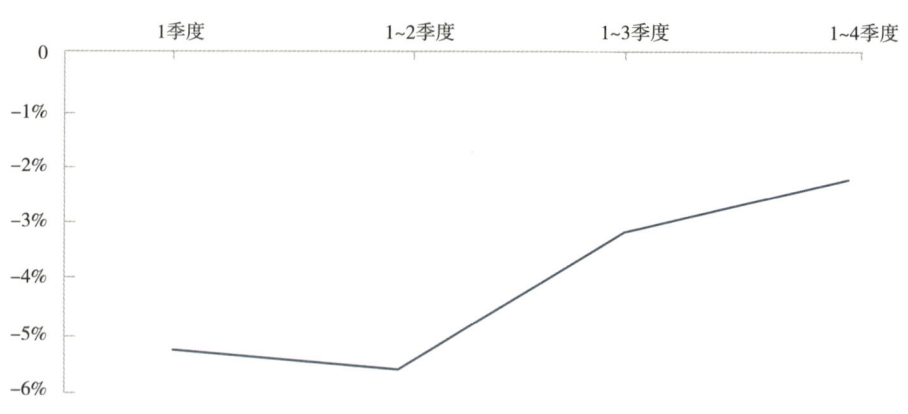

图5　2023年以来我国家用纺织品出口额同比走势
资料来源：中国海关

1. 家用纺织品制成品的出口相对稳定

2023年我国家用纺织品制成品出口额为351.28亿美元，同比略降0.06%，基本与2022年持平。主要出口品类中，床上用品、布艺产品略有下降，地毯、毯子、餐厨用纺织品均实现不同幅度增长（表1）。主要品类中，毛巾出口受主要市场东南亚国家联盟（下称东盟）表现疲软的影响整体出现较大波动，2023年我国出口毛巾产品共计23.94亿美元，同比下降7.48%，其中对东盟出口大幅下降（19.5%）。另外，出口家用纺织品面辅料108.5亿美元，在2022年的5.64%高增长基础上出现回落，同比下降8.87%。

表1　2023年我国主要家用纺织品制成品出口情况

主要家用纺织品制成品	出口额（亿美元）	同比（%）
床上用品	145.76	-1.72
布艺产品	58.34	-1.13

续表

主要家用纺织品制成品	出口额（亿美元）	同比（%）
毛巾产品	23.94	-7.48
地毯	40.05	5.27
毯子	44.00	0.10
餐厨用纺织品	37.10	7.95

资料来源：中国海关

2. 美国、欧盟市场逐渐回温

美国、欧盟市场自下半年逐渐回温，至2023年末出口额基本与2022年持平。其中对美国市场自7月以来，当月出口额同比一直保持增长，全年实现出口额107.66亿美元，同比略降0.7%。对欧盟市场出口额从9月以来一直保持增长，全年实现出口额59.57亿美元，同比略降1.28%。

3. 其他市场恢复动力稍显不足

2023年我国向除美国、欧盟以外的其他市场出口家用纺织品产品292.55亿美元，同比下降3.06%（图6），东盟是我国家用纺织品第二大出口市场，受海外订单缩减影响以及新型冠状病毒疫情结束后积压订单的逐步释放，东盟在2023年从我国进口的家用纺织品等总体呈减弱态势。

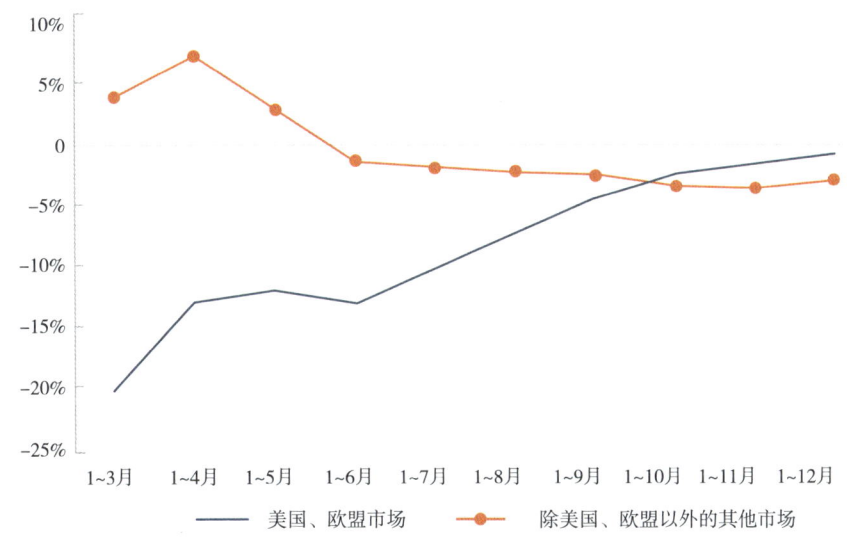

图6　2023年我国对美国、欧盟市场和其他市场家用纺织品出口走势
资料来源：中国海关

4. 对"一带一路"沿线出口好于整体水平

2023年，随着我国对共建"一带一路"沿线建设取得新成效，中欧班列跨境运输需求旺盛。我国对"一带一路"沿线国家出口家用纺织品产品178.79亿美元，同比略降0.29%，降幅小于总体水平2个百分点。

浙江、江苏、山东、广东和上海是我国家用纺织品出口前五口岸，2023年五个口岸共计出口家用纺织品产品375.96亿美元，同比下降3.35%，降幅进一步收窄，较1~11月收窄0.74个百分点。值得注意的是，新疆口岸受"一带一路"贸易影响，出口额同比增长高达72.45%，增长显著。另外，河北、福建两口岸也有稳定的增长，分别增长5.96%和1.09%（表2）。

表2　2023年我国家用纺织品制成品出口情况

前五口岸	出口额（亿美元）	同比（%）
浙江省	161.6	−0.47
江苏省	98.49	−5.99
山东省	48.82	−7.66
广东省	41.38	3.28
上海市	25.66	−11.27

资料来源：中国海关

（三）行业内销持续恢复向好

2023年以来，随着我国国内消费需求持续扩大，我国家用纺织品行业围绕构建国内大循环的统一部署，积极开展促进消费、提振信心的各类活动，家用纺织品行业内销趋势总体逐步恢复向好。据国家统计局数据显示，2023年全国社会消费品零售总额为4.7万亿元，同比增长7.2%。其中，服装鞋帽、针纺织品类包含家用纺织品类的金额为1.4万亿元，同比增长高达26%。规模以上家用纺织品企业内销产值在维持2022年总体水平上进一步有所提高，同比微增0.3%。其中，规模以上床上用品企业内销产值同比增长1.24%；规模以上毛巾企业内销产值同比小幅下降1.46%；而规模以上布艺企业内销产值同比增长5.65%，高于行业平均水平（图7）。

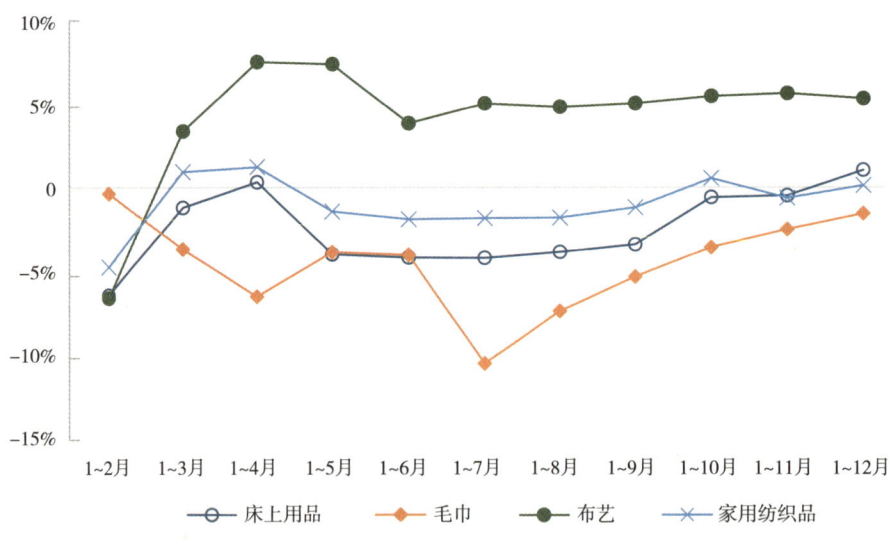

图7　2023年规模以上企业内销产值增长走势
资料来源：国家统计局

与此同时，行业规模以下企业则呈现较大压力。据中国家用纺织品行业协会跟踪统计的57家规模以下样本企业数据显示，2023年其内销产值同比大幅下降40.18%。随着消费者需求的不断更新，产品同质化竞争日趋激烈，也带动家用纺织品企业适时做出调整，通过积极研发和不断创新，提升产品的性能与品质，以满足日益变化的市场需求。进入下半年以后，主要子行业的内销产值整体趋于平稳回升态势。

总体来看，2023年家用纺织品行业整体运行保持了平稳恢复的发展趋势，成本控制与抵御风险的能力进一步提升。随着宏观环境的改善与消费需求的提升，行业发展的韧性不断增强。家用纺织品行业企业在积极推进数智化转型、新材料研发与应用等方面不断取得新进展，大健康与助眠科技等行业热点为行业企业品牌塑造提供动力，行业围绕科技、时尚与绿色不断推进转型升级，共同为推动行业现代化产业体系建设奠定了良好基础。

二、我国家用纺织品行业发展趋势

为贯彻落实党的二十大精神，统筹国家战略和行业当前形势与长远发展，家用纺织品行业立足自身特点，以科技创新为引领，推动行业智能制造、柔性制造水平；立足创造美好生活的时尚产业定位，进一步提升行业的文化承载与时尚引领功能；发挥集群优势协调区域联动效应；发展跨境电商，提升国际供应链水平；以大健康、智能家居、助眠科技为热点，打造行业品牌效应。全面推进我国家用纺织品行业的现代化体系建设。

（一）以科技创新推动行业智能制造水平

建立系统高效的科技研发体系。通过搭建平台，不断发掘家用纺织品行业企业的科技创新研究成果和专利发明，鼓励激发行业的科技创新能力。在科技创新领域组建行业智库专家团队，提高行业产学研用合作水平和效益。不断构建家用纺织品行业与产业链相关环节包括新材料、新技术和新装备等的创新联盟平台多维度的交流合作，进而完善多平台协同的科技创新体系，促进政、产、学、研、用深度合作，实现家用纺织品行业产业链上下游的科技成果转化，全面提升家用纺织品行业科技创新能力。

（二）以时尚趋势引领行业文化创新能力

在国家大力弘扬文化自信的时代背景下，充分把握家用纺织品悠久的历史文化沉淀与个性化、时尚化消费需求相融合的时代契机，提升家用纺织品时尚创新力，进一步推进家用纺织品行业品牌建设，打造行业强势品牌。大力发展时尚特色的现代家用纺织品产业，促进我国家用纺织品产业向价值链中高端延伸。继续加大对研发创新与企业品牌文化研究的投入，通过专业赛事活动发掘更多优秀作品，汇聚优秀设计师人才。大力支持研发中心、设计师工作室的建立与运营。通过对流行趋势的研判引领家用纺织品行业的时尚创新力与发展方向，强化时尚创新能力建设，培育一批时尚重点企业和时尚重点品牌，提升时尚创意设计，增强品牌营销能力，建设时尚创新平台。通过时尚资源的集成创新，发挥创造美好生活的职能，打造引领消费潮流的新型产业业态。

（三）践行行业绿色制造和履行社会责任

立足国家"双碳目标"，推进建设纺织行业绿色制造体系在家用纺织品领域的实施与推动，通过建立家用纺织品行业"绿色化规范化标准体系"、制定《碳足迹评价指南》及《指导规范》等相关标准结合行业实际情况，开展家用纺织品行业企业碳足迹自我评估，构建行业资源循环利用体系。积极了解掌握家用纺织品产业集群和园区在循环经济利用方面的举措与困难，做好推优与帮扶并重的推广机制，对重点领域重点产品加强全生命周期绿色管理的研究与探索。同时积极发挥家用纺织品终端优势，拓展再生纤维素纤维、聚乳酸纤维（PLA）、海藻纤维等新型纤维材料在家纺产品中的应用，通过组织定向主题活动进行精准推广，加快科学消费传播，对绿色纤维的下游应用进行科学普及。

（四）建立协调联动的家用纺织品区域融通发展

结合区域产业优势，打造家用纺织品区域品牌差异化与特色化属性。围绕千亿级产业集群转型升级，南通、许村以文化赋能为核心，加强家用纺织品流行趋势研究与国际赛事活动推广构建家用纺织品世界级产业文化中心属性；以市场为导向，积极发挥临平、桐乡、柯桥、高阳等集群的区域产品特色，形成窗帘布艺、沙发布艺、成品窗帘窗纱、毛巾毛毯等领域的独特产品优势，推动其国际形象与区域品牌打造；充分发挥滨州先进家用纺织品企业的"链主"效能，逐步形成以大健康、宽幅印染、高端毛巾与地毯的绿色智能制造发展示范作用；发挥震泽丝绸家用纺织品的传统文化优势，推动丝绸家用纺织品文化与乡村文化旅游有机融合，发挥区域共同富裕带动示范效应；加大中西部家用纺织品产业集群扶持力度，结合行业特点，加强对岳西家用纺织品、青海藏毯等重点产业集群的帮扶力度，积极围绕产业赋能，开展有针对性的一对一帮扶工作，促进乡村振兴和共同富裕；促进边疆发展纺织特色产业，积极加强对新疆和田手工地毯以及内蒙古锡林浩特地区驼绒家用纺织品的区域调查与研究。在行业活动中积极推动特色产业与现代家用纺织品的有机融合，以特色文化与区域非物质文化传承形式加强与产学研有机融合，提升区域特色发展水平，共同推进实现家用纺织品产业的区域融通发展。

（五）深化家用纺织品行业"双循环"战略布局

在国家以国内大循环为主体，国内国际双循环相互促进的新发展格局下，家用纺织品行业以"大健康""大家居"以及"助眠科技"为引领，不断挖掘新的消费增长点，持续推进拓展国内消费市场空间，深化构建国内家用纺织品贸易格局。要利用好国家促进家居消费及对新型渠道的相关扶植政策，充分利用相关展会及全国性家纺行业促销活动平台，加强产销对接，畅通销售渠道。同时，要瞄准睡眠产业赛道，用好与中国睡眠研究会共同发起成立的"睡眠产业协同创新机制"，通过撰写发布年度《助眠力洞察报告》、搭建产学研共创生态体系、打造"舒适睡眠空间"、推出年度"优眠好品"、开展科普培训宣传、制定相关标准等系列活动，推动睡眠产业健康发展，为家纺行业搭上"大健康、大家居"风口打下了基础，切实推动家纺行业双循环发展。

（六）促进数字经济与家用纺织品产业深度融合发展

有序推进行业企业智能制造和产业集群信息化技术应用进程，建立示范产业园区和示范企业，推动家纺行业自动连续化生产线和智能化工厂试点示范工程，助推龙头企业的引领作用。搭建行业工业互联网平台体系、大数据平台体系。加快推进数字技术在产业集群的应用，实现集群服务升级。推动产业集群内中小企业的数字化、智能化转型升级。以升级集群数字化、智能化公共服务能力形成共享平台、交流平台、合作平台。重点推进床上用品企业、毛巾企业的自动连续化生产线的升级，提高布艺企业的个性化定制工业化生产能力。拓展家用纺织品行业与其他行业的合作与互补，整合共享资源，促进协同创新。加强行业重点领域和应用场景的融合。促进家用纺织品行业企业在研发设计和产业链协同等领域的数字技术应用。构建推动技术交流与人才培养的创新平台。丰富智能化技术应用场景。构建行业数字化融合发展生态。

（七）支撑现代化发展的家用纺织品人力资源建设

发挥企业家领军人才对行业创新发展的示范带动作用。以创新人物、新锐设计师等形式，发挥优秀企业家的示范引领作用；借助行业交流平台扩大行业优秀企业家的社会影响力和全球知名度。建立带动行业创新发展的科技领军人才队伍。形成利于科研活动和人才成长的纺织行业科技人才培养环境，聚焦行业前沿知识、技术进展和现实问题，着力培养和发掘更多国际一流的行业科技领军人才、高端创新人才和专业技术人才。以行业内权威赛事活动为抓手，以家用纺织品行业流行趋势为引领，以大家居、整体软装设计潮流为导向，培养具有跨领域设计和跨界思维的复合型时尚专业人才。建立专业人才培养体系，打造行业人才孵化平台，推动产学研共创，形成行业人才培养环境。通过不断优化行业劳动和技能竞赛体系，培养更多纺织劳模、大国工匠、技能人才，进一步丰富技能职业人员的培养和成长路径，稳定行业职业队伍。

三、结语

2023年作为全面建设社会主义现代化强国总体战略的开局之年，以及布局家用纺织品现代产业体系具体行动的开局之年，我国家用纺织品行业运行继续保持平稳回升、稳中有进的总体态势，行业运行质量和效益水平进一步提升，行业高质量发展水平进一步显现。下一步，我国家用纺织品行业将围绕国家和行业发展的总体方向和行动要求，以科技创新全面带动和持续引领我国家用纺织品行业新质生产力水平，多维度持续推进行业的现代化进程。

撰稿人：王冉

2023年中国纺织服装品牌发展报告

中国纺织工业联合会品牌工作办公室

2023年，在向第二个百年奋斗目标迈进的新征程中，面对错综复杂的国际国内经济贸易环境，全行业肩负建设纺织现代化产业体系的新使命，纺织服装品牌不断创新突破，在变局中谋革新，在变化中求升级。

新环境·新格局

一、行业发展面临复杂的国际国内经济贸易环境

（一）国际经济贸易环境复杂多变

世界经济增速放缓、复苏动力不足，经济全球化遭遇逆流，局部冲突和动荡频发，全球纺织供应链深度调整，外部环境不稳定、不确定、难预料因素增多。国际货币基金组织（IMF）指出，2023年全球经济增速约为3.1%，2024年和2025年的增速预计分别为3.1%和3.2%。

全球市场需求不足、消费能力与消费信心受到抑制是当前的突出问题。据联合国贸易和发展会议发布，2023年全球贸易额缩减1.5万亿~31万亿美元，同比下降5%。

（二）中国纺织业发展韧性凸显

面对复杂严峻的外部环境，中国纺织行业紧扣高质量发展的要求，不断巩固、制造优势，着力提升基础能力和产业链现代化水平，行业在压力下彰显韧性，呈现波浪式发展、曲折式前进的态势。

1. 从整体运行来看

2023年纺织行业规模以上企业增加值同比降低1.2%，营业收入减少0.8%，利润总额增长7.2%，营业收入利润率恢复至3.8%。主要运行指标延续恢复回升态势，经济运行恢复基础有所巩固，高质量发展的积极因素积累增多。

2. 从内销市场来看

居民收入及消费信心逐步回升，内销市场持续回暖。据国家统计局数据，2023年我国限

额以上单位服装、鞋帽、针织品类商品零售额为1.41万亿元，同比增长12.9%，增长率在16类商品中列第2；穿类商品网上零售额同比增长10.8%。

3. 从出口市场来看

出口压力明显加大，但对部分市场表现较好。2023年，全国纺织品服装出口总额为2936.4亿美元，同比下降8.1%。主要出口市场中，我国对美国、欧盟、日本等市场纺织品服装出口规模均较2022年有所减小，对"一带一路"沿线的土耳其、俄罗斯等国家出口规模稳中有升。

二、中国纺织服装加快品牌国际化步伐

（一）品牌宣传推广

随着中国文化自信的逐步提升，自主品牌国际化步伐加快。2023年，卉（HUI）、李宁、波司登、劲霸、九牧王等品牌借助纽约、伦敦、米兰、巴黎四大国际时装周与Who's Next时装贸易展等平台，展示新时代中国品牌形象，推动中国文化元素的国际表达。表1为2024年春夏四大国际时装周上的中国品牌，其中，登上纽约时装周的中国品牌数量达到历史新高。

表1 2024春夏四大国际时装周上的中国品牌

活动名称	举办时间	中国品牌数量
2024春夏纽约时装周	2023年9月8~13日	6家中国/华裔设计师品牌
2024春夏伦敦时装周	2023年9月15~19日	21家中国/华裔设计师品牌
2024春夏米兰时装周	2023年9月19~25日	2家设计师品牌
2024春夏巴黎时装周	2023年9月25日~10月3日	8家女装品牌
	2023年6月20~25日	5家男装品牌

资料来源：中国纺织工业联合会品牌工作办公室

（二）品牌渠道拓展

从线下渠道来看，波司登、孚日、爱慕等一批优势品牌在国外开设店铺。从线上渠道来看，在国家和地方相关政策支持力度增强、"一带一路"与"RCEP"双轮驱动打开新发展空间、互联网渗透率提升等多重因素的共同支撑下，我国跨境电商交易规模持续且稳定增长。

根据中华人民共和国工业和信息化部对"重点培育纺织服装百家品牌"调查（以下简称"百家品牌调查"）数据显示，46家消费品牌中，32.6%的企业在国外市场开设了线下店铺，21.7%的企业通过跨境电商拓展国际市场。

跨境电商成为品牌扩宽国际市场的重要手段。海关数据显示，2023年中国出口跨境电商总额达2.38万亿元，同比增长12.6%。亚马逊2023年全球净收入5748亿美元，亚马逊2023年12月发布数据显示，过去一年，中国卖家通过亚马逊全球站点售出的商品件数同比增长超过20%。SHEIN 2023年营收总额超过300亿美元，2025年目标为585亿美元。

（三）品牌资本运作

部分纺织服装品牌通过跨国并购（表2），进行品牌国际化布局，以丰富提升品牌形象、扩大目标消费群体，以及开拓国际市场渠道。

表2　2023年国内服装领域跨国（境）收购主要事件

时间	企业（品牌）名称	具体事件	交易金额
4月公告	比音勒芬服饰股份有限公司	向凯瑞特及盈丰泽润分别投资5700万欧元、3800万欧元，收购总部位于巴黎的塞鲁蒂1881（Cerruti 1881）新加坡100%股权和法国100%股权，收购英国服装品牌肯特&库尔文（Kent&Curwen）新加坡100%股权，间接收购全球商标所有权	9500万欧元
—	Raza Heritage Holdings（总部位于中国香港）	获得意大利家纺品牌芙蕾特（Frette）100%股权	约2亿欧元
8月	希音（Shein）	获得美国SPARC集团1/3股份，SPARC旗下服装品牌永远的21（Forever 21）将在Shein平台销售；SPARC集团获得Shein少数股权	—
9月		与英国零售公司弗雷泽斯（Frasers）集团洽谈，收购在线时尚品牌Missguided和其他相关知识产权	—
9月公告	嘉曼服饰（水孩儿）	拟收购美国品牌暇步士的中国内地及香港、澳门区域IP资产，包括"暇步士""Hush Puppies"等核心商标及全品类155个相关商标、2项专利、4项著作权和6项域名等	5880万美元

资料来源：中国纺织工业联合会品牌工作办公室

（四）产能国际布局

一批优势制造品牌建设海外工厂，通过产能国际化，实现全球资源配置，深化与国际品牌战略合作。据不完全统计，中国纺织业对外投资存量超过110亿美元，分布在全球100多个国家和地区，越南、柬埔寨、埃塞俄比亚、缅甸、埃及等国家已成为吸引企业境外绿地投资的主要目的地。过去十年，中国纺织业对共建"一带一路"国家直接投资金额达60亿美元，约占行业对全球投资的50%。"百家品牌调查"显示，54家制造品牌中，31.5%的企业建有海外工厂，主要集中在越南、柬埔寨、缅甸、印度尼西亚及马来西亚等国家。

新业态·新模式

中国纺织服装品牌持续创新发展，呈现产品细分化、运营数字化、时尚创意化、发展可持续化等新特点、新趋势，满足人们品质多元生活、智慧生产生活、文化时尚生活、绿色生态生活等多层面美好生活需要的水平逐步提升。

一、以产品细分化满足品质多元生活需要

全国纤维加工量已超过6000万吨，服装产品、家纺产品、产业用纺织品三大终端产业纤

维消耗量比例已调整为40∶27∶33。产品领域结构与消费升级不断匹配调整，品类细分、功能细分、场景细分趋势明显，产品范围不断拓宽、延展、更新。

（一）服装产品细分化

服装产品领域在功能、场景等方面更加细分拓展。工作与休闲场景边界打破，舒适自然的日常通勤穿着广受欢迎；随着户外运动的延展，专注于跑步、户外远足、瑜伽等细分品类的运动品牌明显增长。蝉魔方及巨量平台算数数据显示，2023年上半年，野营、水上运动、登山攀岩、野炊烧烤相关领域商品热卖指数分别增长201%、105%、337%、103%。

（二）家纺产品细分化

一方面，品质功能与应用领域不断提升拓展，例如从原材料与工艺着手，提高纤维品质、面料支数、时尚性与舒适度，开发户外露营野餐、收纳整理等领域产品；另一方面，依托技术创新向大健康领域延展深入，如舒适助眠、养老健康与青少年家纺产品。有关数据显示，预计2024年中国大健康产业将达9万亿元。

（三）产业用纺织品细分化

产业用纺织品与高性能材料、先进加工技术紧密联系，与下游产业融合发展，广泛应用于生产生活诸多领域，包括卫生材料、医用防护材料、医用敷料和人造器官等医疗健康领域、环保领域、基础设施建设领域、交通工具领域、航空航天国防军工领域以及能源领域，为人民健康福祉、经济社会发展做出贡献。

二、以运营数字化满足智慧生产生活需要

（一）私域营销不断升级

私域营销已从微商逐步扩大到企业微信、公众号、腾讯广告、小程序、私域直播、社区团购、社群团购等，并逐步形成多种模式融合的品牌社交圈，建立核心用户群，构建"触达—转化—复购"的数字化全链路。据国家统计局等部门统计，2023年社区团购零售规模约8365.1亿元。有预计显示，到2025年，我国社群团购分销小程序市场规模将达1.2万亿元，用户规模达10亿人。

（二）生成式人工智能（AIGC）应用加速深入

据前瞻产业研究院测算，我国2023年AIGC市场规模预计达170亿元，2030年有望超万亿元。AIGC技术在纺织服装领域的应用，主要集中于商品企划、产品设计、零售终端三个环节，正在加速实现智能创意设计、流行趋势预测、智能穿搭推荐，从而辅助设计决策，提高设计效率和灵感，有效降低生产成本。麦肯锡咨询预测，未来3~5年，AIGC可能会帮助服装、时尚及奢侈品行业营业利润创造1500亿美元的增量，乐观估计可高达2750亿美元。

（三）数字人改变直播运营模式

数字人主播与AI技术结合，可根据用户偏好和需求进行定制化服务，具有投入低、产出高、续航久的优势，省去真人主播、场地与设备。艾媒咨询数据显示，2023年中国虚拟人带动产业市场规模和核心市场规模预计分别为3335亿元和205亿元，2025年将分别达6403亿元和481亿元。

三、以品牌文化建设满足文化时尚生活需要

（一）品牌定位方面

注重传统文化与当代生活方式的结合。越来越多的品牌注重将中国传统文化与当代生活方式相结合进行品牌定位，倡导"自然、和谐、包容、绿色"等理念，在深入理解、挖掘中华传统文化的基础上，将中国文化与消费者在思想、精神、生活层面相关联，多元化地表达、应用与传输中国文化，构建多元包容的现代文化体系，提升大国文化自信。

（二）创意设计方面

注重优秀文化元素的创新性转化。更加注重对中国文化元素、民族精神、当代时尚的融合运用。主要包括传统技艺、非遗文化的活化传承运用，汉服、唐装等特色细分品类引领文化消费；借助传统手工艺与当代技法，中国元素的创新性转化；通过品牌联名设计，满足与引领多元化、个性化的审美与情感诉求。抖音电商"3·8大促"期间，马面裙销量同比增长近20倍。

（三）生产制造方面

注重匠心文化与精益求精精神的支撑。工匠精神在生产环节更加充分体现，专业技能、创意设计人才培养选拔更受重视，实用性、功能性提升成为行业高质量发展、满足人们高品质美好生活的重要支撑。行业举办技术能手评选表彰、"中国纺织大工匠"推荐等活动，引导创建精益求精的工作氛围。

四、以发展可持续化满足绿色生态生活需要

中国纺织业正在加快建设低碳绿色循环的产业体系，在行业层面，系列行动有序推进，专业数据库逐步扩大，量化平台启动应用；在企业层面，创新绿色产品、优化能源结构、发展循环经济等思路做法更加系统清晰。

（一）行业行动逐步有序推进

一批领军企业和千亿级产业集群加入"气候创新2030行动"，5万人次产业人群参与。截至2023年9月，21家品牌企业、42家制造企业和3个产业集群加入"30·60碳中和加速计划"。

中国本地化纺织服装碳足迹数据库逐步扩大，已涵盖13种纤维类型、6种纺纱方式、24种纱支类型、2种面料织造方式及3种染色方式，覆盖服装、床品、面料、纱线等品类。中国纺织工业联合会发布LCAplus数字化纺织品全生命周期绿色评价平台，帮助披露产品环境信息，优化产品流程。

（二）企业做法更加系统清晰

绿色产品加大开发创新。绿色原料和环保面料加大开发应用，绿色产品成为市场需求的重要趋势；能源结构不断优化。使用光伏发电等绿色清洁能源，提高可再生能源应用；通过节能技改，实现废水回收、减少能源投入；通过对蒸汽冷凝水回用节能改造，充分利用余热余压；循环经济推动发展。我国废旧纺织品回收量已从2015年的260万吨增至2022年的544万吨。

新体系·新思维

2023年8月，中国纺织工业联合会发布《建设纺织现代化产业体系行动纲要（2022—2035年）》，为如何立足新时代，以品牌建设支撑纺织现代化产业体系构建指明了方向路径。

一、注重创新升级，不断提高美好生活的品牌贡献力

加强消费市场研究，针对不同消费群体，加强对当代生活方式、新消费方式的深度研究，提炼总结消费新特征，加强流行趋势研究与应用。

注重产品功能与消费场景细分，持续优化产品结构，围绕市场消费升级趋势，加快与数字经济、生物经济、绿色经济等领域结合，拓宽产业场景和市场边界。

注重科技支撑，加强新材料、新技术在生产设计中的应用，完善从纤维原料到终端产品的全产业链创意创新体系，扩大健康舒适、绿色安全、生态环保、运动功能、安全防护等产品的开发。

二、注重积淀输出，着重提升优秀文化的品牌承载力

加强对传统技艺的传承保护与商业开发，加强纺织非物质文化遗产与产品的活态传承与市场应用，开展中华优秀传统文化的创新性研究和创造性发展，推动品牌文化与民族文化、区域文化的融合贯通，打造富有内涵与特色的品牌形象。

加强传播推广，发挥优秀品牌故事、品牌人物、典型案例的引领作用。加强跨界合作，注重与关联产业、其他文化领域的跨界交流与融合发展，注重对当代生活方式的引领，构建泛文化生态体系。

坚定文化自信，秉持开放包容，加强中华优秀文化的深度研究，以及与国际文化的融合

发展，推动文化要素在品牌定位、设计与营销等更加广泛、更具创新的传承应用，形成能够彰显中国特色、具有全球认同的纺织服装美学体系。

三、注重运营管理，持续提高国际市场的品牌影响力

遵循智能化、绿色化、融合化发展方向，构建规范化、标准化、精益化、高效化生产运营体系，着重提升品牌国际化供应链管理协作水平，建设世界领先的纺织服装制造品牌梯队。

借助数字化、信息化新技术手段，强化与平台、社群、场景等新业态融合创新，加强流行趋势预测应用、创意设计和精准营销能力提升，不断革新渠道布局与零售业态，形成一批消费支撑力、时尚引领力强的消费品牌梯队。

组织支持优势品牌企业、优秀设计师参与国际展示交流，开展国际产能布局、要素合作、资本运作、全渠道布局等，提升品牌全球资源整合能力，培育代表中国高质量发展水平、具有国际竞争力的优势品牌。

撰稿人：惠露露

2024助眠力洞察报告

中国家用纺织品行业协会，中国睡眠研究会

一、守护睡眠在行动

（一）睡眠现状，国民更加关注睡眠健康和质量

健康，是每个人幸福生活的核心诉求。睡眠、饮食、运动、心理，是国际公认的健康四要素。国际睡眠健康组织认定，良好的睡眠是其他几个要素的基石，不仅是健康的重要标志，还是人体通过自身调整，恢复机能和精力，抵御和化解疾病风险的重要途径，是维护健康十分关键的因素。如果长期睡眠不足或睡眠质量差，不仅会增加患心血管疾病、代谢紊乱等风险，造成免疫系统下降，还会影响情绪和心理健康。

《健康中国行动（2019—2030年）》将"睡眠健康"纳入主要行动指标，倡导"人人都要学会科学合理睡眠"；并提倡到2030年，成人每日平均睡眠时间要达到7~8h。

良好睡眠，健康之源。随着国民越来越注重健康，对睡眠质量也越来越关注，然而国民的睡眠现状却不容乐观，在当今节奏快、压力大的社会生活下，近六成的人认为自己的睡眠质量"不及格"，存在着各种各样的睡眠问题甚至睡眠障碍，睡不着、睡不深、睡不够已成为关系3亿人健康的"时代病"。正因如此，了解消费者的睡眠质量现状和探讨如何提高睡眠质量显得尤为迫切。

为了研究国民睡眠现状，本报告选用了由中国家用纺织品行业协会、中国睡眠研究会、水星家纺联合主办，艾瑞咨询承办的《2023中国被芯白皮书》所使用的调研数据作为依据。

《2023中国被芯白皮书》于2023年1月，对超过两万名的消费者进行了问卷调研。调查对象覆盖32个行政区域，包含省、自治区、直辖市以及港澳台地区回收问卷两万余份，经过样本数据清洗，最终保留20129份有效样本。

从性别比例来看，本次调研中女性消费者占到六成以上（65.9%），男性占34.1%。消费年龄结构整体以中青年为主，其中，51.7%的受访者为19~30岁，35.3%的受访者为31~40岁，10.3%的受访者为41~50岁。51岁及以上的受访者占比为2.7%。从地域分布来看，南方受访者占50.9%，北方受访者占49.1%（图1）。

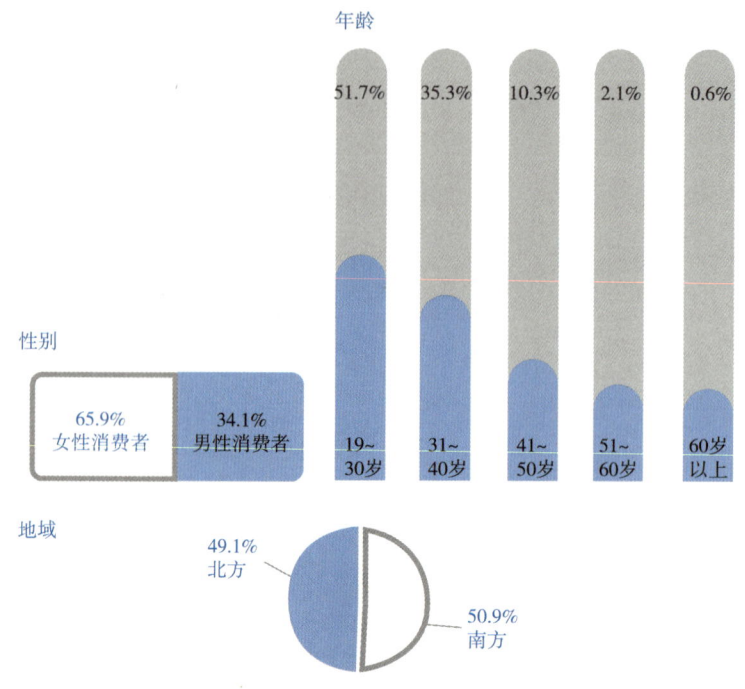

图1 调研样本性别、年龄、地域分布

本次调研中，参与者包含企业人员、自由职业者、公务员、学生等，来自多个不同行业。其中，来自一线城市的受访者占比为17.8%，来自新一线城市的受访者占比为28.2%，来自二线城市的受访者占比为24.9%，来自三线及以下城市的受访者占比达到29.1%（图2）。

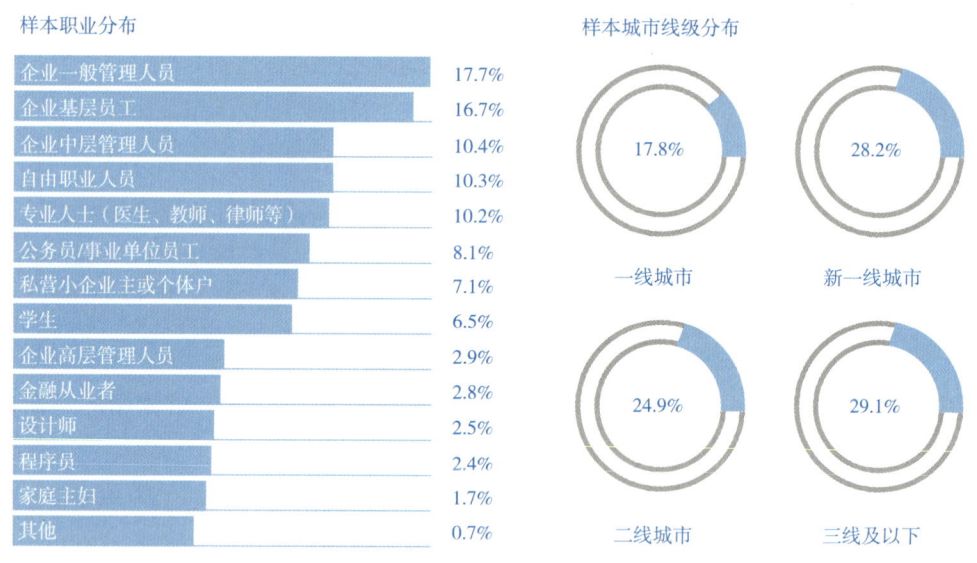

图2 调研样本职业、城市线级分布

在家庭居住情况方面，有16.7%的受访者是独自一人居住，而剩余83.3%的受访者都有一个或以上的同居人。其中，65.3%的受访者表示与配偶同住，26.9%的受访者与父母同住，与孩子同住的受访者达到50.9%，同住子女的年龄方面，43.5%的子女年龄为0~6岁，40.2%的子女年龄为7~14岁（图3）。

俗话说，一晚高质量睡眠胜过千金良药。睡眠和人的健康息息相关，良好的睡眠能够让人得到充分的休息，提升健康状况，缓解不良情绪，提升生活幸福感。但"骨感"的现实是，目前我国国民普遍存在睡不着、睡不深、睡不够等睡眠问题。醒来后，会感觉到困倦、乏力、烦躁，不能集中精力，工作能力下降等。

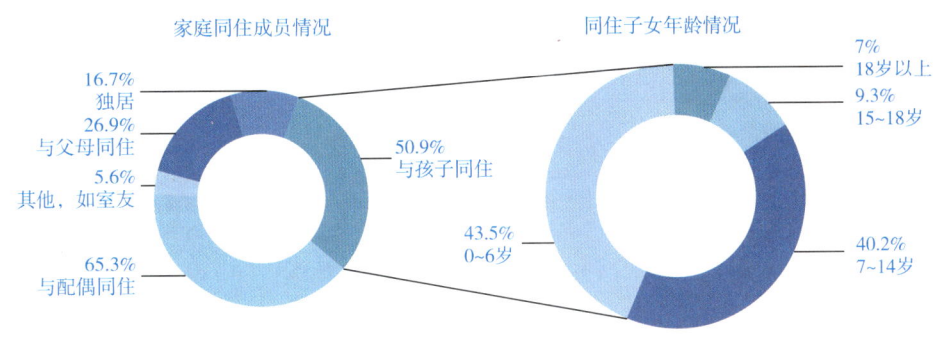

图3　调研社区样本库属性

调查显示，2023年我国国民工作日平均睡眠时长为6h56min，略低于《健康中国行动（2019—2030年）》所提倡的"睡眠新国标"，而周末和节假日的平均睡眠时长为7h56min。人们在周末睡得更久可能受多重因素的影响。比如，周末的生活节奏比工作日舒缓，第二天无须强制早起；或者可能是因为工作日紧张的生活压力使人们亏觉，周末久睡是为了弥补平时工作日的睡眠不足（图4）。

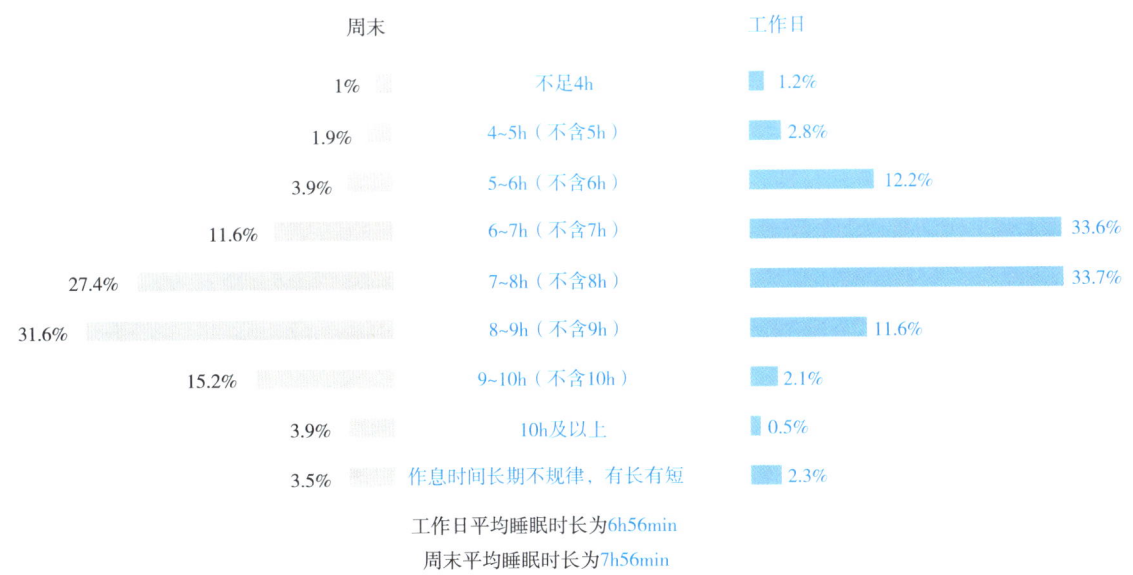

图4　2023年中国居民睡眠时长

从睡眠质量的自评维度来看，2023年，有48.4%的居民认为自己睡眠质量比较好，16.8%的居民认为自己睡眠质量非常好。这部分数据相较于2022年有轻微下降，不过整体评价偏好的比例仍然超过了60%（图5）。但自评中仍然有27.6%的居民认为自己的睡眠情况一般。

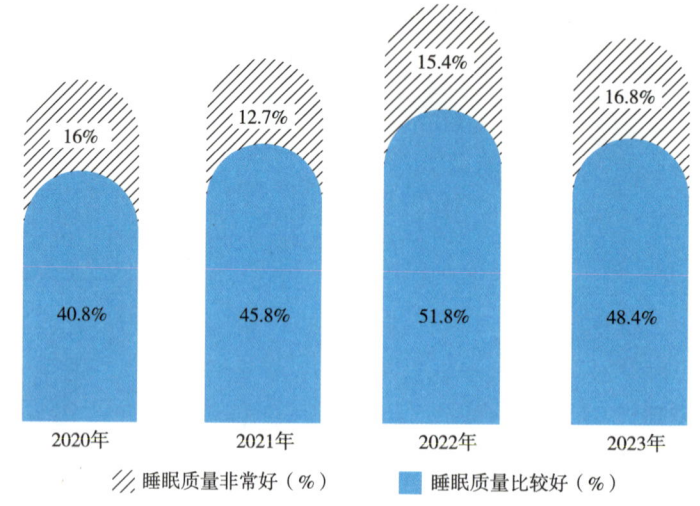

图5　2020~2023年中国居民睡眠质量

在认为自己睡眠质量一般、不太好以及非常不好的居民中，压力大、长时间作息不规律、寝具不够舒适是影响居民睡眠质量的三大主要因素。其中，工作、学习或者生活压力太大是人们睡不好觉的首要原因，占到所有因素中六成左右的比例；其次，50%的国民认为，长时间作息不规律也会影响睡眠质量；最后，因寝具不舒适而造成睡眠质量下降的居民，占比达46.8%（图6）。

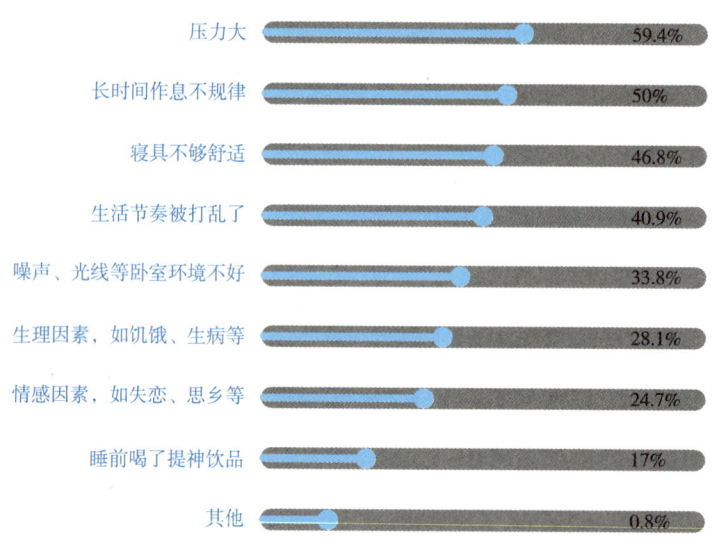

图6　2023年中国居民睡眠质量影响因素

（二）改善睡眠，需要提高公众对健康睡眠认知

如何能够睡个好觉，拥有一段高质量睡眠，不仅是健康的需要，还已经成为人们对美好生活的新追求。

为了能够睡个好觉，人们尝试多种方式，比如改变生活习惯和状态，积极营造安睡环境，服用助眠类保健品，借助按摩产品或泡澡、冥想等方式放松身心、舒缓压力等。

需要指出的是，通过改善睡眠环境和舒适寝具来促进睡眠质量提升，见效更快。

更换好的遮光窗帘营造暗睡眠环境，隔音降噪让卧室更宁静，增加舒适色彩让睡前更放松愉悦，尤其是通过更换适宜的床品、枕头、床垫等产品，往往能够简单高效地对人们的睡眠产生积极影响，起到舒缓疲劳、放松精神的作用，有效提高人体睡眠时的舒适感和醒后的满意度，进而提高睡眠质量和生活品质。

从睡眠卫生和医学的角度来看，规避和改造不宜睡眠的环境，可减少某些睡眠疾病的发生，是某些睡眠疾病防治的重要环节，甚至是治疗方案的组成部分。睡眠疾病患者的睡眠更为脆弱，更容易因为环境中一个小小因素而陷入痛苦，而改变物质环境往往是整个疗愈过程中最容易落实的步骤。

由于睡眠疾病可导致全身多种并发症，高血压、糖尿病、肾病、心脑血管疾病都是常见睡眠疾病的伴随疾病，睡眠疾病的防治常常成为多种重大慢性疾病的初级预防手段。现代医学研究还发现，即使不是由睡眠疾病导致的肿瘤、炎症、感染，如果睡眠不良，病情可能加深加重或迁延转移，所以睡眠是健康的基石。

（三）守护睡眠，政企、院所、平台多方在行动

从国家来说，人民健康关系国家和民族的长远发展。2019年7月15日，国务院制定印发了《健康中国行动（2019—2030年）》，将"睡眠健康"纳入主要行动指标；2023年，商务部、国家发展改革委等13部门印发了《关于促进家居消费若干措施》，提出要从大力提升供给质量、积极创新消费场景、有效改善消费条件、着力优化消费环境等方面推动大家居新消费和优质供给，这也为睡眠产业未来发展提出了新要求、新挑战。

健康中国，从健康舒适睡眠开始。为提升国民睡眠质量，中国睡眠研究会20多年来在"世界睡眠日"多次发布中国睡眠研究报告，提高公众对睡眠质量的关注，宣传普及睡眠知识，开展睡眠调查、学术研讨，推广睡眠卫生保健知识；中国家用纺织品行业协会积极引导产业关注大健康，关注睡眠产品创新，持续推动助眠家纺产、学、研融合发展；相关科研院所从睡眠科学研究、助眠产品及材料创新、科研成果转化、人因工学检测、睡眠相关标准制定等方面积极为睡眠产业创新赋能；家纺家居企业通过提供高质量和功能性的产品，不断改善消费者的睡眠环境，提升体验满意度，同时，通过教育和宣传活动，提高公众对健康睡眠的认知；京东、抖音、小红书等平台也开始发布关于睡眠卫生和睡眠科普的内容，分享睡眠体验和改善睡眠的办法，提高消费者对健康睡眠的认知，同时也带动了睡眠市场的发展和升级。

当前，越来越多的力量在凝聚，致力于为国民提供更专业、精准的睡眠解决方案，从健康舒适睡眠角度提升国民幸福感，助力实现伟大中国梦。

二、典型人群睡眠需求与消费趋势分析

本部分数据主要来自京东线上和睡眠相关的品类消费数据，包括芯被、套件、床垫、睡枕等寝具用品，窗帘、空气净化器等家居用品，褪黑素、安神补脑液等助眠保健品或药品等，同时针对2023年购买过以上产品的用户群体进行了睡眠需求抽样调查。

从调研数据来看，年龄方面，年轻人是睡眠问题突出性群体，其中"90后"群体占比最高，达到45%；性别方面，男性群体占比52.8%，略高于女性群体；城市方面，一线城市消费者占比42.9%，因为一线城市快节奏的工作生活使睡眠问题相较其他城市更普遍；职业方面，企业白领、政府工作人员及事业单位人员、专业人士（如医生、律师）、互联网工作人群的睡眠问题相对更常见。

（一）典型人群睡眠需求偏好洞察

1. 典型睡眠问题人群特征

从睡眠问题产生的原因来看，可以将人群划分为继发性、情绪性、主动性、外源性四大类。

（1）继发性睡眠问题主要是由神经系统疾病、精神疾病、身体疾病（含睡眠呼吸暂停综合征）、药物使用等引起，通常集中在中老年人群中，其中"80后"人群占比34.2%，"60后"和"70后"人群合计占比26.6%，男性占比超七成。

（2）情绪性睡眠问题更多是因工作、生活中的压力产生焦虑不安、烦躁愤怒等情绪而导致，其中"90后""80后"分别占比42.5%、30.9%，男性占比超半数。

（3）主动性睡眠问题是因熬夜玩手机、出去嗨、生活习惯等导致的睡眠拖延，其中"90后"消费者占比47.9%，男性占比超过半数。

（4）外源性睡眠问题主要由两类因素产生，一是环境干扰，如卧室强光、睡眠环境嘈杂、寝居不佳、环境陌生等，该类问题人群中"90后""80后"分别占比36.2%、31.7%，男性占比超六成；二是由带娃、哺乳、旁人打呼噜等人为因素产生，主要集中在"90后"人群中，占比60.9%，女性占比超七成。

2. 典型睡眠问题人群的睡眠表现

不同睡眠问题人群的睡眠表现各有不同，继发性睡眠人群的睡眠问题主要来自睡眠质量不佳和时长不足，具体包括打鼾等睡眠中的呼吸问题、多梦、睡眠维持困难、睡眠时长普遍低于7h等；情绪性睡眠人群的睡眠问题较为突出，主要有早醒、睡眠维持困难、入睡困难（入睡时间超过半小时）等；主动性睡眠人群的睡眠问题表现在习惯性熬夜晚睡、早上睡不醒、白天易疲惫困乏，但睡着后质量不错；外源性睡眠人群的睡眠问题主要表现为睡眠质量差，包括睡眠浅易惊醒、早醒、睡眠维持困难等（图7）。

3. 典型睡眠问题人群的睡眠改善需求偏好

对于继发性、情绪性睡眠问题人群，药物治疗和心理咨询是最为关键的解决方式之一，改善睡眠环境、服用睡眠保健品等方式也是辅助选择；对于主动性、外源性睡眠问题人群，则注重舒适环境打造，更在意去改善床垫、睡枕、套件等寝居用品，以及空气、光线、声音等卧室环境。典型睡眠问题人群对助眠产品的偏好度如图8所示。

继发性睡眠问题往往因疾病引起，通常需要借助药物来治疗精神、身体上的疾病，或通过心理咨询来逐步缓解睡眠障碍。除此之外，也会选择其他方式作为辅助，例如通过智能呼吸机、止鼾仪、智能睡眠仪等助眠电子设备进行干预或治疗，服用褪黑素等保健品促进睡眠，以及借助静音门、降噪耳塞等构建安静的睡眠环境。

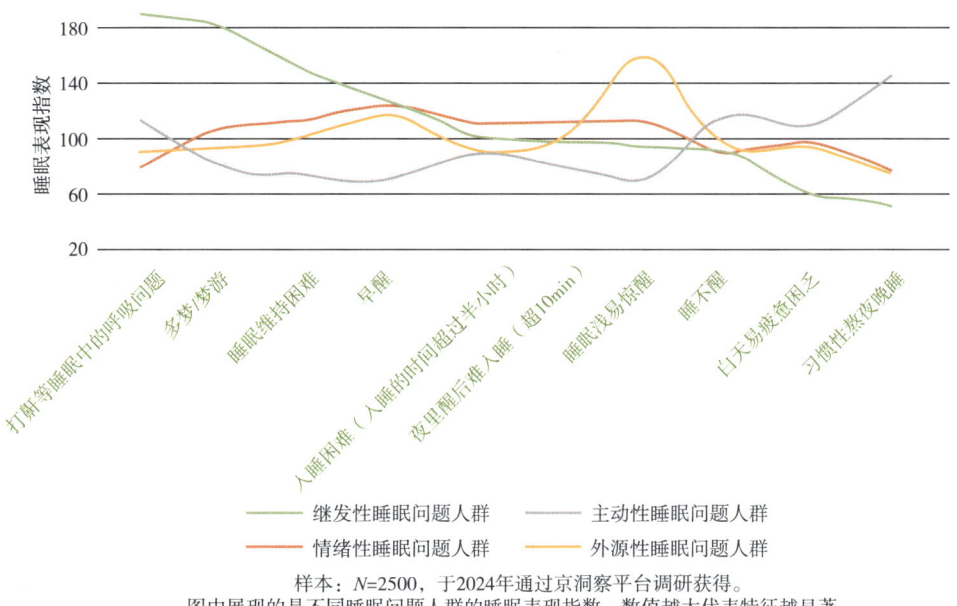

样本：N=2500，于2024年通过京洞察平台调研获得。
图中展现的是不同睡眠问题人群的睡眠表现指数，数值越大代表特征越显著。

图7 典型睡眠问题人群的睡眠表现

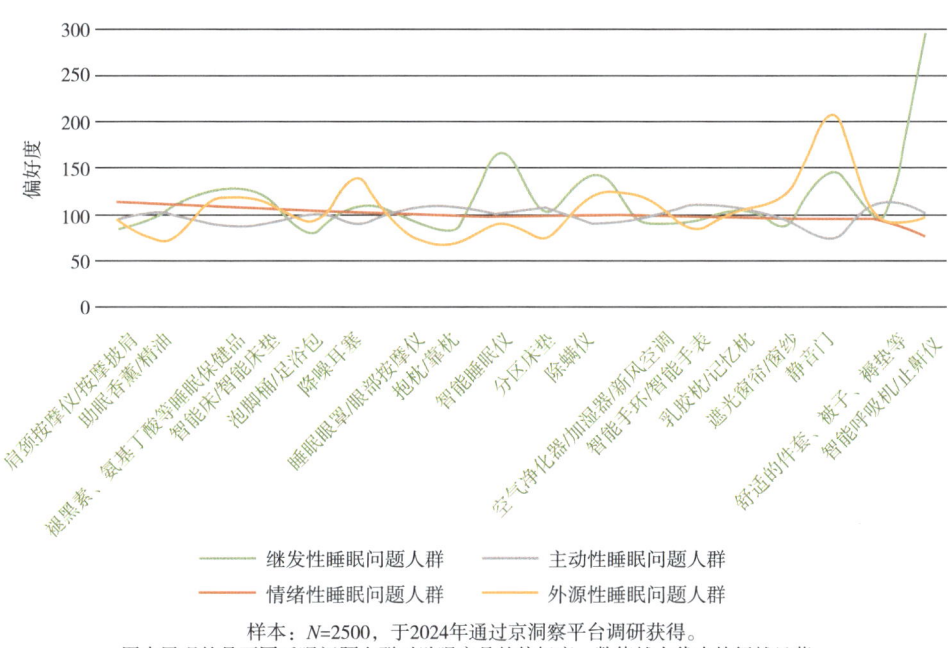

样本：N=2500，于2024年通过京洞察平台调研获得。
图中展现的是不同睡眠问题人群对助眠产品的偏好度，数值越大代表特征越显著。

图8 典型睡眠问题人群对助眠产品的偏好度

情绪性睡眠问题人群除了采用心理咨询方式，如心里舒压助眠之外，也会选择借助肩颈按摩仪/按摩披肩来缓解疲劳感和压力、放松情绪，利用香薰、氛围感灯光、色彩等营造疗愈性睡眠环境。

主动性睡眠问题人群更多通过智能手环/智能手表对睡眠进行持续监测和干预管理，逐步调整睡眠节律，以及偏好更换寝居用品、改善睡眠环境等方式提高睡眠效率。

外源性睡眠问题人群通过改善卧室睡眠环境，比如安装静音门减轻噪声影响、利用遮光窗帘/窗纱阻挡室外光线、利用空气净化器提高空气质量等，也会通过更换寝居用品营造舒适的睡眠环境，促进睡眠质量和效率提高。

（二）典型人群的消费趋势分析

1. 睡眠消费理性升级，更关注产品质量及功能

消费者在购买助眠产品前更加注重做好功课，愿意为质量安全、功效显著的助眠产品付费。调研数据显示，在购买助眠产品前，有51.5%的睡眠问题人群会通过网上查询相关资料，了解助眠产品的功效及原理，22.2%的人群会向医生或其他专业人士咨询何种产品更助眠（图9）。在助眠产品购买的影响因素方面，产品安全、产品质量、产品功能受睡眠问题人群关注（图10）。

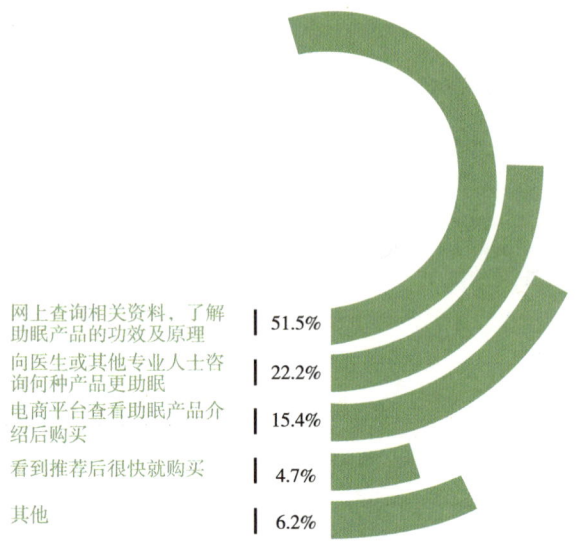

图9　购买助眠产品前的准备工作

图10　购买助眠产品的影响因素

在选用床品改善睡眠时，消费者对床品的高附加功能关注增多，柔软亲肤、透气性好、抗菌防螨是最核心诉求（图11）。京东数据显示，2023年抗菌被套成交额同比增长70%，防螨四件套成交额同比增长39%。同时，消费者也更加关注睡眠产品面料的舒适程度，比如纯棉、蚕丝、棉麻等面料较受青睐，牛奶绒、珊瑚绒等具有舒适特性的面料也较受欢迎（图12）。

图11 消费者对床品的高附加功能的关注度

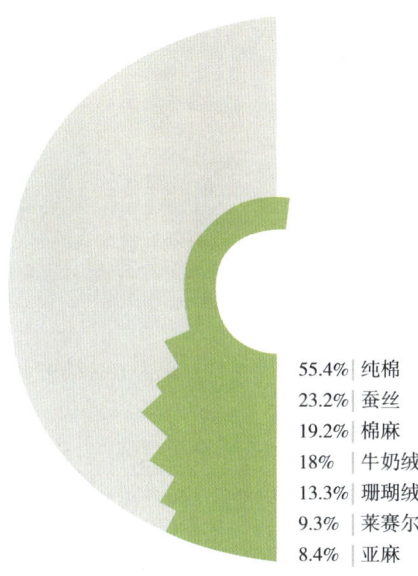

55.4% | 纯棉
23.2% | 蚕丝
19.2% | 棉麻
18% | 牛奶绒
13.3% | 珊瑚绒
9.3% | 莱赛尔
8.4% | 亚麻

图12 消费者对睡眠产品面料的关注度

在选用睡枕改善睡眠时，消费者十分看重枕芯的软硬度和高度是否适合自己，希望产品具有良好的承托和回弹性，对颈椎疾病具有较有效的预防保护、缓解和辅助治疗效果（图13）。

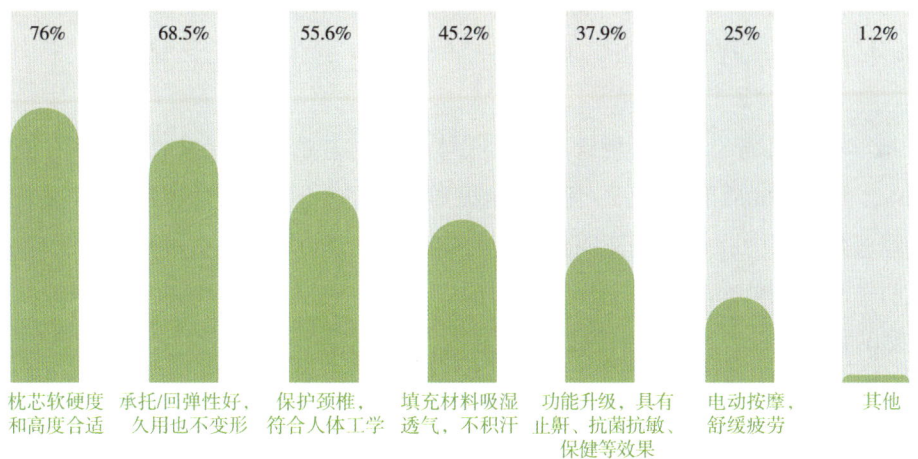

图13 选用睡枕改善睡眠最看重的因素

在选用床垫改善睡眠时，消费者首先普遍关注床垫的质量情况，占比约56.2%，比如不易变形和塌陷、翻身无响声等，其次是软硬度和透气性，占比分别为50.7%和50.3%，也就是说消费者对床垫的承托舒适效果是十分看重的（图14）。

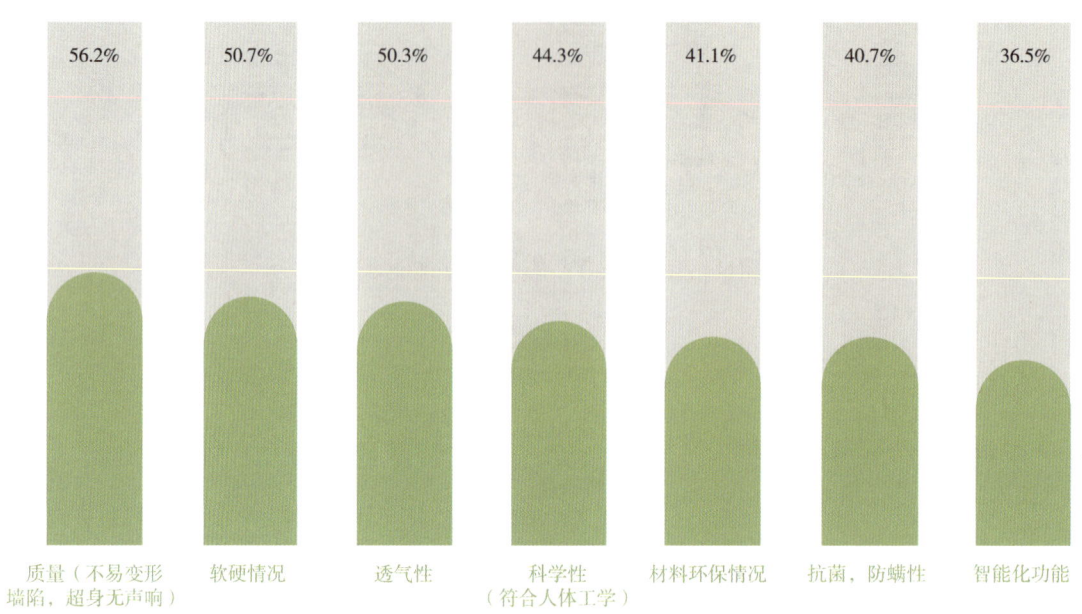

图14　选用床垫改善睡眠最看重的因素

2. 个性化睡眠需求激增，驱动睡眠产品精细化发展

睡眠问题因人的年龄、体质、生活习惯、压力水平等各种因素而不同，随着健康睡眠需求不断增长和升级，更加个性化、精准的睡眠辅助产品市场崛起，赋予更多舒适睡眠可能性。

以睡枕产品为例，合适的睡枕可以紧密贴合人体颈椎的生理曲度，让消费者在有限的睡眠时间里得到最大程度的身体放松。不同睡眠人群的生理曲线和睡眠习惯迥异，对睡枕软硬度、承托性、高度及填充材料的需求各有差异，从而衍生出天然乳胶枕、凝胶枕、花草枕等多元化睡枕品类，为不同睡眠人群提供了个性化睡感。京东数据显示，在睡枕消费市场中，乳胶枕、记忆枕和纤维枕的成交额占比排前三（图15），蚕丝枕和记忆枕的成交额同比增速居前列。

京东2023年数据统计，蚕丝枕含有多种人体所需的氨基酸，除湿功效显著，成交金额同比增长56%，尤其"60后""70后"消费者购买增速更高。记忆枕的慢回弹特性显著，能够自动塑形、释放颈椎压力，成交金额同比增长42%，其中"80后"成交额同比增长67%。艾草、荞麦、决明子等中草药睡枕更受老年人群体偏好，其中56岁以上群体购买艾草睡枕的成交额同比增长250%。

此外，焦虑情绪、学业压力、多动症等因素也会导致儿童出现一些睡眠健康问题，年轻一代父母更为关注睡枕对于孩子睡眠的影响，专为儿童设计的睡枕获得了明显的销量增长。京东数据显示，儿童睡枕消费中，"90后"人群占比56.9%，成交额同比增长52%。

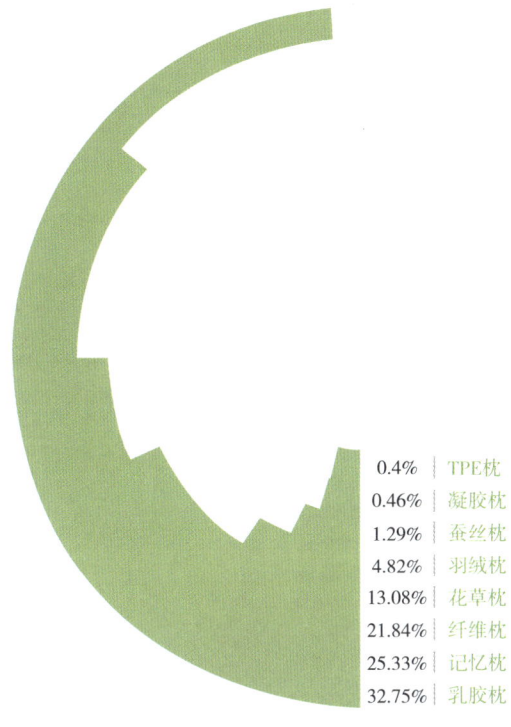

图15　2023年京东睡枕细分品类成交额占比

同样在床垫选择上，消费者对床垫的软硬度、不同身体部位的支撑度、睡眠舒适度等的需求多元化，衍生出众多细分床垫品类。如功能方面，分体、抗菌、智能等床垫功能满足不同消费者的睡眠需求，京东分体床垫、抗菌床垫、智能床垫的成交额分别同比增长299%、139%、82%；人群方面，对于正处于发育期的青少年来讲，需要科学的护脊床垫来减轻或预防脊骨疾病，满足青少年需求的护脊床垫成交额同比增长118%；满足老年人需求的电动护理床垫成交额同比增长180%。

3. 满足感官舒适需求，升级睡眠体验成趋势

卧室环境因素对睡眠的影响主要体现在光线、色彩、声音、气味、温度、湿度等多方面，如何基于视觉、听觉、嗅觉等感官系统打造舒适体验的睡眠环境，越来越受到睡眠问题人群的关注。

卧室的光照环境是影响睡眠质量的关键因素。过多的自然光线、室内灯光、电子设备屏幕发出的蓝光都会干扰人体的生物钟和自然的睡眠—清醒周期，抑制体内褪黑素的分泌，导致睡眠质量下降，甚至诱发肥胖、抑郁、代谢紊乱等慢性疾病。遮光窗帘、窗纱、眼罩可以有效阻挡外界光线，琥珀色、红色、橙色的助眠小夜灯能够营造良好的睡眠氛围，助力快速进入睡眠的舒适状态。京东数据显示，2023年遮光窗帘的成交额同比增长31%，遮光窗纱的成交额同比增长70%。

浅色系卧室空间配色更助眠。从色彩心理学角度看，不同的颜色对情绪的影响有所差异，比如红色会让人感到兴奋或紧张、蓝色能够带来压力舒缓和镇静、绿色可以带来心境平和、灰色让人感觉慵懒惬意、奶油色或白色可以让人平静等。调研数据显示，卧室床品、窗帘、墙壁、衣柜的颜色会在一定程度上影响入睡速度和睡眠质量，消费者认为绿色、蓝色、灰色、奶油色等浅色系更利于睡眠（图16）。

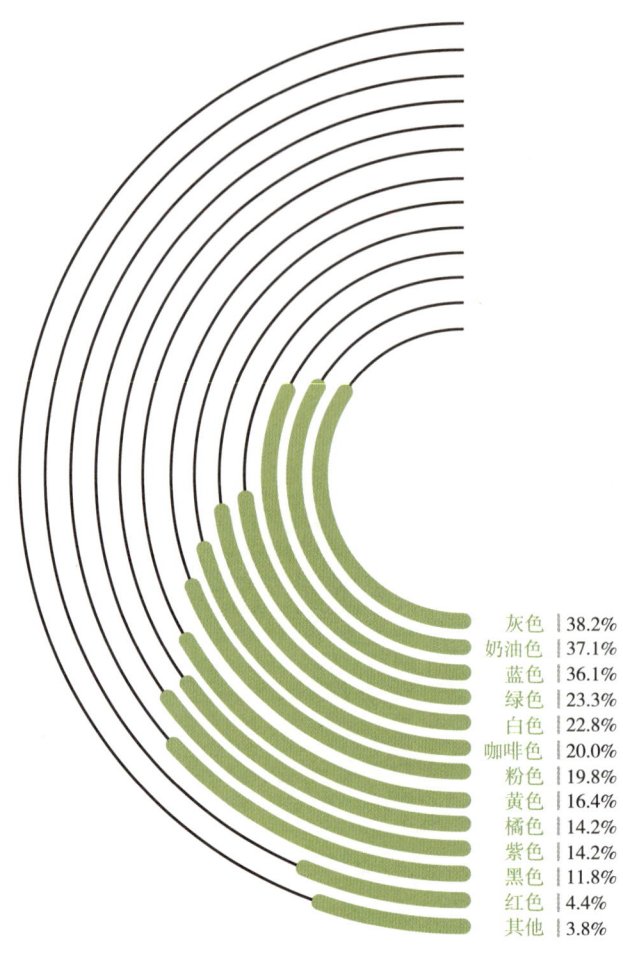

图16　消费者对室内（件套/窗帘颜色等）颜色的选择

京东品类销售数据也显示，奶油色卧式风格深受消费者青睐，2023年奶油色斗柜、奶油色窗帘、奶油色梳妆台、奶油色装饰画的成交额同比增长均超10倍，奶油色卧室灯的成交额增长284%。

舒缓的白噪声也可以让部分人睡得更快。一方面，持续的噪声对增加入睡难度、降低睡眠连续性的影响已经得到证实，静音门窗、隔音耳塞、隔音窗帘、静音床垫等产品的应用，可以为消费者创造安静的睡眠环境，提升睡眠质量。2023年，京东隔音窗帘成交额同比增长101%。另一方面，伦敦皇家医学研究院的一项研究表示，白噪声对部分人能够起到辅助睡眠的作用，虫鸣声、下雨声、海浪声等舒缓的声音不仅可以弱化其他尖锐的噪声，还可以降低心率、血压和焦虑水平，使人体快速进入睡眠状态。调研数据显示，听舒缓助眠音乐是消费者选择最多的助眠方式。

芳香疗法也是舒缓解压的精致助眠方式。嗅觉与大脑中的边缘系统密切相关，香薰、精油中的活性成分可以促进5-羟色胺、去甲肾上腺素等神经传递物质的释放，具有镇静神经、放松身心的效果，对部分人群起到很好的助眠作用。京东数据显示，2023年睡眠香薰的成交额同比增长297%。

4.科技赋能品质好眠，搭建科学化睡眠健康管理

消费者对智能睡眠产品的认知和接受程度不断提高，63.7%的消费者愿意尝试智能睡眠产品，认为坚持使用能够带来效果，25.4%的消费者已经在使用智能助眠产品（图17）。其中，智能手环、睡眠监测APP的使用率较高，智能睡枕、床垫、床的消费热度提升显著。京东数据显示，2023年智能止鼾枕成交额同比增长超10倍，智能电动床、智能床垫成交额同比增长125%、82%。

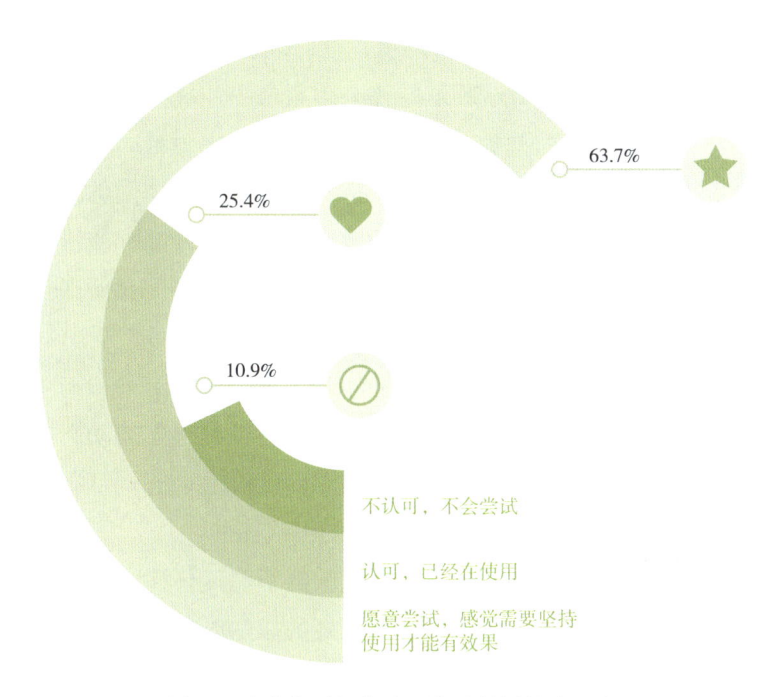

不认可，不会尝试

认可，已经在使用

愿意尝试，感觉需要坚持使用才能有效果

图17　消费者对智能助眠产品效果的认可度

智能睡眠产品持续迭代，从睡眠监测、事后干预发展到睡眠全过程中互动，再到引入医学和预警管理，数字化、科学化的睡眠健康管理成为现实。过去的智能睡眠产品主要是起到睡眠监测作用，为用户提供事后的睡眠干预方案。现阶段，智能睡眠产品通过采集个体睡眠生命体征数据、近体睡眠环境数据和卧室空间环境数据，叠加AI算法和算力支撑，能够实现睡眠全过程中的健康管理，包括睡前空间环境、近体睡眠环境的智适应调节和人体舒缓减压（如调节湿度、温度等），睡中用户睡眠状况监测和睡眠自适应调节干预（如调节床垫软硬度、开启打鼾干预等），以及睡后用户睡眠质量报告生成并给予科学的日常干预。并且，各类智能睡眠产品与智能家居设备之间逐步形成联动，基于用户的睡眠习惯和需求对灯光、窗帘、空调等设备进行智能调节，营造出更加舒适的睡眠环境。未来，智能睡眠产品将整合更多的医学资源，识别睡眠过程中可能出现的风险问题，实现睡眠健康的动态预警管理。

三、舒适睡眠的影响因素与解决路径

本报告的舒适睡眠影响因素主要是指居家卧室范围内影响睡眠的核心构成要素，包括近体睡眠环境和卧室睡眠环境。

（一）近体睡眠环境

近体睡眠环境是指影响睡眠质量的寝具和被窝气候等因素，主要影响维度包括被窝的温湿度、触感、透气性、洁净度等，以及睡眠承托系统的支撑性、透湿透气性、其他功能创新等；主要品类包括床、床垫、睡枕、床品、芯被等。

1. 睡眠被窝环境

睡眠被窝环境是指由床品套件、芯被、床褥等构成的包裹性睡眠微环境，从温湿度、触感、透气性以及洁净度等方面提升睡眠的舒适度，进而改善睡眠质量。

（1）被窝温度。温度，是影响舒适睡眠的核心因素之一。探究适宜的被窝温度，以保证人的睡眠不受到热环境的干扰尤为重要。与清醒时不同，人在睡眠时的心率变慢，代谢率下降，体温变化也呈现出特殊的波动规律。因此，被窝温度与人体体温的不断变化使夜间睡眠的舒适温度必然是动态变化的，因此探索合理的被窝温度对提升睡眠质量有重要意义。如果被窝温度过高会导致身体流汗造成水分流失并容易滋生螨虫，温度过低则会引起冷战、血液循环加速，干扰正常睡眠，降低睡眠质量。

一般情况下，舒适睡眠的被窝温度参考范围为27~32℃。

结合产品材料创新和跨行业的技术整合，可以实现对被窝温度的动态控制，例如通过远红外发热纤维或者水暖等技术可以实现对秋冬被窝温度的舒适动态调节，再结合芯被的填充材料创新，以静止空气降低热传递，实现稳定舒适的睡眠体验。

另外，也可以通过接触的冷暖感知来改善睡眠的舒适温度体验，如功能性纤维结合磨毛的绒感可以减少接触面积，蓄积静止空气，实现较好的接触暖感，而高导热的改性纤维则可以通过对接触瞬间热量的快速物理传导，实现较好的接触凉感。

（2）被窝湿度。湿度会影响空气的热传递，因为水分子越多，热传递阻碍越大。人在睡眠中，被子太厚、不透气、人体汗液蒸发等多方面原因会导致被窝湿度高于60%进而影响睡眠质量，因此在睡眠时调节被窝的湿度变得尤为重要。湿度过高或者过低，都会影响人的呼吸和寝具的保暖及透气性能，降低睡眠质量。

一般情况下，舒适睡眠的被窝湿度参考范围为50%~60%。

被窝湿度环境与被服材质的吸湿性和透气性有着直接的关联，优异的吸湿和透气材质更有助于维持舒适的湿度微环境。如羊毛、蚕丝、莱赛尔、亚麻等具有高回潮率的材料有着良好的吸湿透湿性能，而多层纱布等织造结构透气度更好，将其应用于芯被、件套等产品可以助力打造更为干爽舒适的睡眠体验。

（3）被窝触感。皮肤是人体最大的器官之一，承担着感知温度、压力等功能。相关研究表明，在温度适宜的环境中，质地较软的床品会降低对皮肤的触觉刺激，带来神经生理学放松，从而提高睡眠舒适度，提升睡眠质量。床品的触感一般以床品的柔软度或蓬松度表示，包括面料柔软度、填充材料柔软度等。

影响面料柔软度的因素包括原料种类、纱线线密度、经纬密度、织物组织结构及印染整理方法等，如选用优质长绒棉、纱支60S以上、采用缎纹组织及超柔整理技术开发的面料柔软度较好。填充材料柔软度的评价依据主要指蓬松度和压缩回弹性，影响因素包括填充材质种类、细度、填充密度等。

（4）被窝透气性。被窝的透气性直接影响睡眠过程中人体的热敏应和热调节能力，透气性优异的被服产品能帮助人体更好地散发出睡眠时产生的体热，防止体温过高而影响睡眠，促进睡眠效率的提高。

透气性和湿度环境也具有强相关性，被服同时兼备适度的透气性和透湿性，才能真正帮助人体在睡眠期间实现最佳的温度和湿度平衡，从而优化睡眠质量。

一般情况下，舒适睡眠的被窝透气率参考范围为100~400mm/s。

面料透气性受到多种因素的影响，包括纤维特性、织物结构、织造与印染后整理工艺等。而其中面料结构对透气性的影响是最直接的，如面料的孔隙率、织物密度和厚度等。多层纱布和贡缎等织造工艺的面料，会远高于平纹类面料。

芯被的透气性主要受填充材质的种类与填充形态等因素影响，如多孔的蚕丝和高开孔率的硅胶材质，都具有良好的透气性。但要注意的是，对秋冬被而言，过度的追求透气性会影响保暖性能，二者之间需要取得恰当的平衡。

（5）被窝洁净度。被窝的洁净度也是影响人体舒适睡眠质量的重要因素之一。洁净度主要体现在床品对皮肤的刺激影响，睡眠环境中常见的有金黄色葡萄球菌、大肠杆菌等致病菌及螨虫等寄生虫。当床品细菌超标、螨虫滋生过多时，可能引发皮肤瘙痒、过敏等症状，从而影响睡眠质量。

被窝的洁净度对于预防疾病和维护健康也至关重要。保持被窝的洁净度可以减少人体对过敏原和致病微生物的暴露，降低呼吸系统疾病和皮肤病的风险，从而提高睡眠质量和健康水平。

影响被窝洁净度的因素有很多，包括从原材料到生产工艺与环境，再到包装与物流运输、售后洗护等环节，如何通过各板块的创新来提升产品洁净度，也成为打造舒适安心睡眠环境的一大趋势。

2. 睡眠承托系统

睡眠承托系统是指由床、床垫、睡枕等构成的支撑产品体系，承担了人体睡眠过程中的体重压力和身体姿态。

（1）睡眠承托系统的支撑性。床，睡眠承托系统的基础支撑部分之一，与床垫、睡枕共同起着支撑人体特殊生理曲线和承托人体重量的作用，其人性化设计水平直接影响着人们的睡眠质量、睡眠健康和睡眠体验等。

床面的表面形态应能够单独或者与床垫、睡枕组合后完全有效地满足承托人体不同姿态的需求。床靠的结构形状、角度、软硬度等应满足身体尺寸和自然生理曲线，能够提供良好的支撑性和使用体验。床的款式、材质、外观和颜色要有良好的感官体验。

床垫，睡眠承托系统中关键支撑系统之一，承受了人体睡眠时绝大部分重量，对于分散睡眠时人体压力、减少人体翻身次数、促进深度睡眠发挥着重要作用。同时，床垫也是维护睡眠时人体曲度、减少脊椎变形，从而有效避免脊柱相关疾病发生、发展的重要因素。

床垫的支撑性主要受床垫材料本身的力学性能及床垫结构影响。长期以来，界面压力一直被认为是衡量床垫功效的重要指标之一。当人—床接触界面压力比较集中时，容易出现人体局部受压过大，导致局部缺血现象。对于行动受限的人，甚至会引起局部组织损伤或坏死，最终形成褥疮。

床垫的软硬度及人体睡姿变化，是影响人—床接触界面压力的主要因素。另外，人体不同部位对压力的敏感程度不同，为了获得脊柱的有效支撑，各部位所需的支撑力也不同，因此界面压力应呈现非均匀分布的状态，且压力分布不宜过于集中。

睡枕，睡眠承托系统的主要组成部分之一，主要功能在于支撑和维持人在睡眠时颈椎的正常生理曲线。颈部是人体最狭窄的部位之一，其上撑头颅、下连躯干，在最小的范围内集中聚集了人体重要的主干神经和血管。若睡枕支撑性不佳，不仅会影响到颈部的舒适度和睡眠质量，严重时还会导致神经系统、呼吸系统及肌骨系统等的疾患。

为了支撑和维持颈椎正常生理曲线，睡枕需要从高度（不同支撑部位压缩后的有效支撑高度）、结构型式、枕芯材料软硬度、枕芯材料压缩及回弹性等多个维度进行优化设计。

枕高是被承托部位获得有效支撑的核心要素。舒适的枕高受多个因素影响，如枕头放置面（如床垫或床）、人体头颈曲线、睡姿等。目前，由于受测量技术的影响，舒适枕高并未有明确定论。

枕型对维持颈部正常曲度有重要作用，直接影响了头颈的哪些部位会得到有效承托。市面上的睡枕种类繁多，常见的睡枕形状主要有扁平形、立方形、S形、凹形和凸形，还有圆柱形和蝴蝶形。然而，综合相关研究发现，并未有明确的舒适枕型推荐。但是，这些研究判定最优枕型的关键论据均包括枕型对头颈自然曲度的维持，越能保持头颈的自然曲度，则该枕型越舒适，反之则不舒适。

睡枕对颈椎的支撑位置还受到睡姿影响，仰卧、侧卧也会有所不同。同时，不同性别、不同身高的人，该位置也有所不同。因此，睡枕个性化适配或智能适应性将是未来一段时间重要的设计维度和问题关键。

（2）睡眠承托系统的透湿透气性。透湿透气性直接影响着睡眠，良好的透湿透气性能够保证承托产品系统中或者环境中的水分能够及时排出，避免水蒸气回到接触表面，对用户造成不适或者危害。

以床垫为例，人—床界面温湿特性受到床垫材料的热湿特性影响，也是影响床垫使用舒适性和睡眠质量的重要因素之一。睡眠中人体不断排出的湿气，一部分通过呼吸直接散发到空气中，另一部分由皮肤散发，其中25%被床垫吸收，75%被床品（包括套件、芯被）吸收。当床垫的渗透性较差时，人体会产生闷湿感，床垫底部也容易发生霉变。另外，当床垫材料导热性较大时，人体体温降低，肌肉变僵硬；当床垫材料导热性较小时，界面温度提高，皮肤湿气散发加快，容易产生闷湿感，均不利于睡眠。

（3）睡眠承托系统的其他功能创新。目前，考虑到使用者实际需求和场景、生理心理特征等，承托类产品的功能创新主要体现在人性化设计和智能电动等方面。

随着技术的发展，传统的床垫被人们赋予了较多特殊功能，合理的功能设计可以促进和提升睡眠体验、睡眠质量乃至睡眠健康。智能床垫是床垫功能性的一种，它是针对人的睡眠习惯，应用大数据和传感技术，科学合理的整合设计多种材料的智能化产品，具有智能适应调节（升降调节、软硬度调节、温控调节等）、健康智能管理（睡眠监测、健康预警等）及移动终端应用控制等功能。

随着智能化的发展，也催生了睡枕助眠功能的开发，如按摩功能、睡眠监测、睡眠质量评估、睡姿纠正等。其中，睡眠监测目前已成为人们关注睡眠健康的重要渠道。许多智能穿戴设备，如手表、手环等都可以监测人们在睡眠过程中的参数，识别用户不同的睡眠状态，如浅睡、深睡和快速眼动期等多种不同睡眠阶段，并通过多维数据帮助用户了解自身的睡眠状态及质量。

（二）卧室睡眠环境

广义上来讲，卧室睡眠环境包括建筑大环境、房间布置和室内环境。狭义上来讲，即是通常人们所说的卧室睡眠环境，主要指卧室内的物理环境和空气品质。其中，物理环境主要包括室内的热湿环境（热环境）、声环境、光环境、电磁环境、色彩环境和气味环境等。卧室睡眠环境作为睡眠系统最主要的大环境系统，对睡眠体验、睡眠质量和睡眠健康有着直接影响。

1. 卧室热环境

热环境是影响睡眠最重要的环境参数。卧室热环境包括空气的温度、湿度、流速及周围物体表面的辐射温度等，这些参数结合睡眠时的被服直接影响人体和环境的换热情况，进而影响睡眠状态下人体的热感觉和舒适度。

因此，卧室热环境的各参数是相互关联的，并不能只通过某一参数来确定该环境是否舒适。

（1）空气温度。大量医学实验证明，睡眠时空气温度过高可能会导致人体出现血压升高、心慌等不良反应；而空气温度过低会出现打鼾、呼吸暂停、嗜睡等症状。因此需将卧室睡眠环境空气温度维持在较舒适的范围内，一般情况下，夏季应控制在24~28℃，冬季应控制在21~24℃。

（2）空气湿度。人体舒适的环境相对湿度是在45%~75%，睡眠环境的相对湿度一般不应为30%~85%。处于高湿环境下睡眠，会导致人体湿热、乏力，长时间甚至会导致风湿病和支气管炎等疾病；若湿度过低，则会让人产生口渴、咽痛、皮肤干燥、眼睛干涩等不良反应。

（3）空气流速。气流会导致人体睡眠时散热速度加快，尤其是对于裸露的身体部位，较大的空气流速会造成不适的吹风感。睡眠时要尽量避免一直吹凉风。常温风的室内空气流速应该尽量小于0.1m/s，间歇吹风风速也尽量不超过0.2m/s。

（4）周围物体表面的辐射温度。睡眠环境的辐射温度与空气温度的偏差宜在±5℃以内，周围辐射温度的非对称性会造成人体的不适。

2. 卧室声环境

声环境是指睡眠时卧室的噪声水平。睡眠期间，卧室内的噪声应符合以下规定：等效连续A声级不应大于37dB，突发噪声的幅度不得高于环境噪声15dB（A声级）。如果外环境噪声较大，应在窗户、外墙等围护结构上采取隔声降噪措施。

3. 卧室光环境

光环境包括卧室的照明环境，以及窗帘/窗纱等对自然光的控制后环境。卧室照明要尽量营造让人放松的氛围，可应用间接照明、投照光等方式。夜晚卧室睡眠的光强应保持在10~30流明（lumen）。相关研究表明，睡眠时室内环境光强过大会导致儿童眼睛得不到充分休息，增加患近视的风险。

4. 卧室色彩环境

色彩环境主要是卧室内的寝具、家具、内墙面、灯光等组合形成的有色环境。相关研究表明，色彩会影响人的情绪与心态，而情绪与睡眠质量密切相关。色彩也可以为人们的健康睡眠赋能，作为健康睡眠的心理补充。人们可以通过卧室颜色的冷暖来调整心理温度，如红色、橙色、黄色让人感到温暖，而蓝色、紫色、绿色则使人平静，易进入睡眠状态。

5. 卧室电磁环境

电磁环境是指卧室内产生的各种电磁波辐射，一般来源于电气设备、通信设备、无线网络和电源线路等。长期暴露在高强度电磁辐射下，会导致睡眠质量下降，出现多梦、易醒、睡眠浅等现象。电磁辐射会扰乱人体生物电平衡，影响脑电波和生物钟的正常运作。

6. 卧室空气质量

空气品质主要包括气味和空气质量。空气质量主要是指空气中污染物含量。睡眠环境要保持空气清新无异味，不宜放置具有神经兴奋功能以及明显引起不适感的物品或者气味发生器等。

（三）智慧睡眠生态

1. 智慧睡眠的定义和现状

智慧睡眠是一个以健康睡眠为价值导向的闭环服务体系，也是一个以场景为核心、健康为目的的需求驱动型消费领域，因此不能将其浅隘地理解为智能家居家纺乃至AIoT的子课题，其在产业生态上拥有更广、更多的维度，其中得到广泛应用的智能监测设备、智能新纺材、空气温湿度等设备固然是其中的高频载体，但完全可以尝试根据应用场景进行划分，如承托场景、睡眠的近体环境与卧室环境、放松助眠与高质量睡眠维持、日间精力管理、失眠预防与心理健康、睡眠呼吸健康、宏观（多维度）健康需求管理及其它睡眠衍生需求。

基于这些场景，对近年消费市场进行分析，可以发现当前智慧睡眠市场中，睡眠健康监测对生物数据的采集和智能新纺材、承托材料在舒适睡眠上的应用增长速度较快，且仍拥有较高的长期增长预期，这也与当下主力消费群体对健康睡眠与舒适睡眠的追求方向相吻合。其中，睡眠健康监测也从单一的穿戴监测逐渐转变为以穿戴为主，压感、非接触等多模监测解决方案为补充的格局；智能新材料也呈现出从承托科技、触感科技乃至舒适功能的多元应用。

尝试总结这些拥有较高增长的场景应用的共性，可以得出一个智慧睡眠的结构性路径，即以睡眠场景中的智能设备为载体，以睡眠空间环境与近体睡眠环境数据、个体睡眠生命体征数据、泛健康大数据为媒介，以富集的算法和强效的算力作为支撑，来实现睡前空间环境、近体睡眠环境的智适应调节和人体舒缓减压，睡中用户睡眠状况监测和睡眠自适应调节干预以及睡后用户睡眠质量报告生成并给予科学的日常干预。

因此从智慧睡眠系统构成关键要素的角度来看，系统搭建的链路包含三个环节：数据—

计算—服务。智慧睡眠系统的底层要素是数据。数据是系统的基石，包含生物数据的即时监测与用户、环境基础数据的采集，泛健康大数据的积累等。智慧睡眠系统的关键要素是计算能力，即跨场景多维数据拉通与应用下的算法能力构建，这也是睡眠垂直领域服务平台必备的核心竞争力。智慧睡眠系统的核心价值是服务能力，即基于数据计算应用的科学健康的睡眠服务方案提供。

智慧睡眠的关键在于通过智能设备的场景联动，从客观环境和主观个人体验两个维度，系统性地改善用户的睡眠质量。

2. 智慧睡眠生态应用展望

睡眠相关研究在近年发展迅猛，但相较其他学科起步较晚，仍有大量用户需求和产业需求有待更优质和高效的解决方案，由于睡眠问题成因繁多而复杂，追求健康与舒适睡眠的场景也极具个性化，不可能有一种单一的解决方案能够解决所有睡眠问题，这也是智慧睡眠产业生态的催生基础。

而随着经济与技术的发展，AIoT与智能家居近年得到长足发展，智慧睡眠产业生态的下层基础建设也具备了更坚实的发展条件。

展望未来，如何更好地基于对用户睡眠场景的挖掘来构建完整的产业生态，以舒适睡眠与健康睡眠为目的去链接底层的睡眠学科逻辑和上层服务以满足用户多元需求、促进行业可持续发展，是未来整个行业共同面临的长远课题。

太极石纤维新材料

打造睡眠休养系统，家纺品牌更好的选择

太极石股份有限公司
TAI CHI STONE CO., LTD

改善睡眠
可提高睡眠深度 **30%**

AAA抑菌
对日常细菌抑菌率达到 **90%+**

恢复活力
远红外释放率 **93.36%**，促进代谢，恢复活力，缓解疲劳

亲肤舒适
细腻的肤感，吸湿透气，婴儿肌肤般娇嫩，滑不黏腻

他们都在用太极石纤维：BEYOND 博洋家纺、小绵羊 SHEEP、诺可可 NOCOCO、AIRLAND 雅兰、悦达家纺 YUEDA、JIAUSI、网易严选、YUYLE 愉悦

电话：400-902-5255

地址：厦门市湖里区五缘湾同安商务大厦1号楼10层

国际动态

纺织服装产品国内外消费需求分析

中国纺织经济研究中心

2023年，全球经济"高利率、低增长"特点显著，主要发达经济体关注点在于调整加息步伐抑制通货膨胀，同时妥善解决就业增长和经济维稳问题，我国采取降准降息措施维持宽松货币环境，刺激有效需求增长稳定经济发展，部分新兴经济体关注点则在于控制债务风险同时促进经济增长，世界经济最终实现"软着陆"，即在没有发生经济衰退的情况下降低了通胀水平。尽管经济"软着陆"，但生活成本较高、消费需求低迷等问题给纺织服装产品国内外销售带来压力。2024年，主要经济体货币政策正常化，全球经济回归常态化低速发展轨道，虽然纺织服装产品消费需求依然不足，但是消费新热点、新赛道能够赋予纺织行业发展充足的市场空间，我国设备大规模改造更新与消费品以旧换新均有利于提振行业投资与市场信心。

一、全球纺织品服装体量发展进入稳定期

根据《纤维年报》最新数据，包括天然纤维和化学纤维在内的2022年全球纤维供给量为12690万吨，进入纺织产业链中的纤维消耗量为12390万吨，分别同比减少0.4%和增加0.9%（图1），变动幅度均不超过1%，反映出全球纤维供给量和加工量规模大体与2021年保持一致，存量经济特征较为明显。

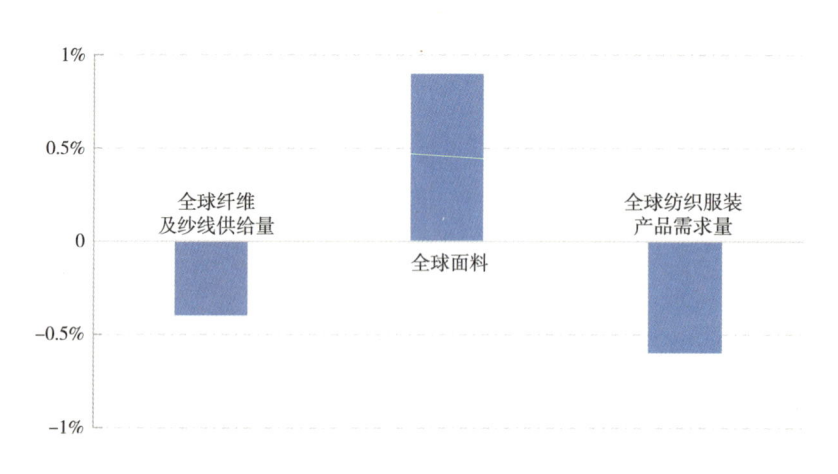

图1 2022年全球纤维供需增长情况
数据来源：纤维年报

根据上述报告对欧盟及其他12个主要消费市场的零售需求分析，全球纺织服装产品需求量同比减少0.6%，在产品单价趋降的背景下，终端需求体现在金额上的缩减更加明显。从数量变化角度看，纺织服装产业的供给侧修复动力稍强于需求侧。

二、国内纺织品服装消费需求现状分析

（一）2023年我国纺织品服装消费需求稳步恢复

得益于宏观经济发展态势回升向好，我国居民收入和消费支出情况均有改善。2023年，我国GDP同比增长5.2%，居民人均可支配收入和消费支出同比分别增长6.1%和9%，均高于2022年增速。2019年末之后，我国纺织品服装零售表现受场景影响较为明显，2023年初防控政策调整有助于消费需求平稳释放，在低基数基础上，我国居民人均衣着消费支出同比增长8.4%，限额以上单位服装、鞋帽、针纺织品零售额以及穿类商品网上零售额同比分别增长12.9%和10.8%，增速明显高于2022年（图2）。

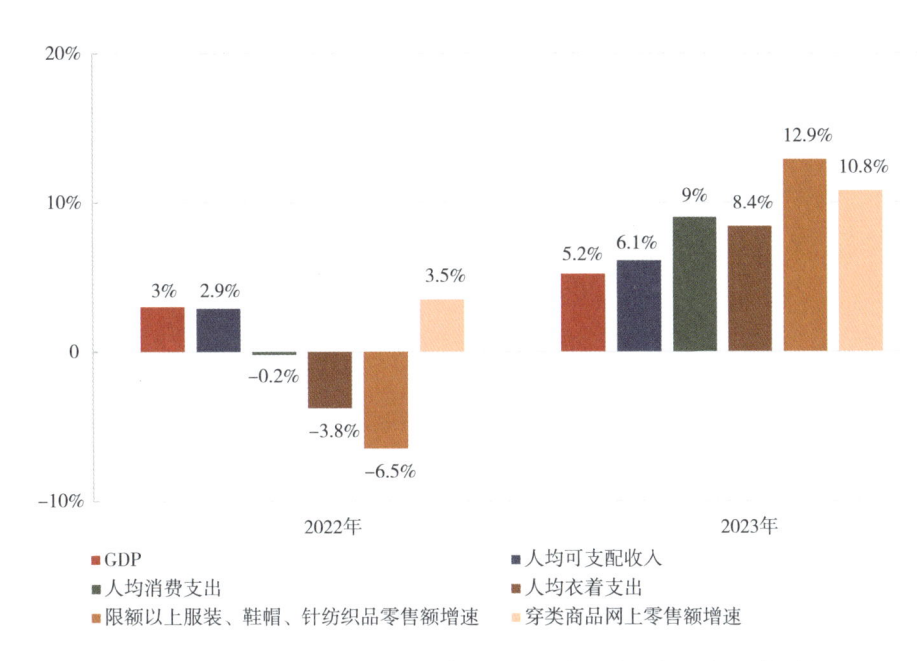

图2 2022~2023年我国宏观经济、居民收支及纺织行业内销增长情况
数据来源：国家统计局

（二）家纺产品消费需求明显回暖

在商务出行、旅游消费需求积极复苏带动下，酒店行业业绩迅速恢复，支撑床上用品、巾被等产品市场较快回暖。2023年，处于开业状态的30.6万家酒店房间规模同比增长10.3%，新开业酒店数量同比增长60.8%，均直接转化为家纺产品消费需求，有研究预判我国酒店床上用品行业市场规模约为1500亿元。2023年7月国家出台的《关于促进家居消费若干措施的通知》，家居消费季、家纺消费节等政策和活动也对家纺行业修复产生了积极影响。

床上用品零售实现恢复性增长。根据中华全国商业信息中心数据，2023年全国重点大型

零售企业（以百货商场为主）床上用品零售额同比增长13.3%，较2022年大幅提升27.7个百分点，且零售平均单价连续四年保持上涨，说明消费者对于品牌家纺产品的认可度有所提高。此外，品牌集中度进一步提升，床上用品套件销售排名前十的品牌市场综合占有率为44.7%，较2022年提高2.1个百分点。

（三）新消费特点显著

随着社交电商、内容"种草"、关键意见领袖（KOL）和关键意见消费者（KOC）推荐、直播带货等零售新模式层出不穷，纺织服装产品线上零售增势较好。根据中国纺织工业联合会流通分会数据，2023年，服装家纺产品网络零售额达2.3万亿元，同比增长11.1%，高于2022年6.6个百分点。在线上平台销售前20品类中，女装、男装、内衣家居装、童装分别位列第1、5、12、15位，占前20类销售总额的27.6%。

Z世代成为消费主力、价值取向多元、消费者购买过程参与度提升等众多变化催生了新零售时代的到来，轻奢品质、极致性价比、高情感体验、丰富情绪价值等消费特点逐渐显现。此外，新型冠状病毒疫情后期有效需求不足问题依然存在，"消费左移"渐成气候，即在保证相同品质的条件下价格越低越受欢迎，或在保证同样价格的条件下品质越高越好，无一不给企业降本增效、研发产品提出更高要求。

在文化自信稳步提升、舆论环境不断优化、设计研发能力提高、供应链快速反应能力增强、网络渠道传播效应良好等众多因素共同作用下，中华传统文化元素与现代时尚剪裁有机结合的"新中式"服装热度持续攀升。中国纺织工业联合会数据显示，2023年"新中式"服饰市场规模达10亿元级别，近三年来相关产品商品交易总额增速超过100%。2024年以来，在互联网销售平台上"新中式""宋锦"的搜索量成倍增长。

三、国际纺织品服装消费需求现状分析

（一）欧洲国家和美国是服装主要消费地

从居民个人购买服装角度看（非服装市场规模，下同），目前欧盟是全球服装零售金额最大的市场之一，2023年年服装鞋履零售额约为3600亿美元，其中德国、法国、意大利、西班牙是主要消费国。2023年，美国年服装零售额约为3200亿美元，超过1/3依赖进口；印度人均消费水平较低但人口众多，年服装零售额约为1100亿美元；英国年服装鞋履零售额约为720亿美元；欧洲和美国服装消费水平较高，且在2021年就已经恢复至新型冠状病毒疫情前规模；日本年服装零售额约为560亿美元，目前仅恢复至新型冠状病毒疫情前的80%左右，上述市场服装零售规模如图3所示。

（二）2023年纺织品服装国际消费需求较为低迷

2023年，全球通胀水平虽有所下降，但较高的物价和利率对经济、消费增长的抑制作用依然存在，纺织服装产品消费需求总体低迷（图4）。美国和英国的服装服饰产品零售额尚能

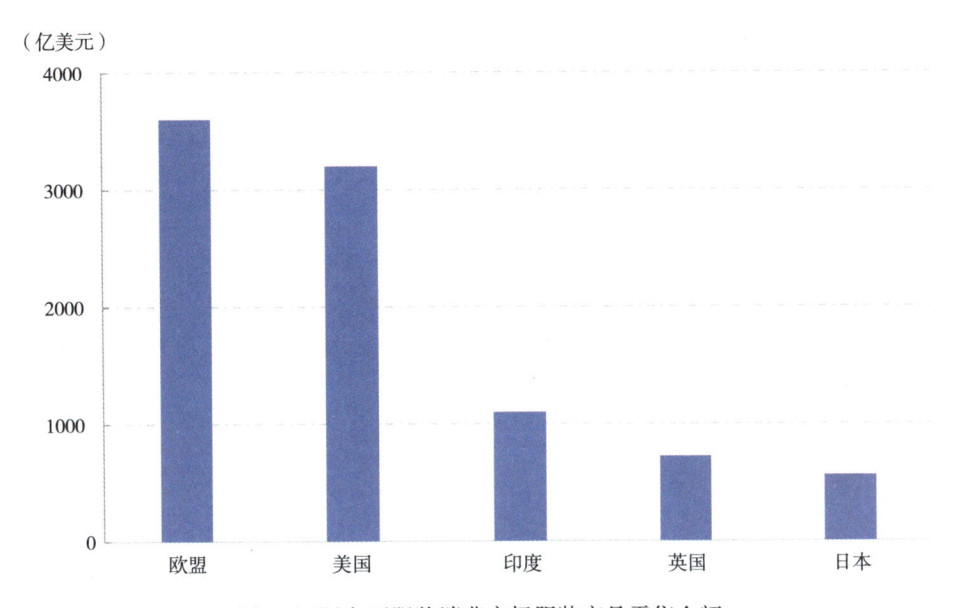

图3 国际主要服装消费市场服装产品零售金额
数据来源：欧盟统计局、美国经济调查局、印度工商会联合会、英国统计局、日本经济产业省

实现增长，但增速均显著低于2022年。德国和日本服装服饰产品零售额同比有所减少，德国降幅超过10%。在消费者购买乏力条件下，国际品牌商库存压力较大，以美国为例，服装服饰零售商库存保持在600亿美元左右（图5），明显高于2019年末之前水平。面对低迷的需求和居高不下的库存，采购商采取谨慎下单、延迟下单策略，国际纺织品服装进口规模明显缩减（图6）。

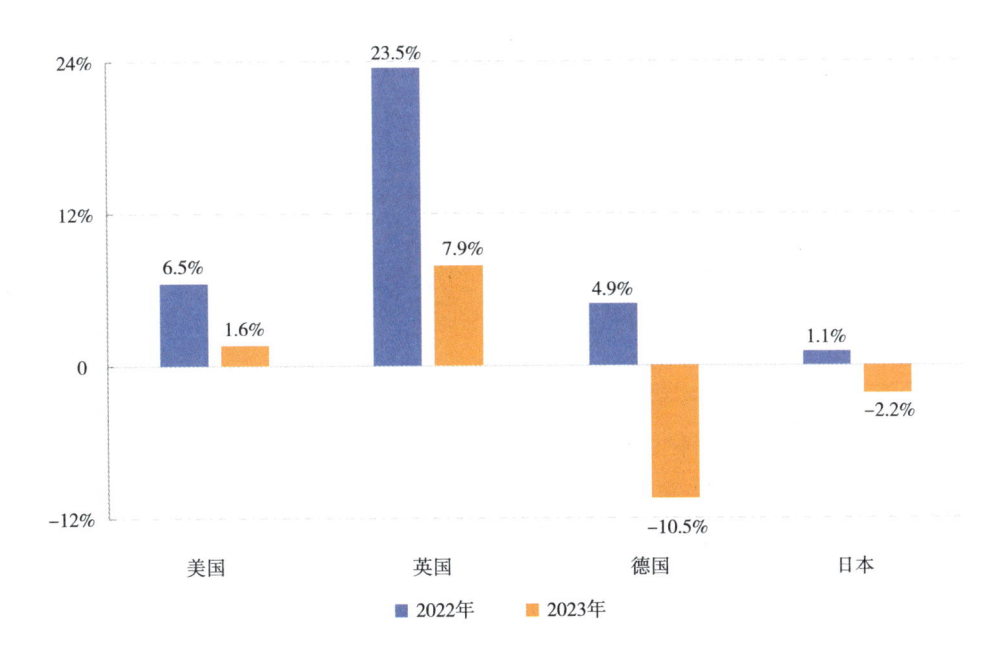

图4 国际主要消费国家服装服饰产品零售额同比增速
数据来源：美国经济调查局、英国统计局、德国统计局、日本经济产业省

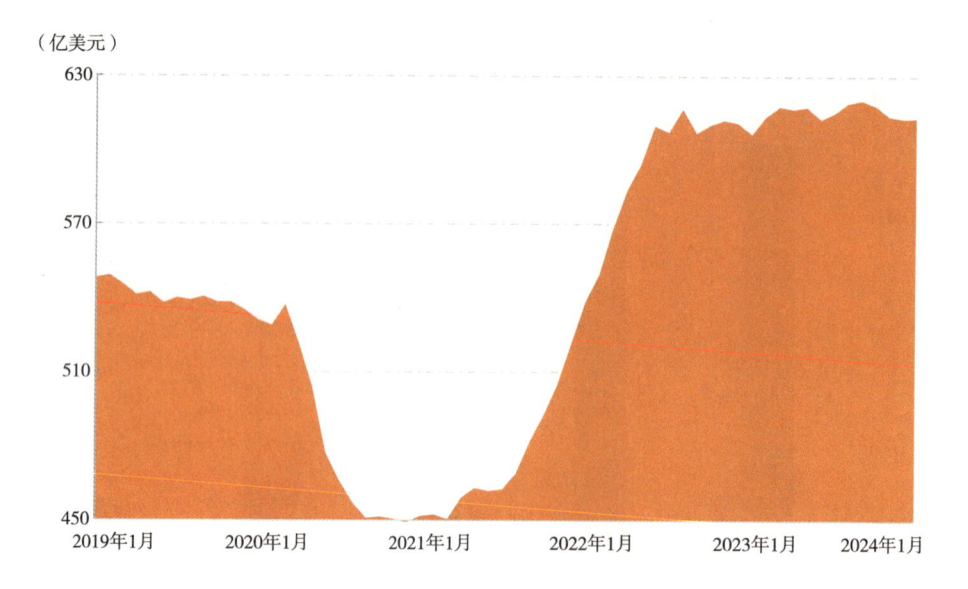

图5 美国服装服饰零售库存金额
数据来源：美国经济调查局

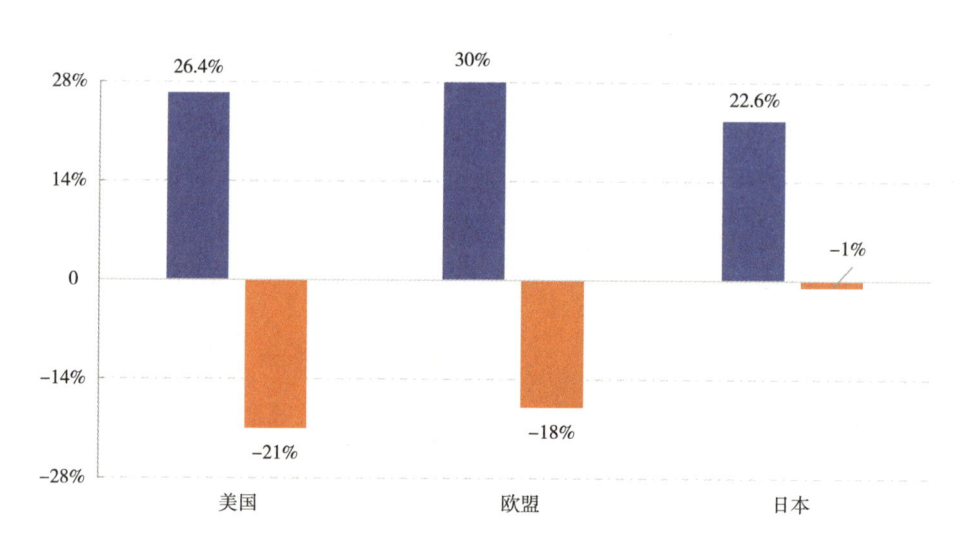

图6 美国、欧盟、日本从全球进口纺织品服装金额增速
数据来源：美国纺织品服装贸易办公室、欧盟统计局、日本海关

（三）家纺产品国际消费市场表现有所分化

总体来看，2023年家纺产品零售形势与服装大体保持一致，个别市场表现有所分化。美国家具和家居用品零售额为1450亿美元，其中包括家纺产品，规模高于2019年末之前，同比实现2%的增长（图7），增速略高于服装零售。英国居民家纺产品消费支出约为93亿美元（图8），同比增长1.2%，低于同期服装产品消费支出增速。法国地毯消费已经连续两年呈负增长态势，包括家纺产品在内的家具、家居用品、照明器材和纺织品零售额2023年均有所减少，仅有服装零售实现微增（图9）。日本目前只有2022年数据（2023年数据将于2024年9月发布），现有数据表明非家用地毯在家纺产品批发销售中占据较大比重，家用地毯销售额不足50亿美元，窗帘和床上用品销售规模约为60亿美元（图10），且仅有非家用地毯销售高于2019年末之前水平，其他品种均未恢复至2019年末之前的销售规模。

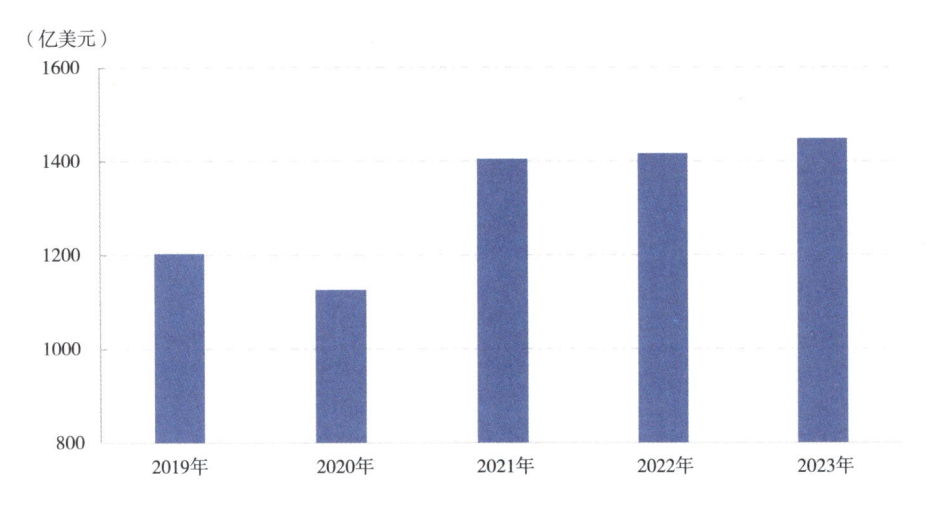

图7 美国家具和家居用品零售额
数据来源：美国经济调查局

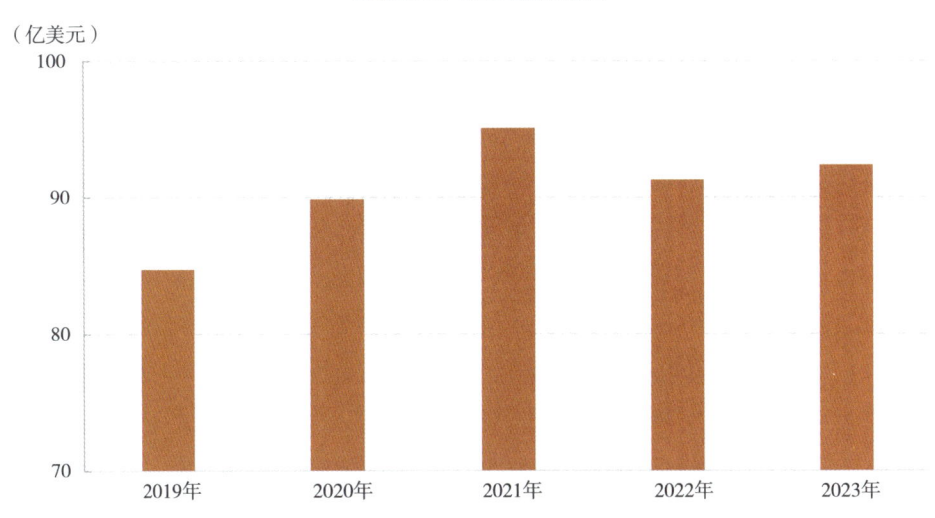

图8 英国居民家纺产品消费支出金额
数据来源：英国统计局

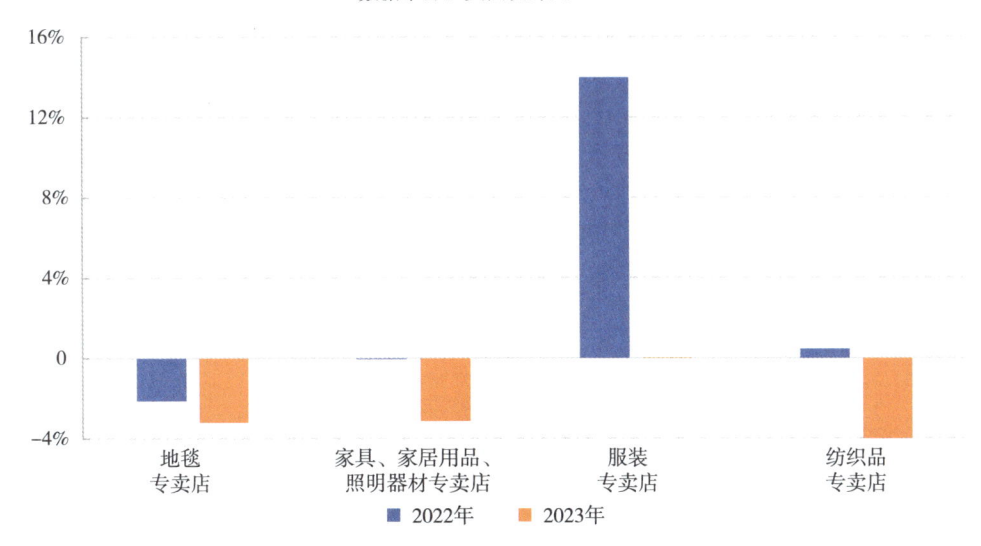

图9 法国纺织品服装专卖店零售增速
数据来源：法国统计局

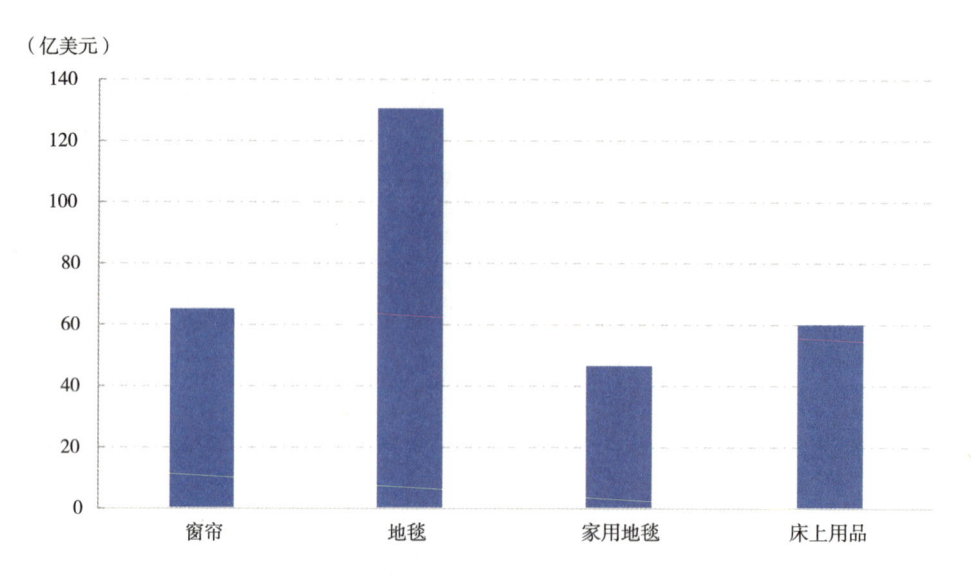

图10　2022年日本部分家纺产品批发销售额
数据来源：日本室内装饰协会

（四）欧盟、美国市场对我国家纺产品依赖度高于其他纺织服装产品

从美国和欧盟进口家纺产品金额看（根据海关HS编码57章、63章、94章部分产品加总），海关编码第63章毯子、床上用品和毛巾产品进口金额占比较大，2023年美国和欧盟从全球进口金额均在100亿美元以上，其次是地毯产品，再次为布艺餐厨等产品。2023年，美国家纺产品进口金额为216亿美元，同比减少17.9%，欧盟家纺产品进口金额约合153亿美元，同比减少21.4%（图11、图12）。相同的是，新型冠状病毒疫情暴发当年由于自身生产供应受阻，美国和欧盟均加大了自全球的采购比例，2022年底之后进口规模逐步缩小至2019年水平。2023年，我国家纺产品在美国和欧盟进口市场中所占比例分别为47%和9.7%，虽然均呈下降态势，但均明显高于服装产品市场份额，这说明我国家纺产品国际竞争力较强。

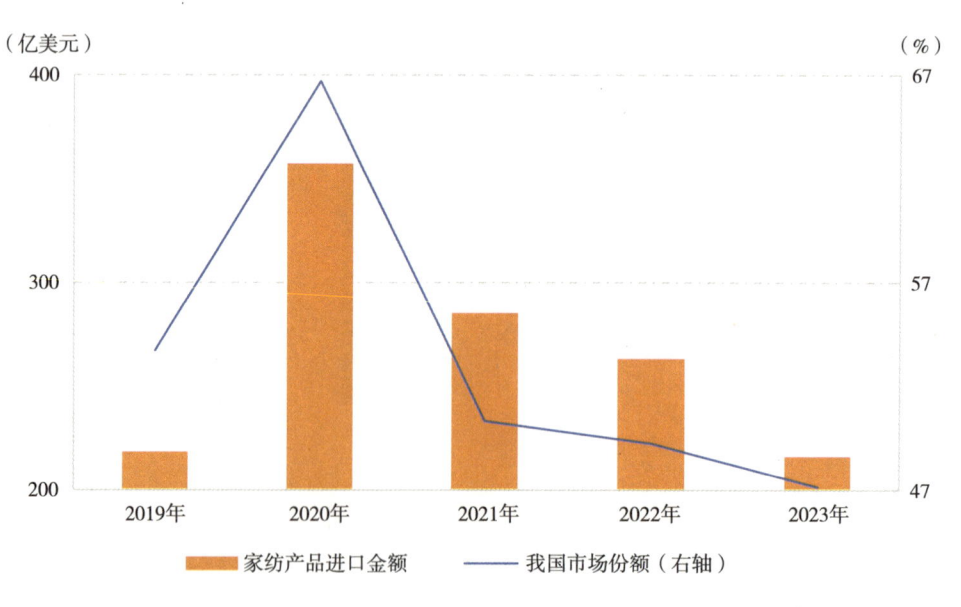

图11　美国从全球进口家纺产品金额及我国市场份额
数据来源：美国纺织品服装贸易办公室

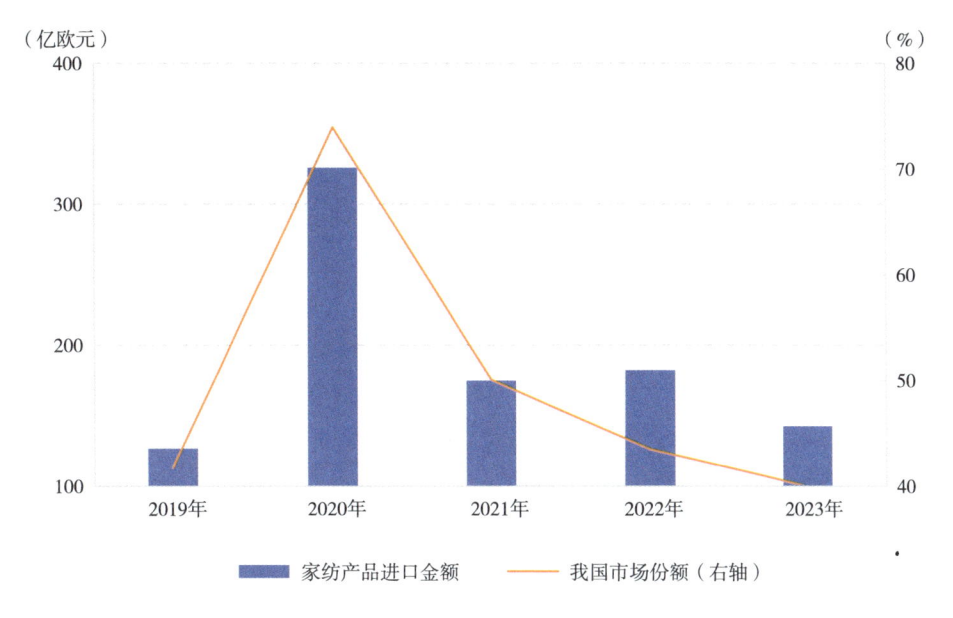

图12　欧盟从全球进口家纺产品金额及我国市场份额
数据来源：欧盟统计局

四、2024年国内外纺织品服装消费需求趋势预判

（一）"正常化"逐渐成为世界经贸走势的关键词

2024年，主要发达经济体均将回到正常货币政策时代。美国和欧洲通货膨胀水平得到一定控制，美国联邦储备系统和欧洲中央银行料将结束加息周期；日本经济逐渐走出通货紧缩区间，日本中央银行宣布结束负利率政策刺激。虽然货币政策趋于正常，而且创伤效应减弱，但是欧美市场利率水平停留在高位，消费和投资需求难以大幅改善，基本确定了全球经济"低增长"的基调，经济乏力的增长态势与2019年底之前相似。2024年4月，国际货币基金组织（IMF）预测2024年全球经济增速为3.2%，与2023年增速一致，仍然低于3.8%的历史（2000~2019年）平均水平。全球经济和贸易回到了2019年底之前的缺乏增长动能、政治因素扰动经贸效率阶段。

（二）我国纺织品服装消费回归常态化中低速增长区间

我国纺织品服装消费与经济发展阶段息息相关。从历史数据看，如图13所示，2000~2010年，我国宏观经济和居民收入持续高速增长，吃、穿、用等消费品迅速丰富起来，居民从无品牌消费升级到品牌消费、从市场消费升级到商场消费等，纺织品服装消费搭上物质改善快车，限额以上单位的服装、鞋帽、针纺织品零售增速远高于经济增速。

2011年之后到2019年底之前，在外部经贸环境变化以及国内经济结构矛盾逐渐显现背景下，我国宏观经济和居民收入增速开始阶梯式放缓，国内消费进入美好生活需求越加丰富的升级阶段，娱乐休闲、健康养生、精神满足等方面的消费品零售快速增长，不断挤占衣着消费支出空间，加之线上零售业态快速发展，纺织品服装实体零售增速大幅放缓，2019年增速已经低于经济增速3.1个百分点。

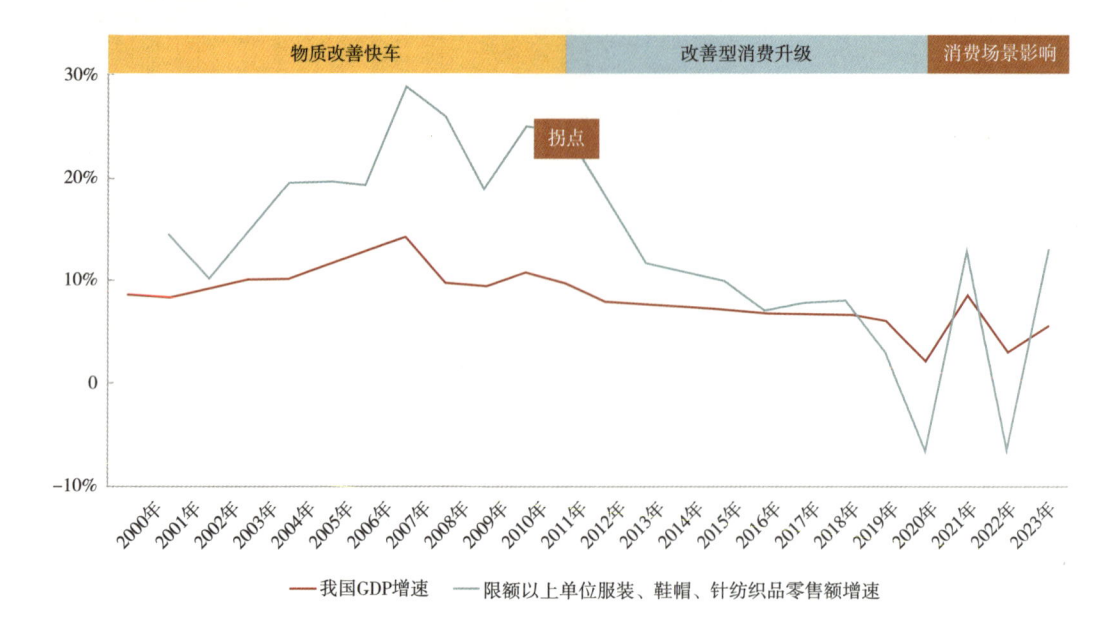

图13 我国经济与纺织品服装零售增长情况
数据来源：国家统计局

疫情发生后，纺织品服装的实体零售表现很大程度上取决于防控政策和消费场景，当采取社交隔离措施时，衣着消费需求被抑制，当隔离措施解除时，衣着消费需求集中释放，因此2020~2023年纺织品服装实体零售增速大幅波动。

2024年，国内消费场景恢复正常，经济发展面临的环境又回到2019年底之前周期性、结构性问题并存的阶段，纺织品服装实体渠道零售也将呈现2019年底之前中低速增长态势，线上渠道零售仍将保持较快增长。

（三）我国纺织品服装内销增长点较为明显

当前，我国内需市场消费圈层丰富，Z世代、单身、银发、母婴等群体同时存在，情感消费、价值消费、颜值消费、趣味消费等消费取向各自成风，我国纺织服装企业打造产品调性、塑造品牌价值观的空间较大，能够与消费者产生情感联系的产品将保持消费热度。消费者调查显示，"钱要用到刀刃上""更关心品牌与自身匹配度而非知名度"等特点较为明显，能够将关注度放在产品本身并且能突出性价比的产品将有较好的市场表现。

随着我国居民对社会发展关注度提升，能够较好体现社会责任感、使用绿色环保原料、倡导可持续发展理念、循环利用废旧产品的纺织品服装将有较好关注度。在不断增强的文化自信和持续优化的舆论环境支撑下，国潮产品、非遗产品、自主品牌也有较好表现。

当前我国农村居民的可支配收入和消费支出总额与2011年的城镇居民大体一致，但人均衣着消费支出却明显低于当时的城镇居民（图14），从侧面反映出农村居民衣着消费潜力尚未有效挖掘，如果消费体验能够提升、物流配送能够畅通、产品开发更能打动消费者，乡镇等下沉市场的纺织品服装零售增速或将加快增长。

2024年政府工作报告指出将重点培育壮大数字消费、绿色消费、健康消费等新型消费，智能家居、体育赛事、文娱旅游、国货潮品等均是纺织行业内销融合创新的重点领域。商务

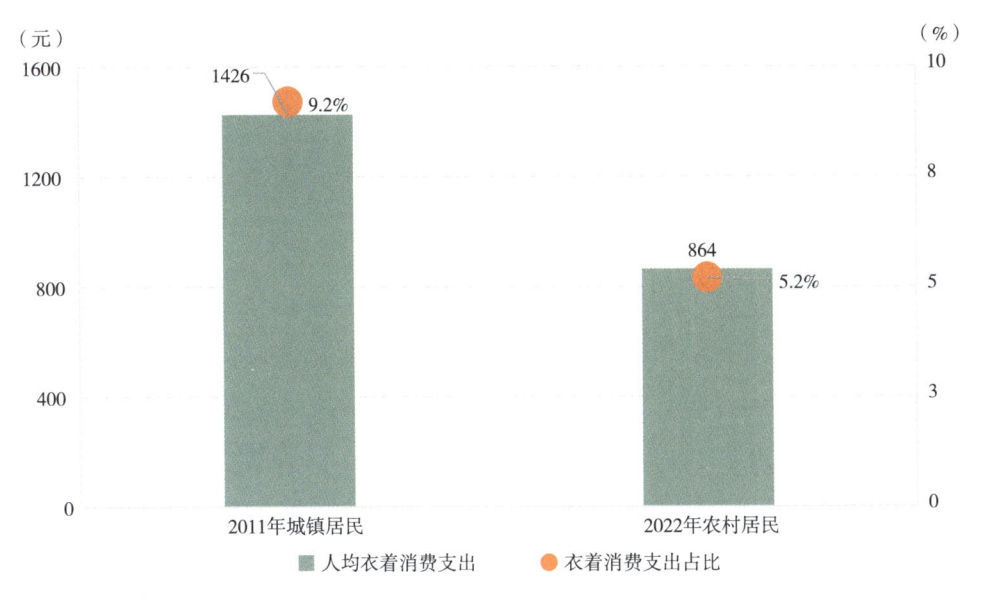

图14　我国城镇与农村居民衣着消费情况
数据来源：国家统计局

部等14部门联合发布了《推动消费品以旧换新行动方案》，其中推动家电和家装厨卫以旧换新是重点任务，家庭环境的改善和提升必将带动家纺家居产品更新，有利于支撑家纺行业经济运行保持回升向好态势。

（四）纺织品服装国际消费需求分化较大

纺织品服装国际消费需求总体偏弱，但近期需求侧呈现弱改善迹象，能够支撑纺织行业出口较2023年好转。首先，全球制造业采购经理人指数（PMI）自2024年以来均保持在扩张区间（图15），其中的新订单指数也保持在扩张区间且环比提升，说明需求侧正在改善。其次，美国、欧盟和日本的消费信心指数均有所回升（图16），有利于消费者做出提升消费预算的决定。

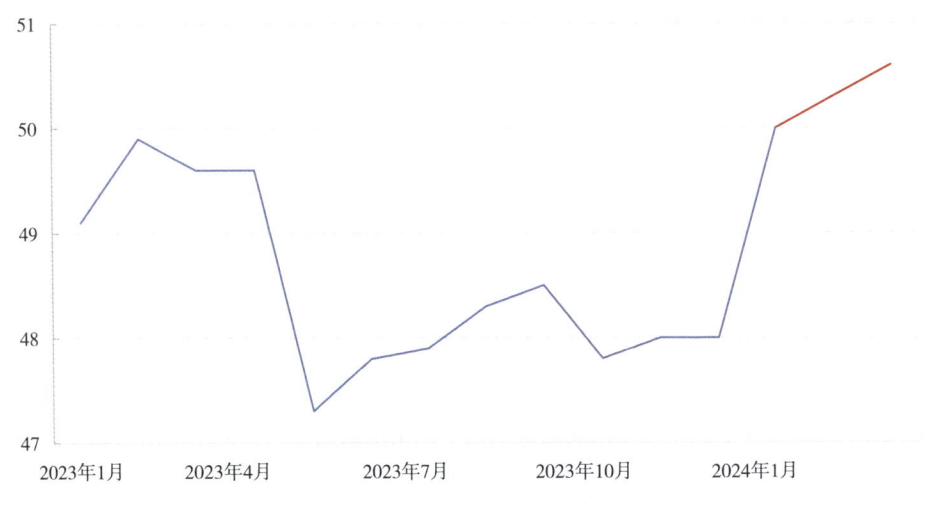

图15　全球制造业PMI
数据来源：S&P GLOBAL

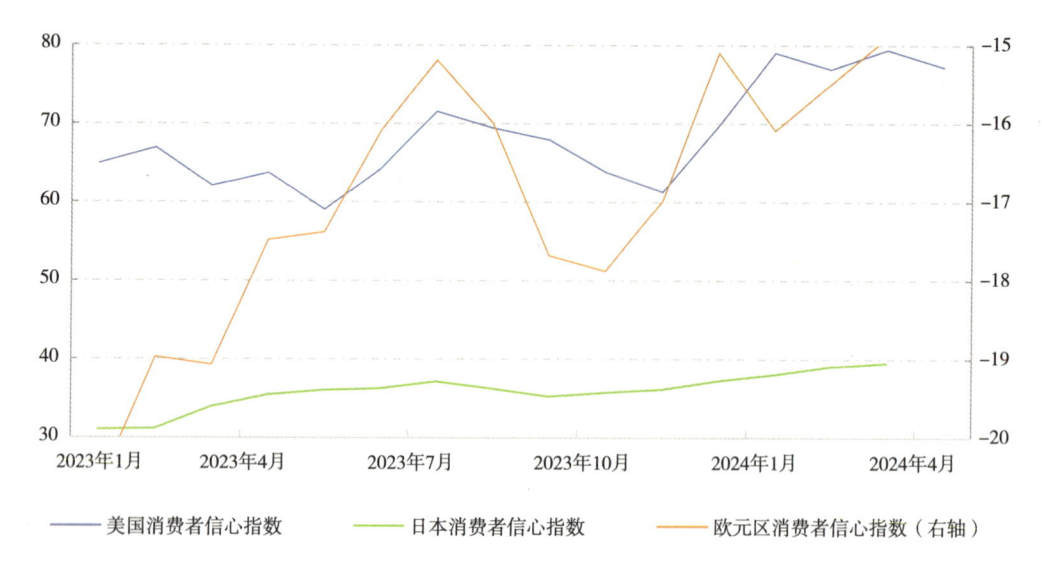

图16　美国、欧盟、日本消费者信心指数
数据来源：美国密歇根大学，日本经济产业省，欧盟统计局

不同市场需求前景有着较大差别。当前，美国经济表现较为强劲，就业和消费增长较为稳定，服装零售额增速自2月起转正后有所提升，稳定的居民收入增长和消费信心改善将支撑纺织品服装消费需求有所回暖，2023年我国对美出口基数较低，预计2024年对美出口可保持修复增长态势。欧盟宏观经济面较弱，消费也未出现回暖迹象，随着商业库存缓慢下降，2024年我国对欧盟出口纺织品服装降幅在低基数基础上有望收窄。受物价较高、日元大幅贬值影响，日本居民实际购买能力将进一步下降，2024年我国对日本出口纺织品服装降幅较难收窄。

（五）跨境电商出口增长仍有潜力

传统贸易面临"泛安全化"风险，欧美"去风险化"表现为近地化采购、友岸化生产，美国采购商加大了从墨西哥、加拿大等南北美洲采购纺织品服装的比例，欧盟采购商加大了从欧盟内部采购比例，跨境电商零售受政治干扰的影响较小。欧美跨境电商发展较为成熟，线上购物消费增势好于实体渠道，以美国为例，2023年线上零售金额占全部零售金额的比重为15.4%，同比提高5.3%。以亚马逊平台为主，主要面向北美市场的赛维时代男装和家居服品牌的跨境电商营业收入超过10亿元，同比增速约为50%。说明发达国家较好的线上消费需求能够支撑纺织服装产品跨境出口实现较好增长，同时能够规避大宗贸易的政治风险。

此外，新兴市场的跨境电商规模也在持续扩大，能够为纺织行业拓展出口市场起到积极支撑作用。东南亚电商销售总额将突破1000亿美元，其中菲律宾、马来西亚、印度尼西亚位列销售额增速前10名，增长率为14.4%~24.1%。《东南亚Z世代购物行为》报告显示，近70%的东南亚Z世代将货架电商平台作为他们购物旅程的重要起点，并依赖这些平台来研究他们想要购买的商品，超六成Z世代将货架电商作为购物首选平台，说明拼多多跨境电商平台（TEMU）、来赞达（LAZADA）等平台型电商仍有较好发展空间，值得纺织出口企业关注。

撰稿人：张倩

2023年我国家用纺织品出口情况

中国家用纺织品行业协会产业部

受海外需求收缩、贸易环境风险上升等因素影响，2023年我国家用纺织品行业以其扎实的基础和强大的发展韧性承压前行，2023年来，行业出口额降幅不断收窄，呈现回温趋势（图1）。据我国海关数据显示，2023年我国出口家用纺织品459.78亿美元，同比下降2.29%，降幅较2022年收窄1.56个百分点。纵观历史数据，当前我国家用纺织品出口规模仍在高位水平，出口额较新型冠状病毒疫情前的2019年增长了16.04%（图2）。

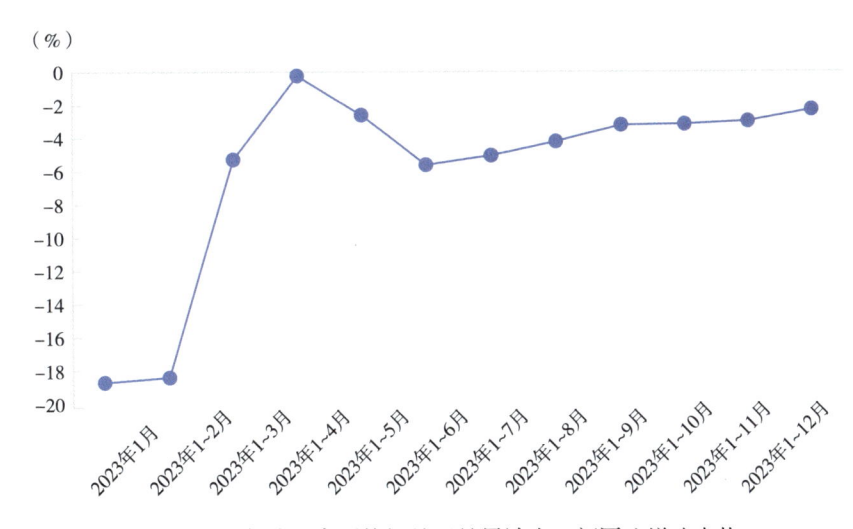

图1 2023年我国家用纺织品逐月累计出口额同比增速走势

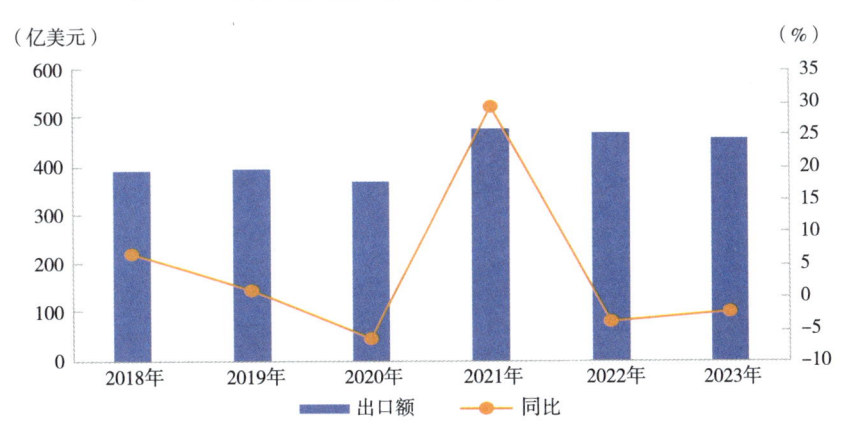

图2 2018~2023年我国家用纺织品出口额及同比增速走势

一、我国家用纺织品大类产品出口情况

2023年，在我国出口的主要家用纺织品大类中，毛巾产品和布艺产品降幅显著；床上用品降幅收窄，低于整体家用纺织品水平；毯子维稳，出口规模基本与上年持平；地毯与餐厨用纺织品增速乐观，且势头较好，自2020年以来一直呈增长态势（图3）。

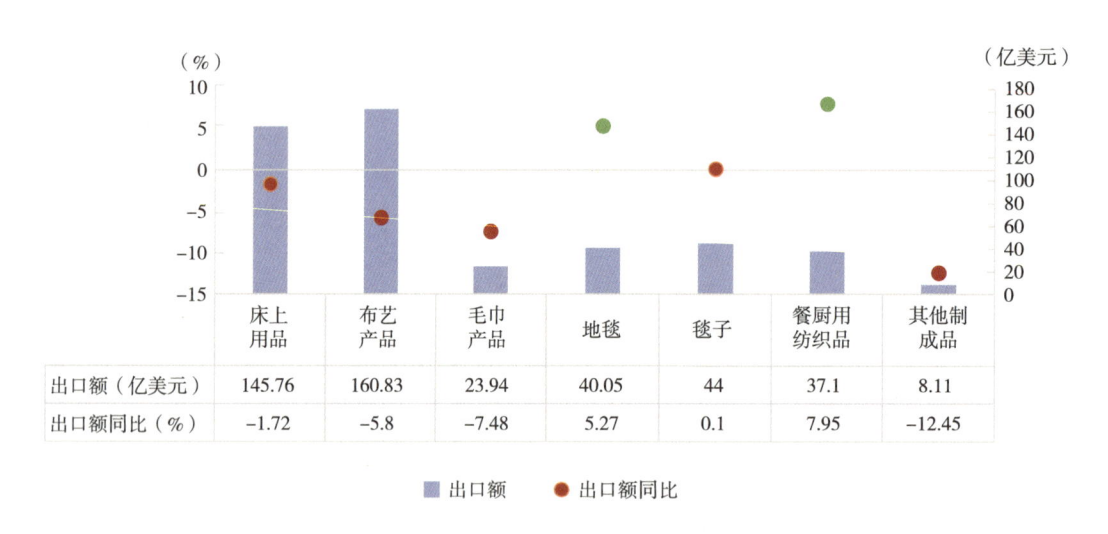

	床上用品	布艺产品	毛巾产品	地毯	毯子	餐厨用纺织品	其他制成品
出口额（亿美元）	145.76	160.83	23.94	40.05	44	37.1	8.11
出口额同比（%）	-1.72	-5.8	-7.48	5.27	0.1	7.95	-12.45

图3　2023年我国主要大类家用纺织品出口额及同比

（一）床上用品回温，化纤质产品起到主要拉动作用

2023年，我国出口床上用品145.76亿美元，同比下降1.72%，降幅较2022年收窄5.73个百分点，呈回温趋势，其中以床上用织物制品和被子产品出口为主。

床上用织物制品呈现化纤质产品增长而棉质产品下降的趋势，2023年我国出口床上用织物制品50.13亿美元，同比下降2.41%，其中出口化纤质产品27.87亿美元，同比增长4.49%；出口棉质产品15.29亿美元，同比下降13.04%。2023年化纤质产品占床上用织物制品出口总量的比重较2022年扩大了3.67个百分点，而棉质产品收缩了3.72个百分点。

被子产品的出口同样呈现化纤质产品突出的情况。2023年我国出口被子产品79.01亿美元，同比略增0.58%，其中出口化纤填充物被子51.11亿美元，同比增长1.7%，而出口羽绒被4.48亿美元，同比下降12.18%。

（二）布艺产品中面辅料收窄，成品稳定

2023年我国出口布艺产品160.83亿美元，同比下降5.8%，其中窗帘、装饰用织物制品等成品走势稳定，共计出口59.26亿美元，同比略降1.04%，降幅较上年收窄4.78个百分点。而布艺面辅料在以往的高基础上显著回落，出口101.57亿美元，同比下降8.38%，降幅较2022年扩大了13.55个百分点。进入2023年，随着主要经济体消费市场低迷以及原厂地监管政策趋严，我国对主要海外产能布局地区出口家纺中间品的热度逐渐降温，其中布艺面辅料的主要出口市场均有较大幅度的下降，对孟加拉国、墨西哥、缅甸、埃及和印度尼西亚的降幅达到两位数（表1）。

表1　2023年我国对主要布艺面辅料出口市场情况

主要市场	出口额（亿美元）	同比（%）
越南	15.63	-6.32
孟加拉国	9.75	-20.79
柬埔寨	5.98	0.12
墨西哥	5.58	-17.25
印度	4.59	-6.44
俄罗斯	3.65	10.23
缅甸	3.17	-22.60
埃及	3.17	-23.91
巴西	2.72	-4.67
印度尼西亚	2.68	-19.2

（三）毛巾持续走弱，厨房用织物制品向好

2023年，我国出口毛巾产品23.94亿美元，同比下降7.48%，毛巾产品自2020年来显现下降趋势，当前已经跌破2019年底之前水平，较2019年出口额下降了9.19%，造成毛巾走弱的原因是多方面的，其中一个是国际竞争激烈，在统计的出口毛巾产品中，90%以上为棉质毛巾，受贸易壁垒以及印度、巴基斯坦等棉花产地大国的激烈竞争，我国毛巾产品出口优势逐渐变弱。另外是更加便捷、性价比更高的超细纤维、棉柔巾等擦拭用产品的替代，协会统计的以化纤材质为主的盥洗及厨房用织物制品和擦拭用品近年来增势显著且有延续趋势，2023年我国共计出口上述两类产品29.22亿美元，同比增长9.3%（图4）。

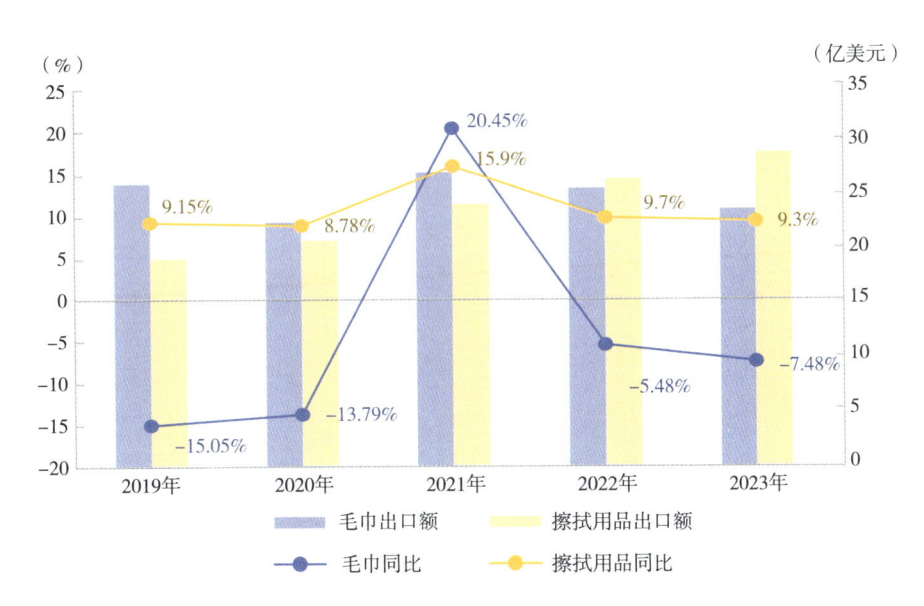

图4　2019~2023年我国毛巾产品和厨房盥洗室擦拭类用品出口额及同比
注：盥洗及厨房用织物制品和擦拭用品统计在餐厨用纺织品中。

（四）地毯和毯子产品稳中有增

2023年，我国出口地毯40.05亿美元，同比增长5.27%，出口毯子产品44亿美元，同比增长0.1%（图5），近年来，两产品的出口均呈稳定的增长势态，出口额分别较2019年增长了36.48%和18.52%。

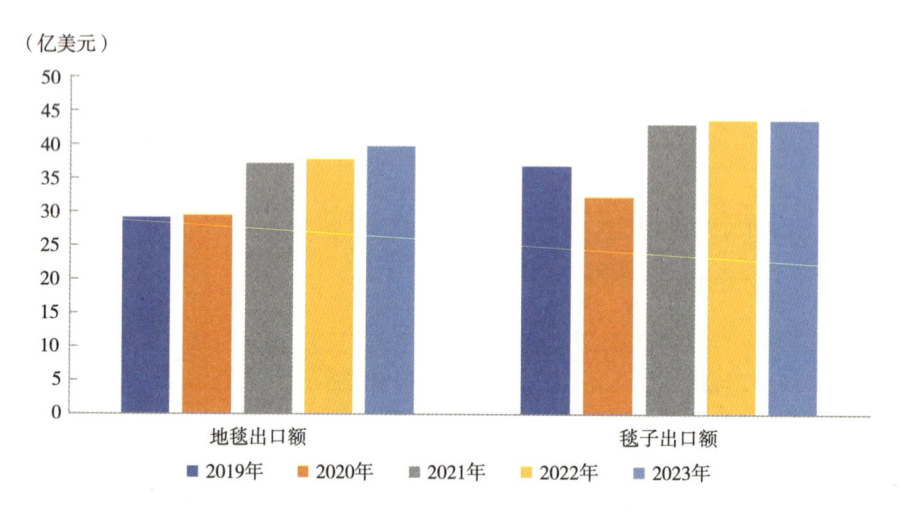

图5　2019~2023年我国地毯和毯子出口额走势

二、我国家用纺织品主要出口市场情况

亚洲、北美洲、欧洲是我国家用纺织品出口较集中的大洲。2023年，北美洲和欧洲市场稍见起色，我国向北美洲出口家用纺织品114.91亿美元，同比略降0.98%，降幅较2022年收窄16个百分点；向欧洲出口家用纺织品71.45亿美元，同比增长0.17%，增速较2022年扩大了15.1个百分点。亚洲市场在2022年高增速的基础上显现回落，向其出口家用纺织品196.56亿美元，同比下降3.14%。另外拉丁美洲降幅持续扩大，2023年对其出口额同比下降5.85%，大洋洲增速转正为负，同比下降达8.92%；非洲市场维稳，同比增长0.46%，基本与2022年水平相当（图6）。

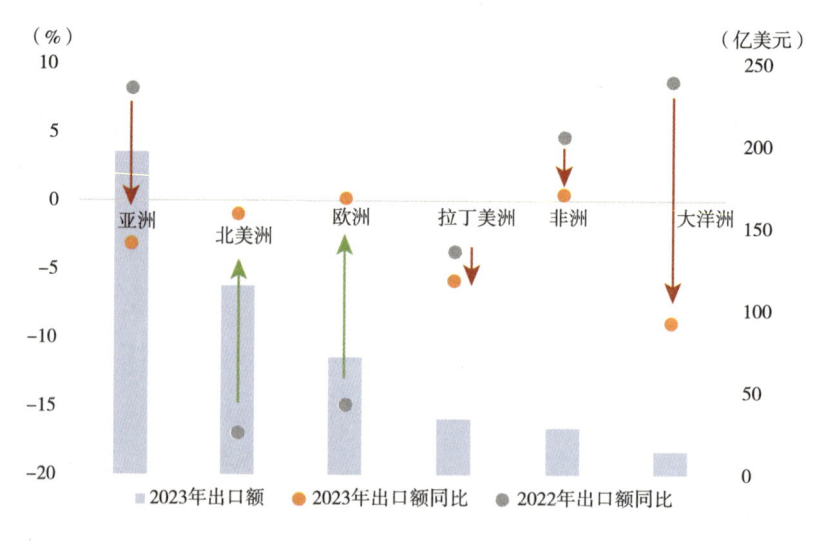

图6　2023年我国家用纺织品对各大洲出口情况

（一）主要发达经济体中，美国、欧盟市场回温

2023年，美国、欧盟市场逐渐好转，美国市场自7月以来，当月出口额同比一直保持增长，而欧盟市场自9月以来一直保持增长，下半年的增长拉动全年整体表现，2023年内，我国对美国市场出口家用纺织品107.66亿美元，同比略降0.7%，降幅较2022年收窄16.15个百分点。对欧盟市场出口59.57亿美元，同比略降1.28%，降幅较2022年收窄12.91个百分。然而日本市场增长动力依然不足，2023年我国向其出口家用纺织品27.42亿美元，同比下降达12.22%，降幅较2022年增加6.78个百分点（表2）。

表2　2023年我国对美国、欧盟、日本市场出口家用纺织品情况

美欧日市场	出口额（亿美元）	同比（%）
美国	107.66	-0.7
欧盟	59.57	-1.28
日本	27.42	-12.22

（二）东盟显现降势

东盟是我国家纺行业重要的出口市场和产能布局地区，2023年，我国对东盟市场出口家用纺织品78.18亿美元，同比下降4.13%，东盟市场在2022年13%的高增速基础上出现回落势态。从产品角度来看，床上用品、布艺制成品（窗帘、装饰用织物制品等）和餐厨用纺织品仍然保持较高增速，同比分别增长6.62%、12.19%和13.84%，而布艺面辅料、毛巾、地毯和毯子的出口都呈现较大幅度的下降，分别下降了8.15%、19.5%、8.17%和11.95%（图7）。从区域角度看，降幅主要体现在越南、泰国、印度尼西亚、菲律宾和缅甸（表3）。

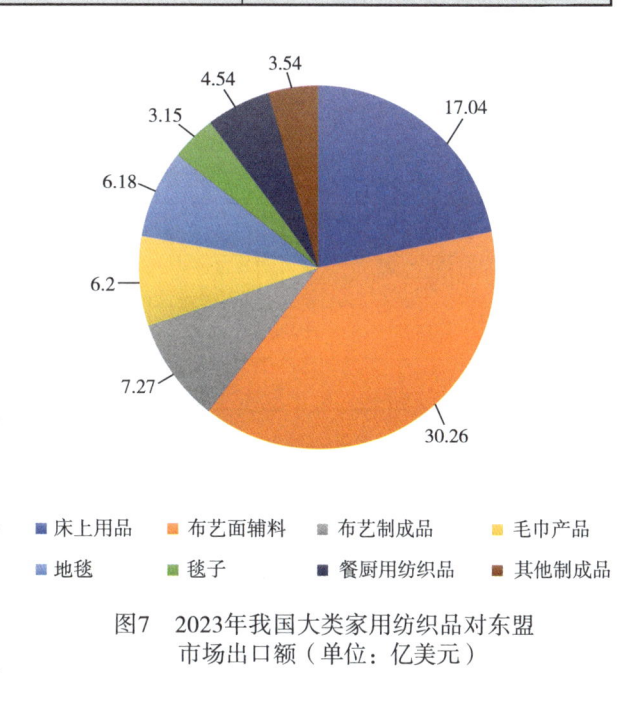

图7　2023年我国大类家用纺织品对东盟市场出口额（单位：亿美元）

表3　2023年我国对东盟十国出口家用纺织品情况

东盟十国	出口额（亿美元）	同比（%）
越南	24.46	-4.74
马来西亚	12.16	7.88
泰国	8.97	-5.74
新加坡	7.92	14.16

续表

东盟十国	出口额（亿美元）	同比（%）
柬埔寨	7.56	-2.74
印度尼西亚	6.45	-13.85
菲律宾	5.75	-18.39
缅甸	4.65	-17.91
老挝	0.18	58.65
文莱	0.08	41.53

（三）对共建"一带一路"沿线国家的出口情况优于总体水平

2023年我国对"一带一路"沿线国家出口家用纺织品178.79亿美元，同比略降0.29%，降幅低于总体水平2个百分点。其中俄罗斯、中亚、中东地区增速突出。对俄罗斯出口9.43亿美元，同比增长16.46%，对中亚5国出口13.96亿美元，同比增长42.85%，对中东地区出口42.86亿美元，同比增长0.39%。

值得注意的是，对南亚三国的出口额增速下滑显著，2023年我国向南亚三国出口家用纺织品22.55亿美元，同比下降13.63%（表4）。

表4　2023年我国对南亚三国出口家用纺织品情况

南亚三国	出口额（亿美元）	同比（%）
印度	8.8	-2.57
巴基斯坦	3.08	-11.09
孟加拉国	10.67	-21.62

三、我国家用纺织品出口口岸情况

前五出口口岸整体降幅收窄。浙江、江苏、山东、广东和上海是我国家用纺织品出口前五出口口岸，2023年五个口岸共计出口家纺产品375.96亿美元，同比下降3.35%，降幅较2022年收窄1.37个百分点（表5）。

表5　2023年我国家用纺织品前五出口口岸出口额及同比情况

前五口岸	出口额（亿美元）	出口额同比（%）
浙江省	161.6	-0.47
江苏省	98.49	-5.99
山东省	48.82	-7.66
广东省	41.38	3.28
上海市	25.66	-11.27

值得关注的是，新疆口岸增长显著，2023年新疆口岸出口家用纺织品10.53亿美元，同比增长高达72.45%。另外，河北、福建两口岸也有稳定的增长，分别出口家用纺织品13.69亿美元和10.89亿美元，同比分别增长5.96%和1.09%。

四、我国家用纺织品行业外贸环境情况

（一）不确定因素仍很多

未来，我国家纺行业发展面临的不稳定、不确定因素依然较多，全球经济贸易活动及金融系统稳定性面临挑战。一是外需增长的预期放缓，近期世贸组织发布了全球贸易展望和统计报告，其中就把2024年货物贸易量增速调低到2.6%，比2023年10月的预测值低了0.7个百分点。二是地缘冲突风险增多，乌克兰危机跌宕起伏，巴以冲突影响持续外溢，原油供给的风险在增加等带来诸多变数。三是贸易保护主义势头不减，部分发达国家"去风险"政策加剧全球"脱钩断链"风险。国际纺织产业链供应链布局持续调整，我国家纺行业巩固国际竞争优势、开展国际贸易和投资合作的环境依旧复杂。

（二）我国政府出台一系列政策为外贸保驾护航

面对更加复杂严峻的外部形势，2024年政府工作报告围绕"推动外贸质升量稳"作出了一系列部署，为推动我国外贸发展指明了发展方向。一是加快内外贸一体化发展；二是明确提出促进跨境电商等新业态健康发展，优化海外仓布局；三是支持加工贸易提档升级，拓展中间品贸易、绿色贸易等新增长点；四是出台支持服务贸易、数字贸易创新发展政策，同时继续巩固国际展会发展。

（三）跨境电商等新渠道带来新机遇

跨境电商已经成为我国外贸发展的一股重要力量，据商务部数据显示，2023年，我国跨境电商进出口总额2.38万亿元，同比增长15.6%，其中出口1.83万亿元，同比增长19.6%，我国跨境电商主体已超10万家，建设独立站已超20万个。各级政府和相关部门接连出台有针对性的支持举措，从降低跨境电商企业出口退运成本到完善跨境电商发展所需的物流基础设施，再到资金扶持企业建设独立站，不断推动跨境电商稳定发展。截至2023年，我国海外仓已经超过1800个，我国银行基本可以为境内跨境电商经营者提供全链条全周期服务，我国已经实现了跨境电商综试区在30余个省份的全面覆盖，其中浙江省、江苏省、广东省和山东省更是实现了省内地级市全覆盖。随着我国跨境电商生态的完善，潜能还将进一步释放。家纺作为终端消费产品，在跨境电商的运用上有着更多可能性。

（四）除美国、欧盟、日本以外的其他新兴市场潜力尚待挖掘

美国、欧盟、日本市场是我国家用纺织品的主要出口市场，但随着贸易关系的复杂和需求疲软，美国、欧盟、日本传统市场增长动力不容乐观，反观除美国、欧盟、日本外的其他

市场存在扩容空间。以家用纺织品的出口来看，虽然美国、欧洲、日本市场仍占到我国家用纺织品出口的一半以上，但是所占比重正逐渐下降，2023年占比为52.85%，占比较新型冠状病毒疫情前收缩了4.38个百分点。2023年我国对美国、欧盟、日本市场出口家纺成品182.35亿美元，同比下降2.14%，而对除美国、欧盟、日本外的其他市场出口家纺成品162.69亿美元，同比增长2.45%，且近年来一直保持增长势态（图8）。

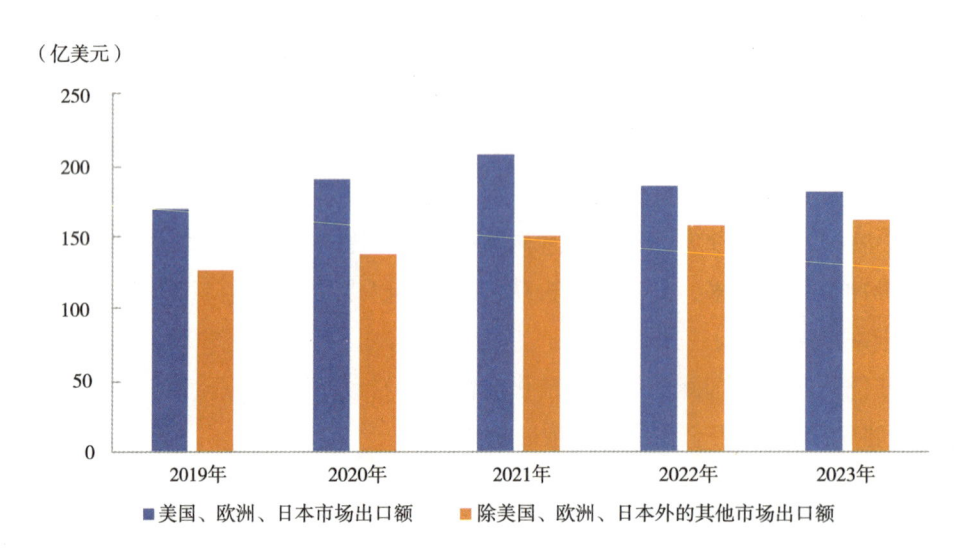

图8 2019~2023年我国家用纺织品对美国、欧洲、日本市场和除美国、欧洲、日本外的其他市场出口额

未来，我国家纺外贸发展必将面对不小的挑战，但是挑战中也蕴藏着机遇与新生，我国家纺产业拥有坚实的发展基础，我国政府不断出台政策为外贸保驾护航，国内宏观环境持续向好，为内外贸一体化发展奠定良好基础，高标准自由贸易区网络建设持续推进，为行业进一步开拓多元化国际市场和构建国际化供应链体系提供有利条件。行业企业应抓住利好政策与时机，加强科技创新，优化全球产能布局，积极转型升级，向产业链中高端攀升，实现破局。

撰稿人：刘丹

国内市场

2023年我国床上用品市场运行情况及2024年发展趋势

中华全国商业信息中心

一、2023年我国消费品市场运行情况

2023年，在党中央坚强领导下，各地区各部门深入实施扩大内需战略，积极推出一系列提振居民消费、稳定经营主体信心的政策举措，推动消费品市场回升向好、乡村消费市场实现较快增长、线上消费占比持续提升、餐饮消费快速恢复、限额以下单位消费增势良好。实体零售企业加大创新力度、提升供给质量、优化消费环境、打造消费特点，使实体店商品零售的增长贡献率大幅提高，全国重点大型零售企业销售业绩明显回升。

（一）消费品市场持续恢复回升

《当前经济工作的几个重大问题》中明确指出："必须大力实施扩大内需战略，采取更加有力的措施，使社会再生产实现良性循环""把恢复和扩大消费摆在优先位置""要增强消费能力，改善消费条件，创新消费场景，使消费潜力充分释放出来"。2023年《政府工作报告》中提出，多渠道增加城乡居民收入，稳定汽车等大宗消费，推动餐饮、文化、旅游、体育等生活服务消费恢复。2022年底至2023年全年，党中央、国务院、各部委相继出台《扩大内需战略规划纲要（2022—2035年）》《质量强国建设纲要》《关于组织开展2023年文化和旅游消费促进活动的通知》《关于组织开展汽车促消费活动的通知》《关于促进绿色智能家电消费若干措施的通知》《关于促进家居消费若干措施的通知》《关于促进电子产品消费的若干措施的通知》《关于恢复和扩大消费的措施》等一系列扩内需、促消费政策，为我国消费市场尽快恢复活力、持续提质升级保驾护航。全年社会消费品零售总额实现47.1万亿元，同比增长7.2%（图1）。

（二）乡村消费市场实现较快增长

在党的二十大精神的指引下，在中央农村工作会议的指示下，在《中共中央 国务院关于做好2023年全面推进乡村振兴重点工作的意见》《县域商业三年行动计划（2023—2025年）》等振兴农村经济、促进县乡消费的政策推动下，我国正在加快构建以县城为中心、乡镇为重点、农村为基础的县域商业体系，推动供应链、物流、商品、服务下沉和农产品上

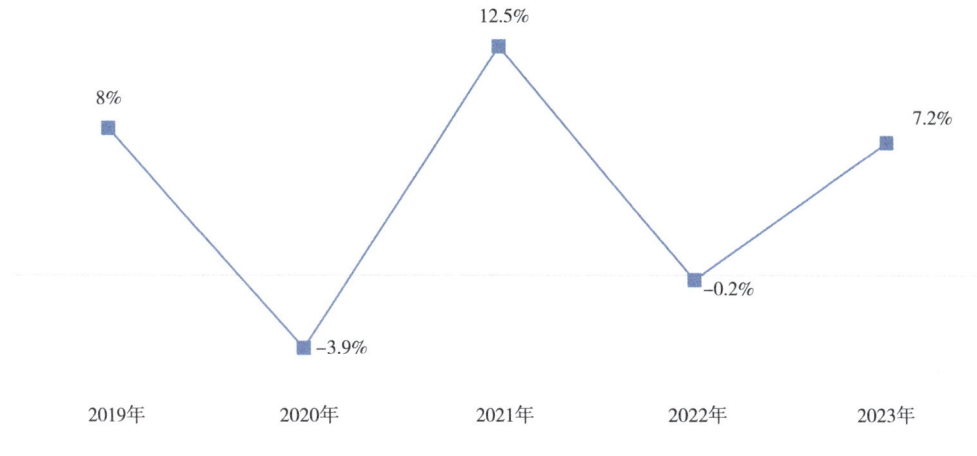

图1 2019~2023年社会消费品零售总额增速
数据来源：国家统计局

行，形成有效供给持续扩大、农民增收和消费提质良性循环、乡村消费市场高质量发展的良好发展局面。2023年，乡村消费品零售额增长8%，增速快于城镇0.9个百分点（图2），且自5月起，乡村市场销售增速持续高于城镇。2023年，包含镇区和乡村地区的县乡消费品零售额占社会消费品零售总额的比重为38.4%，比上年提高0.3个百分点。

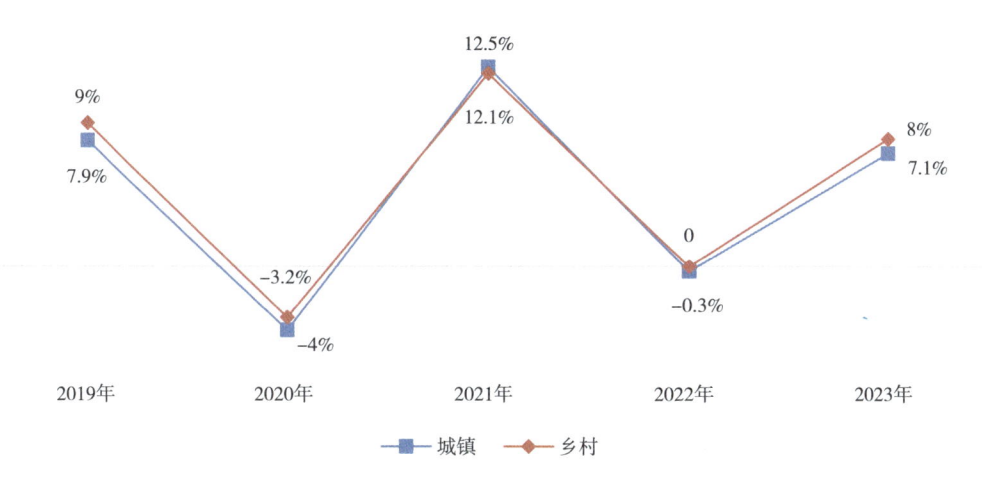

图2 2019~2023年城乡消费品市场增长情况
数据来源：国家统计局

（三）线上消费占比持续提升

在关于数字社会建设的重要思想指引下，在国务院《关于以新业态新模式引领新型消费加快发展的意见》等一系列政策的推动下，商贸流通业经营主体积极适应居民消费渠道多元化的发展趋势，不断优化经营手段与内容，促使直播电商、即时零售、线上外卖等新业态、新模式、新场景、新消费得到较快发展，推动线上消费实现较快增长，占消费品市场份额持续提升。2023年，实物商品网上零售额比上年增长8.4%，增速比上年加快2.2个百分点（图3），其中，穿类增长10.8%，增速较上年加快7.3个百分点；用类增长7.1%，增速较上年加快1.4个百分点；吃类增长11.2%，增速较上年放缓4.9个百分点。2023年，实物商品网上零售额占社会消费品零售总额的比重为27.6%，占比较上年提高0.4个百分点。

图中数据：
- 2019年：19.5%，20.7%
- 2020年：14.8%，24.9%
- 2021年：12%，24.5%
- 2022年：6.2%，27.2%
- 2023年：8.4%，27.6%

■ 实物商品网上零售额增速
◆ 实物商品网上零售额占社会消费品零售总额比重

图3　2019~2023年我国实物商品网上零售额增速及占比情况
数据来源：国家统计局

（四）实体店商品零售增长贡献率大幅提高

随着各地方、各部门积极开展促消费活动，商贸零售企业积极打造新型消费场景，特色商业街区、品牌体验店、美食夜市等线下消费场所提质升级，我国实体商业的消费环境继续优化改善，消费体验不断丰富，带动线下客流量快速回暖，实体店经营持续改善。经测算，2023年，网下商品零售额同比增长4.7%，增速较上年提高6.5个百分点，对商品零售的增长贡献率达到56%（图4）。限额以上零售业实体店商品零售额比上年增长5%，其中便利店、百货店、专业店、品牌专卖店商品零售额分别增长7.5%、8.8%、4.9%和4.5%，以品质优、体验佳为代表的线下零售业态增长尤为突出，限额以上单位仓储会员店、购物中心商品零售均实现两位数增长。

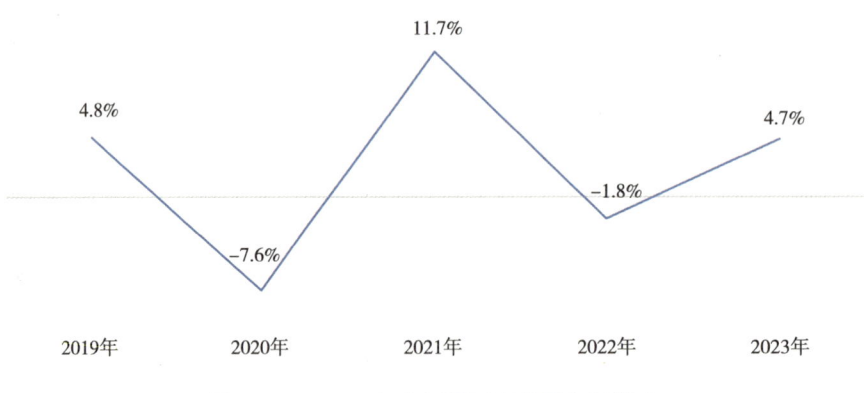

图中数据：
- 2019年：4.8%
- 2020年：-7.6%
- 2021年：11.7%
- 2022年：-1.8%
- 2023年：4.7%

图4　2019~2023年我国网下商品零售额增速
数据来源：国家统计局

（五）限额以下单位消费增势良好

在国家对民营经济的支持力度加大、居民消费个性化、多样化发展等多重因素的推动下，小微企业销售实现较快增长。据测算，2023年，限额以下单位商品零售额增长6%，增速快于限额以上单位0.5个百分点，占商品零售额比重回升到60.5%。限额以下单位餐饮收入增长20.2%，对餐饮消费整体增长的贡献率高达74.2%（图5）。

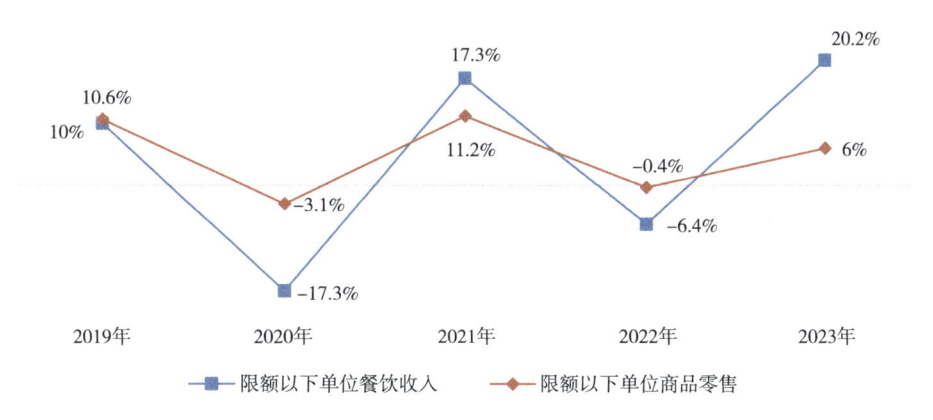

图5　2019~2023年我国限额以下单位商品零售和餐饮收入增速
数据来源：国家统计局

（六）全国重点大型零售企业销售大幅增长

2023年，重点大型零售企业抓住消费复苏的行业机遇，加大力度推动模式创新、业态创新、品牌创新、管理创新，积极引入亲子娱乐、健康养生、餐饮休闲、文化旅游等体验式消费门店，深入探索奥特莱斯、主题集市等热点业态，积极发挥首店经济的促消费作用，着力优化会员服务及提升经营效率，使其销售规模和客流量均得到明显提升。根据中华全国商业信息中心统计，2023年，全国重点大型零售企业零售额同比大幅增长12%（图6、图7）。

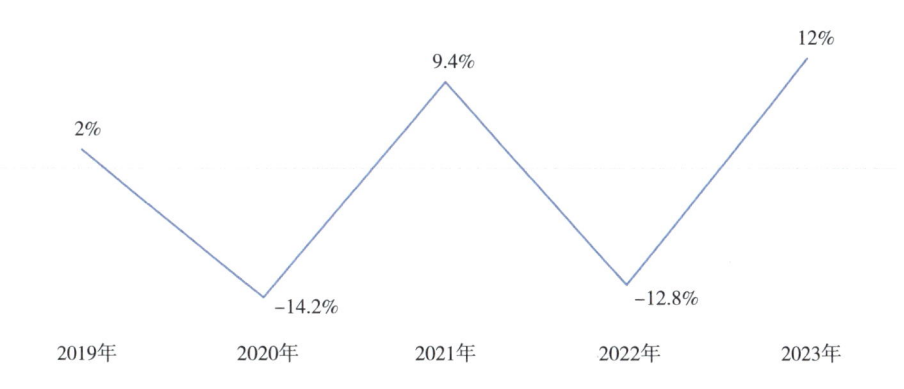

图6　2019~2023年全国重点大型零售企业零售额增速
数据来源：中华全国商业信息中心

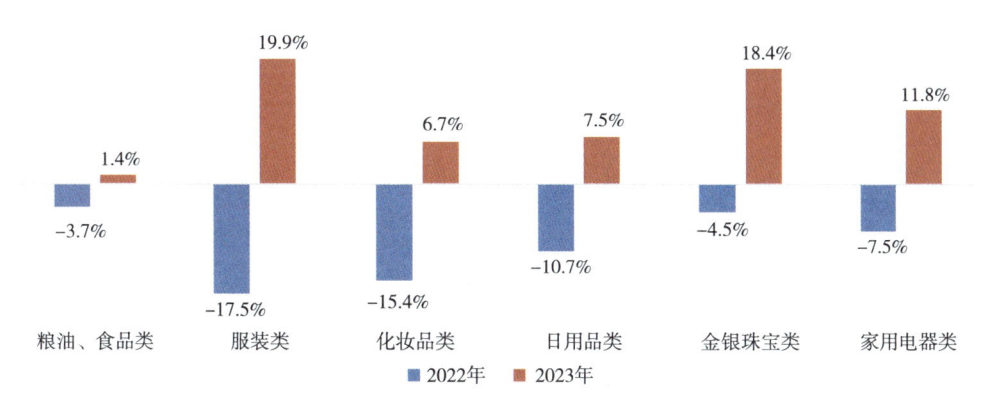

图7　2022~2023年全国重点大型零售企业各类别商品零售额增长情况
数据来源：中华全国商业信息中心

二、2023年全国重点大型零售企业床上用品市场运行情况

（一）2023年床上用品零售额涨幅明显，增速由负转正

中华全国商业信息中心数据显示，2023年全国重点大型零售企业（以百货商场为主）床上用品零售额同比增长13.3%，与去年相比涨幅明显，增速提升了27.7个百分点（图8）。

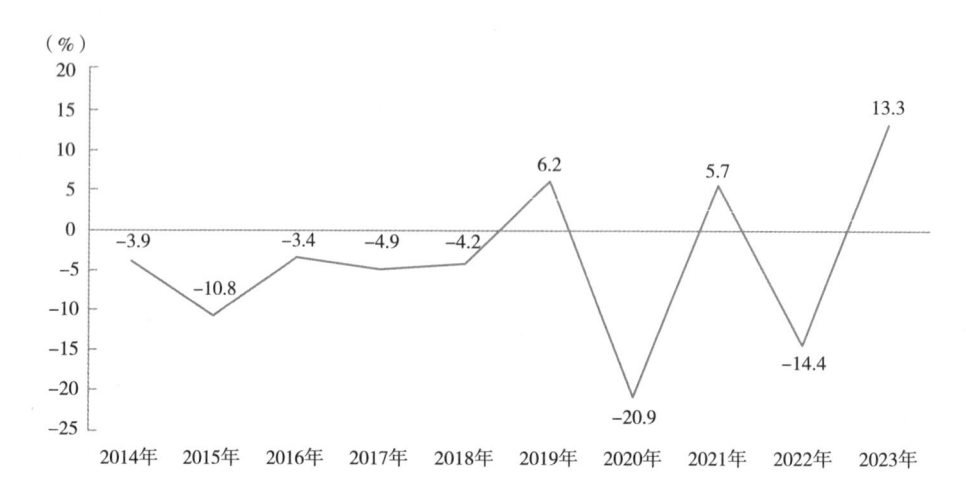

图8　2014~2023年全国重点大型零售企业床上用品零售额增长情况
数据来源：中华全国商业信息中心

（二）2023年月度增速保持回升势头，略有波动

分月度来看，2023年全国重点大型零售企业床上用品市场零售额月度增速全年有一定波动，除了6月和7月增速分别为-1%和-8.9%以外，其他月均实现同比正增长，1~5月、8月、11月和12月实现了两位数增长。同时，增速也受季节因素影响，在季节交替时需求有所增高，其中，4月、11月和12月增速较快，分别达到了37.2%、32.5%和37.3%（图9）。

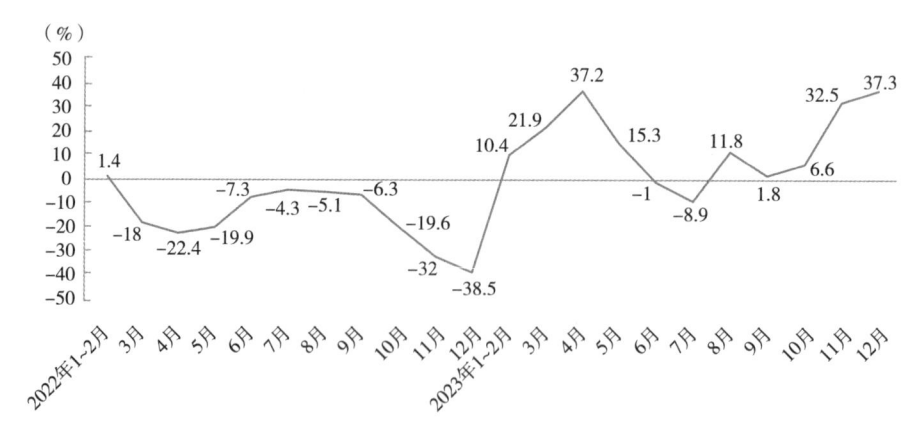

图9　2023年全国重点大型零售企业床上用品类零售额月度增速
数据来源：中华全国商业信息中心

（三）一线城市零售额增速相对较高，涨幅明显

2023年，全国重点大型零售企业一线、二线城市零售额增速相对较高。其中一线城市零

售额同比上涨38.3%，在上年同期低基数效应的影响下实现了明显增长；二线城市零售额实现了同比正增长，增速相比上年提高了20.8个百分点；三线城市相比一线、二线城市表现较为一般，零售额增速同比下降5.5%，降幅较上年相比收窄了10个百分点（图10）。

图10　2022年、2023年全国重点大型零售企业床上用品分线城市零售额增速
数据来源：中华全国商业信息中心

分地区来看，床上用品市场呈现出一定的区域特征。东北、东部、西部地区的床上用品零售额呈现出同比正增长，其中，东部地区增长最快，达到16%，与去年相比增速提升了29.4个百分点；东北、西部地区也均实现了零售额的同比正增长；中部地区虽然降幅有明显收窄，但2023年零售额仍表现为小幅下降（图11）。

图11　2022年、2023年全国重点大型零售企业床上用品分地区零售增速
数据来源：中华全国商业信息中心

（四）平均单价呈现上涨趋势

从需求角度分析，随着人们生活水平的不断提升，品牌与质量逐渐成为消费者在购买床上用品的重要考量因素，人们对床上用品的时尚度、舒适度要求不断提高，愿意为高品质的产品支付更高的费用；从供给角度来看，受疫情加速行业整合影响，头部品牌获得更多市场份额，并基于消费者需求聚焦高端床上用品。此外，在疫情积压的装修需求与婚庆需求释放

以及三胎政策开放等利好条件推动下，消费者对高质量产品的追求在全国重点大型零售企业销售终端越发显现，根据中华全国商业信息中心的数据显示，全国重点大型零售企业床上用品套件和各种被的平均单价❶已连续四年呈上涨趋势。

三、2023年全国重点大型零售企业床上用品市场品牌运行情况

（一）套件

1. 市场集中度呈现稳定上升趋势

根据中华全国商业信息中心对全国重点大型零售企业品牌的监测数据，2023年我国床上用品市场集中度呈现小幅上升趋势，排名前十的品牌市场综合占有率之和为44.7%，相比上年提高2.1个百分点；排名前二十品牌综合占有率之和为57.6%，相比上年提高2.3个百分点（图12）。

图12　2015~2023年套件市场综合占有率情况
数据来源：中华全国商业信息中心

2. 优势品牌格局建立，与腰部品牌分化进一步显著

根据中华全国商业信息中心统计的数据，对照2019~2023年全国重点大型零售企业床上用品市场中的品牌排名进行分析，可以看出头部领先品牌格局在新型冠状病毒疫情期间保持稳定，同时抓住时机扩大份额，进一步巩固其优势地位。2023年罗莱、梦洁、富安娜、水星家纺、罗卡芙和寐分别以11%、7.3%、5.7%、5.3%、3.6%和3.1%的市场综合占有率继续排名前六，构成床上用品市场的第一梯队。

腰部品牌的排名顺序在2019~2023年这五年间有较大幅度更迭，一方面由于品牌本身抗风险能力较差，同时受新型冠状病毒疫情期间消费场景受限、消费信心不足等不利因素影响；另一方面由于在新型冠状病毒疫情环境下线下渠道客流减少，重点大型零售企业对于品牌的容量受限，以期通过向优势大品牌倾斜来提升营业额。因此，2023年大部分品牌市场占有率较新型冠状病毒疫情前有所下降。

---

❶　2023年价格为结合相关统计数据初步推算得到。

整体来看，床上用品市场在新型冠状病毒疫情影响下两极分化加剧，推动了床上用品这一行业的整合与优胜劣汰，优势品牌格局建立，市场集中度进一步提高，"马太效应"逐步显现，腰部及以下的品牌经营环境更为严峻。

（二）各种被

1. 市场集中程度提升，头部品牌格局稳定

根据中华全国商业信息中心对全国重点大型零售企业品牌的监测数据显示，2023年全国重点大型零售企业各种被前十品牌市场综合占有率之和为42.8%，相比上年提高了2个百分点，前二十品牌市场综合占有率之和为55.8%，相比上年提高了3个百分点（图13）。

图13 2015~2023年全国重点大型零售企业各种被市场综合占有率情况
数据来源：中华全国商业信息中心

我国各种被市场集中度连续四年持续稳步提升，构成各种被市场的第一梯队品牌格局连续五年保持稳定。其中占有率最高的是罗莱，2023年占有率为10.3%，其次则是梦洁、水星家纺和富安娜，市场综合占有率分别为6.7%、6%和4.5%，资源向龙头品牌聚拢趋势持续显著（图14）。

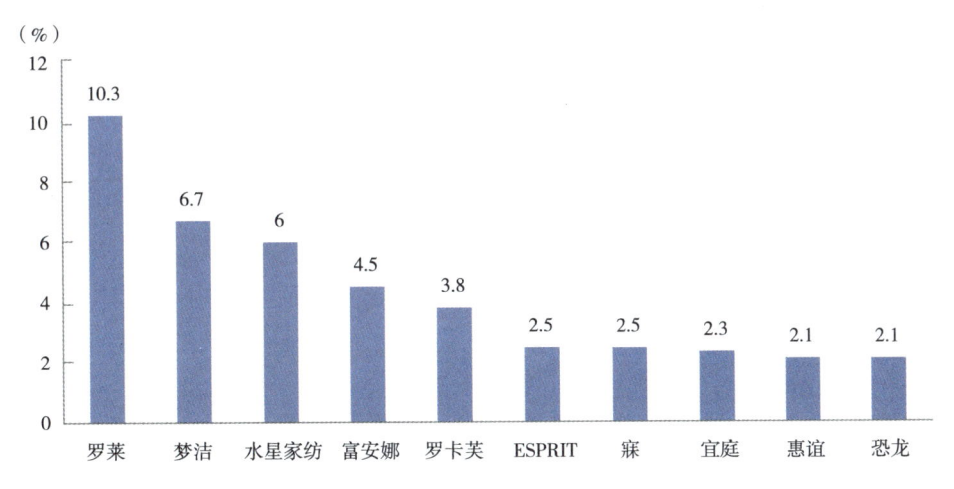

图14 2023年全国重点大型零售企业各种被市场综合占有率情况
数据来源：中华全国商业信息中心

2. 领先品牌间市场综合占有率差距扩大，市场向头部品牌集中

拉长时间维度来观察，根据中华全国商业信息中心的数据，大型零售企业床上用品各种被市场领先品牌间差距较2019年底之前显著加大，2023年第一名与第十名、第一名与第二十名品牌之间的市场综合占有率的差值相比2019年底之前的2018年分别上升了1.8个和2.3个百分点（图15）。

年份	第一名与第十名品牌市场综合占有率之差	第一名与第二十名品牌市场综合占有率之差
2017年	6.4%	7%
2018年	6.4%	7%
2019年	7.6%	8%
2020年	8%	8.8%
2021年	8.2%	8.7%
2022年	8.1%	9%
2023年	8.2%	9.3%

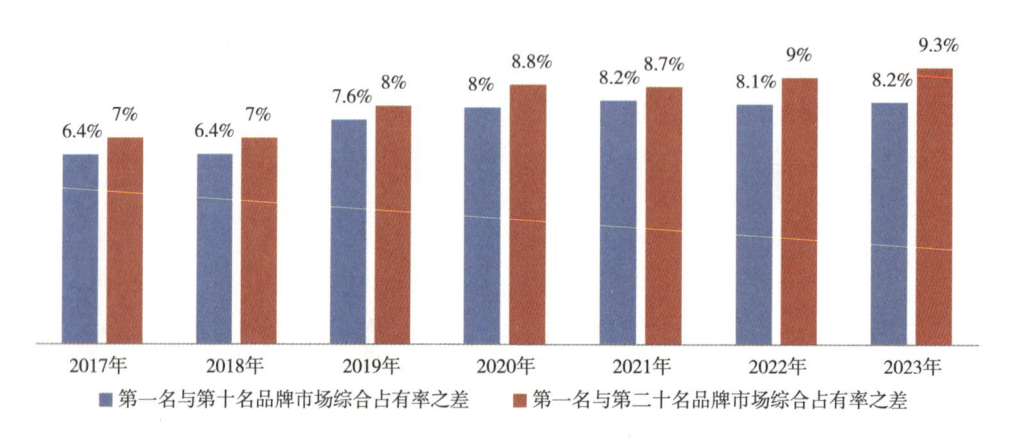

图15　2017~2023年各种被市场优势品牌间市场综合占有率差值
数据来源：中华全国商业信息中心

从消费端来看，人们对于家居生活产品的品质和舒适度需求不断提升，消费者更倾向于选择有品牌保证的高质量产品；从供给端上分析，头部企业管理更加精细化，可以及时调整上下游资源，控制成本，保证品质，提升生产效率实现盈利。面对严峻的市场环境，腰部及以下品牌经营更加艰难，市场向第一梯队品牌聚集的趋势越发明显。

四、2023年我国床上用品市场发展特点

（一）智能家居带动科技型床上用品发展

智能家居的发展正在深刻影响着人们的生活方式，科技型床上用品作为智能家居生态的一部分，逐渐成为市场的热点。目前市场上科技型床上用品的发展主要包括以下方面有一是个性化服务。通过学习用户的生活习惯，为顾客提供更加个性化的贴心服务，如智能床垫、智能枕头可以通过监测用户的睡眠模式，自动调整硬度、温度，以提供最佳的睡眠体验；二是健康监测与改善。智能床上用品通过监测、分析心率、呼吸、体动等生理指标为用户提高改善睡眠质量的建议或者帮助减少睡姿不正确及打鼾问题；三是智能互联。智能家居设备之间的互联互通为消费者提供了更加便捷的生活体验，床上用品通过与家中其他智能设备的联动，可以实现更加智能化、系统化的环境控制，如根据消费者的睡眠、起床时间自动调整房间光度、温度、湿度等。科技型床上用品通过整合先进技术，不仅能提升消费者的生活质量，满足消费者个性化需求和健康生活需求，还为整体家居行业技术创新和可持续发展提供了动力。

（二）健康环保消费意识持续增强

消费者对绿色健康和舒适品质的需求不断增加，天然有机棉、竹纤维、蚕丝等材料的床上用品因其环保健康特性而受到青睐。中国纺织品进出口商会的调查显示，超过60%的消费者表示会优先选择使用环保材料制作的床上用品。这促使企业在生产过程中注重使用环保材料和技术，以满足市场对绿色家纺产品的需求，同时在大健康、绿色可持续和助眠等领域继续加大研发，改进工艺流程，不断提升生产经营水平。

（三）一站式购物消费场景拉动床品消费

在当前国内外市场经济环境及电商销售冲击的双重影响下，家纺线下实体店面临激烈的竞争，传统的单一品类销售模式呈现增长乏力的情况。在这种背景下，行业内领先企业积极进行战略调整，以罗莱为代表的龙头企业以"大家纺小家居"的理念定位，致力于打造全品类的生活馆，推出一站式购物服务。从市场来看，一站式购物消费场景具有更多元化的选择、沉浸式的购物体验、便捷的一站式服务以及线上线下融合的购物模式等突出优势，能够明显提升消费者的购物便利性，增强客户忠诚度和品牌识别度，从而提高连单率，达到促进消费的目的。

（四）床上用品消费差异化、分层化

随着社会、自然环境的变化以及消费、审美升级，人们更加追求产品设计与精神思想上的共鸣，以此体现当下不同消费者的人生态度和生活方式。床上用品设计的差异化体现在家居文化、地域文化、时尚文化、年龄层次及品牌风格等诸多方面。以年龄层次为例，在产品颜色及设计方面，儿童喜欢带有热播动画片中卡通人物图案，颜色明亮鲜艳的床品；年轻群体偏好颜值高和极简风格的产品，例如灵性简约的新极简主义，认为能够带给他们平静与抚慰，代表色系为低饱和度的莫兰迪色系和马卡龙色系；随着中华传统文化的广泛传播增强了国民的民族及文化自信，"东方新韵"系列设计备受中老年消费者喜爱，其用科技创新彰显中国智慧与文化自信，图案设计多采用中国元素，如祥云、竹子、花卉、龙、鲤鱼等，融合出不同历史时期的气质与情绪，充斥着传统与现代交织的文艺气息。

床上用品消费的差异化、分层化是市场发展和消费者需求变化的必然结果，也促使企业不断创新，提供多样化的产品，以满足不同消费者群体的需求。

（五）《关于促进家居消费若干措施的通知》助力市场发展

2023年7月，商务部等13部门推出《关于促进家居消费若干措施的通知》，旨在通过提升产品质量、创新消费模式、改善消费条件和优化消费环境等多方面措施释放家居产品消费潜力，巩固消费恢复发展势头。该措施的持续落地将逐步释放对家纺市场的积极影响，促进市场活力和消费升级，包括但不限于：促进家纺产品向健康环保升级、加强绿色家居产品质量和品牌建设，供给侧有效提升；在鼓励业态模式创新发展下，智能家居体验馆、品质家居生活馆等体验式消费场景增加展示，拉动消费欲望；家居消费季、家纺消费节等促消费活动将直接刺激家纺市场消费需求；通过发展社区便民服务和完善废旧物资回收网络，有助于提升家纺产品的市场流通效率；拓展家纺产品在县域、农村一级的市场空间等。

五、我国床上用品市场未来发展趋势

（一）消费升级助力床上用品市场规模增长

在消费结构升级的趋势下，消费者对家纺产品的审美和舒适性要求日益提高，对于提升居家生活品质的投入意愿增强。同时，伴随三、四线城市的经济发展，当地居民的消费能力稳步上升，特别是在经济发展较快的区域，对高端床品的需求呈增长态势。此外，国内住宅环境的改善、婚庆市场的繁荣、三孩政策的实施以及"婴儿潮"一代进入结婚高峰期等因素，均为家纺产品消费提供了积极的市场机遇，推动床上用品市场空间进一步拓展。

（二）适老化智能床品细分市场快速发展

近年来随着老年消费群体对健康需求的日益提升，智能睡眠、健康监测、养老护理等适老化床上用品备受关注，例如能够根据老年人身体状况自动调节温度、有防褥疮功能以及更便于老年人清洗和更换的床品结构，更适老年人肌肤的面料材质等床品。2023年，我国60岁及以上人口、65岁及以上人口占比分别达到21.1%和15.4%，较2022年分别提高1.3和0.6个百分点。根据全国老龄工委发布的《中国老龄产业发展报告》，2050年我国老年人口数量将达到4.8亿，消费潜力将增长到百万亿级，占GDP的比例将达33%，成为全球老龄产业市场潜力最大的国家之一。床上用品企业可以加大研发适老化产品，通过高科技面料以及智能技术来进一步满足老年人对床上用品健康、智能、助眠的需求。

（三）市场集中度进一步提升

首先，对健康生活方式的追求和对绿色、高品质睡眠环境的向往，使消费者对床上用品的期待不断提升，这无疑对家纺企业在新产品研发方面提出了更高要求。那些已经实现规模化发展且拥有显著品牌价值的领军企业，凭借其卓越的品牌形象、创新动力和产品品质，雄厚的资金实力和研发团队，更有可能率先提供市场需要的升级产品，推动市场份额进一步向这些品牌集中。其次，在经济由高速增长转向中高速增长的社会环境下，家纺市场增速也将趋于平缓，品牌间竞争加剧，一些中小企业在生存压力下选择与大企业合作或被兼并、收购，提升行业集中度。此外，政府对家居市场的促进消费政策通过各种支持和激励措施，可能会使更多资源向大型企业集中，从而提高包括家纺在内的家居市场的集中度。

（四）功能性、数字化、绿色化进一步发展

在功能性方面，消费者核心诉求正在从透气保暖等基础功能向抗菌防螨、耐污抗静电等更高技术、功能过渡，高科技面料和更先进的染色技术已加速渗透当前市场，消费者对床上用品的特殊化功能性需求日益增多。在数字化方面，床上用品企业逐渐融入物联网技术，开发智能床品，提高消费者的使用体验，同时，企业将更多地通过利用大数据分析消费者的购买行为和使用习惯，为产品开发和市场营销提供数据支持。在绿色化方面，床上用品企业将更积极使用可持续的原材料，如有机棉、再生纤维等。生产过程中，采用绿色印染装备和节能减排的技术，减少废水和废气排放。从市场端来讲，获得绿色认证，为产品增加更多环保属性的产品，也将被日益具有社会责任感的消费者所青睐。

2023年纺织服装专业市场及家纺市场运行分析

中国纺织工业联合会流通分会

2023年是三年防控转段后经济恢复发展的一年，纺织服装行业围绕扩大内需、优化结构、提振信心、防范化解风险等方面扎实推进产业高质量发展，在复杂的外部环境中保持回升向好态势。2023年，我国万平方米以上纺织服装专业市场860家，市场总成交额2.35万亿元，同比增长10.11%；中国纺联流通分会重点监测的44家市场（含专业市场群）总成交额为1.61万亿元，同比增长15.86%；专业市场成交总额基本恢复至2019年底之前水平。

2023年，我国纺织服装专业市场数量860家，与2019年的922家相比，下降6.72%；市场成交额2.35万亿元，与2019年的2.33万亿元相比，增长0.86%。与2019年底之前相比，万平方米以上纺织服装专业市场数量下滑，市场成交额却基本持平，我国纺织服装专业市场已经进入了总量缩减、结构优化的新阶段。

一、总体情况

据流通分会统计，2023年我国万平方米以上纺织服装专业市场860家，同比增长0.70%；市场经营面积7308.30万平方米，同比增长0.43%；市场商铺数量134.80万个，同比增长0.29%；市场商户数量109.10万户，同比增长0.26%；市场总成交额2.35万亿元，同比增长10.11%。

（一）总量规模方面

我国新增纺织服装专业市场数量逐年减少，歇业重装、关停倒闭、转变业态等市场数量增加，总量规模下滑。我国万平方米以上纺织服装专业市场数量由2018年的915家下降至2022年的854家（图1）。2023年，市场总量规模小幅回升，全国出现了小部分新开业市场，投资建设更加理性。

（二）成交额增速方面

2018~2023年，专业市场总成交额年同比增速依次为3.85%、-1.08%、-2.22%、1.98%、-8.54%、10.11%。2023年，市场成交额实现10%以上的高速增长，恢复至2019年底之前水平，达到近五年来的最高值（图1）。

图1　2018~2023年纺织服装专业市场数量与成交额
数据来源：中国纺联流通分会

（三）运行效率方面

2023年纺织服装专业市场商铺效率为173.95万元/铺，同比增长9.92%；商户效率为214.93万元/户，同比增长9.96%；市场效率为32086.56元/平方米，同比增长9.77%。2023年，纺织服装专业市场运行效率、商铺效率、商户效率均达到近六年的最高值（图2）。

图2　2018~2023年纺织服装专业市场运行效率

（四）景气指数方面

2023年，纺织服装专业市场管理者景气与商户景气走势基本一致，整体向好，管理者景气略高于商户景气。从全年数值看，2023年专业市场管理者景气指数全年平均值为51.59，商户景气指数全年平均值为51.26，两项平均数均高于50荣枯线，相较2022年有明显回升（图3）。可见，2023年我国纺织服装专业市场管理者与商户商业活跃度较高，整体处于扩张区间。

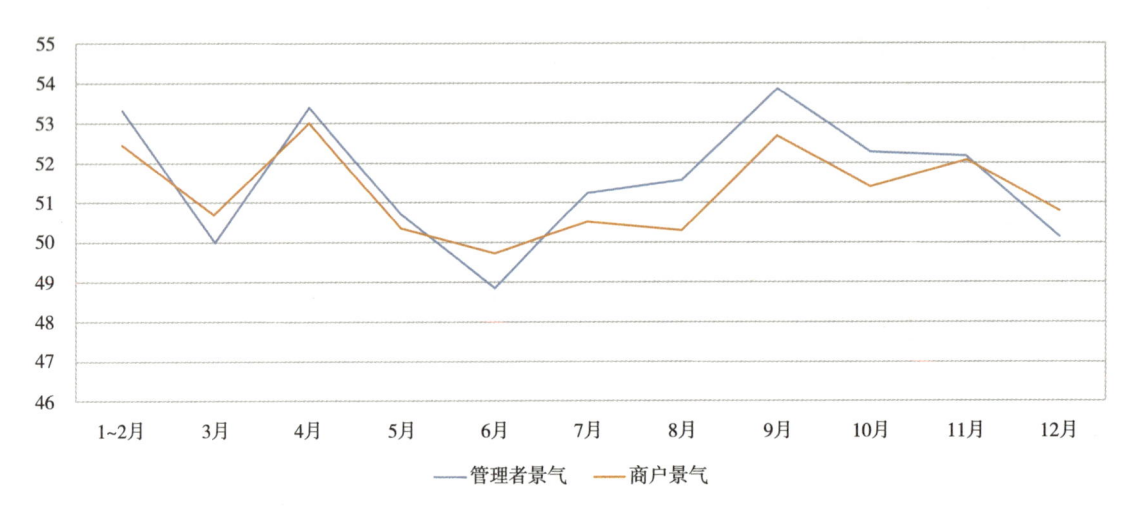

图3 2023年全年景气指数一览
数据来源：中国纺联流通分会

二、结构分析

（一）区域结构方面

860家专业市场中，东部地区519家，成交额19830.88亿元，占总成交额的84.56%，同比增长9.28%；中部地区188家市场成交额2468.66亿元，占总成交额的10.53%，同比增长14.25%；西部地区153家市场成交额1150.29亿元，占总成交额的4.91%，同比增长16.28%（表1、图4）。

表1 东、中、西部地区市场成交额占比、增速情况

项目	东部	中部	西部
成交额（亿元）	19830.88	2468.66	1150.29
占比（%）	84.56	10.53	4.91
增速（%）	9.28	14.25	16.28

数据来源：中国纺联流通分会

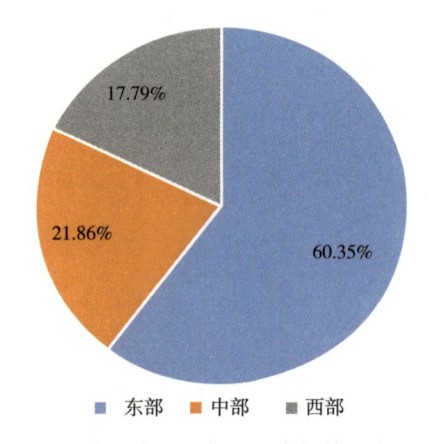

图4 东、中、西部地区市场数量占比
数据来源：中国纺联流通分会

（二）品类结构方面

服装和原、面（辅）料是我国纺织服装专业市场的主营商品，主营服装和原、面（辅）料的专业市场共608家，占市场总量的70.7%，成交额占总成交额的69.11%。其中，主营服装产品的专业市场452家，在各品类中成交额最高，达8784.58亿元，占总成交额的37.46%，同比增长13.15%；主营原、面（辅）料的专业市场156家，成交额位列第二，达7421.38亿元，占比31.65%，同比增长6.25%；综合类市场增速最高，达23.58%；小商品、家纺类专业市场也均实现了正增长，其中小商品市场同比增长12.54%，家纺市场同比增长2.76%；其他类市场成交额小幅下降-0.52%（表2、图5）。

表2 各品类市场成交额占比、增速情况

项目	成交额（亿元）	占比（%）	增速（%）
面（辅）料	7421.38	31.65	6.25
服装	8784.58	37.46	13.15
家纺	1830.08	7.8	2.76
小商品	2929.22	12.49	12.54
综合	1697.21	7.24	23.58
其他	787.36	3.36	-0.52

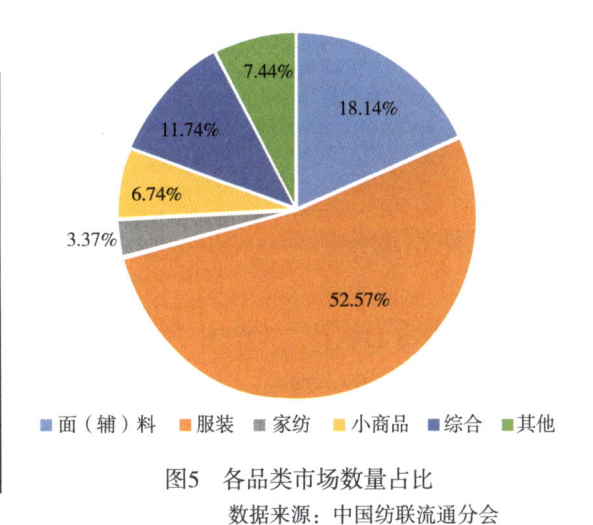

数据来源：中国纺联流通分会

图5 各品类市场数量占比

- 面（辅）料 18.14%
- 服装 52.57%
- 家纺 3.37%
- 小商品 6.74%
- 综合 11.74%
- 其他 7.44%

数据来源：中国纺联流通分会

三、重点监测市场分析

2023年1~12月，流通分会重点监测的44家纺织服装专业市场（群）总成交额达到1.61万亿元，同比上升15.86%。其中，36家市场（群）成交额同比上升，平均增幅为16.57%；8家市场（群）成交额同比下降，平均降幅为-9.13%。

（一）运行效率分析

从市场运行效率看，44家重点监测市场（群）平均运行效率为72416.64元/平方米，同比上升15.86%；平均商铺效率为554.06万元/铺，同比上升15.86%。

（二）市场区域结构分析

从区域结构看，1~12月，44家重点监测市场（群）中，东部地区专业市场（群）成交额为14015.43亿元，同比上升12.88%，占总成交额的87.13%；中部地区专业市场（群）成交额为1479.32亿元，同比上升44.11%，占总成交额的9.2%；西部地区专业市场（群）成交额为590.8亿元，同比上升33.86%，占总成交额的3.67%（表3）。

表3 44家重点监测市场（群）东、中、西部地区成交额占比、增速情况

项目	东部	中部	西部
成交额（亿元）	14015.43	1479.32	590.8
占比（%）	87.13	9.2	3.67
增速（%）	12.88	44.11	33.86

数据来源：中国纺联流通分会

（三）流通层级结构分析

从流通层级来看，44家重点监测市场（群）单位中包括26家产地型专业市场（群）、18家销地型专业市场（群）。2023年1~12月，26家产地型市场（群）成交额达到14520亿元，占总成交额的90.27%，同比上升15.14%；18家销地型市场（群）成交额为1565.55亿元，占总成交额的9.73%，同比上升22.99%。

四、家纺市场分析

据流通分会统计，2023年万平方米以上专营家纺产品的专业市场（含市场群，一个市场群计为1家）共计29家，占全国纺织服装专业市场总数的3.37%；市场经营总面积370.45万平方米，商铺总数4.19万个，经营商户总数3.94万户；2023年成交额1830.08亿元，占全国纺织服装专业市场总成交额的7.8%，成交额增速2.76%，在各品类专业市场中，增速位列第五；家纺市场运行效率为49401.46元/平方米，同比增长2.76%，家纺市场的运行效率略高于全国纺织服装专业市场平均运行效率的32086.56元/平方米，低于重点监测市场的72416.64元/平方米。

（一）运行情况

家纺类专业市场运行稳定，抗风险能力强，在三年新型冠状病毒疫情期间，其他品类市场成交额大幅下降的情况下，仍然实现正增长。截至2023年，家纺市场已经连续八年实现成交额的增长。2023年，其他品类市场在2022年的大幅下滑之后，实现了恢复性增长，因此，其他品类市场成交额增幅略大于始终稳健发展的家纺市场。

（二）规模

2023年，家纺专业市场的数量、经营面积、商铺数量、商户数量等于2022年相比基本持平，而市场运行效率则实现了2.76%的增长，主营家纺产品的专业市场的运行效率高于全国纺织服装专业市场的平均运行效率。可见家纺市场日常运营良好，稳中有进，商户运行的灵动性更强，抗风险能力较好。

2023年，消费市场恢复向好，人们生活水平提高，对家居生活的舒适度要求也越来越高，家纺产品作为家居生活的重要组成部分，消费需求不断增长，行业迎来更多的发展机遇。同时，消费升级趋势为中高端家纺市场提供了广阔的发展空间，其行业前景广阔。

（三）渠道

家纺产品标准化程度较高，与线上消费渠道适配度高。消费者可以根据产品的规格、颜色和款式进行选择，无须亲自到店体验，这为家纺企业提供了极大的便利，越来越多的家纺企业开始加速布局线上渠道。家纺行业在电商领域的强劲增长，推动更多家纺企业加大线上布局和投资。随着5G、AR、VR等技术的进一步发展，家纺行业的电商销售渠道不断解锁新场景，升级新体验，未来还将迎来更多的创新发展机遇。

五、2023年纺织服装专业市场运行分析

（一）数据分析

1. 专业市场成交额恢复至2019年底之前水平

2020~2022年，我国纺织服装流通领域遭受新型冠状病毒疫情冲击，专业市场承压运行，总成交额与2019年底之前相比存在一定差距。2023年，纺织服装专业市场成交额重回2019年底之前水平，行业龙头市场为成交额的整体复苏做出巨大贡献；流通分会重点监测的44个市场（群）创造了1.61万亿元的成交额，占全国总成交额的68.51%。

2. 专业市场总量精简与结构优化并行

近年来，我国纺织服装专业市场一直存在总量过剩、同质化竞争严重、"僵尸"市场较多、两极分化等状况，经过三年新型冠状病毒疫情的冲击，我国万平方米以上纺织服装专业市场数量、经营面积、商铺数、商户数、成交额等相应减少；总量减少的同时，专业市场成交额却实现了回升，基本恢复至2019年底之水平，可见，我国纺织服装专业市场正加速走上总量精简、结构优化的高质量发展道路。

3. 专业市场运行效率达六年间最高值

2023年，我国纺织服装专业市场运行效率、商铺效率、商户效率均达到近六年的最高值，超过了2019年底之前的水平。行业效率的提升，体现出更少的市场创造了更大的价值，这是市场结构优化的直观呈现，也是高质量发展的意义所在。我国纺织服装专业市场行业洗牌仍在继续，马太效应依然明显，优秀的市场和商圈将持续吸引更多优质资源集聚。

4. 东部地区专业市场抗风险能力较强

自2020年以来，东部地区专业市场成交额波动相对较小，而中、西部地区专业市场成交额则出现了多次15%以上的下滑；可见，东部地区纺织服装专业市场拥有更强的抗风险能力，在外部市场环境的巨变中，保持着相对稳健的发展态势。另外，中、西部地区专业市场充满发展韧性，在2022年经历较大幅度下滑之后，于2023年实现了显著增长，市场成交规模基本回到2019年底之前水平；其中，汉正街市场商圈、芦淞市场商圈、朝天门市场商圈等龙头市场，发挥了中流砥柱的作用，对中、西部市场的整体成交额恢复增长起到了巨大的引领带动作用（图6）。

图6 东、中、西部地区市场成交额增速曲线图

数据来源：中国纺联流通分会

（二）专业市场进入全新发展阶段

1. 消费市场恢复向好，消费结构深刻变化

2023年，随着一系列扩大内需、提振信心的稳增长政策举措落地生效，居民就业和收入稳步修复，对消费构成重要支撑，我国内需消费潜力继续释放，给专业市场带来更大的市场空间。2023年消费规模再创新高，据国家统计局数据，2023年全国限额以上单位服装、鞋帽、针纺织品类商品零售额同比增长12.9%，增速较2022年大幅回升19.4个百分点，整体零售规模超过疫情前水平；2023年全国网上穿类商品零售额同比增长10.8%，增速较2022年大幅回升7.3个百分点。消费规模的增长，伴随着消费结构的变化，我国消费者对服装价格的敏感度明显提高，对品牌知名度的关注度正在下降，对性价比的追求则逐年提升，与专业市场的产品定位精准匹配，获得了新的发展空间。

2. 降低传统路径依赖，深度参与电商分工

近年来，我国物流运输行业快速发展、直播电商爆发式增长、主力消费人群换代，给层层分销式传统服装流通模式带来挑战，三年新型冠状病毒疫情更加速催化了服装行业的消费变革与模式迭代，在我国纺织服装专业市场积极降低传统路径依赖，在新的行业分工中，确立新定位。

2023年，纺织服装专业市场积极推动线上线下融合发展，在自营直播赋能和专业电商供货两个方面持续发力。

一方面，专业市场建设直播基地，为线下商户的线上化转型赋能。如常熟建设常熟易购跨联男装店播供货基地，中国轻纺城服装市场直播电商基地正式开园，全国各地专业市场积极建设直播电商基地，赋能线下实体商业，打造线上、线下融合发展的全新平台。

另一方面，电商供货也成为专业市场成交额的主要增长点。全国各地纺织服装专业市场商圈纷纷打造专业的电商供货市场，如虎门市场商圈的大莹市场、石狮市场商圈的中国青创城市场、清河羊绒小镇市场群等，这些服装电商领先集群已率先发展出为电商提供服装供应链的特色单体市场。在我国部分产地型服装市场中，电商供货规模已占总成交额的50%以上。

3. 商户反应速度提升，冬装产品迎来热销

2023年上半年，我国纺织服装专业市场商户敏锐觉察消费市场的复苏，预判了冬装销售的良好前景。商户积极储备羽绒服、棉服所需的面辅料和填充材料，顶住成本和库存的双重压力下，积极备货，实现了冬装首轮销售的良好开局。进入第四季度，冬装市场需求再次爆发，一方面，全国异常天气频发，各地进入冷冬；另一方面，冬季冰雪旅游在全国掀起热潮，短时间内产生了大批冬季服装、保暖用品、冰雪运动服饰装备的消费需求。专业市场商户敏锐捕捉市场需求，快速整合供应链，充分发挥专业市场中小企业、中小商户的灵动性和敏捷性，打造优质快反链条，成功承接井喷式的消费需求，实现了成交额的明显提升。

4. 行业活动增加，地区交流越加密切

2023年，纺织服装行业活动数量明显增加，各地积极举办行业活动，点燃流通热情。

展览展会方面，中国纺织工业联合会春季、秋季联展盛大开幕，辐射带动全产业链优质资源加速聚集，持续为产业高质量发展注入新动能。第30届中国·清河国际羊绒及绒毛制品交易会、广州国际轻纺城2023面辅料（秋冬）采购节、2023广州白马服装采购节、2023第十二届中国（洪合）毛衫文化节、第二十届中国（大朗）国际毛织产品交易会、2023海宁中国·国际家用纺织品（秋季）博览会、第二十三届中国江苏（常熟）服装服饰博览会、第六届中国·汉正街服装服饰博览会等连续举办，展现了我国纺织服装集群市场的雄厚实力，对成交额的提升起到巨大的拉动作用。

时尚活动方面，各地纷纷举办时尚周、时装周活动，整合产业资源，聚合设计人才，托举纺织服装时尚产业做强做大，将时装周、时尚周活动打造成为本土品牌的重要孵化器。SS2024红棉国际时装周、SS24东方时尚季·青岛时装周、2023广东时装周、2023海宁中国国际时装周、2023苏州国际时装周连续举办，展现了我国纺织服装产业集群的设计水平和时尚魅力。

行业交流方面，我国纺织服装集群市场密切关注行业发展前景，举办了一场场精彩的高峰论坛，打造行业专家深度交流平台，共谋产业发展新未来。2023中国（天门）服装电商产业峰会在天门市召开，2023中国纺织服装电商产业大会在虎门召开，2023第六届世界布商大会主题大会在柯桥召开，2023中国产业转移发展对接活动（广西）在南宁举行，2023中国袜业产业高质量发展圆桌会议在诸暨举行，2023新疆纺织服装产业高质量发展大会在乌鲁木齐召开，2023中国服装产业链创新发展高峰论坛在海城召开。经历了三年新型冠状病毒疫情的承压前行，我国各地纺织服装产业集群、专业市场商圈更加意识到产业合作的重要性，不断在行业活动中扩大"朋友圈"，建立新关系、成立新联盟，为加速行业内生产、流通以及消费各环节的畅通循环贡献力量。

六、结语

2023年，中国纺联提出开启建设纺织现代化产业体系的新征程。纺织服装专业市场应强化科技创新支撑，提升先进制造水平，完善产业数字化生态体系；厚植文化建设水平，构建中国特色的时尚价值体系，打造具有国际影响力的中国服装品牌；激活绿色发展动能，推进产业绿色低碳发展，深度履行社会责任。为建设纺织现代化产业体系，贡献专业市场的力量。

撰稿人：胡晶

REVOZONA
Swiss innovative ozone technology

纺织面料整理无水臭氧设备
创新工艺 & 零污水排放 & 大限度节省助剂

一种取代传统纺织印染工艺的

新生态经济

大量节省生产成本 对环境更友善

为纺织行业提供更广阔的思路与发展前景

Yeman Industries (Holdings) Limited
裕民工业（集团）有限公司
Head office: 11/F, Greatmany Centre, 109-115 Queen's Road East, Wanchai, Hong Kong, China.
香港湾仔皇后大道东109-115号智群商业中心11楼
Email: yemanbill@126.com

上市公司

2023年家用纺织品行业上市公司经营概况

余湘频

一、在全球主要证券市场上市的家用纺织品企业18家

截至2023年12月31日,在全球主要证券市场上市的家用纺织品企业共有18家,其中在上海证券交易所6家、深圳证券交易所7家、北京交易所1家、香港联交所2家、新加坡证券交易所1家、澳大利亚证券交易所1家。18家上市公司的来源地区和细分行业分布见表1、表2。

表1 家用纺织品行业上市公司上市地区及实际总部分布

序号	上市地区及代码	公司简称	实际总部地区
1	HK00146	太平地毯	香港
2	HK02223	卡萨天娇	香港
3	SZ002083	孚日股份	山东
4	SZ300993	玉马遮阳	山东
5	SGX:COZ	宏诚家纺	
6	ASX:SHU	绅花纺织	
7	SH605003	众望布艺	
8	SH605155	西大门	浙江
9	SZ003041	真爱美家	
10	SH605080	浙江自然	
11	SH603272	联翔股份	
12	SZ002293	罗莱家纺	
13	SH603313	梦百合	江苏
14	BJ838262	太湖雪	
15	SZ002327	富安娜	广东
16	SZ002397	梦洁家纺	湖南
17	SH603365	水星家纺	上海
18	SZ301336	趣睡科技	四川

表2　家用纺织品行业上市公司行业细分

序号	上市地区及代码	公司简称	细分行业
1	SZ002293	罗莱家纺	床上用品
2	SZ002327	富安娜	
3	SZ002397	梦洁家纺	
4	SH603313	梦百合	
5	SH603365	水星家纺	
6	SZ301336	趣睡科技	
7	BJ838262	太湖雪	
8	HK02223	卡萨天娇	
9	SGX：COZ	宏诚家纺	
10	ASX：SHU	绅花纺织	
11	SZ003041	真爱美家	户外床上用品
12	SH605080	浙江自然	毛毯
13	SZ002083	孚日股份	毛巾
14	HK00146	太平地毡	地毯
15	SH605003	众望布艺	沙发套
16	SH605155	西大门	窗帘布
17	SZ300993	玉马遮阳	
18	SH603272	联翔股份	

二、主要家用纺织品上市公司经营指标对比分析

从已取得年报数据的16家主要家纺上市公司的经营数据分析，2023年16家企业，无论是营业收入还是净利润和2022年相比总体企稳回升。

（一）主营业务收入

16家有数据的上市公司2023年主营业务收入合计325.59亿元，比2022年增长3.02%，分企业看，16家中有8家主营业务实现增长，达到50%（表3）。

表3　家纺上市公司历年营业收入

代码	公司简称	2017年	2018年	2019年	2020年	2021年	2022年	2023年
		人民币核算（亿元）						
SZ002083	孚日股份	48.2	51.71	49.87	44.32	51.57	52.48	53.4
SZ002293	罗莱生活	46.62	48.1	48.6	49.11	57.6	53.13	53.15

续表

代码	公司简称	2017年	2018年	2019年	2020年	2021年	2022年	2023年
人民币核算（亿元）								
SZ002327	富安娜	26.16	29.18	27.89	28.74	31.79	30.8	30.3
SZ002397	梦洁股份	19.34	23.08	26.04	22.2	24.63	20.33	21.56
SH603313	梦百合	23.4	30.5	38.32	65.3	81.39	80.17	79.76
SH603365	水星家纺	24.62	27.2	30.02	30.3	37.99	36.64	42.11
SH605003	众望布艺	3.89	4.25	4.88	4.95	5.87	4.17	4.62
SH605155	西大门	3.48	3.91	4.09	3.54	4.65	4.99	6.37
SZ003041	真爱美家	9.17	10.24	10.02	8.91	9.33	9.79	9.53
SH605080	浙江自然	4.25	5.09	5.45	5.81	8.42	9.46	8.23
SZ300993	玉马遮阳	2.56	3.22	3.84	3.85	5.2	5.47	6.63
SH603272	联翔股份	—	2.47	2.98	2.54	2.79	2	1.56
SZ301336	趣睡科技	3.08	4.8	5.52	4.79	4.73	3.23	3.05
BJ838262	太湖雪	1.61	1.96	2.37	3.11	3.73	3.41	5.31
合计		216.36	245.71	259.87	277.48	329.71	316.04	325.59
港币核算（亿港元）								
HK00146	太平地毯	4.47	5.41	—	7.38	4.81	5.84	6.01
HK02223	卡萨天骄	3.47	3.38	3.79	3.09	3.2	3	2.84
合计		7.94	8.79	3.79	10.47	8.02	8.84	8.85

（二）主营业务毛利率

主营业务毛利率代表企业在单位产品中新创造的价值比率，可以从侧面反映企业产品创新被社会认可的程度。品牌企业的毛利率更多取决于产品的市场定位，而对于生产加工型企业来讲更多的体现的是产品的市场竞争力（表4）。

表4 家纺上市公司历年毛利率

代码	公司简称	2017年	2018年	2019年	2020年	2021年	2022年	2023年
人民币核算（%）								
SZ002083	孚日股份	21.8	19.9	—	18.79	16.62	12.57	16.52
SZ002293	罗莱家纺	43.5	45.5	43.9	43.18	45	45.96	47.27
SZ002327	富安娜	49.6	49.8	52	53.9	52.14	53.1	55.63
SZ002397	梦洁家纺	44.2	42.8	41.1	39.9	37.75	33.08	41.24
SH603313	梦百合	29.5	32.1	39.7	33.9	28.47	31.04	38.35
SH603365	水星家纺	36.36	35.1	37.6	35.3	37.95	38.7	40.04

续表

代码	公司简称	2017年	2018年	2019年	2020年	2021年	2022年	2023年
人民币核算（%）								
SH605003	众望布艺	42.42	38.67	42.51	41.94	36.83	35	35.14
SH605155	西大门	41.18	37.4	39.36	40.39	37	34.31	38.73
SZ003041	真爱美家	17.21	17.41	21.15	26.87	22.19	21.17	22.1
SH605080	浙江自然	36.09	35.06	39.83	40.68	38.76	36.61	33.84
SZ300993	玉马遮阳	42.36	43.9	46.29	46.58	43.57	41.66	40.55
SH603272	联翔股份	—	52	53.26	49.08	49.11	43.24	29.26
SZ301336	趣睡科技	28.77	29.77	33.59	27.89	27.86	26.09	22.12
BJ838262	太湖雪	44.12	42.13	40.71	39.93	41.14	41.65	42.65
港币核算（%）								
HK00146	太平地毯	47.6	54.3	—	53.9	58.19	56.68	59.93
HK02223	卡萨天骄	64.6	63.2	60.4	62.1	61.29	62.23	67.63

（三）利润

16家有数据的公司，2023年总体实现净利润27.75亿元，比2022年增长了40.16%，特别是梦洁股份实现了扭亏为盈，但仍然有两家企业出现了亏损（表5）。

表5 家纺上市公司历年净利润

代码	公司简称	2017年	2018年	2019年	2020年	2021年	2022年	2023年
人民币核算（亿元）								
SZ002083	孚日股份	4.1	4.35	3.67	1.92	2.68	1.96	2.64
SZ002293	罗莱家纺	4.5	5.45	5.59	5.93	7.19	5.74	5.71
SZ002327	富安娜	4.93	5.43	5.07	5.16	5.46	5.34	5.72
SZ002397	梦洁股份	0.81	0.93	0.95	0.47	−1.58	−4.48	0.23
SH603313	梦百合	1.5	2	3.92	4.2	−2.7	0.52	1.22
SH603365	水星家纺	2.57	2.9	3.16	2.7	3.86	2.78	3.79
SH605003	众望布艺	0.66	0.9	1.24	1.4	1.47	0.91	3.14
SH605155	西大门	0.61	0.76	0.88	0.78	0.9	0.8	0.88
SZ003041	真爱美家	0.28	0.63	1.02	1.22	1.08	1.55	1.06
SH605080	浙江自然	0.89	0.82	1.31	1.6	2.2	2.09	1.28
SZ300993	玉马遮阳	0.51	0.81	1.09	1.08	1.4	1.57	1.65

续表

代码	公司简称	2017年	2018年	2019年	2020年	2021年	2022年	2023年
人民币核算（亿元）								
SH603272	联翔股份	—	0.47	0.85	0.64	0.67	0.36	−0.13
SZ301336	趣睡科技	0.25	0.44	0.74	0.68	0.68	0.37	0.24
BJ838262	太湖雪	0.15	0.17	0.12	0.25	0.36	0.31	0.34
合计		21.76	26.06	29.62	28.02	23.66	19.8	27.75
港币核算（亿港元）								
HK00146	太平地毯	1.9	−0.43	—	−0.39	0.17	0.25	0.38
HK02223	卡萨天骄	0.27	0.06	0.18	0.16	0.12	0.05	−0.09
合计		2.17	−0.37	0.18	−0.23	0.29	0.3	0.29

（四）存货周转天数

存货周转天数，表示企业用于正常生产经营的原材料、在产品、库存商品（产成品）等周转一次所需的天数，不同的企业由于各自的经营销售模式、采购模式、生产流程长短等因素决定了其存货周转一次所需的基本周期，但总体来说，存货周转天数越少说明企业运转越良性健康，特别是对于依靠自主销售渠道销售产品的品牌企业来说，存货的周转效率直接反映企业运转得是否健康有效。

在16家有数据的公司中，2023年存货周转天数下降或持平的有9家，上升的有7家（表6）。

表6 家纺上市公司历年存货周转天数

代码	公司简称	2017年	2018年	2019年	2020年	2021年	2022年	2023年
人民币核算（天）								
SZ002083	孚日股份	186	154	121	121	111	103	91
SZ002293	罗莱生活	114	162	170	153	140	185	191
SZ002327	富安娜	185	190	222	216	186	196	196
SZ002397	梦洁股份	219	204	177	204	183	182	161
SH603313	梦百合	60	60	86	88	102	119	126
SH603365	水星家纺	157	156	155	144	127	156	141
SH605003	众望布艺	86	93	95	108	109	148	121
SH605155	西大门	111	116	134	164	142	151	136
SZ003041	真爱美家	76	65	65	76	75	84	97
SH605080	浙江自然	192	105	145	158	140	154	156
SZ300993	玉马遮阳	140	135	142	145	145	161	155
SH603272	联翔股份	—	—	114	140	145	212	214

续表

代码	公司简称	2017年	2018年	2019年	2020年	2021年	2022年	2023年
人民币核算（天）								
SZ301336	趣睡科技	0	13	16	17	21	32	27
BJ838262	太湖雪	283	266	232	192	195	254	196
港币核算（天）								
HK00146	太平地毯	145	124	—	74	93	83	70
HK02223	卡萨天骄	186	286	219	237	253	188	235

（五）应收账款周转天数

应收账款周转天数是指企业应收账款周转一次的天数，和存货周转天数同样是反映企业运转是否良性和有效率的重要指标，特别是对那些需要依靠经销商渠道销售自己产品的品牌企业来说显得尤其重要，在16家有数据的公司中，2023年应收账款周转天数下降或持平的有7家，其他9家有所提升（表7）。

表7 家纺上市公司历年应收账款周转天数

代码	公司简称	2017年	2018年	2019年	2020年	2021年	2022年	2023年
人民币核算（天）								
SZ002083	孚日股份	33	39	44	45	38	36	39
SZ002293	罗莱生活	30	36	37	38	31	36	36
SZ002327	富安娜	44	43	38	27	24	26	38
SZ002397	梦洁股份	77	66	61	66	50	45	25
SH603313	梦百合	46	56	64	49	47	55	65
SH603365	水星家纺	23	18	17	13	15	13	29
SH605003	众望布艺	—	—	53	53	52	67	43
SH605155	西大门	—	—	26	29	23	29	33
SZ003041	真爱美家	34	35	38	37	40	51	59
SH605080	浙江自然	39	42	49	53	48	50	59
SZ300993	玉马遮阳	52	43	32	34	29	30	30
SH603272	联翔股份	—	—	185	132	434	112	45
SZ301336	趣睡科技	0	56	41	30	31	39	52
BJ838262	太湖雪	28	33	38	31	34	41	34
港币核算（天）								
HK00146	太平地毯	99	76	—	35	45	46	56
HK02223	卡萨天骄	82	94	75	74	75	69	67

（六）盈利质量

盈利质量是指单位净利润的现金含量，等于经营现金流净额/净利润。由于现行会计制度的原因，企业报表上实现的利润和企业收到的现金并不一致，导致许多企业利润表上业绩很好，但企业的真实情况却并不尽人意，为了矫正这一制度缺陷带来的错觉，必须把利润表上的净利润与现金流量表上的经营现金流净额两个指标比较起来分析，如果经营现金流净额/净利润的比值长期小于1，则认为该企业的盈利质量不高。

在16家有数据的公司中，2023年盈利质量指标大于1的有13家，小于1的只有3家，行业整体盈利质量较2022年大幅改善，企业现金管理能力总体提升（表8）。

表8 家纺上市公司历年盈利质量

代码	公司简称	2017年	2018年	2019年	2020年	2021年	2022年	2023年
人民币核算（亿元）								
SZ002083	孚日股份	2.08	1.19	1.62	4.64	2.09	4.07	2.53
SZ002293	罗莱家纺	0.88	0.2	1.36	1.44	1.01	0.75	1.64
SZ002327	富安娜	0.74	0.64	1.7	1.29	1.42	1.33	1.34
SZ002397	梦洁股份	1.26	2.09	5.85	7.67	−0.07	−0.74	15.59
SH603313	梦百合	0.38	0.89	0.33	1.4	−0.25	10.88	7.54
SH603365	水星家纺	1.19	0.84	0.75	1.38	1.2	0.37	1.3
SH605003	众望布艺	1.05	0.79	1.11	1.03	0.92	1.1	0.51
SH605155	西大门	1.02	1.07	1.39	1.61	0.86	1.27	1.2
SZ003041	真爱美家	2.03	1.3	1.35	1.47	1.17	0.96	1.6
SH605080	浙江自然	3.21	0.77	0.65	1.29	0.65	1.09	1.87
SZ300993	玉马遮阳	1.58	1.07	1.17	1.37	1.08	0.92	1.27
SH603272	联翔股份	—	1.55	0.81	1.45	0.91	0.97	2.42
SZ301336	趣睡科技	2.25	4.28	4.61	2.43	1.03	−0.26	0.6
BJ838262	太湖雪	0.95	0.12	0.3	0.74	−0.3	1.61	0.03
港币核算（亿港元）								
HK00146	太平地毯	0.68	−0.11	—	1.9	5.91	3.38	1.79
HK02223	卡萨天骄	1.83	1.36	2.37	3.53	3.32	9.78	2.35

（七）运营效率

运营效率指标等于主营业务毛利额/（销售费+管理费），它表达的含义是一个单位的固定费用支出能给企业带来几个单位的新价值，它考察的是企业管理团队运营企业的效率，包括对市场开拓和管理提升的精准性。如果这一比值小于1，则表明企业管理团队的运营效率不高，企业处于入不敷出的状态，企业必须采取措施检讨费用的合理性和效率性，同时提高产品的毛利率。

在16家有数据的公司中，14家2023年运营效率大于1（表9）。

表9 家纺上市公司历年运营效率

代码	公司简称	2017年	2018年	2019年	2020年	2021年	2022年	2023年
人民币核算（亿元）								
SZ002083	孚日股份	3.01	3.08	2.48	2.69	2.73	2.32	2.56
SZ002293	罗莱家纺	1.43	1.51	1.58	1.69	1.7	1.63	1.44
SZ002327	富安娜	1.83	1.8	1.75	1.75	1.87	1.79	1.66
SZ002397	梦洁股份	1.22	1.3	1.38	1.25	1.15	0.72	1.1
SH603313	梦百合	1.44	1.74	1.79	1.65	1.17	1.22	1.26
SH603365	水星家纺	1.55	1.7	1.59	1.5	1.59	1.38	1.32
SH605003	众望布艺	2.89	3.17	3.22	5.57	5.26	3.08	1.63
SH605155	西大门	3.86	3.81	4.04	4.13	2.8	2.11	1.56
SZ003041	真爱美家	2.53	3.22	3.62	4.08	4.9	4.86	1.98
SH605080	浙江自然	2.22	4.14	4.59	5.51	5.97	5.44	2.44
SZ300993	玉马遮阳	3.45	4.7	5.01	5	4.92	4.6	3.22
SH603272	联翔股份	—	2.4	2.84	2.25	2.51	1.59	0.83
SZ301336	趣睡科技	1.73	1.68	1.89	2.47	2.39	1.83	1.14
BJ838262	太湖雪	1.3	1.47	1.4	1.51	1.64	1.49	1.16
港币核算（亿港元）								
HK00146	太平地毯	0.56	0.85	—	0.88	1.07	1.07	1.1
HK02223	卡萨天骄	1.17	1.06	1.12	1.05	1.08	1.03	0.96

三、主要家纺上市公司经营及资本运作

（一）孚日股份（SZ002083）

为拓展新的发展空间，实现企业可持续发展，公司在不断推进家纺产业由生产规模化向品牌化、差异化、高附加值化升级、继续保持全球行业领军地位的同时，通过与高等院校广泛开展战略合作，打造公司第二增长曲线，当前重点推进功能性涂层材料项目和锂电池电解液添加剂项目。2023年公司实现营业收入53.4亿元，同比增长1.75%，实现归属于上市公司股东净利润2.87亿元，同比增长40.84%，实现扣除非经常性损益后净利润.75亿元，同比增长70.39%。

作为公司主要产业方向的家用纺织品板块，2023年，实现销售收入39.19亿元，同比增长

2.91%。家纺产品出口4.42亿美元,其中对日本市场出口保持增长势头,对欧美市场出口略有下滑,同时开始开拓东南亚市场。

公司依托子公司孚日宣威积极布局功能性涂层材料业务,产品主要包括热屏蔽节能降温涂层材料、海洋重防腐涂层材料、石化能源特种防腐涂层材料、水性工业防腐涂层材料和汽车涂层材料等,可应用于石油化工、海工港口、汽车船舶、军工装备、集装箱等领域。2023年公司功能性涂层材料业务实现营业收入约1.35亿元,其中海工、石化能源、船舶等涂料业务领域实现快速发展,迎来业务发展"开门红"。产能建设方面,公司一期5万吨/年功能性涂层材料项目已经建成投产,正处于产能爬坡期,2025年有望全部达产。

公司依托子公司孚日新能源积极布局锂电池电解液添加剂产品,主要生产氯代碳酸乙烯酯(CEC)、碳酸亚乙烯酯(VC)粗产品和电池级产品等动力锂电池上下游系列产品。2023年,公司电解液添加剂项目建设有序推进,公司VC精制项目一期已达到正常生产条件,2023年,孚日新能源产品正式进入市场,目前已与多家电解液行业头部企业建立了业务关系,市场开发工作稳步推进。

2023年孚日分行业、分产品、分地区营业收入构成及其变动情况见表10。

表10　2023年孚日分行业、分产品、分地区营业收入构成及其变动情况

项目	2023年		2022年		同比增减（%）
	金额（亿元）	占营业收入比重（%）	金额（亿元）	占营业收入比重（%）	
营业收入合计	53.4	100	52.48	100	1.75
分行业					
家纺行业	39.19	73.39	38.08	72.56	2.91
涂层材料行业	1.33	2.48	0.46	0.88	188.66
化工行业	2.14	4	2.45	4.66	−12.67
其他行业	10.75	20.13	11.49	21.9	−6.47
分产品					
毛巾系列	34.13	63.92	32.28	61.51	5.74
床品系列	5.06	9.47	5.8	11.06	−12.87
涂层材料产品	1.33	2.48	0.46	0.88	188.66
化工产品	2.14	4	2.45	4.66	−12.67
热电产品	5.61	10.51	6.5	12.38	−13.64
电机产品	1.73	3.24	1.86	3.54	−6.92
其他	3.41	6.38	3.14	5.98	8.64
分地区					
外销	32.74	61.31	32.54	62.01	0.6
内销	20.66	38.69	19.94	37.99	3.63

2023年孚日分行业、分产品、分地区的收入、成本及毛利率的变化情况见表11。

表11 2023年孚日分行业、分产品、分地区的收入、成本及毛利率的变化情况

项目	营业收入（亿元）	营业成本（亿元）	毛利率（%）	营业收入比上年同期增减（%）	营业成本比上年同期增减（%）	毛利率比上年同期增减（%）
分行业						
家纺行业	39.19	31.06	20.76	2.91	-3.88	5.59
涂层材料行业	1.33	1.19	10.64	188.66	185.72	0.92
化工行业	2.14	1.74	18.53	-12.67	-11.15	-1.39
其他行业	10.75	10.6	1.41	-6.47	-5.4	-1.12
分产品						
毛巾系列	34.13	26.97	21	5.74	-1.73	6.00
床品系列	5.06	4.09	19.12	-12.87	-16.02	3.04
涂层材料产品	1.33	1.19	10.64	188.66	185.72	0.92
化工产品	2.14	1.74	18.53	-12.67	-11.15	-1.39
热电产品	5.61	5.5	2.05	-13.64	-16.69	3.59
电机产品	1.73	1.53	11.43	-6.92	-11.88	4.98
其他	3.41	3.57	-4.74	8.64	24.5	-13.35
分地区						
外销	32.74	25.75	21.35	0.6	-6.96	6.39
内销	20.66	18.83	8.88	3.63	3.4	0.2

2023年孚日产品产、销、存情况及其变化见表12。

表12 2023年孚日产品产、销、存情况及其变化

行业分类	项目	单位	2023年	2022年	同比增减
毛巾系列	销售量	吨	56500	54208	4.23%
	生产量	吨	53190	51967	2.35%
	库存量	吨	5872	8281	-29.09%
床品系列	销售量	吨	9332	9682	-3.61%
	生产量	吨	8925	8997	-0.8%
	库存量	吨	665	872	-23.74%

2023年孚日研发投入情况见表13。

表13 2023年孚日研发投入情况

项目	2023年	2022年	变动比例
研发投入金额	25182.77万元	25873.42万元	-2.67%
研发投入占营业收入比例	4.72%	4.93%	-0.21%

（二）罗莱生活（SZ002293）

2023年公司实现营业收入53.15亿元，同比上年度增长0.03%，实现归母净利润5.72亿元，同比上年度下降1.44%。其中，国内家纺业务实现营业收入42.67亿元，同比上年度增长3.37%，实现归母净利润5.33亿元，同比上年度增长10.25%。

1. 线下渠道

公司采取直营和加盟相结合的经营模式，在巩固扩大一线、二线市场渠道优势的同时，积极向三线、四线及以下市场渗透和辐射，截至2023年12月31日，公司各品牌在国内市场拥有2730家终端门店，其中国内直营门店数量为335家，门店总面积46172 m^2，直营门店年均单店销售收入121.61万元，较2022年提升20.67%，其中开业12个月以上直营门店的年均营业收入较同期增长30.05%。

2. 线上渠道

公司在保持与天猫、京东、唯品会等大型电商平台紧密合作的基础上，持续布局抖音等短视频平台，通过自播、网红达人直播、社群营销、品牌小程序、小红书等多元化营销方式，提升品牌知名度及业务规模。

2023年9月，罗莱研究院正式升级为罗莱超柔研究院，罗莱超柔研究院的成立将更加聚焦罗莱的超柔科技定位，全力形成超柔领域的关键技术并赋能系列产品，2023年公司新申请专利77件，其中发明专利申请39件，商标283件、著作权161件，截至2023年末，累计获得授权专利242件、注册商标1438件，著作权2382件。

3. 生产能力建设

在加大现有厂区智能化改造投入的同时，公司也逐年加大自制产能扩建，2023年南通罗莱智慧产业园一期地块已整体按规划开工建设。

2023年罗莱生活分产品、分地区、分销售模式营业收入构成及其变动情况见表14。

表14 2023年罗莱生活分产品、分地区、分销售模式营业收入构成及其变动情况

项目	2023年		2022年		同比增减（%）
	金额（亿元）	占营业收入比重（%）	金额（亿元）	占营业收入比重（%）	
营业收入合计	53.15	100	53.14	100	0.03
分产品					
标准套件类	16.54	31.12	16.05	30.2	3.06
被芯类	18.59	34.97	17.12	32.22	8.59

续表

项目	2023年		2022年		同比增减（%）
	金额（亿元）	占营业收入比重（%）	金额（亿元）	占营业收入比重（%）	
枕芯类	2.58	4.85	2.77	5.21	-6.99
夏令产品	1.79	3.36	1.62	3.04	10.49
其他	3.18	5.98	3.73	7.02	-14.65
家具	10.48	19.72	11.86	22.31	-11.61
分地区					
华东地区	21.4	40.25	20.54	38.65	4.19
华中地区	4.98	9.37	5.2	9.79	-4.19
东北地区	2.31	4.35	2.35	4.43	-1.61
华北地区	4.67	8.78	4.07	7.66	14.66
西南地区	4.79	9.01	4.75	8.94	0.81
华南地区	3.06	5.76	3.14	5.9	-2.46
西北地区	1.26	2.36	1.05	1.97	19.47
美国	10.48	19.72	11.86	22.31	-11.61
国外及港澳台（除美国外）	0.21	0.4	0.19	0.35	13.14
分销售模式					
线上渠道	16.1	30.28	14.82	27.88	8.65
线下渠道	37.06	69.72	38.32	72.12	-3.3

2023年罗莱营业收入、营业成本、毛利率按销售渠道分类分析见表15。

表15 2023年罗莱营业收入、营业成本、毛利率按销售渠道分类分析

项目	营业收入（亿元）	营业成本（亿元）	毛利率（%）	营业收入比上年同期增减（%）	营业成本比上年同期增减（%）	毛利率比上年同期增减（%）
分行业						
批发零售业	53.15	28.03	47.27	0.03	-2.40	1.31
分产品						
标准套件类	16.54	8.18	50.55	3.06	1.35	2.21
被芯类	18.59	8.9	52.15	8.59	4.58	1.84
家具	10.48	6.93	33.83	-11.61	-6.83	-3.4

续表

项目	营业收入（亿元）	营业成本（亿元）	毛利率（%）	营业收入比上年同期增减（%）	营业成本比上年同期增减（%）	毛利率比上年同期增减（%）
分地区						
华东地区	21.4	10.71	49.95	4.19	−1.22	2.74
美国	10.48	6.93	33.83	−11.61	−6.83	−3.4
分销售模式						
线上销售	16.1	7.69	52.21	8.65	4.96	1.68
线下销售	37.06	20.34	45.12	−3.3	−4.92	0.93

2023年罗莱生活门店分析见表16。

表16　2023年罗莱生活门店分析

门店类型	门店的数量（个）	门店的面积（m²）	报告期内新开门店的数量（个）	报告期末关闭门店的数量（个）	关闭原因	涉及品牌
直营	335	46172	66	38	合同到期、商场整改等	罗莱、罗莱儿童、内野、廊湾、恐龙
加盟	2395	413593	366	326	业绩不达标、经营不善、合同到期、商场撤柜等	罗莱、罗莱儿童、内野、廊湾、恐龙

2023年罗莱生活家纺产品产、销、存情况及其变化见表17。

表17　2023年罗莱生活家纺产品产、销、存情况及其变化

行业分类	项目	单位	2023年	2022年	同比增减
批发零售业	销售量	万件	1621.79	1621.14	0.04%
	生产量	万件	1297.26	1367	−5.1%
	库存量	万件	777.01	876.54	−11.36%

2023年罗莱生活研发投入情况见表18。

表18　2023年罗莱生活研发投入情况

项目	2023年	2022年	变动比例
研发投入金额	11147.62万元	11253.81万元	−0.94%
研发投入占营业收入比例	2.1%	2.12%	−0.02%

(三）富安娜（SZ002327）

2023年公司实现营业收入30.3亿元，较去年同期下滑1.62%，归属于上市公司股东扣除非经常性损益的净利润为5.22亿元，较去年同期增长8.35%，归属于上市公司股东的净利润为5.72亿元，较去年同期增长7.02%。其中各渠道业务分布为：加盟营业收入占比约为27.2%，直营营业收入占比约为23.86%，电商营业收入占比约为39.95%，其他营业（包括团购和家居）占比约为8.99%。

截至2023年末，公司线下门店（含专柜）共1494家，加盟商门店有1010家，直营门店有484家，484家直营门店总面积71233m²，直营销售收入7.23亿元，占公司营业收入的比重约为23.86%，直营店年均单店销售收入149.36万元，较2022年下降3.79%。

公司全面引入德国SAP ERP系统，在家纺行业精细化发展趋势下，同时推进SAP系统、丽晶POS系统、WMS系统的优化和协同。通过管理协同平台支撑公司流程、沟通、考核等日常行政管理运营，业务运行平台以SAP系统为核心，结合POS、SRM、WMS、OMS系统来贯穿公司商品、采购、生产、仓储、销售、物流等整体业务，顾客平台全面覆盖第三方电商平台、微信等用户触点，三大流程系统提高内控管理水平、降低成本、提升效率。

2023年富安娜营业收入构成及其变化情况见表19。

表19　2023年富安娜营业收入构成及其变化情况

项目	2023年		2022年		同比增减（%）
	金额（亿元）	占营业收入比重（%）	金额（亿元）	占营业收入比重（%）	
营业收入	30.3	100	30.8	100	-1.62
分产品					
套件类	11.96	39.49	12.06	39.16	-0.8
被芯类	12.19	40.24	12.02	39.04	1.4
枕芯类	2.23	7.36	2.33	7.57	-4.35
其他类	3.91	12.91	4.38	14.23	-10.74
分地区					
华南地区	8.11	26.76	8.44	27.39	-3.88
华东地区	7.94	26.2	7.36	23.89	7.91
华中地区	4.12	13.61	3.95	12.83	4.35
西南地区	6.17	20.38	6.56	21.29	-5.81
华北地区	1.86	6.12	2.06	6.68	-9.87
西北地区	0.94	3.11	1.13	3.68	-16.94
东北地区	1.15	3.82	1.31	4.24	-11.53

续表

项目	2023年		2022年		同比增减（%）
	金额（亿元）	占营业收入比重（%）	金额（亿元）	占营业收入比重（%）	
分销售模式					
直营	7.23	23.86	7.31	23.74	−1.14
加盟	8.24	27.2	8.28	26.88	−0.43
电商	12.1	39.95	12.8	41.58	−5.49
团购	1.64	5.42	1.37	4.46	19.48
其他	1.08	3.57	1.03	3.34	5.23

2023年富安娜分产品、分地区、分销售模式的毛利率及其变化见表20。

表20　2023年富安娜分产品、分地区、分销售模式的毛利率及其变化

项目	营业收入（亿元）	营业成本（亿元）	毛利率（%）	营业收入比上年同期增减（%）	营业成本比上年同期增减（%）	毛利率比上年同期增减（%）
分行业						
家纺/家具	30.30	13.44	55.63	−1.62	−6.93	2.53
分产品						
套件类	11.96	5.05	57.82	−0.8	−4.58	1.67
被芯类	12.19	5.5	54.88	1.4	−3.15	2.12
分地区						
华南地区	8.11	3.37	58.39	−3.88	−1.84	−0.86
华东地区	7.94	3.29	58.57	7.91	4.86	1.2
华中地区	4.12	1.72	58.27	4.35	1.31	1.25
西南地区	6.17	2.83	54.19	−5.81	−7.88	1.03
分销售模式						
直营	7.23	2.16	70.14	−1.14	−11.81	3.61
加盟	8.24	3.61	56.21	−0.43	−7.91	3.56
电商	12.1	6.29	47.99	−5.49	−8.46	1.69

2023年富安娜门店变化及其原因分析见表21。

表21　2023年富安娜门店变化及其原因分析

门店的类型	门店的数量（个）	门店的面积（m²）	报告期内新开门店的数量（个）	报告期末关闭门店的数量（个）	关闭原因	涉及品牌
直营	484	71233	42	29	合同到期、商场整改等原因	富安娜、馨而乐、维莎、酷奇智
加盟	1010	211490	130	119	经营不善、合同到期、商场撤柜等原因	富安娜、馨而乐、维莎、酷奇智

2023年富安娜主要产品产、销、存情况见表22。

表22　2023年富安娜主要产品产、销、存情况

行业	项目	单位	2023年	2022年	同比增减
纺织（家用纺织）/家具	销售量/成本额	万元	127598.28	136900.98	−6.8%
	生产量/生产额	万元	127128.09	139564.94	−8.91%
	库存量/库存额	万元	53586.78	54056.98	−0.87%

2023年富安娜研发投入情况见表23。

表23　2023年富安娜研发投入情况

项目	2023年	2022年	变动比例
研发投入金额	10795.82万元	10981.36万元	−1.69%
研发投入占营业收入比例	3.56%	3.57%	−0.01%

（四）梦洁股份（SZ002397）

2023年公司实现营业收入21.56亿元，同比增长6.08%，全年实现归属上市公司股东的净利润2241.42万元。从2021年起，公司坚持高端战略、深耕高端市场，在历经连续两年的亏损后实现扭亏为盈，公司财务指标逐步向好，库存、应收账款等下降明显，现金流不断改善。

公司聚焦以套件、被芯、枕芯等床上用品为主的家用纺织品业务，涵盖大家居业务、洗护业务，集研发、设计、生产、销售为一体，公司业务模式以国内线下实体门店、线上电商平台销售为主。

1. 家用纺织品业务

公司旗下涵盖"梦洁、寐MINE、梦洁宝贝、平实美学"等多个家纺品牌，通过大型百货商场、购物中心专柜、旗舰店、专卖店、奥特莱斯、团购等线下渠道和平台电商、社交电商等线上渠道，覆盖超高端、高端及大众消费市场。

2. 大家居业务

家居品牌"梦洁家居"从事床垫、沙发等家具产品的研发、生产与销售；"寐大宅"项目

从事高端宅邸整体家装设计;秉承全球精选理念,公司还代理了Agraria、Somma、Haman等20余个海外百年品牌。

3. 洗护业务

洗护品牌"七星洗护"精选全球高端洗护设备、洗涤剂,并在全国大型城市开设智能洗护中心,从事高端床品与奢侈品牌服装、鞋包洗护。

在渠道方面,调整直营店、发展加盟店。针对大型城市"战略布局",对门店盈利能力进行科学评估,有针对性地进行关闭或者调整,提升直营门店整体盈利能力,打造直营标杆门店与大店盈利模型;通过"梦洁鲲鹏精英俱乐部""黑鲸大V行""招商引荐会"等多样形式发展大商客户,提供完备周全的开店方案、开店支持。

2023年梦洁股份营业收入构成及其变化情况见表24。

表24　2023年梦洁股份营业收入构成及其变化情况

项目	2023年 金额（亿元）	2023年 占营业收入比重（%）	2022年 金额（亿元）	2022年 占营业收入比重（%）	同比增减（%）
营业收入	21.56	100	20.33	100	6.08
分产品					
套件	8.42	39.03	7.92	38.94	6.31
被芯	7.61	35.3	6.73	33.09	13.18
枕芯	1.33	6.15	1.3	6.37	2.33
其他	4.21	19.53	4.39	21.6	−4.11
分地区					
华东	3.47	16.07	3.14	15.44	10.39
华南	1.07	4.97	1.12	5.51	−4.36
西南	1.02	4.74	0.88	4.34	15.9
华中	13.38	62.04	13.24	65.14	1.02
西北	0.37	1.71	0.28	1.37	32.36
华北	1.25	5.8	1.02	5.03	22.49
东北	0.63	2.94	0.47	2.29	36.08
出口	0.37	1.72	0.18	0.87	109.87
分销售模式					
线上销售	5.03	23.31	5.65	27.82	−11.1
直营销售	7.05	32.68	7.05	34.69	−0.07
加盟销售	9.49	44.01	7.62	37.5	24.52

2023年梦洁股份分行业、分地区、分销售模式的毛利率及其变化情况见表25。

表25 2023年梦洁股份分行业、分地区、分销售模式的毛利率及其变化情况

项目	营业收入（亿元）	营业成本（亿元）	毛利率（%）	营业收入比上年同期增减（%）	营业成本比上年同期增减（%）	毛利率比上年同期增减（%）
分行业						
纺织业	21.56	12.67	41.24	6.08	−6.84	8.15
分产品						
套件	8.42	4.27	49.24	6.31	−3.35	5.07
被芯	7.61	4.43	41.81	13.18	1.83	6.49
枕芯	1.33	0.77	41.69	2.33	−8.59	6.97
其他	4.21	3.2	24.04	−4.11	−19.81	14.87
分地区						
华东	3.47	2.23	35.55	10.39	3.65	4.19
华南	1.07	0.6	43.89	−4.36	−15.64	7.51
西南	1.02	0.57	44.17	15.9	3.91	6.44
华中	13.38	7.72	42.26	1.02	−13.78	9.91
西北	0.37	0.20	44.63	32.36	19.06	6.19
华北	1.25	0.7	44.21	22.49	12.21	5.11
东北	0.63	0.35	44.92	36.08	21.51	6.6
出口	0.37	0.29	21.89	109.87	98.51	4.47
分销售模式						
线上销售	5.03	3.48	30.68	−11.1	−14.17	2.48
直营销售	7.05	3.42	51.5	−0.07	−19.4	11.64
加盟销售	9.49	5.77	39.21	24.52	8.81	8.78

注：线上是指与天猫、京东、唯品会等电商平台以及微信小程序等社交平台合作销售公司的产品，公司需支付一定的平台费用等；直营为公司直接投资、直接销售和直接管理；加盟是指通过授权区域加盟商按照公司标准来开设门店，授权经营公司的产品。

2023年梦洁股份四项费用及其变化情况见表26。

表26 2023年梦洁股份四项费用及其变化情况

费用类型	2023年	2022年	同比增减（%）	重大变动说明
销售费用	6.29亿元	8.07亿元	−22.09	报告期减少广告费、策划费
管理费用	1.13亿元	1.28亿元	−12.05	—
财务费用	0.17亿元	0.36亿元	−52.25	报告期减少短期银行借款，利息减少
研发费用	0.69亿元	0.74亿元	−7.21	—

2023年梦洁股份门店分析见表27。

表27 2023年梦洁股份门店分析

门店类型	门店数量（个）	门店面积（m²）	报告期内新开门店的数量（个）	报告期末关闭门店的数量（个）	关闭原因	涉及品牌
直营	386	59722	89	198	经营不符合预期，商场调整、公司主动调整战略等	梦洁、寐、梦洁宝贝、梦洁家居
加盟	1199	28806	210	234	经营困难、合同终止、公司主动调整战略等	梦洁、寐、梦洁宝贝、梦洁家居

2023年梦洁股份主要产品产、销、存及其变化情况见表28。

表28 2023年梦洁股份主要产品产、销、存及其变化情况

行业	项目	单位	2023年	2022年	同比增减
家纺	销售量	万个/万件/万套/万毫升	2400.58	1511.19	58.85%
	生产量	万个/万件/万套/万毫升	1143.82	1382.23	−17.25%
	库存量	万个/万件/万套/万毫升	384.06	1640.83	−76.59%

2023年梦洁股份研发投入及其变化情况见表29。

表29 2023年梦洁股份研发投入及其变化情况

项目	2023年	2022年	变动比例
研发投入金额	6891.72万元	7427.56万元	−7.21%
研发投入占营业收入比例	3.2%	3.65%	−0.45%

（五）水星家纺（SH603365）

2023年度公司实现营业收入42.11亿元，同比增长14.96%，实现归属于上市公司股东的净利润3.79亿元，同比增长36.23%，实现归属于上市公司股东的扣除非经常性损益的净利润3.28亿元，同比增长44.74%。

公司在营销上积极拥抱流量，借助新媒体助力品牌宣传，在抖音、视频号、快手等视频平台做短视频内容，在小红书、微博等社交平台上抢占用户，以线上+线下+社群等多元化、全域化的营销思维，打造婚俗文化100城新娘专业号，通过原创短视频推广各地婚俗文化。

为实现"线上线下融合，全链路数字化"的长期发展战略，公司加速实施数字化改造，通过终端门店POS系统，规范会员管理模式，数字化精准洞察消费者的购买意向，提升店铺运营效率。公司设有新零售中心，报告期通过线下营销活动的开展，支持和帮助经销商运用云店小程序、直播、短视频、公域流量分配、私域流量经营等新零售模式，增加线下门店获

客率，使品牌转播与产品销售有效结合，提升销售转化率。公司持续优化终端门店零售系统，改善门店经营效率，推进终端门店利用企业微信、视频号、抖音、小程序等与消费者进行精准互动，提升入会率，借助数字化系统升级会员管理模式，为消费者提供更多人性化的品牌服务，提升产品附加值并巩固品牌的优良口碑。

2023年水星家纺营业收入、营业成本、毛利率情况见表30。

表30　2023年水星家纺营业收入、营业成本、毛利率情况

分类	营业收入（亿元）	营业成本（亿元）	毛利率（%）	营业收入比上年增减（%）	营业成本比上年增减（%）	毛利率比上年增减（%）
主营业务分行业情况						
批发零业	42.03	25.17	40.12	14.96	12.51	增加1.31个百分点
主营业务分产品情况						
套件	15.22	8.85	41.88	10.81	4.65	增加3.42个百分点
被子	20.25	11.99	40.78	20.38	19.37	增加0.50个百分点
枕芯	2.92	1.82	37.49	5.84	9.11	减少1.88个百分点
其他	3.64	2.51	31.11	12.17	13.99	减少1.10个百分点
主营业务分地区情况						
电商	23.88	14.38	39.77	11.74	9.49	增加1.24个百分点
东北	0.71	0.45	36.38	28.99	24.01	增加2.56个百分点
华北	3.01	1.78	40.83	33.93	26.78	增加3.33个百分点
华东	7.02	3.95	43.77	7.96	6.49	增加0.77个百分点
华南	0.95	0.58	38.37	40.68	51.13	减少4.26个百分点
华中	2.21	1.43	35.51	43.49	40.18	增加1.52个百分点
西北	1.03	0.61	41.06	18.87	13.96	增加2.54个百分点
西南	3.11	1.92	38.3	16.52	11.47	增加2.79个百分点
国外	0.11	0.07	35.88	-19.89	-29.81	增加9.07个百分点
主营业务分销售模式情况						
电商	23.88	14.38	39.77	11.74	9.49	增加1.24个百分点
加盟	13.13	8.15	37.92	10.94	8.98	增加1.12个百分点
直营	3.48	1.6	53.91	24.44	18.81	增加2.18个百分点
其他	1.53	1.03	32.98	178.15	155.87	增加5.83个百分点

2023年水星家纺产、销、存情况见表31。

表31 2023年水星家纺产、销、存情况

主要产品	单位	生产量	销售量	库存量	生产量比上年增减	销售量比上年增减	库存量比上年增减
套件被子枕芯等	万套/万条/万个	2329.99	2338.78	634.52	13.78%	17.95%	-1.37%

2023年水星家纺研发投入情况分析见表32。

表32 2023年水星家纺研发投入情况分析

项目	2023年	2022年
研发投入合计（万元）	7780.98	7164.72
研发投入总额占营业收入比例（%）	1.85	1.96
公司研发人员的数量（人）	233	226
研发人员数量占公司总人数的比例（%）	6.64	6.27

（六）梦百合（SH603313）

2023年公司实现营业收入79.76亿元，同比下降0.52%，归属于上市公司股东的净利润1.07亿元，同比增长157.74%，经营业绩稳中有进。

2023年11月，2021年度向特定对象成功发行A股股票，共计募集资金7.999亿元。本次募资将用于家居产品配套生产基地项目、美国亚利桑那州生产基地扩建项目、智能化信息化升级改造项目以及补充流动资金。

在海外市场拓展方面，公司在积极开发连锁商超、家具店等优质ODM业务的同时充分利用本土化DTC经验及供应链优势，推动跨境电商业务增长，加快ODM向OBM的转型升级，2023年，公司境外线上业务发展势头强劲，实现主营业收入9.66亿元，同比增长116.17%。

在内销市场方面，公司持续深耕线上、线下一体化的新零售模式，一方面持续布局天猫、抖音、京东、华为线上商城等渠道，深入洞察市场，定位梦百合人群画像，促进不同产品品类之间的协同。另一方面，公司持续加强终端渠道建设，通过优化经销商政策、门店标准化执行、营销活动支持及运营赋能等多项措施，不断提升终端渠道能力、获客能力及运营能力。2023年梦百合自主品牌内销实现营收10.89亿元，同比增长55.23%，实现较快增长。

2023年梦百合营业收入、营业成本、毛利率情况见表33。

表33 2023年梦百合营业收入、营业成本、毛利率情况

分行业	营业收入（亿元）	营业成本（亿元）	毛利率（%）	营业收入比上年增减（%）	营业成本比上年增减（%）	毛利率比上年增减
主营业务分行业情况						
家居用品	77.59	47.98	38.16	-0.35	-10.71	增加7.18个百分点

续表

分行业	营业收入（亿元）	营业成本（亿元）	毛利率（%）	营业收入比上年增减（%）	营业成本比上年增减（%）	毛利率比上年增减
主营业务分产品情况						
床垫	39.79	25.34	36.32	3.86	-8.94	增加8.95个百分点
枕头	6.07	3.96	34.87	14.96	0.13	增加9.65个百分点
沙发	11.42	6.88	39.76	-9.91	-16.51	增加4.75个百分点
电动床	6.49	4.12	36.54	3.5	-4.94	增加5.63个百分点
卧具	6.21	2.9	53.32	-17.7	-27.34	增加6.2个百分点
其他	7.6	4.79	37.03	-2.15	-11.27	增加6.46个百分点
合计	77.59	47.98	38.16	-0.35	-10.71	增加7.18个百分点
主营业务分地区情况						
境内	14.31	7.96	44.38	44.5	20.46	增加11.1个百分点
境外	63.27	40.02	36.76	-6.88	-15.08	增加6.11个百分点
合计	77.59	47.98	38.16	-0.35	-10.71	增加7.18个百分点
主营业务分销售模式情况						
门店合计	26.04	13.62	47.69	-7.56	-14.22	增加4.06个百分点
直营店	22.17	11.15	49.7	-11.82	-19.4	增加4.74个百分点
其中：境内	1.35	0.5	63.02	74.26	28.6	增加13.13个百分点
其中：境外	20.82	10.65	48.83	-14.56	-20.79	增加4.03个百分点
经销店	3.87	2.47	36.16	27.77	20.95	增加3.6个百分点
其中：境内	3.87	2.47	36.16	27.77	20.95	增加3.6个百分点
其中：境外	—	—	—	—	—	
线上销售	13.06	7.05	45.98	97.89	102.33	减少1.19个百分点
其中：境内	3.4	1.26	63.06	59.54	46.58	增加3.27个百分点
其中：境外	9.66	5.8	39.97	116.17	120.49	减少1.18个百分点
大宗业务	38.49	27.3	29.07	-10.67	-20.56	增加8.83个百分点
合计	77.59	47.98	38.16	-0.35	-10.71	增加7.18个百分点

2023年梦百合产、销、存情况见表34。

表34 2023年梦百合产、销、存情况

主要产品	单位	生产量	销售量	库存量	生产量比上年增减	销售量比上年增减	库存量比上年增减
床垫	万件	714.58	691.78	83.89	16.73%	7.43%	40.64%

续表

主要产品	单位	生产量	销售量	库存量	生产量比上年增减	销售量比上年增减	库存量比上年增减
枕头	万件	1108.19	1114.95	99.57	20.78%	16.52%	-4.76%
沙发	万件	55.86	76.55	4.72	-3.44%	-10.87%	-20.14%
电动床	万件	40.76	42.74	6.46	6.22%	6.71%	18.32%
卧具	万件	18.77	45.59	8.33	6.69%	-31.56%	78.37%

2023年梦百合全球店铺情况见表35。

表35　2023年梦百合全球店铺情况

门店类型	上年末数量（家）	本年度新开（家）	本年度关闭（家）	本年末数量（家）
MLILY梦百合	—	—	—	—
经销店	1166	428	666	928
直营店	145	77	55	167
小计	1311	505	721	1095
MOR	—	—	—	—
直营店	38	2	2	38
西班牙MATRESSES	—	—	—	—
直营店	94	5	1	98
上海里境	—	—	—	—
里境直营店	5	5	8	2
里境经销店	5	40	2	43
合计	1453	557	734	1276

2023年梦百合研发投入情况见表36。

表36　2023年梦百合研发投入情况

项目	2023年	2022年
研发投入合计（万元）	11565.83	9530.96
研发投入总额占营业收入比例（%）	1.45	1.19

（七）众望布艺（SH605003）

公司主营业务为中高档装饰面料及制品的研发、设计、生产与销售。主要产品为装饰面料和沙发套，产品目前主要应用于沙发、座椅、抱枕等领域，主要销往美国地区。公司拥有"Z-wovens""SunBelievable""NeverFear""Z-free""Z-cycle"等多个品牌，主要客户包括

Ashley、La-z-boy、Rooms togo、Bob's、Jackson、H.M.Richards、顾家家居等国际知名家具制造企业。

2023年公司实现主营业务收入4.59亿元，同比增长11.33%，归属于母公司股东净利润3.14亿元，同比增长245.67%，归属于母公司股东扣非净利润0.657亿元，同比下降25.82%。归属于母公司股东净利润大幅增加主要系公司拆迁补偿款确认收入所致，归属于母公司股东扣非净利润下降主要因2022年上半年募投项目尚未投产，固定资产折旧较少，随着项目投产，2023年折旧费用大幅增加，同时2023年度销售收入增加，工资薪酬、办公费用等均较上期存在不同幅度上涨，导致公司扣非归母净利润较上期有所下降。

2023年公司完成了以下重大事项：

1. 众望化纤整体搬迁

杭州市临平区人民政府对公司所属临平区崇贤街道沿山村、老鸭桥3号共两宗土地及地上建筑物等资产实施征收，上述厂区原为公司全资子公司众望化纤生产经营场所，报告期内，众望化纤已整体搬迁至公司位于杭州市临平区北沙东路68号的新厂区。

2. 众望布艺智能工厂项目竣工

众望布艺"智能工厂"项目将市场、营销、研发、供应链、生产、服务及产业链协同一体，在满足客户个性化定制需求的同时，形成了个性化营销、个性化设计、个性化生产、标准化运营等一系列的众望独特模式，通过信息化、自动化、精益化及智能化的手段来固化及提升，以达到生产效率提升、运营成本降低、研发周期缩短、产品品质提升、能源利用高效、产业协同便捷的目标。报告期内，该项目竣工并获评2023年杭州市"智能工厂"。

3. 沃驰纺织开工建设

根据公司经营发展需要，为持续推进公司总体发展战略，进一步提升公司的核心竞争力，沃驰纺织年产1000万米高档功能性面料建设项目经过半年左右的前期准备，于2023年8月正式动工兴建，截至2024年3月末，项目已经完成地下工程建设，各幢厂房正在进行地上部分建设。

4. 沃驰越南正式成立

公司立足未来长远战略发展规划，为加快公司全球化产业布局，提升公司综合竞争力，公司于2023年12月在越南广义设立了沃驰越南有限公司，拟投资2500万美元新建"沃驰越南年产800万米高档功能性面料建设项目"，该项目采用先租赁厂房建生产线，同时购买土地新建厂房，待厂房竣工后平移生产线至新厂房的项目实施模式，旨在快速推进越南产能投产，以满足客户需求。

2023年众望布艺主营业务收入、营业成本、毛利率情况见表37。

表37 2023年众望布艺主营业务收入、营业成本、毛利率情况

分行业	营业收入（亿元）	营业成本（亿元）	毛利率（%）	营业收入比上年增减（%）	营业成本比上年增减（%）	毛利率比上年增减
主营业务分行业情况						
家具制造	4.59	2.98	35.04	11.33	11.28	增加0.03个百分点

续表

分行业	营业收入（亿元）	营业成本（亿元）	毛利率（%）	营业收入比上年增减（%）	营业成本比上年增减（%）	毛利率比上年增减
主营业务分产品情况						
装饰面料	4.52	2.92	35.32	19.84	22.4	-1.36%
沙发套	0.06	0.04	20.86	-83.11	-83.55	2.13%
其他	0.02	0.02	9.79	-10.44	-22.7	14.31%
主营业务分地区情况						
中国	0.83	0.5	40.28	53.92	51.78	0.84%
美国	1.51	0.92	39.3	-12.22	-19.3	5.33%
越南	1.93	1.39	27.81	22.05	31.78	-5.33%
其他国家与地区	0.33	0.18	44.63	13.27	10.23	1.53%
主营业务分销售模式情况						
自主销售	4.59	2.98	35.04	11.33	11.28	0.03%

2023年众望布艺成本分析见表38。

表38　2023年众望布艺成本分析

分行业	成本构成项目	本期金额（亿元）	本期占总成本比例（%）	上年同期金额（亿元）	上年同期占总成本比例（%）	本期金额较上年同期变动比例（%）
分行业情况						
家具制造	直接材料	1.73	57.99	1.6	59.77	7.95
	直接人工	0.28	9.4	0.27	10.14	3.13
	制造费用	0.68	22.75	0.46	17.19	47.3
	运费	0.29	9.86	0.33	12.48	-12.05
	合计	2.98	100	2.68	100	11.28
分产品情况						
装饰面料	直接材料	1.687	57.73	1.387	58.09	21.65
	直接人工	0.273	9.35	0.214	8.97	27.53
	制造费用	0.668	22.86	0.446	18.68	49.8
	运费	0.294	10.06	0.341	14.26	-13.64
	合计	2.922	100	2.387	100	22.4
沙发套	直接材料	0.03	66.61	0.199	73.2	-85.04
	直接人工	0.006	12.49	0.055	20.39	-89.92

续表

分行业	成本构成项目	本期金额（亿元）	本期占总成本比例（%）	上年同期金额（亿元）	上年同期占总成本比例（%）	本期金额较上年同期变动比例（%）
沙发套	制造费用	0.009	20.23	0.012	4.42	-24.8
	运费	0.0003	0.67	0.005	1.98	-94.44
	合计	0.045	100	0.272	100	-83.55
其他	直接材料	0.014	78.59	0.017	76.05	-20.11
	直接人工	0.002	9.5	0.002	9.93	-26.02
	制造费用	0.002	11.9	0.003	13.74	-33.04
	运费	0.000	0	0	0.29	-100
	合计	0.017	100	0.023	100	-22.7

2023年众望布艺产、销、存分析见表39。

表39　2023年众望布艺产、销、存分析

主要产品	单位	生产量	销售量	库存量	生产量比上年增减	销售量比上年增减	库存量比上年增减
装饰面料	万米	1902.62	1956.53	201.43	30.3%	27%	-0.94%
沙发套	套	7190	13570	14	-93.09%	-87.82%	-99.89%

2023年众望布艺研发投入情况见表40。

表40　2023年众望布艺研发投入情况

项目	2023年	2022年
研发投入合计（万元）	2566.18	1915.9
研发投入总额占营业收入比例（%）	5.55	4.6
公司研发人员的数量（人）	57	55
研发人员数量占公司总人数的比例（%）	10	—

（八）西大门（SH605155）

2023年公司实现营业收入人民币6.37亿元，比上年增长27.69%，国内市场销售额增长13.40%，国际市场销售额增长35.58%，研发投入增长33.69%，经营活动产生的现金流量净额增长4.45%。主营业务方面，遮阳面料销售量实现同比增长20.88%，毛利率较同期相比提升3.85个百分点；遮阳成品业务销售额增长136.43%，毛利率较同期相比提升2.36个百分点。

公司重点项目"建筑遮阳新材料扩产项目"主体厂房已基本完工。

2023年，公司推出了限制性股票激励计划，向中高层管理及核心骨干人员共计79名激励对象授予251.5万股限制性股票，提高了核心人员的积极性。

2023年西大门主营业务收入、营业成本、毛利率情况见表41。

表41 2023年西大门主营业务收入、营业成本、毛利率情况

分行业	营业收入（亿元）	营业成本（亿元）	毛利率（%）	营业收入比上年增减（%）	营业成本比上年增减（%）	毛利率比上年增减
主营业务分行业情况						
遮阳面料制造业	4.73	3	36.54	9.69	3.4	增加3.85个百分点
遮阳成品制造业	1.48	0.79	46.64	136.43	126.4	增加2.36个百分点
其他制造业	0.11	0.1	7.86	355.86	344.78	增加2.29个百分点
主营业务分产品情况						
遮阳面料	4.73	3	36.54	9.69	3.4	增加3.85个百分点
遮阳成品	1.48	0.79	46.64	136.43	126.4	增加2.36个百分点
其他	0.11	0.1	7.86	355.86	344.78	增加2.29个百分点
主营业务分地区情况						
中国大陆地区	2.08	1.55	25.72	13.4	16.03	减少1.68个百分点
中国大陆以外的国家及地区	4.23	2.34	44.63	35.58	20.88	增加6.73个百分点
主营业务分销售模式情况						
直销	6.32	3.89	38.4	27.37	18.9	增加4.39个百分点

2023年西大门四项费用及其变化情况见表42。

表42 2023年西大门四项费用及其变化情况

费用类型	2023年（亿元）	2022年（亿元）	2023年较2022年变动比例（%）	变动原因说明
销售费用	0.948	0.49	93.46	电商平台费用、广告宣传及展会增多
管理费用	0.379	0.323	17.57	职工薪酬、折旧摊销费用增加所致
研发费用	0.256	0.191	33.69	主要系新产品研发投入增加所致
财务费用	−0.181	−0.194	−6.8	汇兑收益减少所致

2023年西大门主要产品产、销、存情况见表43。

表43　2023年西大门主要产品产、销、存情况

主要产品	单位	生产量	销售量	库存量	生产量比上年增减	销售量比上年增减	库存量比上年增减
遮阳面料	万平方米	4224.28	3949.56	1032.45	31.17%	20.88%	23.02%

2023年西大门研发投入情况见表44。

表44　2023年西大门研发投入情况

项目	2023年	2022年
研发投入合计（万元）	2555.78	1911.76
研发投入总额占营业收入比例（%）	4.01	3.83
公司研发人员的数量（人）	102	90
研发人员数量占公司总人数的比例（%）	10.15	10.16

（九）真爱美家（SZ003041）

2023年度，公司实现营业收入9.53亿元，同比降低2.64%，实现归属于上市公司股东的净利润1.06亿元，同比降低31.66%；2023年末，公司总资产21.45亿元，同比增长13.41%，归属于上市公司股东的净资产13.3亿元，同比增长4.55%。

2023年围绕生产经营目标，公司主要做了以下几方面工作。

1. 积极抢抓订单和市场

过去一年，公司外销部门加大走出去的力度，积极参与了多个国际性的展览会和商贸活动，如华东进出口商品交易会、广交会和墨西哥纺织展等，继续立足全球中高克重毛毯优势市场，深入回访沙特、阿联酋、伊拉克和摩洛哥等多个重要客户和市场。

2. 积极推进智能新工厂建设

截至2023年末，公司智能新工厂已经完成主体厂房建设和设备安装，对部分重点工序进行测试，产品品质稳定度和成本控制均达预期；智能制造软件方面，生产调度中心、生产管理系统、自动化产线、仓储物流系统等15项平台安装完毕并处于测试中，预计2024年二季度新产线将逐步投产。

3. 聚焦核心业务，开拓新领域

2023年公司立足根本，继续借助技术优势、规模优势和成本优势，聚焦全球市场高克重仿韩毯、空穿毯核心业务，打造行业护城河。

2023年真爱美家营业收入构成见表45。

表45 2023年真爱美家营业收入构成

项目	2023年		2022年		同比增减（%）
	金额（亿元）	占营业收入比重（%）	金额（亿元）	占营业收入比重（%）	
营业收入	9.53	100	9.79	100	-2.64
分产品					
毛毯	9.3	97.6	9.52	97.29	-2.33
床上用品	0.17	1.83	0.18	1.83	-2.39
其他	0.05	0.57	0.09	0.88	-37.15
分地区					
国外	8.67	91.04	8.9	90.96	-2.56
国内	0.85	8.96	0.88	9.04	-3.44
分销售模式					
线上销售	0.02	0.22	0.01	0.1	118.62
直营销售	0.13	1.36	0.12	1.27	3.99
直接销售	9.38	98.42	9.65	98.63	-2.85

2023年真爱美家分行业、分产品、分地区、分销售模式的毛利率分析见表46。

表46 2023年真爱美家分行业、分产品、分地区、分销售模式的毛利率分析

项目	营业收入（亿元）	营业成本（亿元）	毛利率（%）	营业收入比上年同期增减（%）	营业成本比上年同期增减（%）	毛利率比上年同期增减（%）
分行业						
纺织业	9.53	7.42	22.1	-2.64	-3.8	0.93
分产品						
毛毯	9.3	7.3	21.47	-2.33	-3.7	1.12
分地区						
国外	8.67	6.74	22.26	-2.56	-3.84	1.03
分销售模式						
直接销售	9.38	7.33	21.82	-2.85	-4.03	0.96

2023年真爱美家四项费用及其变化见表47。

表47 2023年真爱美家四项费用及其变化

费用类型	2023年（亿元）	2022年（亿元）	同比增减（%）	重大变动说明
销售费用	0.134	0.164	−18.67	—
管理费用	0.335	0.262	27.91	新厂房、综合楼本期转固后折旧费增加
财务费用	−0.059	−0.202	70.65	主要系汇兑收益减少所致
研发费用	0.596	0.571	4.38	—

2023年真爱美家产、销、存情况见表48。

表48 2023年真爱美家产、销、存情况

行业分类	项目	单位	2023年	2022年	同比增减
毛毯	销售量	吨	45062.59	46680.96	−3.47%
	生产量	吨	46448.41	45182.98	2.8%
	库存量	吨	8499.04	7113.22	19.48%

2023年真爱美家研发投入分析见表49。

表49 2023年真爱美家研发投入分析

项目	2023年	2022年	变动比例
研发人员数量	282人	291人	−3.09%
研发人员数量占比	17.07%	17.31%	−0.24%
研发投入金额	5959.99万元	5709.72万元	4.38%
研发投入占营业收入比例	6.26%	5.83%	0.43%

（十）浙江自然（SH605080）

2023年公司实现营业收入8.23亿元，其中主营业务收入8.21亿元，较上年同比下降13.08%。

2023年公司重点推进的工作包括：进一步完善法人治理结构，加强内控体系的构建；推进公司全球化布局，子公司越南大自然SUP等水上用品及子公司柬埔寨美御的保温硬箱在2023年开始批量出货；提升产品品质、生产效率及绩效管理；加大研发投入，不断推进技术升级促进工艺优化，丰富产品品类；加强企业文化建设，提升组织凝聚力和创造力；持续推进信息化项目建设，从ERP系统到MES系统，实现数字化管理，搭建起销售、计划、采购、生产、质量、物流、财务管理的一体化运营管理平台，通过信息化项目不断推进，实现业务

流程数字化管控，保障流程业务流程通畅、完整与系统数据准确；进一步推进募投项目建设，户外用品自动化生产基地改造项目按计划有序推进，2023年，自动充气产品厂房及产能进一步建成并投入使用。

2023年浙江自然营业收入、营业成本及毛利率情况见表50。

表50　2023年浙江自然营业收入、营业成本及毛利率情况

分行业	营业收入（亿元）	营业成本（亿元）	毛利率（%）	营业收入比上年增减（%）	营业成本比上年增减（%）	毛利率比上年增减
主营业务分行业情况						
户外用品	8.21	5.44	33.79	-13.08	-9.28	减少2.77个百分点
主营业务分产品情况						
气床	5.15	2.88	43.96	-25.19	-28.1	增加2.26个百分点
箱包	1.56	1.34	14.44	22.53	32.08	减少6.19个百分点
枕头坐垫	0.6	0.44	26.68	-19.29	-17.2	减少1.85个百分点
其他	0.9	0.78	13.97	64.35	76.96	减少6.13个百分点
主营业务分地区情况						
国外	6.5	4.19	35.58	-7.56	-5.68	减少1.28个百分点
国内	1.71	1.25	26.99	-29.15	-19.57	减少8.7个百分点
主营业务分销售模式情况						
直销	8.21	5.44	33.79	-13.08	-9.28	减少2.77个百分点

2023年浙江自然主要产品产、销、存分析见表51。

表51　2023年浙江自然主要产品产、销、存分析

主要产品	单位	生产量	销售量	库存量	生产量比上年增减	销售量比上年增减	库存量比上年增减
气床	万件	276.48	307.85	57.46	-37.93%	-29.17%	-35.32%
箱包	万件	199.83	228.35	29.61	-18.93%	-0.23%	-49.06%
枕头坐垫	万件	183.85	197.89	27.36	-21.55%	-15.96%	-33.91%
其他	万件	761.62	597.77	205.84	485.47%	338.71%	390.19%

2023年浙江自然研发投入情况分析见表52。

表52 2023年浙江自然研发投入情况分析

项目	2023年	2022年
研发投入金额（万元）	3568.18	3448.32
研发投入占营业收入比例（%）	4.33	3.65
研发人员数量（人）	152	159
研发人员数量占比（%）	8.6	9.36

（十一）玉马遮阳（SZ300993）

2023年公司实现营业收入6.63亿元，同比增长21.3%。公司专注于功能性遮阳材料的研发、生产和销售，主要产品包括遮光面料、可调光面料和阳光面料三大类上千个品种。产品主要应用于商务办公、酒店、商场超市、体育场等大型公共建筑、住宅性房地产等各类建筑的室内外遮阳及特殊遮阳领域的遮阳。产品出口占比达2/3，销往全球六大洲的70多个国家和地区。

2023年玉马遮阳营业收入分行业、分产品、分地区、分销售模式的构成情况见表53。

表53 2023年玉马遮阳营业收入分行业、分产品、分地区、分销售模式的构成情况

项目	2023年		2022年		同比增减（%）
	金额（亿元）	占营业收入比重（%）	金额（亿元）	占营业收入比重（%）	
营业收入合计	6.63	100	5.47	100	21.3
分行业					
其他制造业	6.63	100	5.47	100	21.3
分产品					
遮光面料	2.03	30.6	1.68	30.73	20.77
可调光面料	1.54	23.25	1.59	29.18	−3.34
阳光面料	2.02	30.48	1.77	32.47	13.84
其他	1.04	15.67	0.42	7.62	149.54
分地区					
港澳台及国外	4.42	66.72	3.98	72.86	11.07
国内	2.21	33.28	1.48	27.14	48.74
分销售模式					
直销	6.63	100	5.47	100	21.3

2023年玉马遮阳营业收入、营业成本、毛利率分析见表54。

表54 2023年玉马遮阳营业收入、营业成本、毛利率分析

项目	营业收入（亿元）	营业成本（亿元）	毛利率（%）	营业收入比上年同期增减（%）	营业成本比上年同期增减（%）	毛利率比上年同期增减（%）
分行业						
其他制造业	6.63	3.94	40.55	21.3	23.6	-1.11
分产品						
遮光面料	2.03	1.23	39.6	20.77	11.69	4.9
可调光面料	1.54	0.75	51.12	-3.34	0.96	-2.08
阳光面料	2.02	1.09	45.95	13.84	10.83	1.47
主营其他	0.74	0.64	13.01	329.32	234.19	24.76
分地区						
港澳台及国外	4.42	2.36	46.58	11.07	8.25	1.4
国内	2.21	1.58	28.46	48.74	56.92	-3.72
分销售模式						
直销	6.63	3.94	40.55	21.3	23.6	-1.11

2023年玉马遮阳四项费用及其变化情况见表55。

表55 2023年玉马遮阳四项费用及其变化情况

费用类型	2023年（亿元）	2022年（亿元）	同比增减（%）	重大变动说明
销售费用	0.29	0.21	35.98	职工薪酬及参加展会增加所致
管理费用	0.34	0.28	21.82	职工薪酬及折旧费用增加所致
财务费用	-0.11	-0.25	-53.37	汇率波动影响汇兑损益所致
研发费用	0.2	0.18	12.37	本期研发投入增加所致

2023年玉马遮阳主要产品的产、销、存情况见表56。

表56 2023年玉马遮阳主要产品的产、销、存情况

行业分类	项目	单位	2023年	2022年	同比增减
其他制造业	销售量	万平方米	5557.21	4308.6	28.98%
	生产量	万平方米	5455.71	4310.99	26.55%
	库存量	万平方米	891.59	890.22	0.15%

2023年玉马遮阳研发投入情况见表57。

表57 2023年玉马遮阳研发投入情况

项目	2023年	2022年	变动比例
研发人员数量	110人	105人	4.76%
研发人员数量占比	10.03%	10.4%	−0.37%
研发投入金额	2022.13万元	1799.51万元	12.37%
研发投入占营业收入比例	3.05%	3.29%	−0.24%

（十二）联翔股份（SH603272）

2023年公司实现营业收入1.56亿元，同比下降21.73%，实现归属于上市公司股东的净利润−1328.81万元，同比下降136.64%，实现归属于上市公司股东的扣除非经常性损益的净利润−1599.07万元，同比下降155.5%。

2023年国内房地产市场低迷、墙布行业市场竞争加剧，公司重点开展了如下几项工作。

1. 打造数字化平台

公司打造的联翔股份墙布仓库数字化服务平台，整合行业内的优质供应链，通过聚焦构建数字化供应链生态圈，打造"互联网+智能仓储"模式，扩大选品内容、降低采购成本、缩短供货周期、提高资金使用率，为客户提供个性化定制服务，让终端客户享受优质的服务体验，致力于成为行业内品类最齐全、价格最优的"墙布仓库"，让客户面向的市场更广阔、采购更便利，从而提高行业核心竞争力，推动公司和行业规模化发展。

2. 持续推动营销网络优化及营销体系建设，提升公司品牌力

公司以经销商利益为先，推动"巩固、帮扶、下沉"三步走战略，一是继续巩固现有的线下营销网络并提升经营效率，持续通过信息化赋能、推动本地生活服务，扩大经销商营销半径，提升经销商盈利水平。二是持续推动经销商帮扶计划落地，加强经销商线下门店管理，优化完善店面装修，加强人员销售服务、店面管理等专业知识和技能培训，充分发挥公司营销网络的服务能力。三是紧抓墙布市场下沉机遇，进一步深化营销网络进行渠道下沉，加大对县、乡镇市场的招商力度，持续拓展线下经销商数量及地区覆盖范围。

3. 持续研发新品，探索多业态融合

2023年度公司持续对新品微高压氧舱研发进行投入，该产品作为康复保健手段，契合人们对健康的重视程度不断提高以及社会老龄化的趋势，报告期内，公司进行了床上用品和氧舱业务的前期准备，进一步拓展公司产品线。

4. 持续推进募投项目建设

报告期内，公司募投项目持续投入，本次募集资金投资项目达产后，将进一步扩大公司的产能、销售网络覆盖面、市场份额和市场影响力。

2023年联翔股份营业收入、营业成本及毛利率分析见表58。

表58 2023年联翔股份营业收入、营业成本及毛利率分析

分行业	营业收入（亿元）	营业成本（亿元）	毛利率（%）	营业收入比上年增减（%）	营业成本比上年增减（%）	毛利率比上年增减
与客户之间的合同产生的主营业务	1.532	1.059	30.87	−21.34	−3.15	减少12.98个百分点
与客户之间的合同产生的其他业务	0.03	0.047	−56.74	−37.76	15.61	减少72.36个百分点
主营业务分产品情况						
墙布、窗帘及相关产品	1.443	0.98	32.08	−22.4	−4.06	减少12.98个百分点
装修服务	0.089	0.079	11.25	1	9.86	减少7.16个百分点
其他业务	0.03	0.047	−56.74	−37.76	15.61	减少72.37个百分点
主营业务分地区情况						
华东	0.583	0.432	25.96	−31.7	−15.14	减少14.45个百分点
华中	0.266	0.186	30.11	−22.16	−1.86	减少14.46个百分点
华北	0.282	0.192	32.04	−4.78	21.27	减少14.6个百分点
西北	0.163	0.116	28.53	−8.74	12.74	减少13.62个百分点
西南	0.088	0.057	35.93	−35.76	−22.53	减少10.94个百分点
华南	0.113	0.076	32.77	8.74	41.91	减少15.72个百分点
东北	0.066	0.048	28	−20.65	−0.09	减少14.82个百分点
主营业务分销售模式情况						
经销	1.37	0.937	31.61	−23.12	−3.4	减少13.97个百分点
直销	0.192	0.169	11.86	−10.2	3	−11.29%

2023年联翔股份产、销、存分析见表59。

表59 2023年联翔股份产、销、存分析

主要产品	单位	生产量	销售量	库存量	生产量比上年增减	销售量比上年增减	库存量比上年增减
独画刺绣墙布	万米	3.16	3.16	0	−20.36%	−20.36%	0
循环刺绣墙布	万米	1.65	1.65	0	−35.07%	−35.07%	0
提花墙布	万米	169.15	169.15	0	−23.02%	−23.02%	0

2023年联翔股份研发投入情况见表60。

表60 2023年联翔股份研发投入情况

项目	2023年	2022年
研发投入金额（万元）	822.60	931.15
研发投入占营业收入比例（%）	5.26	4.66
研发人员数量（人）	36	44
研发人员数量占比（%）	10.68	11.14

（十三）趣睡科技（SZ301336）

公司作为一家专注于自有品牌科技创新家居产品的互联网零售公司，2023年实现营业收入3.05亿元，较上年同期下降5.53%，归属于母公司净利润为2386.11万元，较上年下降35.32%。

公司产品主要通过互联网平台进行销售（即线上渠道），线下渠道销售占比较小，公司营销模式如图1所示。

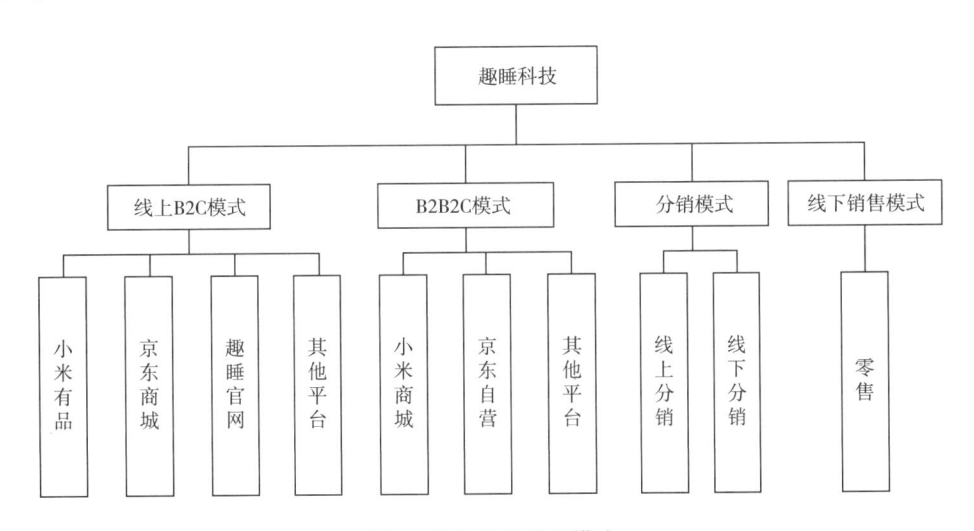

图1 趣睡科技营销模式

2023年趣睡科技在主要电商平台销售情况见表61。

表61 2023年趣睡科技在主要电商平台销售情况

渠道	主营业务收入（亿元）	占线上销售收入比例（%）
小米系	1.81	65.44
京东系	0.45	16.17
阿里系	0.32	11.51
合计	2.58	93.12

2023年趣睡科技营业收入构成分析见表62。

表62　2023年趣睡科技营业收入构成分析

项目	2023年		2022年		同比增减（%）
	金额（亿元）	占营业收入比重（%）	金额（亿元）	占营业收入比重（%）	
营业收入合计	3.05	100	3.23	100	-5.53
分行业					
家纺行业	0.655	21.5	0.933	28.92	-29.76
家具行业	1.906	62.53	2.221	68.83	-14.18
其他行业	0.485	15.92	0.071	2.21	580.87
其他	0.001	0.04	0.001	0.04	5.33
分产品					
床垫产品	1.215	39.87	1.504	46.59	-19.17
枕头产品	0.414	13.59	0.703	21.77	-41.05
床类产品	0.462	15.15	0.423	13.11	9.12
生活周边产品	0.132	4.31	0.177	5.49	-25.77
其他家具产品	0.106	3.47	0.151	4.68	-29.81
沙发产品	0.123	4.04	0.144	4.45	-14.16
被子产品	0.595	19.52	0.125	3.86	377.26
其他业务收入	0.001	0.04	0.001	0.04	5.33
分销售模式					
线上销售	2.766	90.74	2.574	79.76	7.47
分销销售	0.187	6.15	0.557	17.25	-66.32
线下销售	0.095	3.11	0.097	2.99	-1.74

2023年趣睡科技四项费用情况分析见表63。

表63　2023年趣睡科技四项费用情况分析

费用类型	2023年	2022年	同比增减
销售费用	0.394亿元	0.356亿元	10.75%
管理费用	0.119亿元	0.104亿元	13.93%
财务费用	-0.09亿元	-0.082亿元	-10.2%
研发费用	0.08亿元	0.068亿元	17.57%

2023年趣睡科技分行业、分产品、分销售模式营业收入、营业成本及毛利率分析见表64。

表64 2023年趣睡科技分行业、分产品、分销售模式营业收入、营业成本及毛利率分析

项目	营业收入（亿元）	营业成本（亿元）	毛利率（%）	营业收入比上年同期增减（%）	营业成本比上年同期增减（%）	毛利率比上年同期增减（%）
分行业						
家纺行业	0.655	0.542	17.36	−29.76	−16.21	−13.18
家具行业	1.906	1.416	25.73	−14.18	−15.4	1.07
其他行业	0.485	0.417	14.13	580.87	541.23	5.31
分产品						
床垫产品	1.215	0.896	26.31	−19.17	−18.85	−0.29
枕头产品	0.414	0.316	23.66	−41.05	−34.89	−7.21
床类产品	0.462	0.339	26.62	9.12	−1.55	7.95
被子产品	0.595	0.542	8.85	377.26	527.32	−21.8
分销售模式						
线上销售	2.766	2.139	22.66	7.47	14.74	−4.89

2023年趣睡科技产、销、存分析见表65。

表65 2023年趣睡科技产、销、存分析

行业分类	项目	单位	2023年	2022年	同比增减
家具、家纺	销售量	万件	108.95	129.56	−15.91%
	生产量	万件	107.29	129.25	−16.99%
	库存量	万件	6.98	8.64	−19.21%

2023年趣睡科技研发投入分析见表66。

表66 2023年趣睡科技研发投入分析

项目	2023年	2022年	变动比例
研发人员数量	40人	42人	−4.76%
研发人员数量占比	24.39%	28.38%	−3.99%
研发投入金额	803.71万元	683.61万元	14.94%
研发投入占营业收入比例	2.64%	2.12%	0.52%

（十四）太湖雪（BJ838262）

2023年公司实现营业收入5.31亿元，同比增长56.07%，归属于上市公司股东的净利润

3434.6万元，同比增长8.59%，归属于上市公司股东的扣除非经常性损益后的净利润为2045.6万元，同比下降15.99%。

公司以"太湖雪"品牌为核心（海外市场品牌为THXSILK），专业从事丝绸相关产品的研发设计、生产制造、品牌推广、渠道建设和销售服务。公司应用互联网思维，建设了线上与线下、境内与境外双轮并举立体式销售模式，如图2所示。

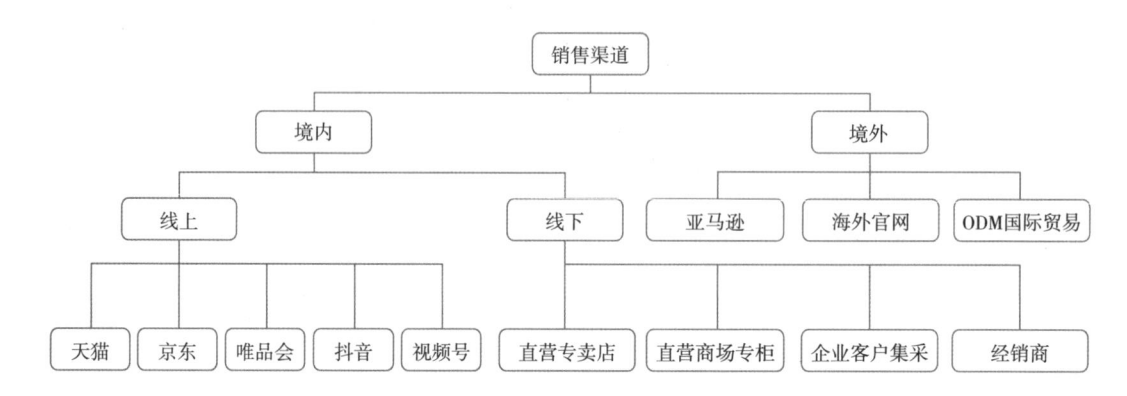

图2 线上与线下、境内与境外双轮并举立体式销售模式

2023年太湖雪营业收入、营业成本、毛利率分析见表67。

表67 2023年太湖雪营业收入、营业成本、毛利率分析

项目	营业收入（亿元）	营业成本（亿元）	毛利率（%）	营业收入比上年同期增减（%）	营业成本比上年同期增减（%）	毛利率比上年同期增减
分产品						
蚕丝被	3.13	2.126	32.1	56.64	69.06	-4.99%
床品套件	1.414	0.805	43.05	43.06	52.25	-3.44%
丝绸饰品	0.552	0.248	55.13	100.24	96.73	0.8%
丝绸服饰及其他	0.203	0.115	43.43	58.83	84.05	-7.75%
其他业务收入	0.014	0.005	65.51	0.43	-58.81	49.59%
合计	5.314	3.298	—	—	—	—
分地区						
境内	4.497	2.836	36.93	62.89	71.75	减少3.25个百分点
境外	0.817	0.462	43.41	26.87	37.92	减少4.54个百分点
合计	5.314	3.298	—	—	—	—

2023年太湖雪研发投入情况分析见表68。

表68 2023年太湖雪研发投入情况分析

项目	2023年	2022年
研发投入金额（万元）	1848.62	1548.05
研发投入占营业收入比例（%）	3.48	4.55
研发人员数量（人）	51	66
研发人员数量占比（%）	10.24	10.49

（十五）卡萨天娇（HK02223）

2023年度公司销售收入约为2.841亿港币，比2022年的3.002亿港币下跌约5.4%，公司拥有人应占利润为-4.6百万港币，股东应占利润转为亏损，导致亏损的主要原因有：对内地直播销售业务产生的员工成本及推广费用增加；其他收入减少，其中包括随着香港政府的"2022保就业计划"终止而新型冠状病毒疫情相关补贴于2023年不再享有，以及2023年出售物业、厂房及设备所得收益减少；投资物业减值亏损等。尽管2023年汇兑亏损减少及存货和贸易应收款项拨备拨回，但仍不足以弥补上述三项成本增加和收入减少。

2022年为了经营直播销售业务公司在内地成立了卡萨生活新零售（广东）有限公司（卡萨生活），2023年度经营业绩为亏损，且未如预期达成绩效目标。

截至2023年12月31日，公司共有156个实体销售网点（截至2022年12月31日：205个），当中包括114个自营网点及42个由分销商经营网点，覆盖大中华地区共33个城市。2023年自营零售额同比下跌6.3%，分销商经营网点数目净减少61个，分销业务销售额同比下跌13.9%。

同时，在为大客户提供定制代工方面的销售同比减少29.4%；出口业务方面，来自其他国家的收入同比减少93.9%。

线上零售方面，公司在香港官方网店不时推出各项推广主题优惠，在内地，公司除了集中资源管理在天猫、京东等知名平台的自营网店，也通过卡萨生活举办多场大型直播销售活动，2023年公司电商销售收入对比2022年显著提升53.9%。

2023年卡萨天娇店铺分布及构成见表69。

表69 2023年卡萨天娇店铺分布及构成

分布地区		自营网点（个）			分销商网点（个）			总数（个）
		专柜	专卖店	小计	专柜	专卖店	小计	
香港及澳门合计		29	19	48	2	3	5	53
中国内地	华南①	62	3	65	3	13	16	81
	华北②	0	0	0	2	0	2	2
	华东③	1	0	1	4	3	7	8
	东北④	0	0	0	5	1	6	6

续表

分布地区		自营网点（个）			分销商网点（个）			总数（个）
		专柜	专卖店	小计	专柜	专卖店	小计	
中国内地	西南⑤	0	0	0	5	0	5	5
	华中⑥	0	0	0	1	0	1	1
中国内地小计		63	3	66	20	17	37	103
合计		92	22	114	22	20	42	156

①华南包括广西、广东及海南。
②华北包括天津、河北、山西、北京及内蒙古。
③华东包括上海、江苏、浙江、安徽、山东、江西及福建。
④东北包括黑龙江、辽宁及吉林。
⑤西南包括四川、贵州、西藏、云南及重庆。
⑥华中包括河南、湖北及湖南。

卡萨天娇历年营业收入、毛利及股东可分配利润见表70。

表70 卡萨天娇历年营业收入、毛利及股东可分配利润

项目	2018年	2019年	2020年	2021年	2022年	2023年
收入（亿港币）	3.38	3.79	3.09	3.2	3	2.841
毛利（亿港币）	2.13	2.29	1.92	1.96	1.87	1.921
EBITDA1（亿港币）	0.28	0.56	0.38	0.41	0.31	−0.095
本公司拥有人应占溢利（亿港币）	0.08	0.18	0.16	0.12	0.05	−0.046

注：EBITDA指毛利减销售及分销成本及行政开支（并已加回折旧、摊销及以股份为基础的付款）。

2023年卡萨天娇营业收入按销售渠道分类构成分析见表71。

表71 2023年卡萨天娇营业收入按销售渠道分类构成分析

项目	2023年		2022年		2023年比2022年	
	收入（亿港元）	占总额百分比（%）	收入（亿港元）	占总额百分比（%）	变动（亿港元）	同比增减（%）
自营零售	—	—	—	—	—	—
自营专柜	1.518	53.5	1.604	53.4	−0.086	−5.3
自营专卖店	0.505	17.8	0.555	18.5	−0.05	−9
自营零售小计	2.023	71.3	2.159	71.9	−0.136	−6.3
电商销售	0.447	15.7	0.29	9.7	0.156	53.9
分销业务	0.177	6.2	0.205	6.8	−0.029	−13.9
其他	0.194	6.8	0.347	11.6	−0.153	−44
合计	2.841	100	3.002	100	−0.161	−5.4

注："其他"包括对香港及中国内地的批发客户的销售额以及对海外市场的出口额。

2023年卡萨天娇营业收入按品牌分类构成及分析见表72。

表72　2023年卡萨天娇营业收入按品牌分类构成及分析

项目	2023年		2022年		2023年比2022年	
	收入（亿港元）	占比（%）	收入（亿港元）	占比（%）	变动（亿港元）	同比增减（%）
自创品牌	2.38	83.6	2.46	82	−0.084	−3.4
特许及授权品牌	0.45	15.9	0.54	18	−0.09	−16.7
其他	0.01328	0.5	—	0	0.01328	—
总计	2.84	100	3	100	−0.161	−5.4

注："其他"包括其他品牌或代工生产的产品销售额；卡萨天娇、卡萨·珂芬及CASA-V是公司的主要自创品牌。

2023年卡萨天娇营业收入按产品分类构成及分析见表73。

表73　2023年卡萨天娇营业收入按产品分类构成及分析

项目	2023年		2022年		2023年比2022年	
	收入（亿港元）	占比（%）	收入（亿港元）	占比（%）	变动（亿港元）	同比增减（%）
床品套件	1.41	49.5	1.63	54.4	−0.227	−13.9
被芯及枕芯	1.14	40.3	1.22	40.6	−0.073	−6
其他	0.29	10.2	0.15	5	0.139	92.2
总计	2.84	100	3	100	−0.161	−5.4

注："其他"包括家居用品、家俬及其他产品的销售。

2023年卡萨天娇营业收入按销售市场分类构成及分析见表74。

表74　2023年卡萨天娇营业收入按销售市场分类构成及分析

项目	2023年		2022年		2023年比2022年	
	收入（亿港元）	占比（%）	收入（亿港元）	占比（%）	变动（亿港元）	同比增减（%）
香港及澳门	2.03	71.4	2.35	78.4	−0.324	−13.8
中国内地	0.81	28.4	0.57	19	0.237	41.6
其他	0.005	0.2	0.08	2.6	−0.074	−93.9
总计	2.84	100	3	100	−0.161	−5.4

注："其他"包括向除香港、澳门及中国内地以外地区进行的销售。

（十六）太平地毯（HK00146）

截至2023年6月30日，财政年度公司实现营业收入6.01亿港元，较2022年度的5.84亿港元增长3%，连续第二年实现增长。由于销售组合改善、厦门工厂生产力提升及全球货运成本下降，毛利率上升3%～60%。公司拥有人应占净利润约为港币0.38亿港元，较上年0.25亿港元增加52%。

其中，地毯业务营业额约为5.82亿港元，较2022年的5.64亿港元增加3%。得益于美国私营航空及高端住宅需求上升，公司于该地区的整体收益较去年增长8%。欧洲、中东及非洲地区虽受通胀压力及货币疲软等不确定性影响，但公司地毯业务在该地区仍较去年增长1%。亚洲市场于上半年继续因新型冠状病毒疫情限制措施影响，导致收益较去年出现小幅度减少。本年度地毯业务的整体毛利率为61%，较去年的58%出现大幅改善。

制造业务方面，公司位于厦门的工艺工作坊的业绩持续改善；位于佐治亚州Premier Yarn Dyers（PYD）的美国地毯制造业务处于营运状态。截至2023年6月30日，制造业务的总人数为576人，2022年同期则为592人。

太平地毯近五年的资产、负债、权益见表75。

表75 太平地毯近五年的资产、负债、权益

项目	2018年12月31日	2020年6月30日	2021年6月30日	2022年6月30日	2023年6月30日
总资产（亿港元）	7.33	7.77	7.85	7.88	7.93
总负债（亿港元）	2.75	3.9	3.6	3.59	3.64
总权益（亿港元）	4.59	3.87	4.25	4.29	4.29

太平地毯近两年的相关财务指标分析见表76。

表76 太平地毯近两年的相关财务指标分析

项目	2023年6月30日	2022年6月30日
收入（亿港元）	6.006	5.837
销售成本（亿港元）	−2.407	−2.528
毛利（亿港元）	3.599	3.308
分销成本（亿港元）	−1.673	−1.625
行政开支（亿港元）	−1.592	−1.474
其他收益-净额（亿港元）	0.065	0.073
经营利润（亿港元）	0.399	0.281
融资收益（成本）-净额（亿港元）	0.001	−0.018
除所得税前利润（亿港元）	0.4	0.264
所得税开支（亿港元）	−0.016	−0.011
公司拥有人应占之年内利润（亿港元）	0.384	0.253

中国纺织规划研究会

2023年挂牌新三板家纺企业发展情况

中国家用纺织品行业协会产业部

2023年,全球经济增长动力不足,国际市场消费疲软,贸易环境复杂多变,家纺行业承压前行,但随着内需回暖,以及我国一系列稳外贸、扩内贸政策落地,行业运行显示回升。其中挂牌新三板的家纺企业各显优势,终端品牌通过线上、线下共同赋能进一步提升自有品牌影响力,制造品牌通过降本增效实现良好盈利状况。外贸企业一方面通过跨境电商等新渠道不断拓展海外市场,另一方面加强内销市场布局,整体来看,挂牌新三板的家纺企业运行向好,展示着行业的发展韧性。

一、挂牌新三板的家纺企业结构调整

2023年,挂牌新三板的家纺企业结构进一步调整。优雅电子商务(北京)股份有限公司由家纺零售转换为食品零售,因此不在列为家纺企业,另外新增苏州琼派瑞特科技股份有限公司和南通金仕达高精实业股份有限公司两家公司。因此截至2023年底,挂牌新三板的家纺企业共计12家,其中6家主营床上用品,3家主营遮阳布艺,1家主营地毯,1家主营缝制设备,1家主营染整加工,新三板家纺企业种类进一步丰富(表1)。

表1 截至2023年底挂牌新三板家纺企业情况

序号	公司名称	股票代码	挂牌时间(年)	成立时间(年)	地址	细分市场	分层	总股本(万股)
1	苏丝股份	831336	2014	2010	江苏宿迁	床上用品	基础层	10600
2	凯盛家纺	833865	2015	1996	江苏海门	床上用品	创新层	5990
3	远梦家居	835735	2016	2000	广东东莞	床上用品	创新层	6580
4	名品实业	838032	2016	2015	湖南长沙	床上用品	基础层	3710
5	雅美特	870293	2016	2003	江苏常州	遮阳布艺	基础层	4264
6	多美股份	837450	2016	2007	广东广州	地毯	基础层	2001
7	中健国康	872256	2017	2008	天津	床上用品	基础层	2030

续表

序号	公司名称	股票代码	挂牌时间（年）	成立时间（年）	地址	细分市场	分层	总股本（万股）
8	利洋股份	870727	2017	2011	浙江宁波	遮阳布艺	创新层	2999
9	富米丽	871878	2017	2008	浙江绍兴	遮阳布艺	基础层	1571
10	明远创意	873567	2021	2008	山东烟台	床上用品	创新层	9395
11	琼派瑞特	873887	2023	2009	江苏苏州	缝制设备	基础层	6000
12	金仕达	874033	2023	2006	江苏南通	染整加工	基础层	3300

二、盈利水平得到恢复

（一）营业收入与净利润指标整体向好

2023年，在12家挂牌新三板的家纺企业中，有6家企业（明远创意、远梦家居、凯盛家纺、利洋股份、金仕达、中健国康）实现营业收入与净利润的双增长；有2家企业（名品实业、雅美特）虽营业收入下降，但净利润实现增长，并较2022年扭亏为盈。另外富米丽净利润减少主要是2023年汇兑收益减少；苏丝股份表现不佳则因国内高附加值的苏丝成品销售大幅下降及国内原料价格大幅上涨所致；琼派瑞特内受国内外经济形式的影响，下游客户生产型固定资产投入减少，公司订单量减少（表2）。

表2 2021~2023年挂牌新三板的家纺企业营业收入和净利润

公司名称	营业收入（万元）			净利润（万元）		
	2021年	2022年	2023年	2021年	2022年	2023年
明远创意	114213	119546	128862↑	5205	5489	7320↑
远梦家居	51345	45320	50854↑	2872	-3272	206↑
凯盛家纺	26148	23798	29312↑	1337	1160	2497↑
利洋股份	16298	13603	16966↑	2444	1384	3043↑
金仕达	10740	10591	14271↑	1178	91	1431↑
富米丽	15916	10514	11442↑	668	336	71↓
苏丝股份	13195	11247	10999↓	-403	67	-1440↓
雅美特	15105	10087	9186↓	219	-1063	31↑
琼派瑞特	12733	8306	5691↓	1553	-1368	-4092↓
中健国康	2304	2306	4549↑	-267	-21	756↑
名品实业	4932	4339	4194↓	-229	-42	46↑
多美股份	869	382	204↓	-208	-243	-185↑

注：净利润指归属挂牌公司股东的净利润。

（二）销售毛利率与销售净利率整体优于2022年

销售毛利率与销售净利率是衡量企业盈利水平的两项重要指标，2023年挂牌新三板的家纺企业两项指标整体回升，综合来看，有9家企业销售毛利率较上年增长，其中远梦家居、凯盛家纺、利洋股份、金仕达、雅美特和中健国康销售毛利率与销售净利率整体较上年增长显著，明远创意近年来两项指标稳中有进（表3）。

表3 2021~2023年挂牌新三板的家纺企业销售毛利率与销售净利率

公司简称	销售毛利率（%）			销售净利率（%）		
	2021年	2022年	2023年	2021年	2022年	2023年
明远创意	15.44	21.32	24.07↑	4.46	4.62	5.67↑
远梦家居	52	45.67	48.45↑	5.59	-7.22	0.4↑
凯盛家纺	26.9	28.15	28.34↑	5.11	4.88	8.52↑
利洋股份	36.01	31.59	36.95↑	14.35	9.05	15.89↑
金仕达	25.47	19.65	26.34↑	10.97	0.86	10.03↑
富米丽	11.96	11.35	12.91↑	4.24	2.58	0.18↓
苏丝股份	28.4	30.54	16.1↓	-3.06	0.6	-13.09↓
雅美特	17.53	11.65	16.95↑	1.45	-10.54	0.34↑
琼派瑞特	49.13	39.87	11.39↓	12.19	-16.47	-71.91↓
中健国康	29.31	46.18	55.89↑	-11.38	3.99	10.55↑
名品实业	31.7	30.59	31.64↑	-4.65	-0.97	1.09↑
多美股份	41.59	38.54	12.11↓	-23.91	-68.65	-90.77↓

三、营运能力整体良好

（一）营业周期缩短

营业周期是指企业从外购承担付款义务，到收回销售商品或提供劳务而产生应收账款的这段时间，包括存货周转天数和应收账款周转天数，营业周期的长短决定着企业资金周转的快慢。剔除琼派瑞特和多美股份两个营业周期暂时显示异常的公司，2023年挂牌新三板的家纺企业平均营业周期241天，较2022年缩短了51天（图1、表4）。

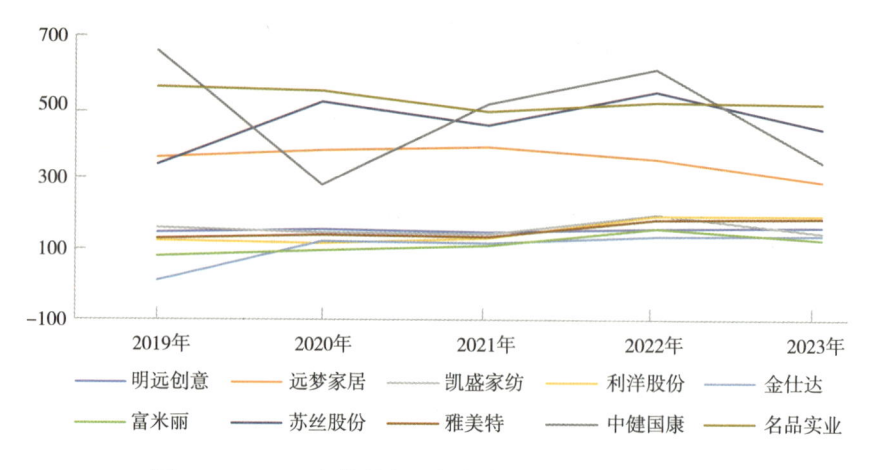

图1　2019~2023年挂牌新三板的家纺企业营业周期情况

表4　2021~2023年（部分）挂牌新三板的家纺企业存货周转天数和应收账款周转天数

公司简称	存货周转天数（天）			应收账款周转天数（天）		
	2021年	2022年	2023年	2021年	2022年	2023年
明远创意	84	91	91	52	56	59
远梦家居	338	309	254	37	32	24
凯盛家纺	105	157	115	25	28	18
利洋股份	68	116	110	50	65	71
金仕达	40	39	25	65	85	101
富米丽	66	100	61	33	46	53
苏丝股份	419	513	410	17	17	16
雅美特	60	96	118	63	74	57
中健国康	464	525	275	33	68	58
名品实业	333	346	334	141	154	162

（二）企业持续经营能力可观

经营活动产生的现金流量净额是衡量企业健康状况和持续经营能力的重要指标之一。2023年，12家挂牌新三板的家纺企业中有8家经营活动产生的现金流量净额较上年实现增长。另外，在经营活动产生的现金流量净额与净利润都为正数的前提下，将两者进行比较，得到净利润现金比率，该比率大于1，则在一定程度上表明企业营运得当，能够将净利润转换为现金流量，有利于企业持续发展，2023年6家企业（明远创意、远梦家居、凯盛家纺、雅美特、中健国康、名品实业）经营活动产生的现金流量净额与净利润都为正，且净利润现金比率大于1（表5）。

表5 2021~2023年挂牌新三板的家纺企业经营活动产生的现金流量净额及相关指标

公司简称	经营活动产生的现金流量净额（万元）			净利润（万元）			2023年净利润现金比率
	2021年	2022年	2023年	2021年	2022年	2023年	
明远创意	2859	9910	13683↑	5205	5489	7320↑	1.87
远梦家居	1149	5878	2725↓	2872	−3272	206↑	13.25
凯盛家纺	1029	3196	9824↑	1337	1160	2497↑	3.93
利洋股份	1615	65	2947↑	2444	1384	3043↑	0.97
金仕达	1659	260	840↑	1178	91	1431↑	0.59
富米丽	902	184	−1530↓	668	336	71↓	—
苏丝股份	758	−191	620.61↑	−403	67	−1440↓	—
雅美特	850	−638	1668↑	219	−1063	31↑	54.05
琼派瑞特	−5487	−3611	1751↑	1553	−1368	−4092↓	—
中健国康	−300	220	2004↑	−267	−21	756↑	2.65
名品实业	253	606	195↓	−229	−42	46↑	4.29
多美股份	−416	49	38↓	−208	−243	−185↑	—

四、偿债能力平稳，仍有上升空间

（一）流动比率与速动比率趋势平稳

流动比率与速动比率是衡量企业偿债能力的重要指标，流动比率是企业流动资产与流动负债之比，侧重衡量短期债务清偿能力；速动比率是企业速动资产与流动负债的比率，侧重衡量企业无需出售存货即可偿还流动负债的能力。一般来说，流动比率在1.5~2.0表明企业有足够流动性应对短期债务，速动比率接近1显示企业速动资产足以覆盖流动负债。12家新三板企业因为经营模式不同，两比率所处区间有所差别，以近3年数据来看，行业新三板企业两指标整体平稳，但仍有上升空间（表6）。

表6 2021~2023年挂牌新三板的家纺企业流动比率与速动比率

公司简称	流动比率			速动比率		
	2021年	2022年	2023年	2021年	2022年	2023年
明远创意	1.47	1.53	1.78↑	0.89	1	1.16↑
远梦家居	2.2	2.11	2.41↑	0.99	1.09	1.02↓
凯盛家纺	0.69	0.73	0.74↑	0.38	0.4	0.47↑
利洋股份	4.71	7.48	4.64↓	3.18	5.61	3.52↓
金仕达	0.55	0.54	0.59↑	0.42	0.42	0.51↑
富米丽	1.1	1.05	1.02↓	0.62	0.76	0.71↓

续表

公司简称	流动比率			速动比率		
	2021年	2022年	2023年	2021年	2022年	2023年
苏丝股份	1.13	1.17	1.12↓	0.13	0.09	0.17↑
雅美特	1.53	0.67	0.66↓	0.96	0.3	0.28↓
琼派瑞特	2.05	2.01	1.38↓	0.69	0.79	0.46↓
中健国康	3	2.49	3.03↑	1	0.82	2.12↑
名品实业	1.79	1.97	2.02↑	0.73	0.85	1↑
多美股份	7.38	12.3	21.95↑	1.6	0.99	1.62↑

（二）资产负债率整体在合理区间

资产负债率反映了企业在总资产中通过借债来筹资的比例，这个指标越低，说明企业自有资本越强，欠债不多，但是持续经营扩张能力较弱；相反，这个指标越高，说明企业负债越多，借钱经营的能力很强，但是风险也很大。一般认为，资产负债率的适宜水平为40%~60%，12家挂牌新三板的家纺因经营模式不同，资产负债率不同，整体来看，新三板家纺企业资产负债率在合理区间且发展平稳（表7）。

表7　2021~2023年挂牌新三板的家纺企业资产负债率

公司简称	2021年	2022年	2023年
明远创意	58.8%	57.38%	50.03%
远梦家居	48.8%	50.74%	44.63%
凯盛家纺	68.7%	66.72%	60.97%
利洋股份	15.39%	10.8%	17.13%
金仕达	79.94%	76.01%	69.74%
富米丽	70.61%	60.52%	65.26%
苏丝股份	53.19%	52.15%	55.32%
雅美特	43.44%	63.89%	60.09%
琼派瑞特	45.2%	50.15%	61.48%
中健国康	26.22%	32.09%	30.25%
名品实业	43.83%	39.69%	39.45%
多美股份	16.59%	9.16%	4.85%

五、研发投入力度不断加强

2023年有11家挂牌新三板的家纺企业披露了研发费用，共计9451万元，同比增长2.84%，且以近4年的数据来看，挂牌新三板的家纺企业研发费用保持较高水平且稳中有升。11家企业中有5家研发投入在1000万元以上，其中明远创意、凯盛家纺和利洋股份研发投入同比呈两位数显著增长（表8）。新三板家纺企业在各自细分领域不断探索耕耘，有9家企业获得了创新属性相关认证（表9）。

表8　2020~2023年（部分）挂牌新三板的家纺企业研发费用　　　　单位：万元

公司简称	2020年	2021年	2022年	2023年
明远创意	2150	1133	1265	1655
远梦家居	1405	1567	1554	1584
凯盛家纺	838	996	893	1029
利洋股份	904	843	950	1307
金仕达	357	471	535	652
富米丽	45	34	58	59
苏丝股份	1115	1179	1170	1046
雅美特	564	620	572	492
琼派瑞特	1544	1327	1487	847
中健国康	314	316	411	523
名品实业	281	336	294	258

表9　2023年（部分）挂牌新三板的家纺企业创新属性相关认证

公司简称	"专精特新"认定	"单项冠军"认定	"高新技术企业"认定
明远创意	省（市）级	—	—
凯盛家纺	省（市）级	—	—
利洋股份	省（市）级	省（市）级	√
金仕达	省（市）级	—	√
苏丝股份	—	—	√
雅美特	省（市）级	—	√
琼派瑞特	国家级	—	√
中健国康	省（市）级	—	√
名品实业	省（市）级	—	√

六、2023年运行突出的新三板家纺企业表现

明远创意持续开拓跨境电商业务，2023海外营业收入同比增长10.07%；远梦家居和中健国康持续夯实品牌建设，远梦家居推进全品类发展战略，中健国康大力进行品牌推广，积极拓展线上线下业务渠道，拉动客户需求；凯盛家纺降本增效取得成果，实现良好盈利状

况；利洋股份外贸转内销初见成果；金仕达抓住市场恢复时机，订单量及销售规模获得大幅增长。

(一) 烟台明远创意生活科技股份有限公司

明远创意主营家居生活用纺织品的设计、研发、生产、销售，且以出口贸易为主。2023年，公司实现营业收入12.89亿元，同比增长7.79%；实现净利润7320万元，同比增长33.36%；实现毛利润24.07%（表10、表11）。

表10 2023年明远创意分品类营业收入和毛利率情况

项目/类别	营业收入			毛利率	
	金额（万元）	同比	占比	2023年	较上年增减
床上用品	119365	6.61%	92.63%	23.61%	11.96%
婴童用品	5819	8.91%	4.52%	33.74%	14.21%
其他	3678	64.31%	2.85%	23.68%	82.25%
合计	128862	7.79%	100%	24.07%	12.92%

表11 2023年明远创意分市场营业收入和毛利率情况

项目/类别	营业收入			毛利率	
	金额（万元）	同比	占比	2023年	较上年增减
大洋洲	55924	-0.18%	43.4%	19.77%	7.06%
北美洲	46466	30.47%	36.06%	32.32%	11.58%
欧洲	8466	24.31%	6.57%	24.97%	2.03%
南美洲	1016	-54.51%	0.79%	27.87%	13.14%
亚洲（内销）	12365	-9.78%	9.6%	14.24%	16.25%
亚洲（外销）	4624	-10.36%	3.58%	16.92%	-5.29%
合计	128862	7.79%	100%	24.07%	12.92%

明远创意以设计创新和新材料的研发创新为核心竞争力，产学研合作密切且落地，一方面与武汉纺织大学等院校形成成熟的合作机制，另一方面连续举办明远杯国际家居纺织品创意设计大赛，推动高校师生与家纺行业的深入互动，同时挖掘优秀设计人才。公司现已拥有明远大家居时尚创意中心、山东省企业技术中心、山东省技术创新示范企业、山东省省级工业设计中心等研发设计平台。

(二) 远梦家居用品股份有限公司

远梦家居从事床上用品的研发、设计、生产与销售业务，主要产品包括芯类、布艺类、夏凉类和家居生活类四大类产品。2023年公司实现营业收入5.06亿元，同比增长12.3%，实现净利润206万元，较上年扭亏为盈，实现毛利率48.54%，较上年同期增长2.55个百分点（表12）。

表12　2023年远梦家居分品类营业收入和毛利率情况

项目/类别	营业收入			毛利率	
	金额（万元）	同比	占比	2023年	较上年增减
芯类	21664	9.84%	42.8%	51.13%	1.26%
布艺类	13995	9.68%	27.65%	47.35%	2.83%
夏凉类	4448	−5.08%	8.78%	48.78%	3.4%
家居生活类	10515	32.95%	20.77%	44.7%	5.67%
总计	50621	12.3%	100%	48.54%	2.55%

远梦家居毛利率在家纺行业中属于较高水平，主要是其自有品牌建设取得成效。一方面，全品类发展模式持续推进，一站式"家居生活馆"蓬勃发展，2023年家居生活品类实现营业收入1.05亿元，同比增长32.59%。另一方面，积极拓展线上渠道用户，利用线上轻松下单、到店自提的运营链路和现场活动引流线下，形成线上、线下互相促进的融合发展，2023年，全国共计新增线上会员38.9万，并举办了255场线下会员沙龙活动，与超过8000位会员进行深度现场互动，为终端店铺引流超过4万人次，会员销售占比从29.8%提升至35.7%。

（三）凯盛家纺股份有限公司

凯盛家纺从事中高档床上用品的研发、设计、生产和销售，主要产品包括套件等，当前营销以线下销售为主，并逐步加大线上销售的推广力度。2023年，公司实现营业收入2.93亿元，同比增长23.17%，实现净利润2497万元，同比增长达117.24%，实现毛利率28.34%。2023年净利润翻番，主要是销售规模的扩大以及成本控制得当，其中销售费用2293万元，同比下降11.55%，财务费用322万元，同比下降35.92%（表13）。

表13　2023年凯盛家纺分品类营业收入和毛利率情况

项目/类别	营业收入			毛利率	
	金额（万元）	同比	占比	2023年	较上年增减
被子类	11976	31.24%	41%	26.09%	−1.17%
套件类	12045	15.51%	41%	31.45%	−0.56%
单件类	2847	29.4%	10%	23.23%	4.06%
其他类	2445	19.55%	8%	29.99%	22.12%

（四）宁波利洋新材料股份有限公司

利洋股份从事窗帘和窗帘配件的研发、生产和销售。2023年，公司实现营业收入1.7亿元，同比增长24.73%；实现净利润3043万元，同比增长119.95%；实现毛利率36.95%。2023

年，公司维护海外市场的同时，积极利用线上渠道开拓内销市场，为了保证线上渠道端的灵活和快速反应能力，公司单独设立线上运营部门，负责公司所有线上店铺的运营、维护。2023年实现内销营业收入9296万元，同比增长117.33%，占比较上年扩大了23.35个百分点，有力拉动公司整体运营局势（表14）。

表14　2023年利洋股份分市场营业收入和毛利率情况

项目/类别	营业收入			毛利率	
	金额（万元）	同比	占比	2023年	较上年增减
境外市场	7671	-17.75%	45%	31.15%	3.56%
境内市场	9296	117.33%	55%	41.73%	1.42%
合计	16966	24.73%	100%	36.95%	5.36%

（五）南通金仕达高精实业股份有限公司

金仕达于2023年1月挂牌新三板，主要从事中高端家纺面料的印染加工。2023年，公司实现营业收入1.43亿元，同比增长34.74%；实现净利润1431万元，较2022年增长了1200万元；实现毛利率26.34%。2023年公司抓住内销市场恢复的时机，订单量恢复，经营情况整体向好（表15）。

表15　2023年金仕达分品类营业收入和毛利率情况

项目/类别	营业收入			毛利率	
	金额（万元）	同比	占比	2023年	较上年增减
印染加工业务	11333	35.58%	79.41%	30.52%	10.82%
产品销售业务	2928	31.63%	19.89%	9.98%	-9.2%
新材料销售业务	3	—	0.02%	33.65%	—
其他业务收入	7	-6.27%	0.05%	100%	0

2023年，公司以建设绿色、智能的印染加工为目标，通过ERP生产辅助系统的应用及自动化设备的引入，将印染技术与智能化与数字化技术结合起来，为管理人员和操作人员呈现生产订单的执行和跟踪情况，并通过数据的分析处理，有效提升印染生产效率和印染效果，从而达到优化从订单下达到成品入库的整个生产过程。

（六）天津中健国康纳米科技股份有限公司

中健国康主要从事功能性家纺用品和软件的开发、生产和销售。2023年公司实现营业收入4548万元，同比增长97.29%，实现净利润756万元，较2022年扭亏为盈，实现毛利率55.89%。盈利的大幅增长主要是积极推进品牌建设，拉动市场需求增长（表16）。

表16 2023年中健国康分品类营业收入和毛利率情况

项目/类别	营业收入			毛利率	
	金额（万元）	同比	占比	2023年	较上年增减
健康被	730	32.63%	16.05%	59.75%	13.09%
健康床垫	1257	139.82%	27.64%	76.86%	37.22%
健康枕	246	−0.73%	5.41%	60.68%	11.09%
套件	739	236.67%	16.25%	45.46%	7.05%
护具服饰	350	26.92%	7.7%	36.8%	−7.37%
口罩	10	−8.26%	0.22%	−231.01%	−28.26%
针织布	1	−82.53%	0.02%	−5361.32%	−5366.5%
软件及技术服务等	224	−50.41%	4.92%	67.82%	4.25%
地毯	9	−50.01%	0.2%	31.68%	0.39%
日用品	785	—	17.26%	32.59%	—
其他	197	99.64%	4.33%	99.64%	−99.64%
合计	4548	97.29%	100%	55.89%	9.71%

随着大众健康意识的提升，市场越来越关注健康产品，同时逐渐倾向于品牌产品，在这一发展趋势下，公司打造自主品牌，形成"ODM模式+普通产品销售+自主品牌"的经营模式。当前公司拥有"亿民康""悦生活""深睡"等品牌，其中"深睡"是主打品牌，2023年"深睡"实现营业额3500万元，开设线下实体店32家，具有良好发展势态。公司注重研发创新，与天津工业大学、天津大学形成了成熟的产学研机制。

未来，我国家纺行业的发展面临的不稳定因素依然很多，保持向好恢复势态仍将面临诸多挑战，但随着我国宏观经济将持续回升，一系列宏观政策保驾护航，新型城镇化和城乡融合进程加快，我国超大规模、不断升级的内需市场优势仍然明显，大健康、绿色生态、智慧生活、国货潮品等消费热点焕发活力，行业企业仍可积极作为，充分发挥自身优势，在新时代谋写新篇章。

撰稿人：刘丹

明远创意生活
PACIFIC HOME FASHION

DAPU
大朴

大爱纯朴，天然安心。大朴以"天然、舒适、安心"为核心理念，融合天然原材和国际标准生产工艺，以妈妈之心织造透气亲肤的全A类（母婴级）家庭床品，空调感透气不闷汗，呵护宝宝成长，带给全家一夜好眠的幸福感。

淘 天猫 大朴旗舰店
淘宝APP扫描二维码进入店铺

科技创新

科技创新支撑家用纺织品行业现代化产业体系建设

中国家用纺织品行业协会产业部

家纺行业作为纺织三大终端产业之一,是科技与艺术融合的创新创意产业。自"十三五"以来,家纺行业的技术水平不断提升,两化融合建设取得诸多进步。2023年,习近平总书记提出了加快发展新质生产力,扎实推进高质量发展的新要求,并强调"科技创新"是发展新质生产力的核心要素,是改造提升传统产业,培育壮大新兴产业,布局建设未来产业,完善现代化产业体系的关键。新要求的提出,将我国家纺行业的"科技创新"能力建设提升到前所未有的新高度。"科技创新"不仅是推动我国家纺行业高质量发展的内在要求和重要着力点,更是实现行业新质生产力发展,构建现代化产业体系的重中之重。为此,本文在系统归纳我国家纺行业在科技创新领域的发展现状及取得成果的基础上,以纺织行业现代化产业体系的科技创新行动为指导方向,结合我国家纺行业发展的具体情况提出具体专项行动。

一、家纺行业科技创新整体情况

自"十三五"以来,我国家纺行业科技创新实现从量的积累到质的飞跃,行业科技创新平台建设迈上新台阶,行业内许多优秀企业的科技创新成果和实践获得行业和国家的认可。

(一)国家级工业设计中心

江苏金太阳纺织科技股份有限公司等七家企业被评为"国家级工业设计中心"(表1)。

表1 国家级工业设计中心(家纺)

序号	中心/企业名称	批次
1	江苏金太阳纺织科技有限公司家纺设计研究院	第一批
2	滨州亚光家纺有限公司工业设计中心	第一批
3	华纺股份有限公司工业设计中心	第五批
4	湖南梦洁家纺股份有限公司工业设计中心	第五批
5	愉悦家纺有限公司工业设计中心	第五批
6	滨州东方地毯有限公司工业设计中心	第五批
7	吉祥三宝高科纺织有限公司功能性纺织新材料工业设计中心	第六批

（二）纺织行业创新平台

上海水星家用纺织品股份有限公司等五家企业被中国纺织工业联合会评为"纺织行业创新平台"（表2）。

表2　纺织行业创新平台（家纺）

序号	年份	创新平台名称	依托单位
1	2021年	纺织行业功能性床上用品技术创新中心	上海水星家用纺织品股份有限公司
2	2022年	纺织行业健康功能新材料重点实验室	愉悦家纺有限公司
3	2023年	纺织行业生物基纤维纱线技术创新中心	江苏悦达纺织集团有限公司
4	2023年	纺织行业热湿舒适功能材料及制品技术创新中心	吉祥三宝高科纺织有限公司
5	2023年	纺织行业功能性丝绸产品技术创新中心	达利丝绸（浙江）有限公司

（三）纺织行业创新示范科技型企业

孚日集团股份有限公司等六家企业获得由中国纺织工业联合会授予的"纺织行业创新示范科技型企业"称号（表3）。

表3　纺织行业创新示范科技型企业（家纺）

序号	年份	企业名称	序号	年份	企业名称
1	2021年	孚日集团股份有限公司	4	2021年	罗莱生活科技股份有限公司
2	2021年	华纺股份有限公司	5	2021年	愉悦家纺有限公司
3	2021年	江阴市红柳被单厂有限公司	6	2023年	吉祥三宝高科纺织有限公司

（四）"纺织之光"中国纺织工业联合会科学技术奖

自"十三五"以来，我国家纺行业两化融合步伐不断加速，尤其是"十四五"时期行业技术水平不断提升。截至2023年底，我国家纺企业共获得34项中国纺织工业联合会科学技术奖，其中技术发明一等奖1项；科技进步一等奖7项，二等奖17项；科技进步三等奖1项（表4）。

表4　"十三五"以来"纺织之光"中国纺织工业联合会科学技术奖名单（家纺）

序号	项目名称	主要完成单位	时间
技术发明一等奖			
1	蚕丝生物活性分析技术体系的建立与应用	苏州大学、鑫缘茧丝绸集团股份有限公司、江苏宝缦家纺科技有限公司	2019年
科技进步一等奖			
1	活性染料无盐染色关键技术研发与产业化应用	青岛大学、愉悦家纺有限公司、天津工业大学、孚日集团股份有限公司、上海安诺其集团股份有限公司、华纺股份有限公司、鲁丰织染有限公司、山东黄河三角洲纺织科技研究院有限公司	2017年

续表

序号	项目名称	主要完成单位	时间
2	无乳胶环保地毯关键技术研究及产业化	滨州东方地毯有限公司、天津工业大学、青岛大学	2018年
3	高品质喷墨印花面料关键技术及产业化	青岛大学、愉悦家纺有限公司、杭州宏华数码科技股份有限公司、万事利集团有限公司、上海安诺其集团股份有限公司、鲁丰织染有限公司、山东黄河三角洲纺织科技研究院有限公司、天津工业大学	2020年
4	纳米碳素复合纤维与功能产品产业化成套技术及应用	愉悦家纺有限公司、青岛大学、新材料与产业技术北京研究院、山东黄河三角洲纺织科技研究院有限公司	2021年
5	棉织物印染废水深度处理与强碱和水的再生利用技术	青岛大学、愉悦家纺有限公司、江苏元捷环境科技有限公司、山东黄河三角洲纺织科技研究院有限公司、天津工业大学	2022年
6	微纳米纤维跨尺度镶嵌纺关键技术及产业化	东华大学、魏桥纺织股份有限公司、际华集团股份有限公司、江苏联发纺织股份有限公司、江苏悦达纺织集团有限公司、安踏（中国）有限公司、四川圣山白玉兰实业有限公司、夏津仁和纺织科技有限公司	2023年
7	高耐碱高耐氧漂分散染料制备关键技术及产业化应用	青岛大学、蓬莱嘉信染料化工股份有限公司、江南大学、杭州传化精细化工有限公司、华纺股份有限公司、江苏联发纺织股份有限公司、江苏联发高端纺织技术研究院、济南大学、石狮市新祥华染整发展有限公司	2023年
科技进步二等奖			
1	构筑健康睡眠微环境功能家纺产品的集成技术研发及产业化	江苏金太阳纺织科技股份有限公司	2017年
2	特种桑蚕丝及混纺织物关键技术研究和提花产品开发	达利丝绸（浙江）有限公司、浙江理工大学	2017年
3	高导热化纤长丝及其新型凉感织物生产关键技术	江阴市红柳被单厂有限公司、湖南中泰特种装备有限责任公司、温州方圆仪器有限公司	2017年
4	铜离子抗菌改性聚丙烯腈纤维研发及应用研究	江阴市红柳被单厂有限公司、上海正家牛奶丝科技有限公司、苏州市纤维检验院	2018年
5	复合加工集成效果提花技术研究与产业化	浙江理工大学、达利丝绸（浙江）有限公司、杭州硕林纺织有限公司	2018年
6	基于超支化聚合纺织品功能整理剂制备关键技术研发及应用	南通大学、泉州迈特富纺织科技有限公司、南通斯得福纺织装饰有限公司、张家港耐尔纳米科技有限公司	2018年
7	硅藻土改性纤维产业化关键技术及其在家纺领域的应用	上海水星家用纺织品股份有限公司	2019年
8	植物染料工业化生产及其环保染色关键技术	常州大学、中国纺织建设规划院、常州美胜生物材料有限公司、上海之禾服饰有限公司、上海嘉麟杰纺织科技有限公司、宁波广源纺织品有限公司、愉悦家纺有限公司	2019年
9	GB/T 35266—2017《纺织品 织物中复合超细纤维开纤率的测定》	山东滨州亚光毛巾有限公司、中纺标检验认证股份有限公司、必维申美商品检测（上海）有限公司、苏州天华超净科技股份有限公司、东莞市中港净化用品科技有限公司	2019年

续表

序号	项目名称	主要完成单位	时间
10	喷气涡流纺高支高混比汉麻家纺面料生产关键技术及应用	江苏悦达纺织集团有限公司、江南大学	2020年
11	汉麻抗菌巾被类纺织品加工关键技术研究及产业化	滨州亚光家纺有限公司、天津工业大学、营口市新艺纺织有限责任公司	2020年
12	功能性微胶囊制备及应用关键技术研发与产业化	常州大学、上海水星家用纺织品股份有限公司、东华大学、常州美胜生物材料有限公司、河北永亮纺织品有限公司、江苏汉诺斯化学品有限公司	2020年
13	嵌入式感温织物制备关键技术及其智能监测系统	武汉纺织大学、烟台明远创意生活科技股份有限公司、烟台明远智能家居科技有限公司、枝江市劳士德纺织有限公司	2020年
14	生物质家纺面料功能化关键技术的研究与应用	苏州大学、上海水星家用纺织品股份有限公司、东华大学、南通纺织丝绸产业技术研究院	2021年
15	家纺床品高效短流程关键技术及应用	山东魏桥嘉嘉家纺有限公司、东华大学、浙江衣拿智能科技股份有限公司、杭州中服科创研究院有限公司、山东魏桥纺织科技研发中心有限公司	2022年
16	全流程印染过程数字化控制技术研究与应用示范	华纺股份有限公司、滨州华纺工程技术研究院有限公司、滨州华创网络科技有限公司	2022年
17	GB/T 40270—2021《纺织品 基于消费者体验的通用技术要求》	中纺标检验认证股份有限公司、利郎（中国）有限公司、际华集团股份有限公司、天纺标检测认证股份有限公司、安莉芳（中国）服装有限公司、恒源祥（集团）有限公司、上海水星家用纺织品股份有限公司	2023年
科技进步三等奖			
1	珍珠包覆纤维护肤保健新型环保家纺服饰材料	上海龙头纺织科技有限公司、上海龙头（集团）股份有限公司	2018年

（五）纺织行业智能制造试点示范企业

家纺行业积极推动家纺智能制造试点示范工程，截至2023年底，共有六家企业被中国纺织工业联合会评为"纺织行业智能制造试点示范企业（项目）"，其中梦洁的智能工厂被工业和信息化部评定为"国家级智能制造试点示范项目"（表5）。

表5　家纺行业智能制造示范企业（项目）

序号	年份	企业名称	智能工厂
1	2017年	湖南梦洁家纺股份有限公司	家纺智能工厂（国家级示范企业）
2	2018年	罗莱生活科技股份有限公司	家纺床品智能生产线
3	2018年	无锡万斯集团有限公司	家纺床品智能生产车间
4	2018年	滨州亚光家纺有限公司	家纺毛巾智能工厂
5	2019年	愉悦家纺有限公司	家用纺织品智能工厂
6	2019年	临沂东隆家纺有限公司	沙发套智能生产线

（六）中国专利奖及行业优秀专利

获国家级和纺织行业优秀专利的企业数量逐渐增加（表6、表7）。

表6 获中国专利奖的家纺企业

序号	时间	奖项	专利名称	专利权人
1	2016/2017	优秀奖	一种印花糊料组合物和印花色浆	罗莱生活科技股份有限公司
2	2017/2018	优秀奖	一种适用于平泡发泡工艺的MDI体系的非温感记忆绵	梦百合家居科技股份有限公司
3	2018/2019	优秀奖	内嵌毛圈式毛巾及其制造工艺	孚日集团股份有限公司
4	2019/2020	优秀奖	一种两面正面提花缎档毛巾及其织造工艺	孚日集团股份有限公司
5	2021/2022	优秀奖	一种再生纤维素纤维织物抗滑移整理剂、工作液及抗滑移整理工艺	江苏金太阳纺织科技股份有限公司
6	2022/2023	优秀奖	一种无乳胶机织地毯的制备方法	滨州东方地毯有限公司

表7 获中国纺织工业联合会优秀专利的家纺企业

序号	时间	奖项	专利名称	专利权人
1	2021年	金奖	涤纶长丝在毛毯生产中的应用	临沂新光毛毯有限公司
2	2021年	银奖	一次织造成型家纺制品的制作方法	魏桥纺织股份有限公司
3	2021年	银奖	嵌柔式线描画毛巾及其织造工艺	孚日集团股份有限公司
4	2021年	银奖	一种耐工业水洗的涤/棉混纺机织物自然弹力面料的印染方法	华纺股份有限公司
5	2021年	优秀奖	合股弱捻毛巾生产工艺	山东滨州亚光毛巾有限公司
6	2022年	银奖	一种炫彩渐变印花产品的印花方法	孚日集团股份有限公司
7	2022年	银奖	一种提高天然彩色蚕丝纤维抗紫外性能的方法	上海水星家用纺织品股份有限公司
8	2022年	优秀奖	一种花型组织多样化的多色多层色织毛巾及其织造方法	孚日集团股份有限公司
9	2022年	优秀奖	一种持久抗菌纤维素纤维的制备方法	山东欣悦健康科技有限公司,愉悦家纺有限公司
10	2022年	优秀奖	一种利用生物酶低温处理的棉粘氨多纤维弹力面料的染整工艺	华纺股份有限公司
11	2023年	银奖	一种消除提花绣稀密路的装置及其使用方法	江苏悦达家纺有限公司
12	2023年	银奖	一种多层纱布提花面料、空调被及织物产品	深圳全棉时代科技有限公司
13	2023年	银奖	经编横移装置及经编机	江苏苏美达纺织有限公司
14	2023年	优秀奖	一种舒弹丝弹性短纤纯纺纱线及其生产工艺	魏桥纺织股份有限公司
15	2023年	优秀奖	一种植物功能性纤维、制备方法及其面料	烟台明远创意生活科技股份有限公司

（七）十大类纺织创新产品

工业和信息化部自2017年开展"十大类纺织创新产品培育和推广"工作以来，截至2023年底，家纺企业的创新产品入选累计244件，其中50%以上为企业充分利用新材料、新技术、新工艺创新开发的智能科技产品、舒适功能产品、易护理产品、健康保健产品等几大类产品。尤其以罗莱生活科技股份有限公司、孚日集团股份有限公司、上海水星家用纺织品股份有限公司、华纺股份有限公司、江苏金太阳纺织科技股份有限公司、愉悦家纺有限公司、浙江和心控股集团有限公司、山东魏桥嘉嘉家纺有限公司、湖南梦洁家纺股份有限公司、烟台明远创意生活科技股份有限公司、无锡万斯家居科技股份有限公司、江阴市红柳被单厂有限公司、如意屋家居有限公司等企业为代表的多款具备抗菌、防螨、遮光、阻燃、助眠、健康监测、易护理等功能的系列科技创新产品屡获殊荣，充分体现了优秀家纺企业科技创新支撑功能性新产品开发的能力和实力。

（八）专精特新企业

安徽三宝棉纺针织投资有限公司、山东玉马遮阳科技股份有限公司、六安海洋羽毛有限公司等家纺企业获评"国家专精特新小巨人"称号，另有30家家纺企业获"纺织行业专精特新中小企业"称号。

（九）单项冠军企业

威海海马地毯集团有限公司、滨州东方地毯有限公司获评国家级单项冠军企业。

二、基于最新调研的我国家纺企业科技创新现状

"十四五"以来，家纺行业骨干企业在使用先进设备实现自动化连续化生产、采用MES系统提升企业智能管理水平、推广应用智能仓储系统、智能悬挂系统和智能输送系统等方面取得长足进步。家纺行业成品自动连续化生产取得跨越式大发展，新增具有先进水平的床品套件、芯被、毛巾、窗帘、地毯等自动化、连续化生产线装备千余台（套），生产效率和品质得到显著提升。家纺智慧门店开设数量逐年增加，云货柜、自助购货系统、会员管理等信息化技术不断应用，充分发挥出大数据功能，行业信息化水平不断提高。

2024年初，以"企业科技创新及应用"为主题，中国家纺协会面向国内家纺企业做了一份摸底调查问卷，涵盖床上用品、毛巾、窗帘、装饰布艺及地毯五个细分品类。调查问卷结果显示，目前我国家纺企业对管理信息系统应用已比较普遍，调查显示80.67%的家纺企业已采用ERP管理系统，实现企业在生产运营过程中对采购、生产、成本库存、分销、运输、财务及人力资源各个环节的有机整合。调查显示，企业已实现自动化、连续性生产线应用的比重为46.22%，36.13%的企业使用CAD和CAM等设计辅助系统（图1）。

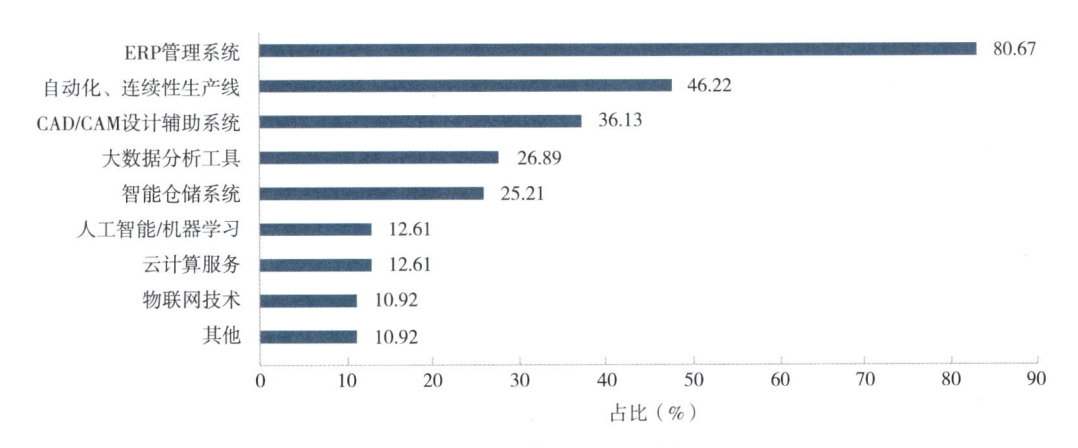

科技服务	占比（%）
ERP管理系统	80.67
自动化、连续性生产线	46.22
CAD/CAM设计辅助系统	36.13
大数据分析工具	26.89
智能仓储系统	25.21
人工智能/机器学习	12.61
云计算服务	12.61
物联网技术	10.92
其他	10.92

图1　家纺企业目前已采用的科技服务

家纺企业的自动化程度与企业规模相关。调查问卷显示，采用自动化生产线的企业中有92.73%为规模以上企业，其中规模大于5亿元的企业占34.55%，占比份额最大；其次为规模在1亿~5亿元的企业占比为29.09%（图2）。从不同细分领域情况看，地毯样本企业已全部实现自动化生产；毛巾样本企业自动化程度也较高，达到66.67%。此外，装饰布艺和床上用品企业还有较大的自动化发展空间，占比份额小于50%（图3）。

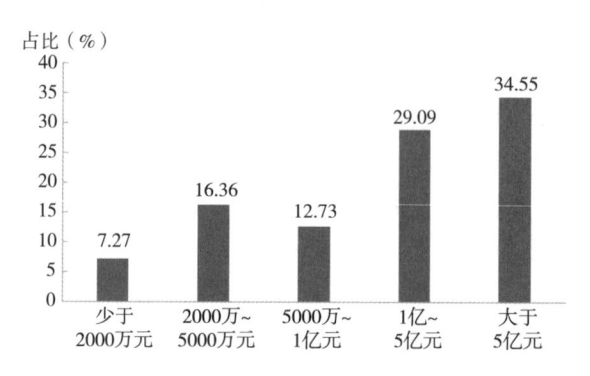

图2　不同规模的家纺企业自动化生产线使用比重

图3　家纺细分行业自动化生产线使用比重

随着智能融合时代到来，基于大数据分析工具、云计算服务、人工智能和机器学习与制造业的融合是未来发展的大趋势。机器学习是指设计和分析一些让计算机可以自动学习的算法，从数据中自动分析获取规律，并利用规律对未知数据进行预测。有别于自动化是告诉机器如何行动，机器学习可以根据已知的行动目标自主行动。现阶段在家纺行业中，基于大数据分析工具、云计算服务、人工智能和机器学习的应用程度仍处于起始阶段。调查问卷显示，家纺行业中仅有27%的企业运用到大数据；正在使用人工智能和机器学习的企业占12.6%；分别有12.6%和10.9%的企业开始使用云计算服务和物联网技术。

家纺企业近年来对科技创新越来越重视，有53.78%的样本企业近三年来在研发投入力度上不断增强。目前家纺企业在科技研发上的年均投入占企业营业收入的比例大多集中在3%~5%区间。家纺企业普遍认为科技投入可以帮助企业提高生产效率，提升产品质量以提升市场竞争力。但目前企业在引进和应用新技术的过程中遇到的主要障碍是科技研发投入带来的综合成本过高，并且缺乏专业人才也是企业主要的问题所在。

家纺企业科技创新领域还有很大的发展空间。问卷调查显示，未来五年内，家纺样本企业的科技创新投入更多集中在新材料研发和自动化生产线升级两个领域，所占比重分别为67.23%和64.71%；有57.98%的样本企业计划投入智能制造系统。在营销模式创新将加大投入的占42.02%，另外基于双碳经济与可持续发展，企业在节能环保技术方面的投入也有所增加（图4）。

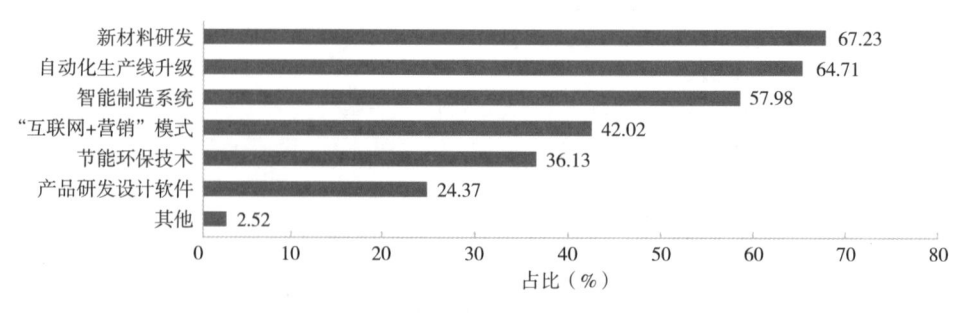

图4　家纺企业未来五年计划投资或加大研发投入的科技领域

三、科技创新助推家纺行业现代化产业体系建设

（一）我国纺织行业现代化产业体系建设的科技目标

《建设纺织现代化产业体系行动纲要（2022—2035年）》将"科技创新"列为七大行动之首，并具列出了推动全球行业进步的纺织科技进步的五项具体建设体系，力争使我国纺织工业在2035年形成全球先进的纺织科技创新体系，成为世界纺织科技创新主导力量和主要引领者。

建立系统高效的技术研发体系是面向世界科技前沿，围绕科技强国、健康中国、美丽中国、制造强国以及平安中国等国家战略和社会经济发展的重大需求，强化企业科技创新的主体地位，加强面向重大场景的关键技术开发并形成系列化的技术解决方案。在科技研发领域聚焦纺织行业关键基础零部件、关键基础材料、先进基础工艺以及智能纺织装备等相关基础理论研究和跨领域交叉研究，强化科技创新的策源功能，形成一批具有前瞻性的基础研究和引领性的原创成果。聚焦新材料、新装备、新工艺、新产品等关键共性技术攻关，满足产业高端化、数字化、绿色化和创意化的发展需求，产出一批具有标志性、引领性的重大创新成果，发挥国内超大规模市场优势，开辟更多的新领域和新赛道。围绕国家战略规划总体布局，持续推进重大科技项目的攻关和产业化。把大健康作为行业科技研发的重要导向，持续推进绿色低碳、无染纺织技术产品研发，为更好满足人民美好生活新期待提供材料支撑。

多层协同创新平台体系是指在持续完善纺织行业全国重点实验室、国家工程研究中心、国家制造业创新协同中心、国家企业技术中心等国家级创新平台及行业重点实验室、行业技术创新中心和行业科技成果转化中心等行业创新平台的基础上，明确各平台在创新链中的重点任务，促进各科技创新平台耦合联动，实现平台链与创新链的精准匹配，在支撑行业关键核心技术突破的同时支撑行业高水平科技自立自强的战略要求。

运行高效科技成果转化体系是指在建立纺织行业科技成果基础数据库和科学规范的纺织科技成果评价体系基础上，发挥企业创新主体作用，强化知识产权保护，依托行业中试验证平台和成果转化服务机构，通过产学研用紧密结合，有效解决行业科技成果转化的起始和最终转化问题，提高科技成果转化效率。

新型高质量标准支撑体系是指在不断优化政府颁布标准与市场自主制定标准互为补充、错位发展的基础上，推动科技成果标准化，提升国内与国际标准的一致性水平和国际标准化综合贡献率。围绕智能制造、绿色低碳、传统文化传承等行业新兴领域，推动标准制定和技术机构建设以及标准技术跨界融合，建立行业标准验证制度，提升行业标准整体质量水平。

多元科技人才培养体系是指建立以企业为主体，满足科技创新需求的基础研究人员、战略科学家、高技能人才以及复合型人才等多层次人才梯队建设，构建基础学科本硕博一体化人才培养和双导师、多导师协同育人制度，组建"科学家+工程师"联合团队，完善优秀青年科技人才全链条培养体系等方式，推动教育、科技、人才三位一体协同推进。

（二）我国家纺行业构建现代化产业体系的科技创新行动

为更好地落实《建设纺织现代化产业体系行动纲要（2022—2035年）》，挖掘我国家纺行

业优秀创新力量和成果，激发行业科技创新热情，推动科技创新成果在行业中的交流、转化和推广，中国家用纺织品行业协会列出了家纺行业具体的专项行动，并开展了一系列行业科技创新交流活动，旨在通过科技创新激励我国家纺行业新质生产力发展。

1. 搭建行业科技创新交流推广平台

每年举办中国家纺行业科技创新大会，推动形成家纺行业上下游产业链的合作交流和协同创新机制。将更多创新要素和创新力量引入家纺产业链，实现从新型纤维原料研发、智能设计工具升级到智能制造装备及工艺改造更新，直至先进供应链运营管理和新型营销技术及模式等多领域的融合链接。构建我国家纺行业新质生产力联盟。

2. 建立系统高效的家纺行业科技研发体系

坚持问题导向，常态化开展家用纺织品行业科技需求状况调研，识别发现家用纺织品行业关键共性技术。坚持目标导向，推进产业链资源融合共创，有针对性的对家用纺织品行业关键共性技术进行攻关克难。持续开展"科技+家纺"论文（案例）、家用纺织品行业优秀专利和家纺行业科技项目培育与推广等系列征集活动，发现、推广家纺行业内优秀的科技创新成果，充分调动行业内科研平台及人员的积极性，激发更多的行业科研热情，聚焦并带动全行业产品开发应用创新水平再上新台阶。

3. 完善多层协同的创新平台体系

联合纺织行业内专业院校及科研院所与骨干企业力量，建立、充实中家纺智库专家队伍，提高家用纺织品行业产学研用合作水平和效益。建立、完善家用纺织品行业与产业链相关环节（新材料、新技术和新装备等）的创新联盟平台。探索与相关产业的跨界合作新模式，推进家用纺织品企业的智能制造、AI赋能、绿色转型等。发展高效运行的科技成果转化体系，促进家用纺织品企业与绿色新材料、印染技术、智能制造和人工智能服务商交流对接。提升科研成果供需对接转化的质量与效率。推动基础创新、关键创新、融合创新与应用创新，坚持深化对外开放，加强国际科技合作。

4. 建立新型高质量的标准支撑体系

围绕国家战略并结合行业特点在科技创新、智能制造、绿色低碳等领域加强标准的研究和制定。加强消费者体验感标准的研究与制定工作。积极推进《家用纺织品行业数字化管理规范》《床上用品碳足迹的核算规则》等团体标准的制定与发布实施。提高标准供给质量水平，紧紧围绕新技术新产品，加快制定一批高质量、市场急需的产品标准。以先进的高质量标准引领行业转型升级，助推行业高质量发展。

随着社会的发展，人们对家纺产品的需求逐渐趋于功能性与时尚的完美融合。新一轮科技革命深入发展，使高性能纤维新材料的研发创新与新一代数字化信息化智能化技术为我国家纺行业价值提升提供重要路径。通过构建现代化产业体系，制订具体行动目标，以科技创新推动我国家纺产业链提质增效，促进行业新质生产力发展，对行业发展具有重要意义。

撰稿人：刘兆祥　王冉　刘丹

新型功能纤维与健康家居用品

青岛大学生态纺织省部共建协同创新中心

一、引言

随着工业化、城镇化、人口老龄化进程加快，我国居民的生产生活方式和疾病谱发生了巨大变化。据统计，慢性非传染性疾病导致的死亡人数占总死亡人数的88%，占疾病总负担的70%以上，由此引起的问题日益突出。围绕人民健康问题，习近平总书记指出"要把人民健康放在优先发展战略地位"。中共中央、国务院于2016年10月25日印发《"健康中国2030"规划纲要》，明确要以提高人民健康水平为核心，以体制机制改革创新为动力，从广泛的健康影响因素入手，以普及健康生活、优化健康服务、完善健康保障、建设健康环境、发展健康产业为重点，把健康融入所有政策，全方位、全周期保障人民健康。

健康是人类生命的最基本要求，也是人生的终极目标之一。没有健康就无法充分地享受生活和实现自己的潜力。健康不仅指身体上没有疾病，还包括精神上的健康和心理上的平衡。身体健康使人们能够有足够的能量和活力去参与各种活动，包括工作、学习和娱乐。健康的身体能够抵御疾病的侵袭，减少医疗支出，并提高生活质量。精神健康同样重要，它关乎人们的情绪、心理状态和认知能力。一个精神健康的人能够更好地应对压力和挑战，保持积极的心态，并与他人建立良好的人际关系。

为了维护健康，需要关注饮食、锻炼、睡眠和心理健康等方面。合理的饮食和适度的锻炼有助于保持身体健康，而良好的睡眠和心理健康则有助于维护精神健康。纺织品作为人类的"第二皮肤"，对人民健康起到至关重要的作用。首先，纺织品是人们日常生活中不可或缺的一部分，从衣物、床上用品到窗帘、地毯等，它们无处不在。这些纺织品与皮肤直接接触，因此其质量和安全性对人们的健康有着直接影响。如果纺织品中含有有害物质，如过量的染料、甲醛等，就可能引起皮肤过敏、呼吸道疾病等健康问题。其次，纺织品的透气性、吸湿性、保暖性等性能也对我们的健康产生影响。例如，在炎热的夏季，如果穿着的纺织品不具备良好的透气性，就可能导致中暑、皮肤炎症等问题。而在寒冷的冬季，如果纺织品的保暖性能不佳，则可能导致感冒、关节疼痛等疾病。此外，纺织品的柔软性、舒适性和抗菌性等方面也对人们的健康有重要影响。柔软的纺织品能够减少对皮肤的摩擦和刺激，提高穿着的舒适度。而具有抗菌功能的纺织品则可以有效抑制细菌滋生，减少感染的风险。因此，纺织品对人们的健康至关重要。同时，随着科技的不断进步，新型功能纤维和智能纺织品的出现也为人们的健康提供了更多的保障。这些新型纺织品不仅具有优异的物理性能，还具有抗菌、防臭、抗紫外线和生理指标全天候监测等特殊功能，能够更好地满足人们对健康生活的需求。

总之，纺织品作为人类的"第二皮肤"，其质量和性能对人们的健康具有重要影响。本文将从新型功能纤维和健康家居用品的角度，探讨新型功能纤维在家纺领域中的应用，以及健康家居用品的开发，希望广大家纺企业能为消费者提供高质量、安全、舒适的健康纺织品，促进家纺产品的消费。

二、新型功能纤维

随着科学技术的快速发展，新型功能纤维不断涌现，为开发健康纺织品提供了丰富原料。这些纤维不仅具备传统纤维的基本特性，还增添了新的功能和属性，使它们在多个领域都有广泛的应用。下面重点介绍一些在家纺领域具有重要应用价值的新型功能纤维。

（一）长效抗菌纤维

这种抗菌纤维与普通的抗菌纤维不同，它对棉、麻等天然纤维素纤维进行处理，首先使抗菌因子渗透进入纤维非晶区（无定形区），再与非晶区纤维素上的化学基团反应，将抗菌因子接枝到纤维素大分子上。这种抗菌纤维含有的抗菌因子分别破坏细菌的细胞膜、DNA、酶。从多方面阻止细菌呼吸、阻止细菌提取食物、阻止细菌细胞分裂，从而抑制细菌的生长和繁殖，对金黄色葡萄球菌、大肠杆菌、白色念珠菌具有广谱高效的抗菌作用。根据GB/T 20944.3—2008对用这种抗菌纤维生产的纺织品进行抗菌性能评价，经过100次水洗之后，抑菌率仍达到99%以上。

（二）功能微纳米纤维

功能微纳米纤维直径是普通纤维的百分之一，具有比表面积大、孔隙率高等特点，是理想的阻隔过滤材料。这种微纳米纤维复合膜材料主要通过物理拦截阻隔细菌、病毒、微粒等有害物质与人体的接触，实现空气净化。功能微纳米纤维一般通过静电纺丝等手段制备，作者及其团队通过攻关，突破了微纳米纤维复合膜材料连续化生产技术，开发出了一系列口罩、防护服等高端医用防护纺织材料及产品，超级空气净化材料及产品过滤效率达到99.95%以上，通气阻力小于300Pa。目前，除用于开发高效生化毒剂防护服和口罩等产品外，还用于研发新一代床上用品。

（三）中草药纤维

我国古代就有将药物制作成适当剂型（如原药、散剂、煎剂、烟熏剂等），附带于人们的衣着（如衣、枕、被、褟、佩、巾、冠、带、垫等），作用于全身或局部，以防治疾病的方法。中草药纤维是一种通过提取中草药的茎、叶、根部等分的精华，运用现代纺丝技术制得的新型纤维材料。它为通过中药实现现代"衣"疗健康法奠定了物质基础。例如，薄荷纤维具有抗菌除臭和天然凉感功能，同时，纤维中的薄荷酮等有效成分对皮肤具有良好的保健功效。艾草是广谱抗菌、抗病毒的药物，对多种病毒和细菌具有抑制和灭杀作用，对呼吸系统疾病有抑制作用。艾草的茎、叶都含有挥发性芳香油，产生奇特的芳香，可驱螨和蚊虫，净化空气。艾草挥发油，微量元素及黄酮类物质，促进血液循环，祛除体内湿寒，通经活络。因此，用艾草精油制备的艾草纤维保留了艾草本身的许多功能。草珊瑚中的落新妇苷、异黄酮、鼠李糖基葡萄糖苷、鞣质、秦皮啶、秦皮乙素和秦皮素均具有抗菌消炎的作用，对金色葡萄球菌、白色念珠菌和大肠杆菌都有良好的抗菌和抑菌作用，用草珊瑚纤维制作的纺织品经50次洗涤后仍保持抗菌功能。

中草药纤维可以纯纺，也可以与棉、毛、麻、涤纶等进行混纺，制成不同规格的纱线。目前，一些新型的中草药纤维如薄荷纤维、草珊瑚纤维等已被广泛应用于婴幼儿服饰、家纺产品、内衣袜子等多个领域。中草药纤维利用我国传统的中医药文化底蕴，它的出现为我国纺织服装行业注入了新的活力，提供了更多的选择和创新空间。需要注意的是，中草药纤维的功效跟中药的效果完全不是一个概念，在产品设计、研发和销售过程中应避免混淆。

（四）聚乳酸纤维

有资料称，全球超过50%的过敏性疾病是由螨虫和微尘引起的。聚乳酸纤维具有本质抗菌防螨功能，纤维表面的羧基端基呈弱酸性，会抑制微生物的生长。它本质难燃、少烟，制成的纺织产品具有速干和易去污特性，对人体和环境安全，是可生物降解的合成纤维。聚乳酸纤维的原料是玉米淀粉，是可再生的资源。因此，它是一种绿色环保的功能性纤维，是防螨抗菌等家纺产品的优良原料。

（五）莱赛尔纤维

莱赛尔纤维是以速生树木为原料，以N-甲基吗啉-N-氧化物（NMMO）为溶剂采用干喷湿纺生产的再生纤维素纤维，溶剂回收利达到99.7%以上，被誉为近半个世纪以来人造纤维史上最具价值的绿色纤维之一。它兼具天然纤维和合成纤维的多种优良性能，具有丝一般的光泽，羊毛一样的悬垂性，棉一样的舒适性和涤纶一样的强力。莱赛尔纤维具有很高的干、湿强力，干、湿强比为85%，较高的溶胀性，以及良好的可纺性，可纯纺，也可与棉、毛、丝、麻、化纤、羊绒等纤维混纺交织。莱赛尔纤维产品光泽自然、手感滑润、强度高、基本不缩水，且透湿性、透气性好。莱赛尔是为数不多的零碳绿色纤维之一。

（六）电致远红外光纳米碳素复合纤维

电致远红外光纳米碳素复合纤维，是一种能够通过电能激发产生远红外线的复合纤维。这种纤维结合了纳米碳素材料的导电性和远红外光发射能力，具有独特的理疗和保健功能。首先，这种纤维在电能激发下可以发射出与人体远红外光波长相近的远红外线，波长为5~20μm。这种远红外线能够渗透人体皮下，产生温热效应，促进血液循环，有助于缓解身体疲劳。其次，通过施加电压，这种纤维可以将电能高效地转化为远红外光能，从而实现远红外光强度的可调控性，提高了对人体的理疗和保健效果。在服装领域，这种纤维可以制成各种类型的服装，如保健内衣、冬季保暖外穿衣物等，为人们提供日常的理疗和保健功能。这种纤维用于床上用品的制作，能改善睡眠质量、促进身体健康。也可以制造康复、理疗用品，如远红外线护颈、坐垫、腰带等，帮助改善身体循环和免疫力。还可以制成各种类型的服装，如保健内衣、冬季保暖外穿衣物等，为人们提供日常的理疗和保健功能。

三、健康居家用品

居家用纺织品与服饰产品有明显的区别。居家用纺织品具有舒适、惬意、放松、静谧等内在和静态特性。服饰用纺织品往往通过颜色、款式等视觉信息传达消费者希望他人了解的个性、社会地位、个人素质等，具有外向性和动态特性。居家产品开发要坚持市场导向和品牌导向，要以市场为中心，以消费者的良好体验为目标，不过分夸大宣传产品的功能。

基于上述新型功能纤维和产品设计开发原则，可以开发一系列健康居家用纺织品，满足消费者对纺织品的健康需求。

撰稿人：房宽峻

绿色制造

绿色制造体系下，家用纺织品行业绿色发展现状及建议研究

北京服装学院

"十三五"时期和"十四五"时期，我国围绕"绿色制造"体系建设进行制造业转型升级。自2017年工信部"绿色制造"名单推荐工作以来，家纺行业有13家绿色工厂、54种绿色设计产品、1家绿色供应链管理示范企业列入工信部绿色制造体系建设名单，有6家企业获得"工业产品绿色设计示范企业"，行业完成5项绿色标准制定和发布。

2024年，在国家新政的推动下，家纺行业将进一步加强绿色工厂、绿色供应链管理企业和工业产品绿色设计示范企业的培育和推荐工作，提高家纺行业绿色化发展水平。

一、我国绿色制造体系建设

（一）绿色制造体系建设相关政策

1. "十三五"时期相关政策

"十三五"时期，我国出台了一系列绿色制造体系建设的政策（图1），包括：《工业绿色发展规划（2016—2020年）》《绿色制造工程实施指南（2016—2020年）》《关于开展绿色制造体系建设的通知》《绿色制造标准体系建设指南》《关于深入推进工业产品生态（绿色）设计示范企业创建工作的通知》《工业节能与绿色标准化行动计划（2017—2019年）》等。上述政策提出我国工业绿色发展的时间表和路线图。

"十三五"时期，绿色制造体系建设目标是"绿色制造体系初步建立"，到2020年，绿色发展理念成为工业全领域、全过程的普遍要求，能源利用效率显著提高、资源利用水平明显提高、清洁生产水平大幅提高、绿色制造产业快速发展、绿色制造体系初步建立。

2. "十四五"时期相关政策

"十四五"时期，我国绿色制造体系建设围绕"绿色发展"和"双碳"目标两个维度，在顶层设计上，国家出台了《关于加快建立健全绿色低碳循环经济发展体系的指导意见》《"十四五"工业绿色发展规划》《促进绿色消费实施方案》《2023年度绿色制造名单及试点推行"企业绿码"有关事项的通知》《绿色工厂梯度培育及管理暂行办法》《关于加快推动制造业绿色化发展的指导意见》等政策文件（图1），并提出我国工业领域以碳达峰、碳中和目标

```
                          绿色制造体系建设相关
                                政策
          ┌───────────────────┴───────────────────┐
     "十三五"时期                              "十四五"时期
          │                                       │
  ┌───────┴───────┐                       ┌───────┴───────┐
  │《工业绿色发展规划│                       │《关于加快建立健全绿色低│
  │(2016—2020年)》│                       │碳循环经济发展体系的指导│
  │   (2016年)    │                       │  意见》(2021年)      │
  └───────────────┘                       └───────────────┘

  ┌───────────────┐                       ┌───────────────┐
  │《绿色制造工程实施指南│                   │《"十四五"工业绿色发展规│
  │(2016—2020年)》│                       │  划》(2021年)        │
  │   (2016年)    │                       │                     │
  └───────────────┘                       └───────────────┘

  ┌───────────────┐                       ┌───────────────┐
  │《关于开展绿色制造体系建│                 │《促进绿色消费实施方案》│
  │设的通知》(2016年)│                      │   (2022年)         │
  └───────────────┘                       └───────────────┘

  ┌───────────────┐                       ┌───────────────┐
  │《绿色制造标准体系建设指│                 │《2023年度绿色制造名单│
  │  南》(2016年)  │                       │及试点推行"企业绿码"有│
  │                │                       │关事项的通知》(2024年)│
  └───────────────┘                       └───────────────┘

  ┌───────────────┐                       ┌───────────────┐
  │《关于深入推进工业产品生│                 │《绿色工厂梯度培育及管理│
  │态(绿色)设计示范企业创│                   │暂行办法》(2024年)   │
  │建工作的通知》(2017年)│                   │                     │
  └───────────────┘                       └───────────────┘

  ┌───────────────┐                       ┌───────────────┐
  │《工业节能与绿色标准化行│                 │《关于加快推动制造业绿色│
  │动计划(2017—2019年)》│                   │化发展的指导意见》(2024年)│
  │   (2017年)    │                       │                     │
  └───────────────┘                       └───────────────┘
```

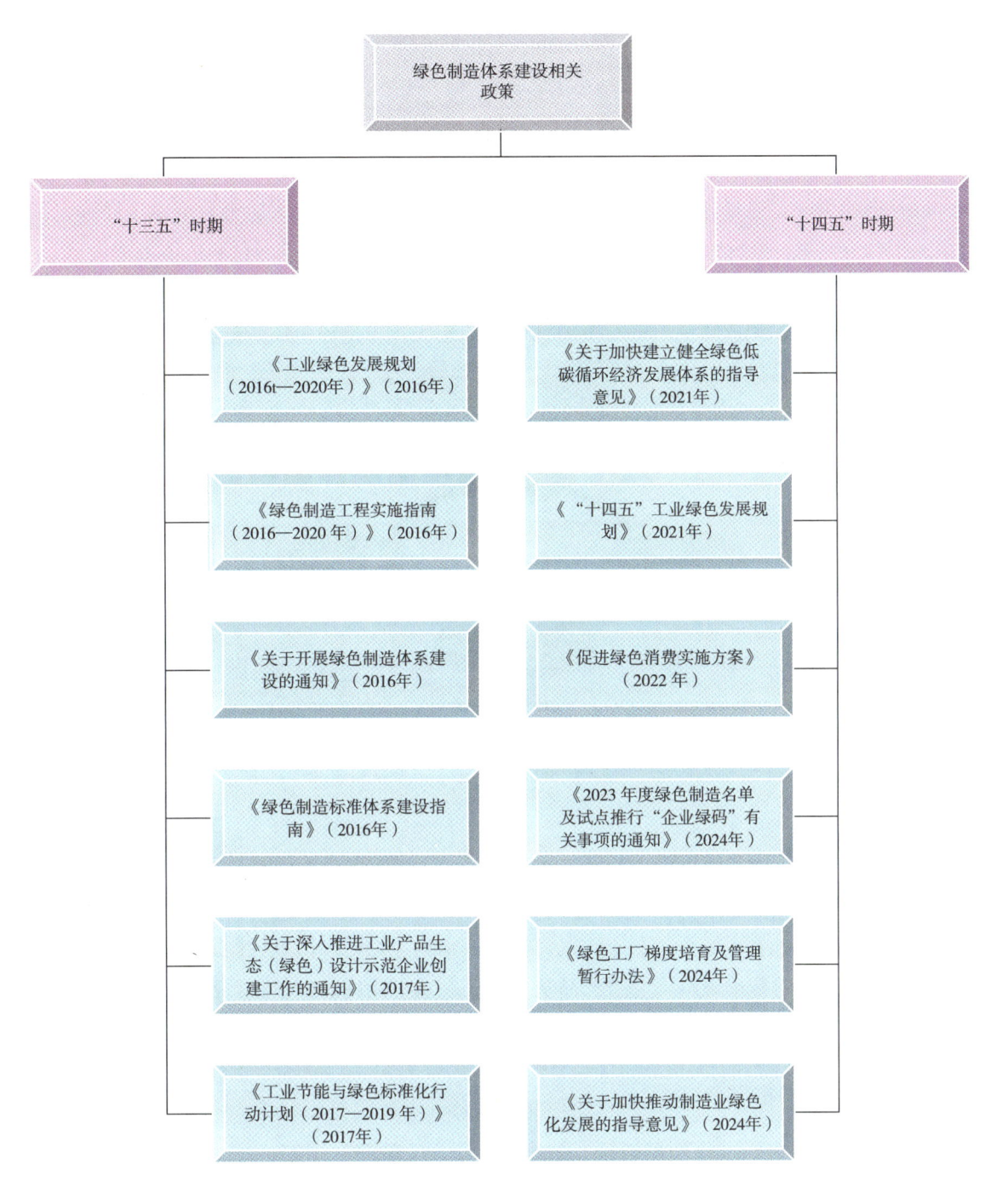

图1　我国绿色制造体系建设的政策文件

为引领，以减污降碳、协同增效为总抓手，统筹发展与绿色低碳转型，深入实施绿色制造，大力推进工业节能降碳，全面提高资源利用效率，构建工业绿色低碳转型与工业赋能绿色发展相互促进、深度融合的现代化产业格局，支撑碳达峰、碳中和目标任务如期实现。

"十四五"时期，我国绿色制造体系建设目标是"绿色制造体系日趋完善"，重点行业和重点区域绿色制造体系基本建成，完善工业绿色低碳标准体系，推广万种绿色产品，绿色环保产业产值达到11万亿元。布局建设一批标准、技术公共服务平台。到2025年，工业产业结构、生产方式绿色低碳转型取得显著成效，绿色低碳技术装备广泛应用，能源资源利用效率大幅提高，绿色制造水平全面提升，为2030年工业领域碳达峰奠定坚实基础。

（二）绿色制造体系建设内容

2016年8月，工信部印发《绿色制造工程实施指南（2016—2020年）》提出以企业为主体，以标准为引领，以绿色产品、绿色工厂、绿色工业园区、绿色供应链为重点，以绿色制造服务平台为支撑，推行绿色管理和认证，加强示范引导，全面推进绿色制造体系建设。

我国绿色制造体系建设内容包括：建立健全绿色制造标准体系，打造绿色制造评价机制，开发绿色产品，创建绿色工厂，发展绿色工业园区，打造绿色供应链，建设绿色制造服务平台七个方面（图2）。

图2 我国绿色制造体系建设内容

在《绿色制造工程实施指南（2016—2020年）》中，提出"百千万"工程，即到2020年，创建100家绿色工业园区、创建1000家绿色示范工厂、开发推广1万种绿色产品，在重点行业初步建立绿色供应链管理体系。制定、修订能耗、水耗、物耗、污染控制、资源综合利用及绿色制造管理体系等标准规范，完善产品从设计、制造、使用、回收到再制造的全生命周期绿色标准，制定绿色工厂、园区、供应链标准。

（三）绿色制造标准体系建设

为做好绿色制造标准化顶层设计，2016年9月，工信部和国家标准化管理委员会印发《绿色制造标准体系建设指南》，提出到2020年，在重点行业出台100项绿色设计产品评价标准、10~20项绿色工厂标准，建立绿色园区、绿色供应链标准，遴选一批第三方评价机构，形成较为完善的绿色制造标准体系，在绿色制造体系建设中，发挥标准的规范和引领作用。

绿色制造标准体系包括：综合基础、绿色产品、绿色工厂、绿色企业、绿色园区、绿色供应链和绿色评价与服务七个子体系（图3）。

绿色产品、绿色工厂、绿色企业、绿色园区、绿色供应链子体系是绿色制造标准体系建设的重点对象，综合基础和绿色评价与服务子体系提供基础设施、技术、管理、评价、服务方面的支撑。

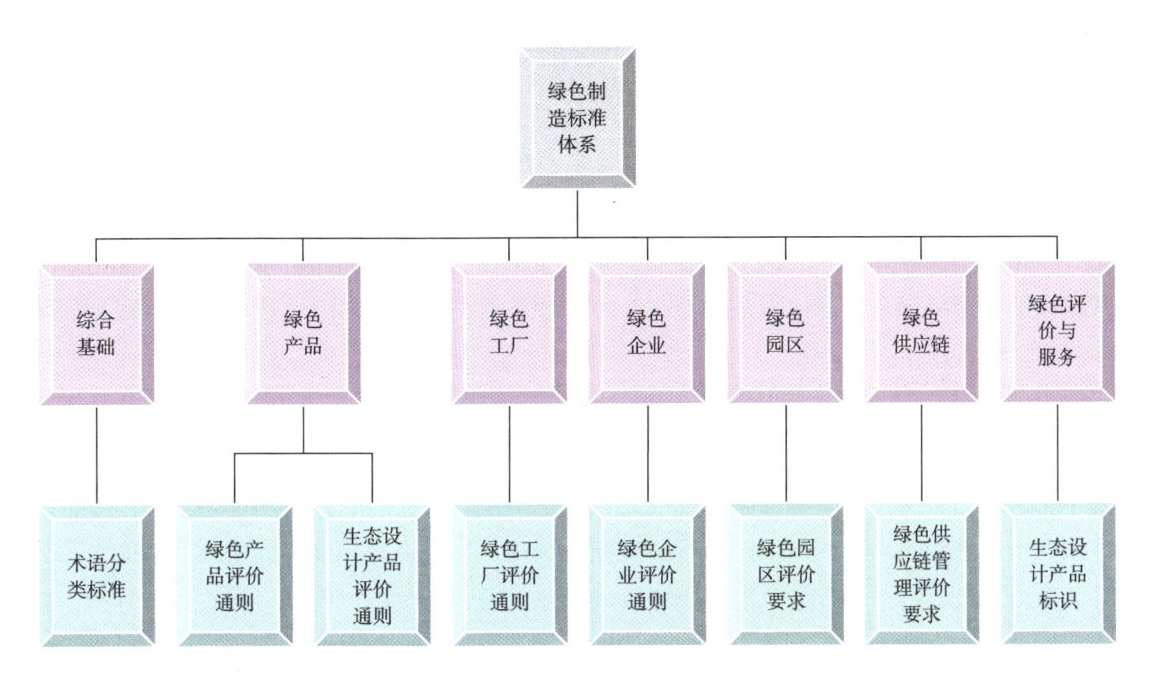

图3　绿色制造标准体系框架

"十三五"时期，我国工业绿色发展取得明显成效，研究制定468项节能与绿色发展行业标准，建设2121家绿色工厂、171家绿色工业园区、189家绿色供应链企业，推广近2万种绿色产品，绿色制造体系初步建立，为我国工业绿色转型起到重要的支撑作用。

目前，在绿色标准体系中，国家标准有6项，分别为《绿色制造　术语》（GB/T 28612—2023）、《绿色制造　属性》（GB/T 28616—2023）、《绿色工厂评价通则》（GB/T 36132—2018）、《绿色产品评价通则》（GB/T 33761—2017）、《绿色制造　制造企业绿色供应链管理导则》（GB/T 33635—2017）、《绿色制造　制造企业绿色供应链管理　评价规范》（GB/T 39257—2020）（图4）。此外，国家标准《绿色工业园区评价通则》也在征求意见阶段。

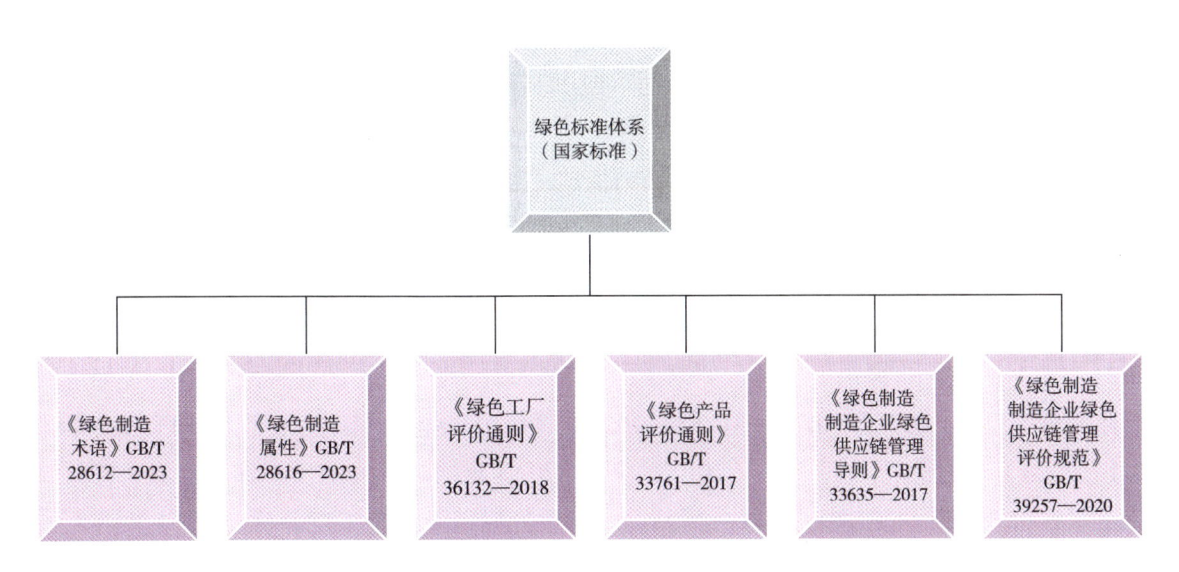

图4　绿色标准体系中的国家标准

二、纺织行业绿色制造体系建设成效

（一）政策引领纺织行业绿色发展

2021年6月11日，中国纺织工业联合会发布《纺织行业"十四五"绿色发展指导意见》，其中目标之一是"绿色制造体系更加完善"。全面推行生命周期绿色管理，全力打造一批绿色工厂、绿色园区和绿色供应链示范企业，推出更多绿色纺织产品。将绿色纤维标志与认证体系建设纳入产品绿色设计中，鼓励龙头企业绿色采购，打通更多绿色产品销售渠道，引导绿色消费。

提出实施绿色制造示范项目重点工程。加快开发具有无害化、节能、环保、低耗等特征的绿色纺织品，培育一批绿色设计示范企业；引导企业按照厂房集约化、原料无害化、生产洁净化、废物资源化、能源低碳化标准建设绿色工厂；优化纺织园区用地布局和产业链结构，提高土地集约化水平，加强能源、资源循环利用，加快资源环境统计监测基础能力和公共服务平台建设，打造一批绿色纺织园区；通过建立采购、生产、营销、回收等全过程信息可追溯信息系统，推动龙头企业责任延伸，带动上下游供应链企业践行环境责任，形成一批绿色供应链企业。

2023年8月，中国纺织工业联合会发布《建设纺织现代化产业体系行动纲要（2022—2035年）》，提出全面建设纺织行业绿色制造体系，完善纺织现代化绿色制造模式。建立低消耗、低排放、高效率、高效益的纺织现代化绿色制造模式，将绿色发展理念和管理要求贯穿于产品设计、制造、物流、使用、循环利用等全生命周期，以制造模式的深度变革推动纺织行业绿色转型升级。全面实施绿色评价，推进原生、再生纺织品服装产业链信息追溯、评价和认证，提升纺织产品绿色供给数量和质量，培育一批绿色设计示范企业、绿色工厂标杆企业、绿色供应链管理企业和绿色低碳工业园区。

（二）纺织行业绿色制造标准体系基本形成

我国纺织行业绿色标准体系包括：国家标准、行业标准和团体标准（图5）。标准类型有绿色工厂、绿色产品和绿色供应链。用于指导纺织服装家纺企业绿色工厂、绿色产品和绿色供应链管理企业申报和自评工作。截至2023年，绿色园区申报以经济技术开发区为主，尚无纺织服装产业园入围绿色园区名单，图5未列绿色园区相关标准。

其中，纺织行业绿色工厂评价行业标准有5项：《纺织行业绿色工厂评价导则》（FZ/T 07004—2019）、《丝绸行业绿色工厂评价要求》（FZ/T 07006—2020）、《筒子纱智能染色绿色工厂评价要求》（FZ/T 07009—2020）、《色纺纱行业绿色工厂评价要求》（FZ/T 07022—2021）、《毛纺织行业绿色工厂评价要求》（FZ/T 07021—2021）。团体标准有5项：《棉纺织行业绿色工厂评价要求》（T/CNTAC 85—2021）、《氨纶行业绿色工厂评价要求》（T/CNTAC 141—2023）、《锦纶6行业绿色工厂评价要求》（T/CNTAC 142—2023）、《聚酯和涤纶行业绿色工厂评价要求》（T/CNTAC 143—2023）、《粘胶纤维行业绿色工厂评价要求》（T/CNTAC 144—2023）。

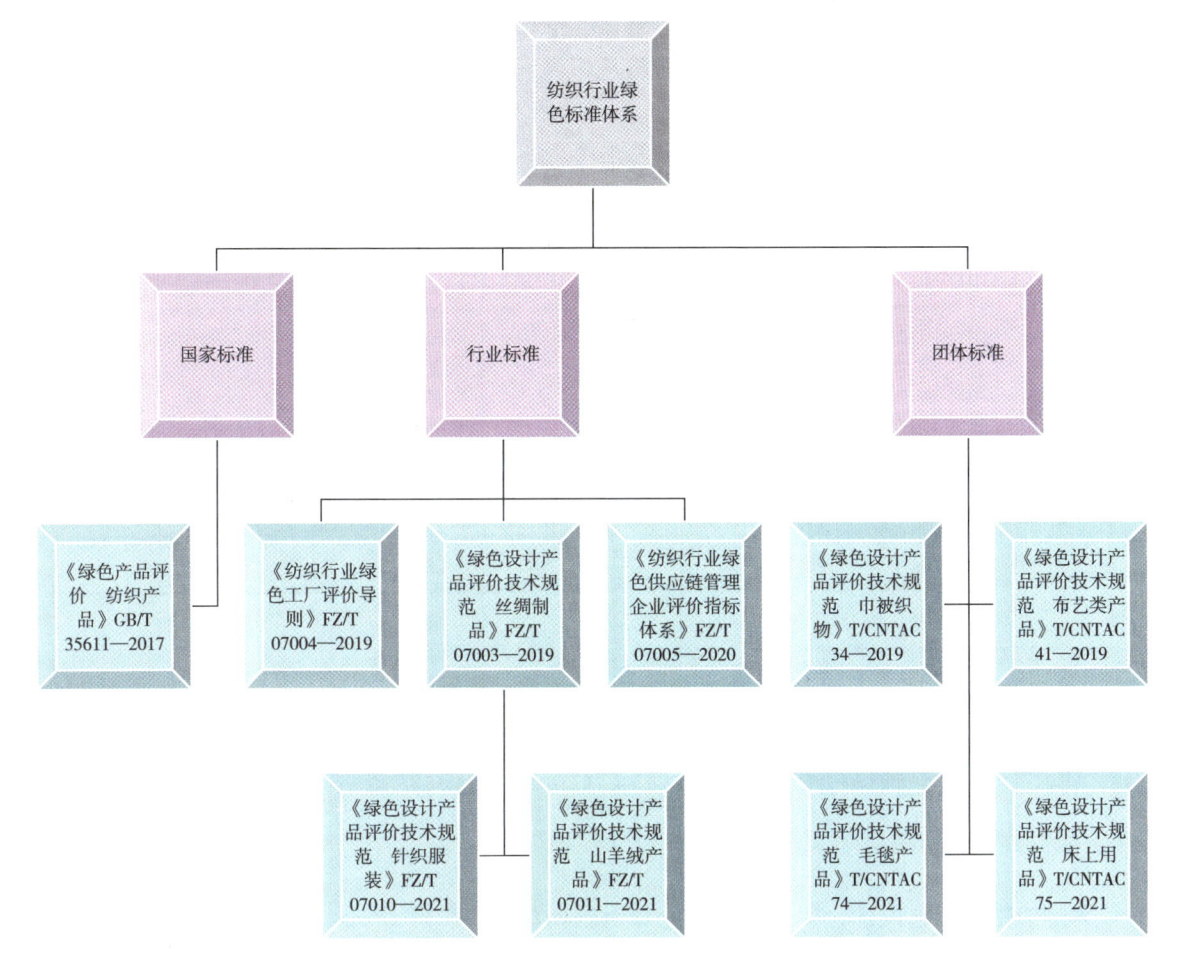

图5 纺织行业绿色标准体系内容

纺织行业绿色产品评价国家标准有1项：《绿色产品评价 纺织产品》（GB/T 35611—2017）。行业标准有3项：《绿色设计产品评价技术规范 丝绸制品》（FZ/T 07003—2019）、《绿色设计产品评价技术规范 针织服装》（FZ/T 07010—2021）、《绿色设计产品评价技术规范 山羊绒产品》（FZ/T 07011—2021）。团体标准有20余项。

纺织行业绿色供应链管理企业评价行业标准有1项：《纺织行业绿色供应链管理企业评价指标体系》（FZ/T 07005-2020）。团体标准有1项：《绿色供应链管理评价规范 羊绒企业》（T/CNTAC 76-2021）。

(三) 纺织企业积极开展"绿色制造"名单推荐工作

自2017年开展"绿色制造"名单推荐工作以来，截至2023年11月，工信部共公布了八批"绿色制造"名单（表1），其中"绿色工厂"5154家，"绿色设计产品"3802种（第1~7批），"绿色园区"372个，"绿色供应链管理企业"613家。2017~2023年，纺织行业有171家企业进入"绿色工厂"名单，有502种产品获评"绿色设计产品"，有33家企业获评"绿色供应链管理企业"，纺织行业企业绿色制造体系建设成效显著。

表1 工信部"绿色制造"名单推荐情况

时期	年份	批次	绿色工厂（家）		绿色设计产品（种）		绿色园区（个）		绿色供应链管理企业（家）	
			总数	纺织	总数	纺织	总数	纺织	总数	纺织
"十三五"时期	2017年	第一批	201	3	193	0	24		15	0
	2018年	第二批	208	15	53	7	22		4	0
	2018年	第三批	391	20	480	35	34		21	3
	2019年	第四批	602	27	371	46	39		50	1
	2020年	第五批	719	18	1073	162	53		99	8
"十四五"时期	2021年	第六批	662	17	989	113	52		107	4
	2022年	第七批	880	24	643	139	47		112	6
	2023年	第八批	1491	47	—	—	101		205	11
合计			5154	171	3802	502	372		613	33

注："绿色设计产品"不再纳入工信部2023年度"绿色制造"名单推荐申报工作。

数据来源：工信部网站资料

（四）40家纺织企业获得"工业产品绿色设计示范企业"

为加快推行绿色设计，促进工业绿色低碳循环发展，2017年5月，工信部出台了《工业产品生态（绿色）设计示范企业创建工作方案》，绿色产品设计示范工程包括：推进绿色设计试点示范，开展典型产品绿色设计水平评价试点，培育一批绿色设计示范企业，制定绿色产品标准。到2020年，创建百家绿色设计示范企业、百家绿色设计中心，力争开发推广万种绿色产品。

2019~2023年，工信部组织推荐了五批"工业产品绿色设计示范企业"（表2），包括纺织行业在内的8个行业的451家企业进入工信部"工业产品绿色设计示范企业"名单。其中，纺织行业有40家企业获评工信部"工业产品绿色设计示范企业"。

表2 工信部"工业产品绿色设计示范企业"名单

时期	年份	批次	企业总数（家）	行业总数（个）	纺织行业企业（家）
"十三五"时期	2019年	第一批	61	9	6
	2020年	第二批	67	8	5
"十四五"时期	2021年	第三批	117	8	9
	2022年	第四批	99	8	9
	2023年	第五批	107	8	11
合计			451	8	40

数据来源：工信部网站资料

三、我国家用纺织品行业绿色制造体系建设现状分析

（一）绿色工厂

根据工信部"绿色制造"名单推荐工作要求，"绿色工厂"参照《绿色工厂评价通则》（GB/T 36132—2018）开展自评价和第三方评价。已发布绿色工厂评价行业标准的，按照行业标准要求进行自评价和第三方评价。

《纺织行业绿色工厂评价导则》（FZ/T 07004—2019）（图5）适用范围包括家用纺织制成品制造。家纺企业可依据《纺织行业绿色工厂评价导则》开展绿色工厂自评价和第三方评价，及"绿色工厂"名单推荐工作。

2018~2023年，家纺行业有13家企业进入工信部"绿色工厂"推荐名单（表3），这些企业主营业务中涉及家纺相关产品的生产和经营活动。其中，有3家上市公司，分别为孚日集团股份有限公司、华纺股份有限公司和山东魏桥集团旗下的山东魏桥嘉嘉家纺有限公司。

表3　家纺行业进入"绿色工厂"推荐名单的企业

年份	批次	绿色工厂	主营业务
2018年	第二批	孚日集团股份有限公司	毛巾系列、床品系列
2018年	第二批	安徽三宝棉纺针织投资有限公司	被芯类、床品、磨毛暖绒类、枕芯类
2018年	第三批	安徽咏鹅家纺股份有限公司	手工工艺家纺、床品系列
2018年	第三批	龙福环能科技股份有限公司	地毯、毛毯
2019年	第四批	江苏红柳床单有限公司	床品
2020年	第五批	东隆家纺股份有限公司	家纺制品
2020年	第五批	际华三五四二纺织有限公司	家纺制品
2021年	第六批	华纺股份有限公司	床品系列
2022年	第七批	滨州亚光家纺有限公司	巾类、床品系列
2023年	第八批	愉悦家纺有限公司	床上用纺织品
2023年	第八批	山东魏桥嘉嘉家纺有限公司	家居床品、酒店床品、婚庆床品
2023年	第八批	达利丝绸（浙江）有限公司	床上用纺织品
2023年	第八批	淄博大染坊丝绸集团有限公司	真丝床品
合计		13家企业	

数据来源：工信部网站资料

在国家标准《绿色制造　术语》（GB/T 28612—2023）中，绿色工厂指实现了用地集约化、原料无害化、生产清洁化、废物资源化、能源低碳化的工厂。

《纺织行业绿色工厂评价导则》（FZ/T 07004—2019）附录B纺织行业绿色工厂评价指标体系计分方法，包括7个一级指标和33个二级指标。一级指标有：基本要求、基础设施、管理体

系、能源与资源投入、产品、环境排放、绩效。上述13家家纺企业在单位产品综合能耗、水资源利用、原料无害化、生产洁净化、废物资源化、能源低碳化方面采取措施，并取得了一定的成效。

（二）绿色设计产品

1. 家纺绿色设计产品评价标准5项

2017~2022年，绿色设计产品推荐的范围和标准，依据的是工信部网站发布的"绿色设计产品标准清单"，申请产品仅限清单中载明标准的产品。企业根据标准具体要求，编写绿色设计产品自评价报告。

2022年9月，工信部发布的"绿色设计产品标准清单"中，纺织行业有20项"绿色设计产品评价技术规范"相关标准，其中，与家纺产品相关的绿色设计产品评价标准有1项行业标准和4项团体标准（表4），并给出绿色设计亮点要求。

表4 绿色设计产品自评价报告适用的评价标准及绿色设计亮点

适用评价标准	绿色设计亮点
《绿色设计产品评价技术规范 丝绸制品》 FZ/T 07003—2019	主要原料100%为蚕丝，产品生命周期从种桑养蚕到终端纺织品和服装全过程中生产时禁用致癌、致敏等有害的染化料物质，重金属、含氟化合物等有害物质残留量符合OKEO-TEX standard 100国际生态纺织品先进指标要求，产品档次和附加值高，副产品能够100%再利用，单位产品取水量、能耗等指标达到先进值要求，并对缫丝和印染工厂污水资源化提出严格要求，产品生命周期内对富营养化、酸化和土壤污染影响较小
《绿色设计产品评价技术规范 巾被织物》 T/CNTAC 34—2019	对巾被织物全产业链生态环境影响进行评价，包括纺纱、织造、染整、裁剪等全过程；各项指标达到节水型企业标准要求，单位产品电耗、汽耗均达到行业先进水平；对产品的化学物质残留进行了限定，保障化学品安全性相关指标和国际先进水平接轨
《绿色设计产品评价技术规范 布艺类产品》 T/CNTAC 41—2019	对企业原辅料的绿色采购提出了要求，对一般化学品和危险化学品的存储、使用及从业人员职业技能方面做了规定，重点工序用水用能环节的取水量、能耗指标均达到行业先进值要求。在计算单位产品取水量和单位产品综合能耗时，确定了织物纤维组分不同时，基准品和非基准品的修正系数。同时规定了质量、幅宽、工艺不同时的产品产量折算系数
《绿色设计产品评价技术规范 毛毯产品》 T/CNTAC 74—2021	对着色剂的使用提出了严格要求；单位产品取水量经编/纬编毛毯≤15m^3/t、机制毛毯≤160m^3/t，对单位产品综合能耗、废水排放量、大气污染物排放浓度等重点指标进行限定，且各项指标均为行业先进水平；对毛毯产品各品类、各生产阶段进行细分，取值科学、合理，为不同类型生产企业采标、对标提供参考便利，具有更强的适用性
《绿色设计产品评价技术规范 床上用品》 T/CNTAC 75—2021	对单位产品取水量、综合能耗、废水产生量、大气污染物排放浓度等重点指标进行限定；从清洁生产角度出发，设置了污染物产生强度相关指标；从污染治理和环境影响角度出发，限定了废水、废气排放强度和固废资源化处置。产品的有害化学使用和残留指标设定均优于国家相关标准

数据来源：工信部网站资料

2. 家纺龙头企业积极参与标准制定

家纺龙头企业积极参与相关绿色设计产品评价标准的制定（表5）。淄博大染坊丝绸集团有限公司、孚日集团股份有限公司、龙福环能科技股份有限公司、吉祥三宝高科技纺织有限公司、际华三五四二纺织有限公司、安徽三宝棉纺针织投资有限公司、愉悦家纺有限公司、江苏悦达家纺有限公司、江苏红柳床单有限公司和湖南梦洁家纺股份有限公司等企业不仅积极参与标准制定，还积极申报工信部"绿色设计产品"名单（表5、表6）。

表5 绿色设计产品评价技术规范相关标准的参标企业

提出机构	标准编号及名称	参标企业
中国纺织工业联合会	FZ/T 07003—2019《绿色设计产品评价技术规范 丝绸制品》	杭州万事达丝绸文化股份有限公司、淄博大染坊丝绸集团有限公司、浙江嘉欣丝绸股份有限公司、成都亿科环境科技有限公司等
中国纺织工业联合会	T/CNTAC 34—2019《绿色设计产品评价技术规范 巾被织物》	孚日集团股份有限公司、四川省宜宾惠美线业有限责任公司、中国家用纺织品行业协会等
中国纺织工业联合会	T/CNTAC 41—2019《绿色设计产品评价技术规范 布艺类产品》	佛山市摩力克家居布业有限公司、如意屋家居有限公司、吴江市春业织造有限公司、佛山市圣凯伦家纺布业有限公司、佛山市伊莎莱纺织装饰有限公司、长兴华虹纺织有限公司等
中国纺织经济研究中心、中国毛纺织行业协会	T/CNTAC 74—2021《绿色设计产品评价技术规范 毛毯产品》	山东新丝路工贸股份有限公司、浙江真爱毯业科技有限公司、龙福环能科技股份有限公司、威海毛纺织集团有限公司、威海恒泰毛毯有限公司、常州耀春格瑞纺织品有限公司、山东圣豪家纺有限公司、连云港飞雁毛毯有限责任公司等
中国纺织工业联合会	T/CNTAC 75—2021《绿色设计产品评价技术规范 床上用品》	吉祥三宝高科技纺织有限公司、际华三五四二纺织有限公司、安徽三宝棉纺针织投资有限公司、罗莱生活科技股份有限公司、愉悦家纺有限公司、江苏红柳床单有限公司、江苏悦达家纺有限公司、江苏四海伟业纺织科技有限公司等

表6 家纺类产品进入"绿色设计产品"名单

年份/批次	产品类型	企业名称	产品名称
2018年（第三批）1类/3家企业/4个产品	丝绸（蚕丝）制品	安徽京九丝绸股份公司	蚕丝被
		淄博大染坊丝绸集团有限公司	蚕丝被
			床品四件套
		安徽咏鹅家纺股份有限公司	蚕丝被
2019年（第四批）2类/4家企业/7个产品	丝绸（蚕丝）制品	鑫缘茧丝绸集团股份有限公司	蚕丝被
		望江华丰纺织品有限责任公司	手工蚕丝被
		淄博大染坊丝绸集团有限公司	真丝美容枕套
	巾被织物	阿克苏华孚色纺有限公司	70%棉/30%黏混纺色纺纱、100%BCI棉色纺纱、100%有机棉、纯棉色纺纱

续表

年份/批次	产品类型	企业名称	产品名称
2020年（第五批）3类/12家企业/16个产品	丝绸（蚕丝）制品	山西吉利尔潞绸集团织造股份有限公司	新娘潞绸被
		湖州千思家用纺织品有限公司	蚕丝被
		淄博大染坊丝绸集团有限公司	真丝蚕丝被系列、真丝手绣床品四件套、真丝印花儿童枕套系列
		广西嘉联丝绸股份有限公司	桑蚕丝被、真丝四件套
	巾被织物	孚日集团股份有限公司	色织巾被、染色巾被
	布艺类产品	江苏悦达家纺有限公司	涤纶高收缩丝单层凹凸床品面料
		江苏红柳床单有限公司	基于纤维素纤维的家居印染面料
		浙江美欣达纺织印染科技有限公司	无甲醛免烫环保黏胶棉弹力贡缎
		浙江联翔智能家居股份有限公司	无缝刺绣墙布
		安徽和邦纺织科技有限公司	无缝环保墙布
		淄博大洋阻燃制品有限公司	蒙面布
		江苏悦达家纺有限公司	涤纶高收缩丝单层凹凸床品面料
2021年（第六批）5类/10家企业/17个产品	丝绸（蚕丝）制品	湖州蚕花娘娘蚕丝被有限公司	纯蚕丝被
		安徽联丰制丝有限公司	手工蚕丝被
		淄博大染坊丝绸集团有限公司	真丝多功能车载被
	巾被织物	宜宾惠宜美服饰制造有限公司	白坯黏胶长丝绣花线120旦/2、白坯黏胶长丝绣花线300旦/2、白坯黏胶长丝绣花线150旦/2
	布艺类产品	佛山市摩力克家居布业有限公司	窗帘布艺制品、装饰墙布
	毛毯产品	浙江真爱毯业科技有限公司	拉舍尔毛毯
	床上用品	吉祥三宝高科纺织有限公司	仿鹅绒保暖盖被
		愉悦家纺有限公司	高品质棉机织物床上用品件套
		际华三五四二纺织有限公司	床上用品Flower天竹四件套、床上用品际华莫代尔四件套、床上用品际华天丝布罗天丝四件套、全棉印花及缎纹床上四件套系列
		湖南省长沙市爱晚亭家纺用品有限公司	被子
		湖南梦洁家纺股份有限公司	床上用品
2022年（第七批）4类/8家企业/10个产品	丝绸（蚕线）制品	浙江蚕缘家纺股份有限公司	99金标高蓬松纯桑蚕丝被（芯）
		湖州金裕丝绸科技有限公司	100%练白桑蚕丝提花织物
	巾被织物	宜宾惠美精仿科技股份有限公司	白坯气流纺粘棉、白坯环锭纺粘胶纱线、白坯环锭纺粘胶纱线

续表

年份/批次	产品类型	企业名称	产品名称
2022年（第七批）4类/8家企业/10个产品	布艺类产品	吴江创新印染厂	布艺类产品
		淄博大洋阻燃制品有限公司	三防/易去污/阻燃环保家具面料
		广东玉兰集团股份有限公司	无缝墙布
	床上用品	无锡市维娅娜纺织品有限公司	全棉四件套
		吴江创新印染厂	床上用品
合计	5类	32家企业	54个产品

3. 54个家纺产品进入"绿色设计产品"名单

2018~2022年，家纺行业丝绸制品、巾被织物、布艺类产品、毛毯产品、床上用品5类产品32家企业的54个产品进入工信部"绿色设计产品"名单中。

其中，淄博大染坊丝绸集团有限公司的7个真丝类产品、际华三五四二纺织有限公司的4个床上用品、阿克苏华孚色纺有限公司的4种纱线产品、宜宾惠宜美服饰制造有限公司的3种绣花线、孚日集团股份有限公司的2个巾被产品、江苏悦达家纺有限公司的2个床品面料产品、吴江创新印染厂的布艺床品、淄博大洋阻燃制品有限公司的2种家具面料等企业的产品进入"绿色设计产品"名单。

（三）绿色供应链管理企业

根据工信部"绿色制造"名单推荐工作要求，绿色供应链管理企业申报，参照绿色供应链评价有关要求开展自评价和第三方评价。

纺织行业绿色供应链管理企业评价依据《纺织行业绿色供应链管理企业评价指标体系》（FZ/T 07005—2020），家纺企业可依据该标准进行自评价和第三方评价。目前，只有淄博大染坊丝绸集团有限公司一家企业，获2023年工信部第八批"绿色供应链管理企业"。

（四）工业产品绿色设计示范企业

2019~2023年，工信部先后组织了五批"工业产品绿色设计示范企业"推荐工作，每年均有家纺企业入围，目前有6家企业以家纺细分行业中的毯类、家纺产品、丝绸制品获评工信部"工业产品绿色设计示范企业"（表7）。

表7 获得工信部"工业产品绿色设计示范企业"的家纺企业

年份	批次	家纺企业	细分行业（产品）
2019年	第一批	龙福环能科技股份有限公司	地毯、毛毯
2020年	第二批	安徽三宝棉纺针织投资有限公司、淄博大染坊丝绸集团有限公司	玉米纤维家纺产品 丝绸制品

续表

年份	批次	家纺企业	细分行业（产品）
2021年	第三批	江苏康乃馨织造有限公司	纺织品
2022年	第四批	愉悦家纺有限公司	纺织面料、家纺产品
2023年	第五批	达利丝绸（浙江）有限公司	蚕丝及交织机织物
合计		6家	

四、中国家用纺织品行业绿色发展建议

（一）依据国家新政提升家纺行业绿色制造能力

绿色制造是一种低消耗、低排放、高效率、高效益的现代化制造模式。2024年2月，工信部等七部门联合发布《关于加快推动制造业绿色化发展的指导意见》，明确提出2030年和2035年我国制造业绿色化发展的愿景目标，并提出提升制造业绿色发展基础能力的四个体系建设任务，包括：构建绿色低碳技术创新体系、完善绿色化发展政策体系、健全绿色低碳标准体系和优化绿色低碳标杆培育体系（图6）。为家纺行业进一步提升绿色制造能力指明了方向，明确发展目标和主要任务。要求家纺企业将绿色发展理念和管理要求贯穿于产品全生命周期中。

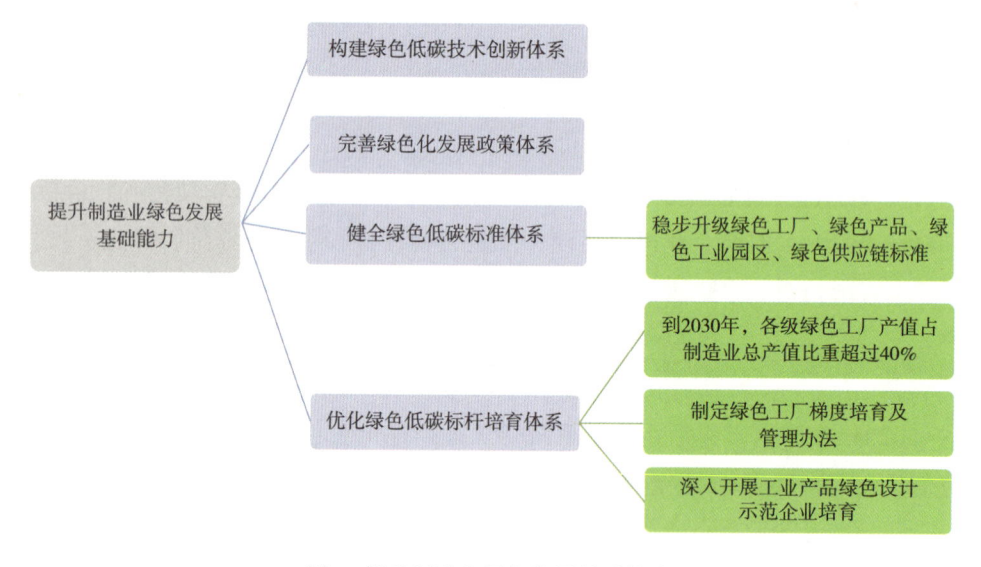

图6 提升制造业绿色发展基础能力

（二）引导家纺绿色工厂持续提升

2023年12月，工信部办公厅公布《2023年度绿色制造名单及试点推行"企业绿码"有关事项的通知》，面向绿色工厂试点推行"企业绿码"，对已获批国家层面的绿色工厂进行动态管理。国家层面绿色工厂分为A+、A、B三级，比例分别为5%、35%、60%。

目前，家纺行业有13家绿色工厂，依据《绿色工厂评价通则》（GB/T 36132—2018）等相

关标准及绿色工厂绿色绩效数据申领"企业绿码",申领后可向其采购商、金融机构、有关政府部门等出示,证明自身绿色化发展水平。

"企业绿码"是对绿色工厂绿色化水平进行量化分级评价和赋码,直观反映企业在所有绿色工厂中的位置以及所属行业中的位置。引导绿色工厂持续对标提升,发挥现有绿色工厂引领作用。通过家纺绿色工厂的导向性作用,提高家纺绿色工厂产值占行业总产值的比重。

(三)鼓励龙头企业深入开展"绿色制造"名单申报工作

对标绿色工厂,将家纺行业已列入工信部"绿色制造"名单的企业和产品进行对比(表3、表6和表7)。结果显示(表8),在13家绿色工厂中,有9家企业同时获得"绿色设计产品",有4家企业同时获得"工业产品绿色设计示范企业",只有淄博大染坊丝绸集团有限公司同时获得工信部"绿色工厂、绿色设计产品、绿色供应链管理企业、工业产品绿色设计示范企业"。

对于已获得"绿色工厂"的企业,鼓励其申报"绿色供应链管理企业"和"工业产品绿色设计示范企业",持续提升企业绿色化水平。

表8 家纺企业开展"绿色制造"名单推荐工作情况

企业	绿色工厂	绿色设计产品	绿色供应链管理企业	工业产品绿色设计示范企业
淄博大染坊丝绸集团有限公司	√	√	√	√
龙福环能科技股份有限公司	√	√	—	√
愉悦家纺有限公司	√	√	—	√
安徽三宝棉纺针织投资有限公司	√	√	—	√
孚日集团股份有限公司	√	√	—	—
际华三五四二纺织有限公司	√	√	—	—
江苏红柳床单有限公司	√	√	—	—
山东魏桥嘉嘉家纺有限公司	√	√	—	—
安徽咏鹅家纺股份有限公司	√	√	—	—

(四)完善家纺行业绿色制造标准体系

家纺行业绿色制造标准体系建设包括:绿色评价标准和碳核算标准。对绿色评价标准采取查缺补漏,制定家纺绿色工厂评价标准、增加家纺绿色产品评价标准的种类等。在碳核算标准制定方面,完善家纺产品碳足迹标准的制定工作。

(五)加强绿色工厂和绿色供应链管理企业培育和推荐工作

2024年1月,工信部印发《绿色工厂梯度培育及管理暂行办法》,绿色工厂梯度培育是指从两个维度建立培育机制：纵向形成国家、省、市三级联动的绿色工厂培育机制；横向形成绿色工业园区、绿色供应链管理企业带动园区内、供应链上下游企业创建绿色工厂的培育机制。

依据《绿色工厂梯度培育及管理暂行办法》附件1绿色制造第三方评价工作要求和附件3绿色供应链管理企业评价要求，加强家纺行业绿色工厂、绿色供应链管理企业培育工作，确保每年都有家纺企业进入"绿色制造"名单。

撰稿人：郭燕

绿色家用纺织品及其供应链管理

国家染整工程中心，生态纺织教育部重点实验室，东华大学化学化工与生物工程学院

一、引言

绿色家用纺织品（下称"绿色家纺"）是近年来随着环保意识的提升而逐渐兴起的一个概念，它涵盖了从原材料选择、生产工艺、产品设计到废弃物处理等多个方面。通过推动绿色家纺的发展，可以实现家纺行业的可持续发展，为消费者提供更加健康、环保的家居环境。"绿色家纺"概念的产生是全球范围内环保意识的日益增强，消费者对于健康生活的追求，政府对环保产业的扶持和政策引导，以及技术创新等多方面因素共同作用的结果。

绿色家纺的核心在于采用环保材料和工艺，确保产品从源头上就是绿色的。例如，选择有机棉、竹纤维、麻纤维等天然材料，避免使用含有有害物质的化学纤维；使用环保染料和助剂，避免有害物质的释放；采用节能减排的生产工艺，降低能源消耗和排放。除了生产过程的绿色化，绿色家纺还注重产品的健康性和舒适性。它追求自然、简约的设计风格，强调让自然的纹理和色彩融入生活，为消费者营造轻松、闲适的家居氛围。同时，绿色家纺产品也注重保健功能，如采用具有抗菌、防螨、透气等功能的材料，为消费者提供更加健康、舒适的睡眠环境。此外，绿色家纺还倡导循环经济和可持续发展。它鼓励消费者在购买家纺产品时选择可回收、可降解的包装材料，减少废弃物产生；同时，提倡对旧家纺产品进行回收再利用，实现资源的循环利用。

二、国内绿色家纺发展现状

在"十三五"时期，中国的纺织业取得了卓越的绿色发展成果，为实现可持续发展迈出了重要一步。在能源领域，二次能源占比高达72.5%，呈现出强劲的可再生能源利用趋势。印染行业在单位产品水耗方面下降了17%，水的重复利用率更是从30%跃升至40%。废水排放量和主要污染物排放量累计下降超过10%，为环境贡献了显著改善。

值得一提的是，循环再利用化学纤维的供给能力也得到了显著提升，为可持续材料的广泛应用奠定了坚实基础。在"十三五"期间，共推出了251种绿色设计产品，成功设立了91家绿色工厂，同时建立了10家绿色供应链企业和11家绿色设计示范企业，展现了中国纺织业在

可持续发展方面的雄心壮志。此外，中国纺织服装企业社会责任管理体系（CSC9000T）的覆盖范围不仅扩展至国内企业，还延伸至海外投资的工厂，显示了企业在全球可持续经营的责任担当。

进入"十四五"时期，绿色发展已经成为中国纺织业的刚性需求，各项指标进一步展现了积极的改善态势。单位工业增加能源消耗降低了13.5%，二氧化碳排放量更是大幅下降了18%。印染行业的水重复利用率更是突破性地提高至45%以上。此外，生物可降解材料和绿色纤维的年均产量持续增长超过10%，为纺织业的可持续材料转型注入了强大动力。循环再利用纤维的年加工量占现在加工总量的比重达到了15%，表明中国纺织业在实现循环经济方面取得了显著进展。

集群化发展是我国纺织服装行业最突出的特征之一，也是全行业高速高效成长的关键因素，现阶段，我国家纺产业集群主要分布在江苏、浙江、山东、广东、上海等地，其中，部分代表性家纺产业集群先行区见表1。

表1 代表性家纺产业集群先行区及其特点

地区名称	特点
浙江省绍兴市柯桥区	全国最大的纺织产业集群之一，拥有化纤、印染、面料、服装、家纺等完整的纺织产业链
浙江省海宁市许村镇	国内最大的家纺面料生产基地之一，全球最大的提花家纺产销中心之一，产品从窗帘布、沙发布等装饰面料发展到成品窗帘、床上用品、桌布、枕头、浴帘等多种布艺家纺制品
江苏南通国际家纺产业园区	全国家纺产业的集聚中心之一，其周边形成了棉、麻、毛、丝、化纤"五纺齐全"，纺织、染整、成品前后工序配套成龙的体系，产品主要为巾、床、厨、帘等十大类
山东省滨州市	构建了棉纺、染整、家纺、地毯、化纤、服装服饰等门类齐全的完整产业体系，形成了长江以北唯一超千亿级的纺织产业集群

三、家纺绿色设计

家纺绿色设计是指在家纺产品的设计过程中，充分考虑环保、节能和可持续发展的理念，通过创新的设计手法和材料选择，使产品既满足人们的审美和实用需求，又减少对环境的负面影响。在产品设计阶段，除了考虑产品的性能、功能寿命、外观和成本等因素外，还必须关注产品在生产、使用、废弃和回收等各个阶段对资源和环境的影响，具体流程如图1所示。

家用纺织品的设计可以分成两大类：模块化和循环化。模块化产品设计主要是针对产品的性能进行设计，对材料的选择、制造、使用、合理的使用寿命、废弃再利用等进行合理的选择与组装，以满足不同的需要。循环化产品设计也称为回收设计，在设计时要充分考虑到家纺产品织物与纤维的可回收性质、可再生性、回收价值、回收方式、回收成本等。

这里主要从四个方面考虑家纺绿色设计：市场导向、绿色制造、绿色供应、绿色处置。

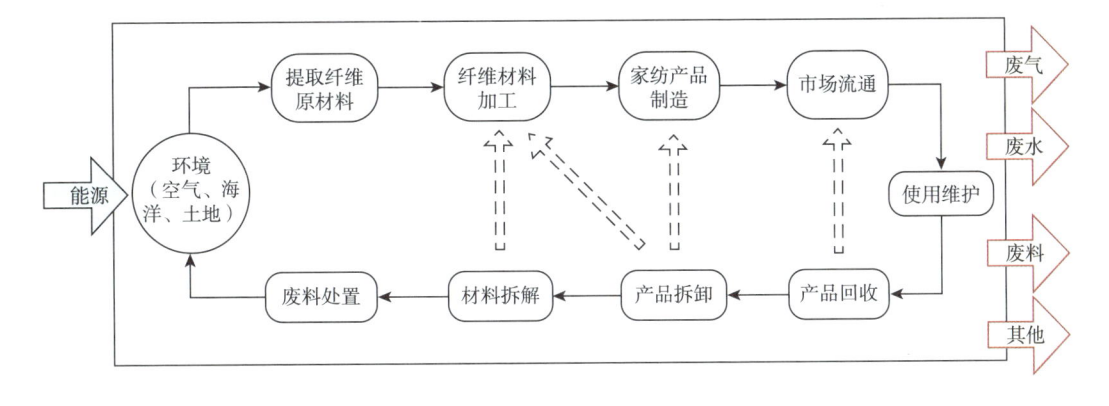

图1 家纺绿色设计示意图

（一）市场导向

随着消费者"悦己时尚"的兴起，人们对于家居空间的需求也由最初的注重功能性和耐用性转向重视美观和时尚度。消费主体从过去的功能型消费为主转向以情感为主导的消费模式。消费者对于商品基本属性之外的需求越发丰富，其中对安全健康、绿色环保的需求最为强烈，因此"绿色创新"也就成了家纺企业的必修课。

家纺企业的发展理念已经演变为"创造价值的同时履行社会责任"，在追求"碳达峰、碳中和"的目标方向上，积极倡导家纺企业在行业中广泛采用绿色材料、绿色工艺和绿色生产，以不断积累"绿色力量"。

（二）绿色制造

绿色制造暨家纺产品在整个生命周期中，注重节能降耗、环境保护和人体安全等方面的特性。这一理念强调了"环境协调"，着重于正确利用资源、减少能源消耗以及确保产品在后续阶段的可回收性。

在产品设计和制造阶段，绿色选料是至关重要的一环。选用符合环保和人体健康标准的原材料，如天然纤维、再生纤维素纤维、可降解纤维和循环再利用化学纤维等，是实现绿色制造的首要步骤。天然纤维：包括棉纤维、麻纤维、毛纤维和蚕丝等。这些纤维来自自然植物或动物，具有良好的生物降解性和可再生性。再生纤维素纤维：如黏胶纤维、莫代尔纤维、莱赛尔纤维、铜氨纤维和竹浆纤维等。这些纤维利用废弃的植物纤维素作为原料，通过化学或生物加工再生而成。可降解纤维：包括聚乳酸纤维、甲壳素纤维等。这些纤维能够在自然环境中被微生物降解，降低对环境的负面影响。循环再利用化学纤维：如聚酯纤维、聚酰胺纤维、聚丙烯腈纤维、聚氯乙烯纤维等。这些纤维能够通过回收再利用原料，减少对自然资源的消耗，降低能源和水资源的使用。在选择绿色材料时，需要尽量避免使用对环境和人体健康有害的原材料，比如黑心棉、石棉纤维以及有害助剂等。

近年来，我国活性染料无盐染色、液态分散染料染色、低尿素活性染料印花等领域已有了一系列产业化应用，同时超临界二氧化碳流体染色、等离子体处理、织物全流程平幅轧染、易变形织物少水连续式染色等关键技术均已获得重大突破，实现可降解纤维产业链制备，循环再利用涤纶关键技术、高效差别化技术、物理法连续干燥、多级过滤技术也逐步完善。目前已拥有300多条家用床上用品、毛巾及窗帘等自动化生产线，生产效率及质量均有明显提高。此外，绿色制造还拥有一系列生态产品。面料、图案、色彩时尚的床上用品，不仅解决睡眠问题，提高睡眠质量，还绿色环保健康，可以用来智能监控；窗帘时尚个性化、重复利用率高且能实现智能化电动控制，保健、防护功能加强；座椅面料逐步轻量化、舒适性提升，抗菌、防污、自清洁能力加强，回收方便；地毯满足个性化定制，采用可循环利用或生物基材料，能够很轻易地实现拆解。

绿色制造的最显著特点是易拆解、易回收。在家纺产品设置过程中，将各个织物单元的可装配性和可拆卸性统一考虑，保证家纺产品在运输、使用、维护、回收的过程中可以有规律拆卸可用单元，同时保证不受损伤。

（三）绿色供应

绿色制造的下一步是绿色供应，其中绿色供应主要包括绿色仓储和绿色运输。在绿色仓储方面，采用节能反光屋顶，太阳能屋顶，高效节能的照明系统，先进的低能耗供热制冷系统，回收的雨水用来绿化灌溉。未来发展的趋势是智能仓储，通过优化仓库资源配置、改善仓库布局和提升仓库运营效率，实现高品质的仓储服务，降低人力成本和库存量，从而减少企业的经营开支，增强市场竞争力。目前，家纺产品的运输面临一些问题，如终端数据缺失、供应周期较长以及运输过程可视化差等。为了满足长期发展需求，需要加强信息化建设，实现信息流的互联互通和实时监控。同时，通过终端实现库存共享，引入适用于家纺产品的自动化分拣和先进的包装设备等技术，以提高运输效率。

包装是绿色供应链中不可或缺的一部分。目前，常用的运输包装主要分为纸箱和编织袋两类。然而，由于家纺产品的个体体积和形状差异较大，在同一条运输线上同时使用编织袋和纸箱会影响自动化处理的进程。此外，家纺产品的零售包装通常采用无纺布与PE/PVC等多种材质混合，导致包装回收过程烦琐且成本增加。未来，运输包装需要实现标准化物流周转箱和标准托盘的循环共用，以及对绿色包装的技术和管理创新。销售包装方面，则可以采用纯无纺布包装袋和纸质缓冲带，以减少对环境的影响并提高回收效率。

（四）绿色处置

绿色处置是家纺绿色设计的最终环节。生态产品有其独特的生命周期和使用期限，然而，当前许多家纺产品由于外观陈旧或性能不足而被过早淘汰，导致产品的有效寿命明显减短。提高产品价值成为一个重要挑战。绿色家纺产品需要充分利用其特点，对于产量大、使用时间长的产品，在设计阶段就应考虑产品改装的经济和合理性，并注意产品的拆装构造设计，以便更容易拆卸。除追求产品的耐用性外，现有产品、存储产品和研发产品之间必须建立合理的技术传承和联系。

绿色家纺设计要秉持循环利用的原则，对于绿色处置，应完善废旧家纺产品回收体系和回收网络，推动相关设计和体系建设。这包括拓展回收渠道，积极推动"互联网+"循环利用模式，促进线上与线下的有机结合；加强废弃物品的回收管理，严厉打击各类非法生产和经营行为，以消除劣币驱逐良币的情况。另外，绿色家纺设计需要促进废旧家纺产品的综合利用，规范再利用行为，有序推动旧物交易。在再生利用产业方面，要规范发展，扩大废旧家纺制品的再生利用规模。到2023年，废旧纺织品的循环利用率达到25%，废旧纺织品再生纤维的产量达到200万吨。预期在2025年，废旧纺织品的循环利用率将提高至30%，废旧纺织品再生纤维的产量将增至300万吨。

四、家纺绿色制造

家纺绿色制造是指在家纺产品的生产过程中，采用环保材料、先进生产、节能技术和清洁生产方式，以减少对环境的污染和资源消耗，同时确保产品的质量和安全性。这是家纺行业实现可持续发展的重要途径。

（一）环保材料利用

选择环保材料是绿色家纺制造中的重要环节，其中生物基绿色纤维的应用备受关注。生物基绿色纤维主要有绿色动物纤维、绿色植物纤维、绿色合成纤维。代表性的植物绿色纤维有莱赛尔纤维，其具有天然纤维和合成纤维的优良耐性，具有价格绿色环保的特性；莫代尔纤维，其生产过程无污染，产物可以完全降解，兼具天然纤维和合成纤维的优势；菠萝纤维，主要有纤维素组成，具有较好的毛细效应，吸湿透气，抗菌除臭。动物绿色纤维的代表性纤维有拉细羊毛、超卷曲羊毛、甲壳素类绿色纤维。拉细羊毛是一种绿色羊毛纤维，利用物理和化学方法对普通羊毛进行处理。超卷曲羊毛是通过物理机械或膨化剂作用对普通羊毛进行处理得到。甲壳素类绿色纤维保暖吸湿透气、可回收利用、兼具动物纤维和天然纤维双重优势。

功能亲肤纤维的应用也逐渐受到关注，如含锌抗菌再生纤维素纤维和高吸湿发热纤维。锌系抑菌再生纤维素纤维：采用注射纺丝技术，将含锌抗菌剂与纺丝液混合，经湿法纺丝后获得含锌抗菌剂的纺丝液。该产品以锌为主要成分，具备长效抑菌和除臭功能，适用于床上用品、服装等。另外，利用具有高比表面积的石墨烯作为原料，通过表面改性后与再生纤维素复合，形成均匀的分散体系，并采用湿法纺丝工艺进行制备。这种生物质石墨烯再生纤维素纤维具有抗静电、远红外、防紫外线、抗菌等功能，可用于床上用品、毛巾、婴幼儿产品等。高吸湿发热纤维：经湿法纺丝制备。其吸湿性出色，透气性佳，阻燃性能优异，抗菌效果显著，适用于家用纺织品。

同时，高吸湿发热纤维和智能调温纤维的应用，进一步强调了环保纤维材料在家纺行业中的重要性。智能调温纤维应用领域广泛，包括床垫、床垫褥、棉被、枕头、毛毯等家纺佳品。其制备过程要注意控制乳化剂种类、乳化剂含量和乳化条件。同时，为了减少微胶囊的流失，保证纤维的强度，其制备使用高碱纤比的纺丝液、低酸凝固浴的缓和成型技术。

对环境友好的染料选择也至关重要，绿色天然染料和环保型合成染料的应用将为家纺产品赋予高附加值。其中，最显著的是绿色天然染料，其主要来源于植物的叶片、果实、根茎，也有一部分来自动物和矿物质。以天然染料为基础，发展高附加值的家用纺织品，将成为未来推动我国家用纺织品绿色化发展的关键方向。除天然染料外，还有不断涌现的对环境友好的合成染料，例如采用环保型的活性染料替代对环境有害的还原、直接、硫化和不溶性的偶氮染料。

（二）先进、绿色生产技术

随着环保意识的提高和绿色发展理念的深入推动，家纺行业正积极探索先进的、环保的生产技术，以实现更加可持续的绿色制造。其中，生物酶处理技术作为一项引领性的技术，为家纺绿色制造提供了新的可能性。通过替代传统的烧碱前处理方法，生物酶成功降低了废水中的COD值，从根本上改善了废水排放质量。不仅如此，生物酶在家纺面料前处理中的应用还涵盖了生物酶退浆和生物酶精炼等多个领域，为提高生产效率和产品质量提供了可行的解决方案（图2）。

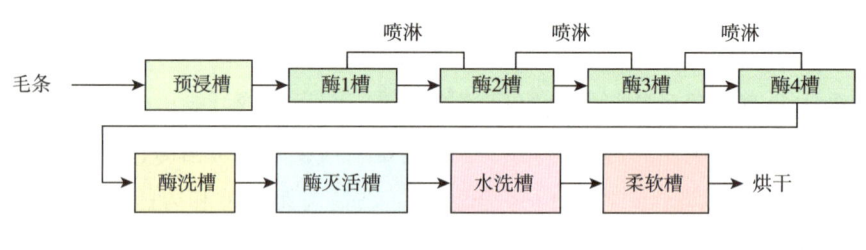

图2　生物酶处理技术

此外，纤维原液着色/改性技术为家纺行业带来了更多创新。无染聚酯纤维的直接着色不仅避免了传统染色带来的色差、色斑、色花等染色缺陷，而且已广泛应用于床品、窗帘、桌布、沙发布、地毯等领域。同时，植物基原液着色再生纤维素纤维不仅具有抑菌、除臭、抗紫外线等功能，还可用于床单、被褥、枕套等家纺制品。原液着色PE/PP皮芯复合纤维则通过定制皮芯颜色，可替代传统胶水涂层工艺，色牢度高，广泛应用于窗帘、地毯等领域。

绿色上浆技术方面，无水上浆技术和无浆织造技术的引入成为家纺行业实现节能减排的关键。无水上浆技术使用超临界二氧化碳代替水作为上浆介质，几乎能100%回收再利用，实现了清洁生产。而无浆织造技术则免去了上浆工艺，不仅节约了生产成本，还缩短了整个生产流程，提高了生产效率。

此外，无水、少水技术、无盐、少盐技术以及仿生染色技术等多种绿色制造工艺的应用，都在降低耗水量、减少化学品使用、实现清洁生产等方面发挥着积极作用。常见的无水少水工艺有冷轧堆、湿短蒸、小浴比、气流雾化等，可以大幅度减少传统染色工艺的耗水量，实现染色工艺的清洁生产。无盐少盐技术有多种实现途径，如通过纤维改性，提高染料的吸附能力、采用先进设备，降低染色浴比温度、开发阳离子活性染料或高直接性的活性染料、开发相关助剂及高盐效应的盐。仿生染色技术有两种模式，一种是通过模仿生物中色素的结构和分布进行仿生染色，叫作仿生物色素着色（色素生色），这种方式具有生态性、功能性和相容性，可以充分发挥色素的多功能性，不仅产生色效应，还具有抗紫外线、抗菌等功能。另一种是仿生物结构染色（结构生色），主要是通过对光的散射、干涉和衍射作用产生颜色，无须化学品，无污染。

智能纺纱设备、数码印花技术、激光雕刻印花技术等现代化工艺的应用也为家纺绿色制造注入了新的活力。数码印花技术工序简单，印花前只需退浆处理，印花后经过烘焙加工便可制得成品，具有降低人工能耗，减少污废排放等优势。

(三) 减少污染和资源消耗

家用纺织品的制造过程包含多个环节，其中一些工序对能源的需求较大。然而，传统的生产方式存在能源浪费问题，比如使用高温染整和高温干燥等工艺，不仅增加了生产成本，还对环境造成了负面影响。

为了解决这一问题，建立一个有效的能源管理体系以及采用节能技术和清洁能源是至关重要的。技术创新可以开发更环保的生产工艺和设备，从而有效减少能源消耗。此外，推动可再生能源在家纺生产中的广泛应用也是降低对化石能源依赖、减少能源消耗和碳排放的有效途径。太阳能、风能等清洁能源的利用不仅有助于实现能源的可持续利用，还能显著降低对环境的负面影响。

另外，纺织工业在生产过程中消耗大量的化学原料和化学品，排放的污染物中包含许多难降解和不可降解的化合物，给废水再生利用和资源回收带来巨大的技术障碍。传统的污染治理技术虽然成本较低，但由于可能引入新杂质、产生二次污染等问题，难以支持未来的"双碳"目标。因此，介绍几种具有应用前景的污染治理技术是必要的。

臭氧催化氧化技术是一种具有广泛应用前景的废水处理技术。该方法利用臭氧作为氧化剂，将难降解有机物转化为中间产物，从而提高废水的可生化性。

电化学氧化（EO）是目前最流行、最高效的废水处理技术之一。它分为直接氧化和介导氧化两个主要过程。直接氧化是染料在阳极表面通过电子交换进行氧化，而介导氧化则是在高电流下通过水放电产生氧化自由基或支持阳极电解质产生自由基进行氧化。当前的研究主要集中在构建高效、低能耗的EO电极上，包括使用碳素电极如石墨电极，以及由金属基底和金属氧化物薄膜构成的电极，这些电极具有良好的耐腐蚀性、导电性和催化活性。

光催化技术是高级氧化技术中最有效的之一，通过利用具有光化学性能的材料进行光催化活性生成·OH，可以将有机化合物完全矿化。然而，目前大多数光催化处理染料废水的研究还处于实验室阶段，因为光催化在实际应用中仍面临许多技术挑战，包括光催化剂的制备、工艺参数优化和大规模应用等问题。

(四) 废旧纺织品资源化利用

废旧纺织品资源化利用是一个涉及环境保护、资源节约和可持续发展的重要议题。随着纺织工业的快速发展和人们消费水平的提高，废旧纺织品的数量不断增加，如何有效地处理和利用这些废旧纺织品，减少环境污染，节约资源，已成为亟待解决的问题。废旧纺织品资源化利用的主要目标是实现废旧纺织品的减量化、无害化和资源化，主要是通过物理、化学手段对废旧纺织品进行再加工处理，重新获得原料，再进入纺织产业链，形成"纤维—纺织制品—再生纺织原料"的闭环模式，具体的实现方法如图3所示。

图3 废旧纺织品的循环再生技术

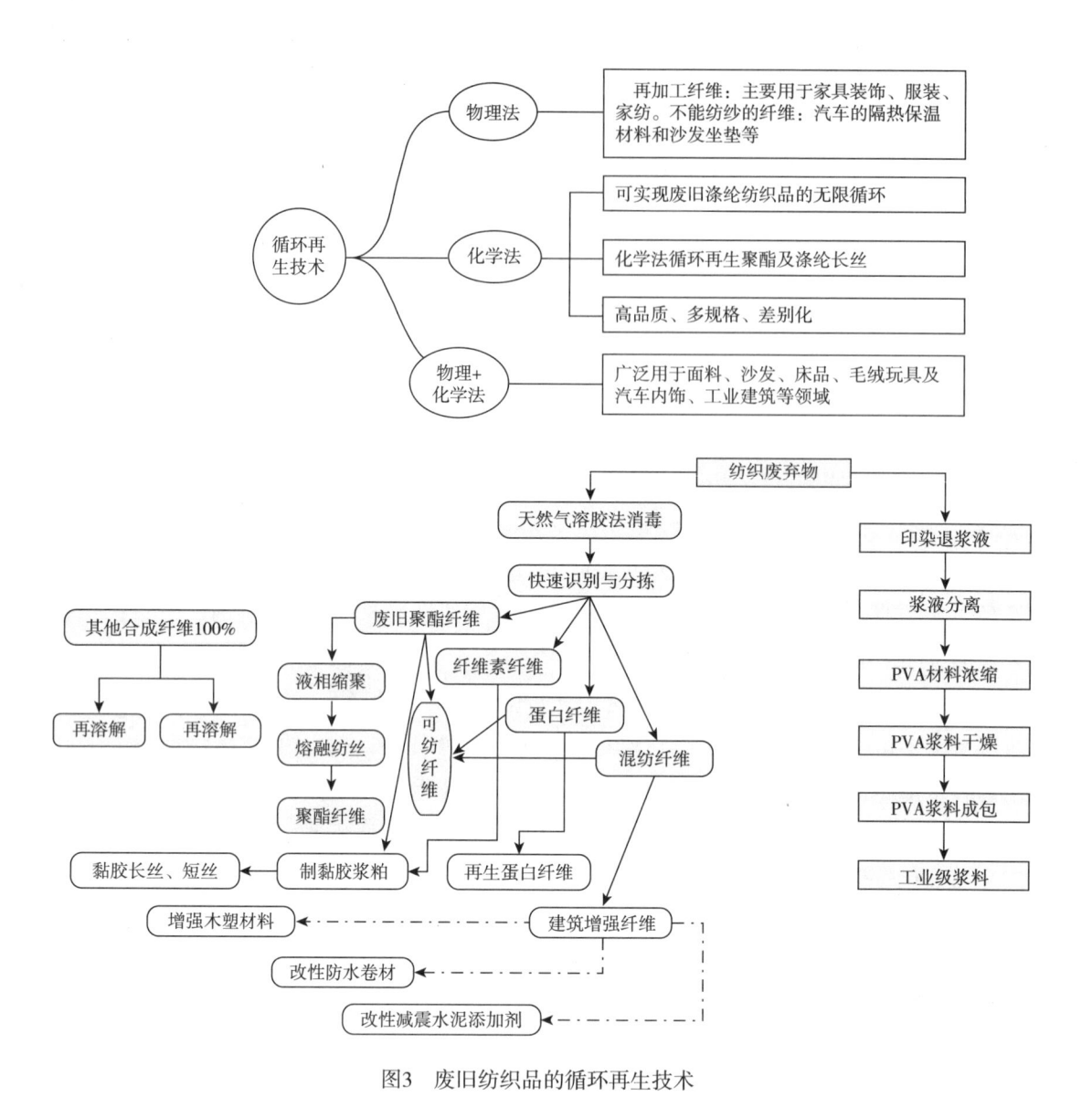

基于技术、成本、环境三个角度，物理回收为最优处理方法，物理回收方法可以分为机械处理、物理溶解和物理熔融。机械处理通过简单的机械加工将废旧纺织品分解成面料或纤维。然而，机械处理难以实现废旧纺织品的多次循环利用，并且对于价值较高或需要精细加工的面料（如羊绒等）不适用。物理溶解则是利用特定的溶剂溶解目标纤维，经过挥发、提纯和重塑等工序获得再生纤维。主要以棉纤维的离子液体溶解为主。物理溶解的核心在于选择合适的溶剂，而推进其工业化应用的关键在于溶剂的溶解度和回收率。化学回收方法则是从分子层面进行回收，通过解聚废旧纺织品中的高聚物来获取低聚物或单体，然后进行再生行为，包括水解、热解等多种方法。相较于物理回收，化学回收可以通过分离提纯工艺去除大部分杂质。但在涤纶回收降解过程中需要添加解聚剂，丙纶等烯烃类要求还原性氛围，增加了化学回收的难度。若能进一步降低工艺要求，化学回收将成为最具商业价值的回收方法之一。

废旧家纺纺织品资源化利用发展方兴未艾，根据成分的不同，废旧纺织品回收工艺不尽相同，选择合适的处理方法，才能最大程度的回收利用资源。如咖啡碳聚酯循环再生纤维采用了先进的咖啡碳纳米级粉体添加改性技术进行制备。这种纤维不仅具备保暖性，还能有效吸附异味，实现低碳环保，并具备杰出的抑菌功效，因而适用范围广泛，可用于被褥、枕头、枕套等产品。其特性不仅使其可以纯纺使用，还能与棉、毛、麻、涤等纤维混纺，进一步扩大了其应用领域。另外，再生抗静电聚丙烯腈纤维的制备过程包括将回收的废旧腈纶下脚料和织物等进行高效溶解、浓缩、提纯等关键技术，最终生产出优质再生腈纶纤维。这一过程不仅极大地减少了资源的浪费，所得纤维还具备轻盈、蓬松柔软、出色的保暖性以及鲜艳的颜色，与非再生腈纶的性能相相近。这两种循环再生纤维的生产方式促使了废旧纺织品的可持续利用，实现了资源的高效再利用，同时为环保和经济可持续发展提供了有益的方案。

对废旧纺织品回收技术的研究近年来较为火热，但与国外相比，我国对废旧纺织品的资源化利用大多还处于技术积累阶段，废旧纺织品的高价值再生实现产业化还需要行业引领和国家政策扶持协同推进。

五、智能制造

（一）智能生产系统

在家纺绿色制造中，智能生产系统正在成为实现可持续发展的重要技术手段。智能生产系统利用先进的机器学习、人工智能和物联网等技术，实现生产过程的自动化、智能化和优化控制，从而帮助家纺企业提高生产效率、减少资源消耗，以及降低环境污染。这一系统使家纺企业能够更加精确地控制生产过程中的各个环节，进而实现资源的合理利用和废弃物的最小化。举例来说，智能生产系统可以通过实时监测和分析数据来优化生产计划，确保生产车间的运转更加高效。通过智能设备和传感器，企业可以实时监测生产过程中的能耗、水耗和废气排放等情况。当产线上的设备出现故障时，智能系统能够发出警报并及时派遣维修人员，从而减少停机时间和资源浪费。此外，智能生产系统还可以通过优化物料配送和库存管理，减少物流环节中的能源消耗和碳排放。

值得一提的是，智能生产系统还可以与供应链管理进行紧密结合，实现柔性供应链管理。例如，通过智能预测分析和供需匹配，企业可以根据市场需求实时调整生产计划，并减少库存积压和废品产生。这种柔性的生产方式不仅能够降低环境压力，还能够提高市场反应速度，增强企业的竞争力。

（二）家纺智能制造

自18世纪50~60年代第一次工业革命开启的蒸汽时代至今，世界已经迈入了以智能制造为主导的第四次工业革命。智能制造利用物联信息系统（CPS）将生产中的供应、制造、销售等信息数据化、智能化，从而实现产品供应的快速、有效和个性化。在智能化系统中，包括了多种分类，如ERP系统、PLM系统、MES系统、APS系统和CRM系统等。这些系统在生产流程中扮演着关键的角色，协调各个环节，确保生产过程的高效运转，并满足个性化需求。

ERP系统是一种供应链管理理念，以信息技术为基础，系统化地为企业管理层和员工提供决策和运营支持的平台。然而，目前存在的制造信息化问题较多，主要体现在不同地域和产业的信息化建设差距较大，以及采用了"看菜下饭式"为主的信息化转型策略。同时，领导管理意图不明确、信息化价值定位模糊、信息化框架落地难以及原生ERP管理革新难等方面也是挑战。鉴于此，现阶段信息化应该按规模、分阶段进行，并且企业应该增加信息化投入比例，以解决这些问题。

除了产品全生命周期的管理业务过程，PLM系统旨在为企业提供从需求收集、产品设计、工艺设计到车间生产的创新研发管理平台，如图4所示。MES系统的全称为制造执行系统，是一种用于实时监控、追踪和控制生产过程的计算机化系统。MES系统可以对生产线上的生产过程、资源和数据进行集成管理，以提高生产效率和质量，降低生产成本。APS高级计划与排程，是解决生产排程和生产调度问题，常被称为排序问题或资源分配问题。CRM系统是一种管理方法，通过跟踪、分析和管理客户来增进企业与客户之间的互动与联系，提升双方之间的信任，从而实现企业的业务目标。

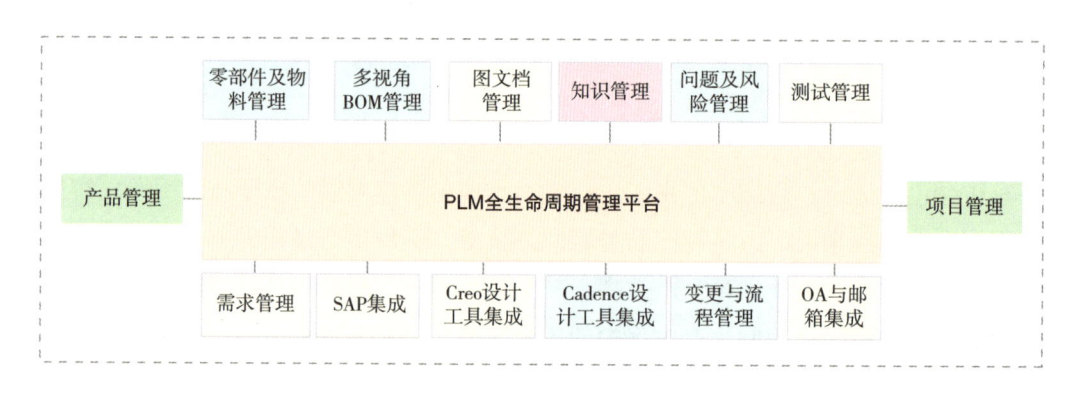

图4　PLM全生命周期管理平台

智能制造已成为国家战略和行业转型的主要趋势，其在每家制造企业中的具体实践核心在于将传统工厂转型为智能工厂。在智能工厂的建设过程中，必须全面考虑精益化、信息化和自动化这三个方面，它们相互补充，各自任务清晰分工。它们相辅相成，各自分工明确。信息化在这一趋势中扮演着"眼睛"的角色，它提供了智能工厂获取数据的能力。精益化则是智能工厂的"大脑"，负责规划改善路径、管理风格和塑造企业文化。自动化则是智能工厂的"手和脚"，它执行各项任务以实现生产目标。

智能制造的构成包括智能设计、智能管理和智能服务等方面。近年来，我国纺织行业在数字化方面取得了显著进展。超过一半的生产设备实现了数字化，数字化设备的联网率也接近一半。关键环节的数字化水平明显提高，同时，ERP软件和MES的普及程度稳步提升。此外，纺织企业应用工业云平台的比率也高达50%。这些进展表明，纺织行业正在积极应对智能制造的发展趋势，并在数字化转型方面取得了显著成效。

虽然信息化系统在纺织企业内得到了较为广泛的应用，从智能制造角度来看，还需在纺织装备单机智能化的基础上实现各装备之间的互联互通互操作，并与各类信息化管理系统相贯通。在传统行业的整经工序，需要利用大量人力手工落实，生产效率低，员工负荷大。开发的全自动装筒系统，将产品来料上至整经架全部工序利用设备代替人工完成。

家纺智能制造的大规模应用面临着改造智能工厂的挑战。尽管智能制造的潜力巨大，但智能工厂改造投资回收期普遍偏长，这是一个普遍存在的问题。通常情况下，先进制造企业可以接受5年内的回收期，但对于许多中小企业来说，他们只能承受2~3年的回收期。除了投资回收期的问题，工业机器人的应用、切换和维护也是一大挑战。尽管工业机器人在提高生产效率方面具有巨大潜力，但其应用代价高昂，而且需要专业技术进行维护和操作。此外，单个应用的用量较低可能会导致研发和推销的难度增加，这进一步加大了企业投资智能制造的成本和风险。

为了克服这些挑战，企业可以寻求政府支持和资助，以减轻智能工厂改造的负担。同时，行业间的合作和经验分享也可以帮助企业降低投资风险，加快智能制造的推进步伐。另外，技术创新和成本降低也将是解决这些问题的关键，通过不断地改进智能制造技术和降低相关设备的成本，可以使更多的企业受益于智能制造的发展。

六、家纺柔性供应链管理

订单碎片化和生产规模化之间存在矛盾主要表现为无法满足个性化需求和生产产能过剩。家纺柔性供应链管理是一种灵活且适应性强的管理方法，旨在提高供应链的响应速度和应对市场变化的能力。它强调供应链系统的灵活性和可调节性，以满足不断变化的消费者需求和市场环境。采用柔性供应链管理是解决订单碎片化和生产规模化之间矛盾的有效途径。柔性供应链管理允许企业在面对碎片化订单和需求多样性时更灵活地调整生产流程，以满足客户的个性化需求。与传统的刚性供应链不同，柔性供应链更注重实时信息的流通和生产计划的动态调整。

家纺行业的柔性供应链管理注重采用灵活的策略，以应对市场迅速变化和消费者多样化需求的挑战。通过构建柔性供应链，家纺行业能够满足消费者对快时尚和定制化产品的独特需求。柔性供应链管理具有多方面特点：它具备较强的适应性，能够快速响应市场变化；具备快速调整生产计划和库存管理的能力；能够迅速应对客户需求和市场需求；有效管理风险；推动各供应链环节的协同合作；并且依赖信息技术的支持和应用。

柔性供应链的优点在于其灵活性和低成本。它凭借这些优势在家纺行业仍备受青睐，但同时也需要关注相关发展痛点。随着对柔性供应链的需求增加，传统供应链的组织模式、管理方式以及传统信息技术系统可能无法有效处理"大规模快速反应小规模"的业务场景；同时，随着订单数量的增加，工厂管理人员、交易人员和业务人员的数量也将不断增加，管理难度将随之增加。

未来，柔性供应链应朝着数字化转型、智能工厂建设和有效选择最佳供应商的方向发展，以提高核心竞争力。通过这些举措，家纺行业能够更好地应对市场变化，满足消费者需求，并实现持续发展。

家纺行业面临的核心问题是库存积压和产品滞销。如果无法提供真正符合消费者需求的商品，就会导致高退货率、高库存和高脱销率的问题。为了解决这些问题，家纺行业逐渐采用绿色供应链管理，将环境保护、资源节约和人体健康的理念贯穿于纺织产品的全生命周期，形成了一种现代化的管理模式。这种管理模式旨在使企业的经济活动与环境保护相协调，构建起上、下游供应关系。在家纺产品的设计与开发阶段，需要系统考虑对原材料的选择、生产过程、销售环节、产品使用、回收处理等各个方面对资源、环境和人体健康的影响。企业要在供应商选择和管理中注重质量安全、绿色环保、污染预防和节能减排等方面。在纺织产品的生产过程中，要采用绿色工艺、技术和设备，以减少环境污染并降低能源消耗。在产品包装的设计、生产或选择中，要考虑对生态环境和人类健康无害的因素，提倡可重复使用或可再生的包装，符合可持续发展的原则。此外，家纺行业还需要合理安排仓库管理，制定优化的物流方案，并选择环保的运输方式，例如使用低能耗和低排放的运输工具。同时，制定绿色销售计划，建立绿色销售渠道，进行绿色产品的促销和宣传，提供回收服务等（图5）。

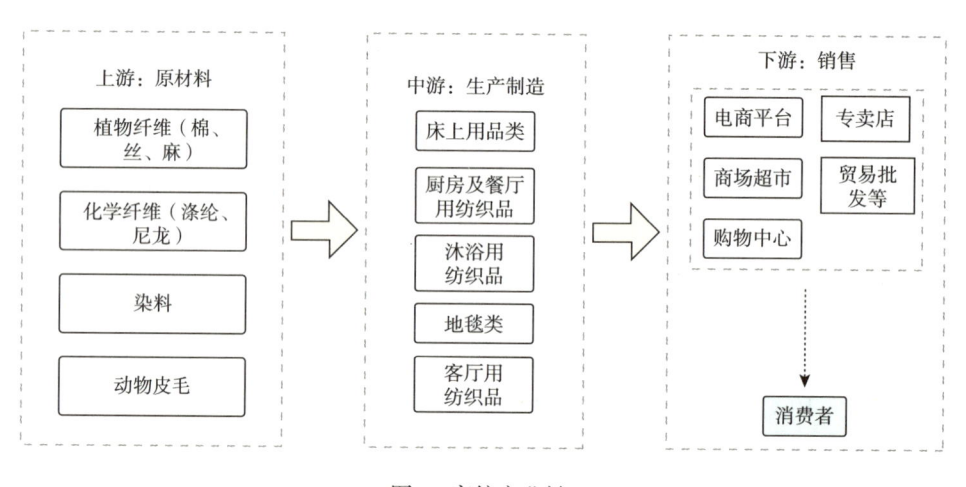

图5　家纺产业链

通过实施绿色供应链管理，家纺行业可以有效解决库存积压和产品滞销的问题，同时也能保护环境、节约资源，提升企业的可持续发展能力。这一管理模式的发展前景备受看好，但同时也需要关注相关发展挑战，如技术支持和行业合作等。

近年来，我国家纺行业正逐渐加快构建绿色制造体系，积极推动绿色产品、绿色工厂、绿色园区以及绿色供应链的全面发展，有序推进行业的绿色转型升级。许多国内纺织企业相继入选年度"绿色供应链管理示范企业"名单，其中包括康赛妮基团、广东溢达纺织有限公司（2018年）、波司登羽绒服装有限公司、浙江盛泰服装基团（2020年）、福建福田纺织印染科技有限公司（2022年）等。同时，宜家作为全球最大家居零售企业之一，一直秉持"为尽可能多的顾客提供负担得起、设计精良、功能齐全、价格低廉的家居用品"的经营准则。

宜家家居遍布全球38个国家和地区，其中在中国大陆设有11家门店。该品牌主导的经营策略以低价和品牌建设为中心，采取了标准化、模块化设计，以及易于拆卸和回收的产品设计理念，实现全球采购的同时确保设计师积极参与审查，生产过程中致力于消除浪费并提高资源循环利用率。为推动绿色消费理念，宜家还实行绿色化营销策略，在营销过程中注重生态管理。为了提高运输效率，宜家采用集中运输，优化运输路径，并采用平板可拆卸包装，以最低成本回收产品并获取最大再利用价值。此外，宜家还设立了废品回收系统，以提高能源利用效率。

在实施绿色家纺供应链管理时，关键在于在满足消费者需求、企业利益和环保利益之间找到平衡点，以实现协调和和谐。根据工信部2023年发布的绿色供应链管理评价要求，绿色供应链管理评价指标体系包括绿色供应链管理战略指标、绿色供应商管理指标、绿色生产指标、绿色回收指标、绿色信息平台建设指标和绿色信息披露指标等六个方面。当企业的绿色供应链管理评分达到80分以上时，便可被认定为"卓越绿色供应链管理企业"，并将优先享受国家支持政策。这一趋势必将推动国内纺织工业向着更加绿色和可持续的发展方向迈进。

七、总结

（1）绿色家纺强调在产品的设计、生产和使用过程中充分考虑环保和健康因素。注重选择环保材料，避免使用有害物质，确保产品的安全性和健康性；关注资源的有效利用和能源的节约，通过优化生产流程和采用节能技术，降低对环境的负面影响。

（2）供应链管理涉及从原材料采购到产品销售的整个过程。在绿色家纺的供应链管理中，企业需要充分考虑环境因素，选择能够提供环保原材料的供应商，并在采购、生产、物流和销售等各个环节中积极采取环保措施；建立完善的回收体系，促进废弃物的回收和再利用，也是绿色供应链管理的重要一环。

（3）通过实施绿色家纺和绿色供应链管理，企业可以实现经济效益和环保效益的双赢，推动家纺行业的可持续发展；不仅有助于保护地球环境，还为消费者提供了更健康、更环保的家居产品选择。

撰稿人：戴鑫　计雅婷　蔡再生

Atexco 宏华数科
股票代码：688789

TEXPA
German Technology
德国纺织自动化解决方案

- 床笠机
- 枕套生产线
- 床单机
- 被套机

德国全自动化家纺缝纫技术设备，中德联合制造。

宏华TEXPA公司始终致力于为中国的家纺企业提供缝纫的全自动解决方案，包括床单、被套和枕套等全自动设备，这些设备可用于生产床上用品、餐桌用品、毛巾及毛毯。我们的客户中，有诸多家纺及家居用品生产领域的佼佼者，目前在中国已有接近200台TEXPA设备在平稳高效地运转，宏华TEXPA公司致力于为客户不断提供高质量的产品和高效率的服务。

宏而有信
华彩出色

VEGA X5
高速智能数码喷墨印花机
HIGH SPEED INDUSTRIAL DIGITAL TEXTILE PRINTER

日产能高达：18000m
Daily Output: 18000m

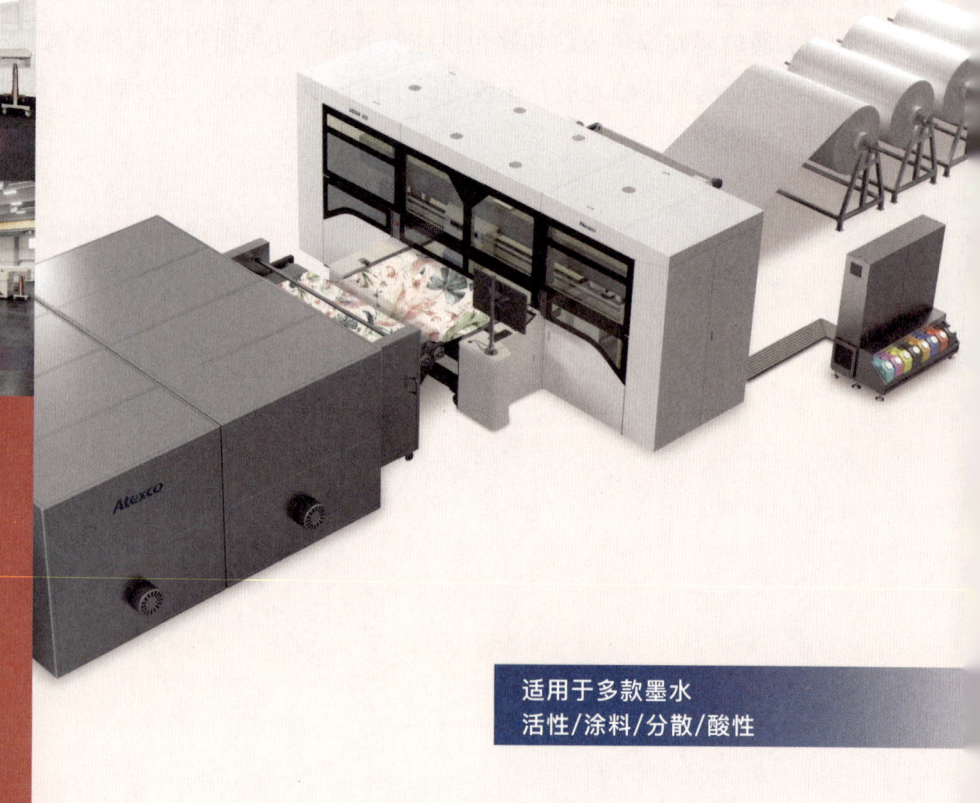

适用于多款墨水
活性/涂料/分散/酸性

杭州宏华数码科技股份有限公司
国家数码喷印工程技术研究中心

中国浙江省杭州市滨江区滨盛路3911号
400-658-6678
+86 0571 88866678
www.atexco.com
Market@atexco.cn

时尚研发

自然至真 创意至美
——"海宁家纺杯"2023中国国际家用纺织品创意设计大赛综述

贾京生

"海宁家纺杯"中国国际家用纺织品创意设计大赛已持续举办了21年。本届大赛共收到来自国内外艺术院校、设计机构、企业参赛作品2576幅。其中,"家纺创意画稿组"共收到122家单位的1883幅作品;"整体软装设计组"共收到48家单位的693幅作品。大赛的评审工作于2023年7月14日在海宁正式拉开帷幕。在浙江省海宁市公证处的全程公证下,"家纺创意画稿作品"评选出金奖1名,银奖3名,铜奖5名,评审团奖6名、优秀奖18名,入围奖若干名;"整体软装设计作品"评选出金奖1名,银奖3名,铜奖5名,评审团奖4名、优秀奖20名,入围奖若干名(图1~图4)。大赛评审委员会主任杨兆华亲临大赛现场并说道:"回忆起第一届大赛,种种细节仍历历在目。今年是大赛走过的第21年,21年来,大赛始终秉承着坚定民族文化自信,夯实纺织文化根基,培育中国特色纺织品牌文化,提高纺织产品创新设计能力,把文化底蕴转化为行业发展软实力和巧实力的初心与坚守。'海宁家纺杯'大赛积极响应号召,注重中华优秀传统文化的传承,在新的历史起点上继续推动文化繁荣。同时,准确把握建设我国纺织行业现代化体系发展趋势,将数字化、绿色发展作为行业高质量发展的重要路径。"

图1 "家纺创意画稿组"线下评审现场

图2 "整体软装设计组"线上评审现场

图3 "家纺创意画稿组"评委会合影

图4 "整体软装设计组"评委会合影

本届大赛以"自然之境"为主题，即自然中蕴藏着至真——规律之道，至善——仁善之德，至美——意境之美。意在以自然为设计根源，创意设计须呈现出融真善美为一体的艺术境界。综观本届参赛作品，明确呈现出三个突出特点：一是主题突出，参赛作品对"自然之境"的主题理解与把握不仅准确，还具有宏观系统性的具体延展，深入拓伸到了"人文的自然、历史的自然、艺术的自然、生活的自然、自然的自然"等各个领域。二是形式丰富，参赛作品整体呈现出多元多样的状态，体现了各自造型的生动鲜活，形式的新颖多样，风格的个性独特，艺术的韵味意境。既有装饰绘画性的作品，又有插画叙事性的作品，和图案表现性的作品等，艺术表现多元且独具匠心。三是工艺明确，参赛作品在紧扣主题来展现各自创意的同时，还充分考虑到了设计与工艺、艺术与技术的巧妙融合。通过熟练运用计算机等工具，虚拟呈现出印染织绣等不同工艺技术的视觉艺术效果，使作品更易于落地和生产。大赛中的参赛作品，从不同角度、不同层面、不同维度全方位地诠释了对"自然之境"的理解，以作品中不同形象造型、色彩建构、布局构思呈现了"自然之境"的大赛主题，由此建构出"百花齐放、美美与共、各美其美"的一场创意之美的赛事盛况。有的作品是以人文视角来解读自然中的"自然之境"，有的作品是从艺术的维度来彰显艺术中的"自然之境"，有的作品是以科学中层面来表现科学中的"自然之境"，还有的作品是从自然、历史的语境中来呈现自然与历史中的"自然之境"。

一、主题突出：参赛作品彰显家纺设计"自然之境"的美感

本次大赛最突出的特点之一，就是参赛作品紧扣大赛"自然之境"的主题，参赛作品对"自然之境"的主题理解与把握不仅准确、灵活且多样，还具有宏观系统性的无限延展，深入拓展的层面有"人文的自然""历史的自然""艺术的自然""生活的自然""自然的自然""科学的自然"等各个领域。以获得此次大赛家纺创意画稿组金奖的作品《合契·筑》为例，这是以人文视角来解读自然中"自然之境"的作品，较好表现出中国经典的古代建筑形象与自然形象融合的艺术语境（图5）。

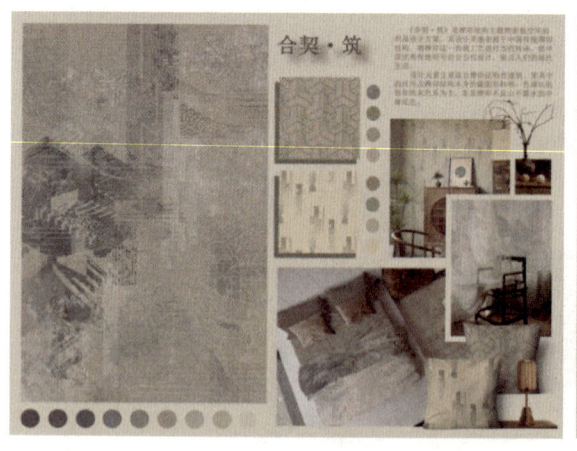

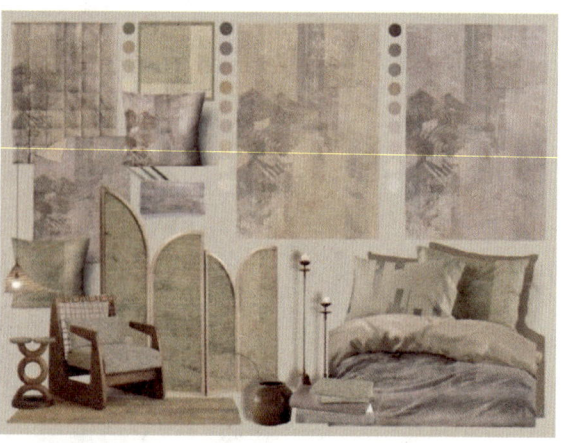

图5　家纺创意画稿组金奖《合契·筑》（陈丽睿　山东工艺美术学院）

对于这幅作品评审专家做出了如下点评："作品深层次挖掘中华传统文化艺术——中国古代建筑这一弥足珍贵的宝藏，搭建室内家居场域中传统建筑形制轮廓和建筑构件图形化，与当代视觉设计语言之间和谐恬静的主客体关系，很好地诠释了具有中国特色、中国风格、中国话语的时代符码的家居艺术。一方面，作品本身承载着设计者的思想与情感表达，充分反映了我国传统文化的博大精深、源远流长和受众生活需求领域的高度诉求，体现了设计的历史文化性和文化传承的自觉性；另一方面，作品传递了对中华优秀传统文化的延续性。"

获得此次大赛整体软装设计组金奖的《落花间》（图6），作者设计理念不仅紧贴大赛主题，还对当今的自然与社会环境进行深刻反思。认为近年来更多的人想要亲近自然，走进自然。而环境污染现象越发严重，许多动植物的栖息地受到了破坏，尤其是濒危动植物的生存受到了极大的影响，越来越多的濒危动植物在还未被人类了解与关注之前就无声无息地灭绝。面对21世纪的新问题，基于传统自然美学以及当前的流行趋势，结合多样的艺术方式去重构和表达当今世界的生态环境问题，强调对濒危植物的保护以及提高对濒危植物的认知，从而深刻明白生态环境以及人与自然的重要性。此次设计以濒危的绿绒蒿与中国蕨作为切入点，对于普通人来说，从未听说过的东西消失了，并不能引起内心的共鸣以及反省。希望这些濒危花卉在还未真正灭绝之前，更多地出现在人们的视野中，从而改变它们濒危的可能，给人们带来深刻的反思。

获得此次大赛银奖的作品《墨·染》（图7），则是从绘画艺术作品的维度，来彰显艺术中的"自然之境"的作品。该设计作品的灵感来自宋代山水画。是以北宋时期山水画大家李成

图6

图6　整体软装设计组金奖《落花间》（傅瑾琦/徐怀谷　浙江理工大学科技与艺术学院）

图7　家纺创意画稿组银奖《墨·染》（杜佳霖　鲁迅美术学院）

和范宽山水画作品为创作素材，通过画面的分割、重组与色彩晕染的形式，将北方的自然山水表现得雄浑壮阔、新颖别致。这正如评委专家所说："北宋的山水画在中国绘画历史上具有里程碑式的意义，李成的寒林平野图，范宽的溪山行旅图，都是高校山水画习作的必修科目之一。将这些传世经典作品当中的元素进行艺术化的再创作，并应用于家纺产品，就成为一个非常好的创意作品。宋代的文人山水情怀与现代的颜色线条进行时空的碰撞，让这些经典作品在新的产品上产生了更加精彩的审美效果，这种精彩突出了文人雅致和文化内涵的艺术氛围，立意新颖、实用性强。"

而获得此次大赛家纺创意画稿组银奖的作品《年轮》（图8），则是从自然语境中来设计创意出自然中的"自然之境"的家纺作品。该设计作品的灵感来源于自然中树木的年轮和人类手指指腹上形成的指纹，指纹和年轮都属自然现象，二者是相互共生共存的共同体。作品将两者圈状线条紧密组合并放在一起，赋予整体画面色彩是黑白色调，既舒适自然又简约现代，适用于家纺用品中床单、窗帘等装饰。该作品得到了评委一致认可，"作品破题巧妙，选择年轮与指纹两种各具自然属性且造型特征相近的元素进行组合，将人与自然有序衔接，进而以指纹的承诺之义倡导人类对自然的保护，基于不同维度诠释了人与自然的和谐共生，以达自然之'境'。作品主花型图排列得当，年轮与指纹组合相得益彰，高低错落、深浅不一的装饰线条较好地增加了层次感和现代感，色调素雅，耐人寻味。"不足之处专家也作出点评，"若适当降低最亮处装饰线的明度，画面会更加整体、统一，辅助花型稍显复杂，应考虑与主花型的关联，在床品模拟中还需化繁为简，突出主体。"

图8　家纺创意画稿组银奖《年轮》（彭语　成都纺织高等专科学校）

目前，生态环境问题已成为当下人们关注的热点，每一个人都会重新思考和审视自己所处的环境，在参赛作品中既有对自然环境的思考，又有对人文环境新的诉求。今年大赛以"自然之境"作为主题，立意紧扣时代发展的节奏，围绕生态、绿色、环保、人文等关键点进行创作。在这里既有对自然的敬畏，对世间万物、一切生灵的感动与共情，也有对美好易逝的怅惘和对生命的叹息，更有对未来勃勃生机的憧憬，对美好事物的向往，还有对自然中蕴藏着的至真、至善、至美艺术境界的追寻。这些都给予了设计者无限的想象力与创作空间。东华大学纺织学院教授温润对于此次大赛整体评价说，众多参赛作品对主题不同角度和维度的诠释令其印象深刻，其中有传递自然、绿色、环保概念的表达，也有将传统文化与跨时空概念相结合的俏皮创意，精彩纷呈。参赛选手立足当下审美，巧妙结合中华文化与异域风情，在美观性、时尚性、文化性基础上充分展现创意，体现出较为扎实的基本功和控制力，也反映出选手们对家纺创意设计的激情与执着，以及对中华民族的文化认同和文化自信，很值得肯定和欣喜。当然，大赛作品在整体性、配套性、可实现性及版面设计再做考量，作品将会获得进一步提升。

二、形式丰富：多元作品展现家纺设计"自然之境"的韵律

本次参赛的家纺创意设计作品，另一突出艺术特点就是作品的艺术形式丰富。整体上呈现出多元多样、百花竞艳的状态，并且体现了各自造型的生动鲜活，形式的新颖多样，风格的个性独特，艺术的韵味无限。既有装饰绘画性的设计作品，也有插画叙事性的设计作品，和图案表现性的设计作品等，其艺术形式表现多元且独具匠心。

如获得此次大赛家纺创意画稿组铜奖的作品《景·印》（图9），其设计灵感来自嘉兴传统非遗——蓝印花布，并取景于嘉兴的特色自然景观组合而成，利用各种肌理和粘贴的手法使画面形式感更加丰富，相互交叠的图案形态给人一种秩序性和丰富性。自然的江河形象与飞鸟花卉形象与自然人文景观形象相辅相成，而且和谐共生。画面造型借鉴创新了蓝印的色彩，让画面形式效果更具有传统性以及将图案与细纹在空间中重组构图，使设计形式感更富有现代感。背景海浪波纹昭示着重构与新生。评审专家对此幅作品的点评是："作品以蓝染夹缬为主色基调，佐以平面图像化的江南水乡人文自然的和谐共生，尤其是延伸设计中大量留白的飞鸟纹陶瓷盘装饰，为和谐的居室空间赋予了几分灵动。设计师探索与时俱进的家纺艺术设计，塑造民族文化艺术审美意趣，强调本地属性的环保叙事，通过关注嘉兴的非遗人文文化和自然生态的丰富资源，致敬民族的精湛手工技艺，以天人合一的传统美学，来强调环保的植物材料染色——蓝染，所代表的勃勃生机。"

获得此次大赛家纺创意画稿组铜奖的作品《染》（图10），以蓝染工艺为图案形式灵感来源，用斑驳的斜向线条肌理，与抽象朦胧的块面层层交叠，呈现出跳跃的抽象的形式动感。同时在深浅不一的蓝调基础上渗透出一丝丝朦胧的金色肌理，并且赋予画面以冷暖的对比恰到好处，让人产生无限而模糊多变的艺术遐想。

图9　家纺创意画稿组铜奖《景·印》（陈丛汝　苏州大学）

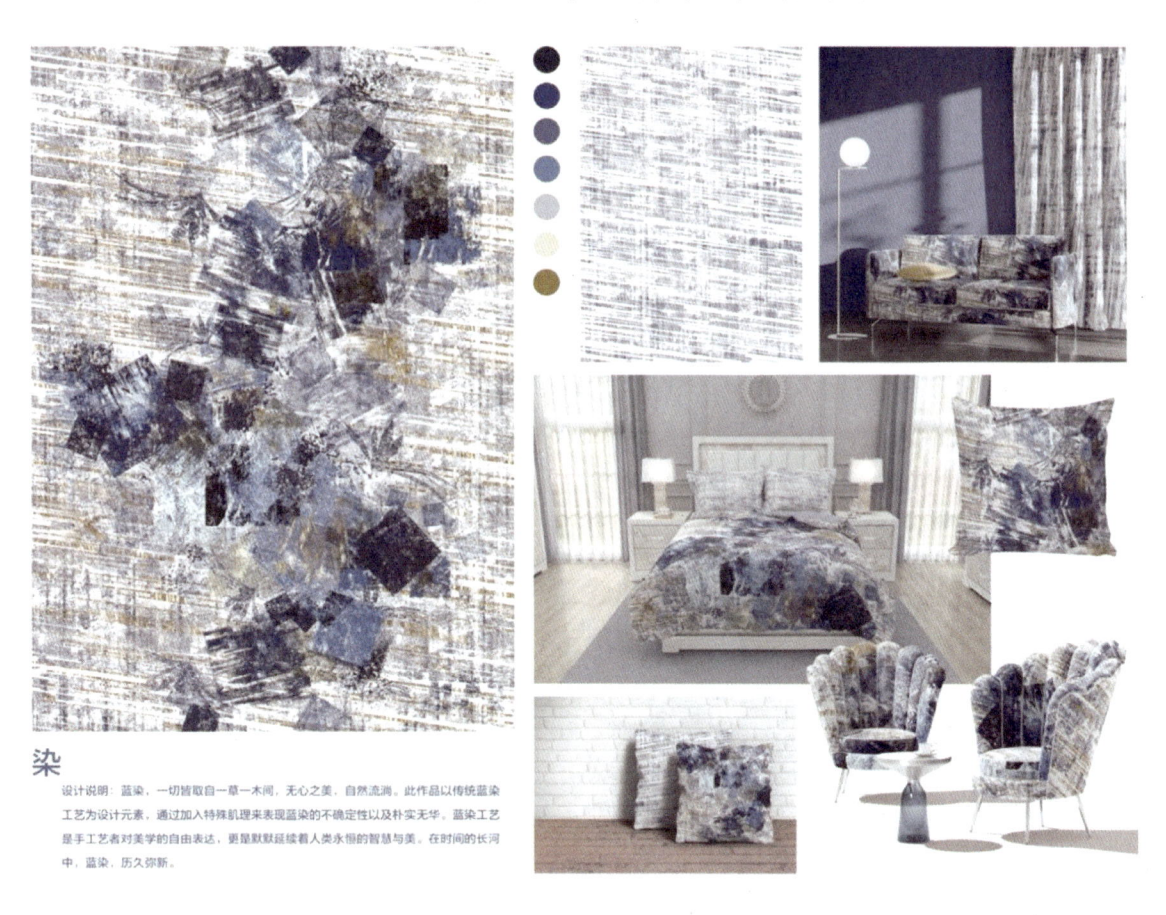

图10　家纺创意画稿组铜奖《染》（舒杰聪　苏州大学）

获得家纺创意画稿组评审团奖的作品《凝视 | 自然》（图11），图案造型简洁写实，色彩形态简约强烈，整体画面具有视觉冲击力，散发出年轻张扬奔放的个性。这正如评委专家点评那样：该系列作品个性张扬，在选题、构图、色彩、空间中前卫与大胆的营造出具有强烈视觉冲击和个性化的表征，在满足人民群众日益丰富的物质文化生活方面，向小众化生活需求领域渗透。随着人们生活方式的持续转变，这种消费选择的态度体现在更注重细分市场的个性化设计。生活方式的延伸正在影响着设计师们，他们利用多元化、差异化的灵动设计，

以及引领潮流的色彩和图案来驾驭视觉的饕餮盛宴。对于此次大赛中众多的作品形式，愉悦家纺有限公司设计部主任吴静对于大赛作品整体面貌说道，作为评委第一次参加本届大赛的评比工作，上千幅的作品让人目不暇接。多元的创作手法和表现方式层出不穷，不时让人眼前一亮。而从中更深感受到的，是参赛者们的感悟：珍惜自然，赞美自然，人类与自然和谐共生。

图11　家纺创意画稿组评审团奖《凝视丨自然》（赵翊帆　清华大学美术学院）

三、工艺明确：艺术与技术融合呈现作品"自然之境"的智美

　　本次参赛的家纺创意设计作品，还在艺术与技术融合方面有所突破，以艺术与技术的巧妙融合来呈现作品"自然之境"的智美。此次大赛参赛作品，在紧扣主题来展现各自创意的同时，还充分考虑到了设计与工艺、艺术与技术多层面的融合探索。通过熟练运用计算机等工具，虚拟呈现出印染织绣等不同工艺技术的视觉艺术效果，使作品更易于落地和生产。获得家纺创意画稿组评审团奖的作品《长白山之魄》（图12），作者巧妙利用计算机数字印花技术工艺，来设计印染工艺的家用纺织用品，其画面的工艺技术呈现得非常明确。充分利用计算机设计软件表现技法与数码印花工艺特点，使画面效果与实物用品呈现出准确而真实的面貌。

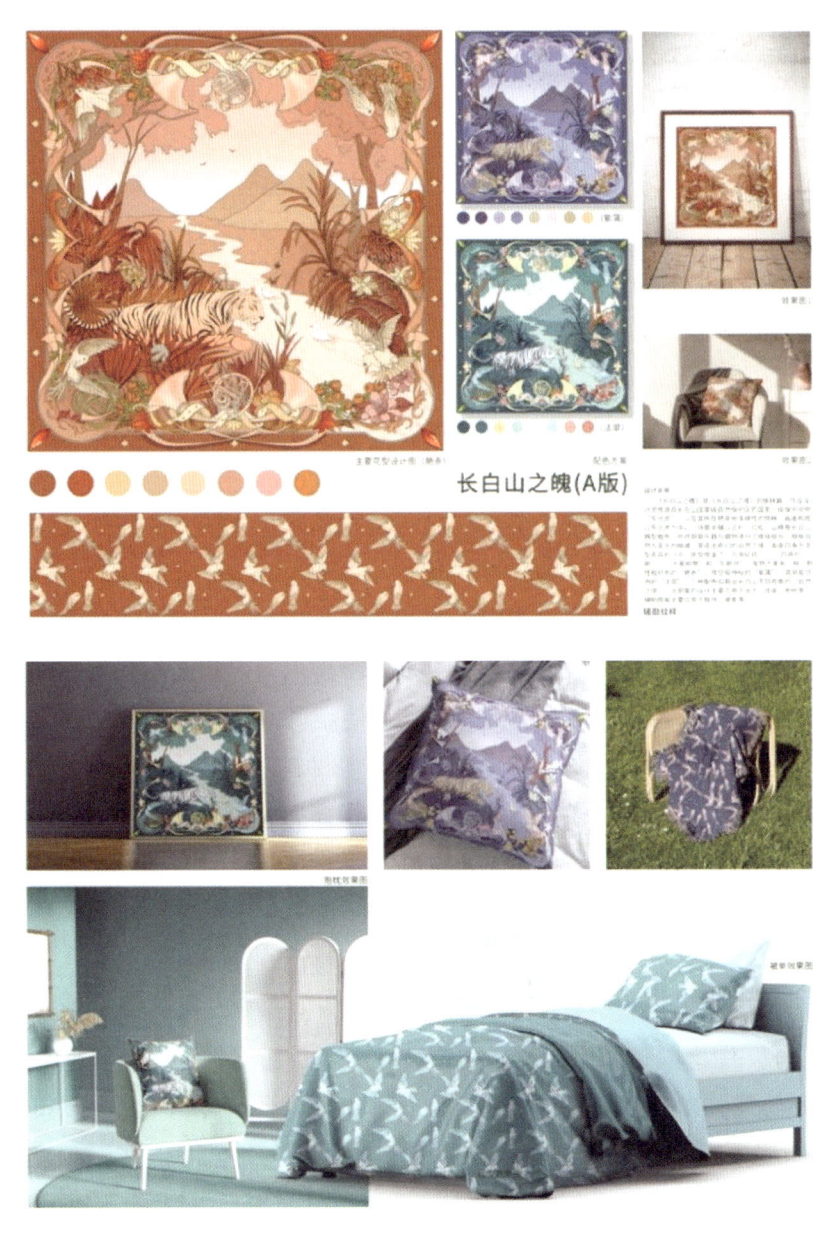

图12

图12　家纺创意画稿组评审团奖《长白山之魄》（上官大堰　北京林业大学）

这幅作品得到了评审专家认可，点评这样说道，以虎为题材的作品较为常见，而将其与所在栖息地中生存的其他物种进行组合，共同呈现一个独特生态环境或体系的设计案例却很少。设计者运用东北虎、飞鸟、云杉、红松、山楂等动植物元素，结合乐器元素共同描绘了长白山自然保护区的美丽景象，有声有色，奇幻自然，却又提醒着人们对大自然的关注和保护。作品主花型图和辅助纹样均构图完整、丰富，配色和谐、舒适，还原了长白山的一年四季，适用于不同季节的家居场景。

获得此次大赛整体软装设计组银奖的作品《琥珀晨曦》（图13），该作品不仅与本次大赛主题非常契合，还充分考虑到设计作品中自然光与照明、环保工艺和材料的等工艺细节。在自然光与照明方面充分利用自然光，通过大窗户或落地窗引入自然光线让室内充满自然的明亮感。合理布置照明系统，包括柔和的环境灯和局部照明灯，以营造出舒适的氛围。在环保工艺和材料方面，关注环保工艺和材料的选择，如使用可持续发展的材料回收材料或低VOC的油漆和涂料。探索使用环保家具和装饰品如可再生材料制成的家具、有机纺织品和可回收的装饰品。在材料的选择上也注重绿色、有机、环保，并通过自然光与人造光的相互配合呈现了太阳初升、万物染金的景象，具有很强的视觉冲击力。

四、互动共慧：产学研联手共创家纺设计共同体的交流平台

"海宁家纺杯"中国国际家用纺织品创意设计大赛，历届都是在中国家纺生产基地浙江海宁市许村镇举办的。对于本届设计大赛，大赛评审委员会委员、中共海宁市许村镇党委书记朱利江回顾历届大赛说道："'海宁家纺杯'大赛自2003年创办以来，迄今已连续成功举办21届。可以说每一届大赛都是家纺新潮流、设计新风尚的集中展示。"作为多年大赛新闻发言人清华大学贾京生教授，对于21年来大赛成功地举办和产生的影响力说道，21年间，

图13 整体软装设计组银奖《琥珀晨曦》（唐政 浙江纺织服装职业技术学院）

大赛经历从小到大、从无到有、从数量到质量的蝶变。作为最具权威性、专业性和影响力的行业赛事之一，"海宁家纺杯"大赛在输送行业优秀设计人才，建构产学研一体化创新体系，促进校企联动共创等方面做出了巨大贡献。未来，希望大赛能够继续秉持初心，发挥引领作用。在推动行业高质量发展道路上，不断提升中国家纺原创设计力，挖掘跨界与链性的共生共赢力，发扬创新开拓进取的精神。要利用好、整合好、联动好行业资源，不断培育和壮大在家纺领域的科研优势力量，持续深化与纺织企业、纺织高校、制造基地、研发创新平台等的密切合作与交流。"

"海宁家纺杯"中国国际家用纺织品创意设计大赛平台，赛的不仅是参赛作品与设计者的艺术智慧，更重要的是建构了中国最权威、最学术、最有影响力之一的产学研联手的家纺设计共同体、交流平台与赛事体系。对于家纺设计教育来说，不仅初步形成了教育方面的学科体系，即建立了家纺专业的学科课程、培养目标，还建构了家纺设计的学术研究体系，即家纺设计教育的范式、家纺设计实践的研究、家纺设计理论及美学的框架。更为重要的是建构了中国家纺设计的话语体系，即赛事成功影响到行业、企业、市场、消费者，其大赛的探索性与前瞻性形成一定的话语影响力。本届大赛创意画稿组评委、东华大学纺织学院教授温润认为："本项赛事不仅是衔接学校、企业和市场的极佳桥梁，也是紧跟国家战略，引导家纺设计和未来发展的风向标，20余年为产业孕育了一大批家纺设计师，成功铸就了'海宁杯'的铭牌。本次评审的另一深刻印象是大赛组委会高效、有序、细致的组织能力，以及评审团严谨、专业的工作态度，这些均是大赛圆满举办和业界公信力、影响力的保证。"本届整体软装设计组评委、海宁市伦博纺织有限公司总经理、海宁市家纺协会副会长、海宁许村时尚产业新生代联合会副会长方国海针对本届大赛点评说："大赛对整个行业起到了非常好的促进作用，为院校、企业和学生之间搭建了非常专业的合作平台。今年大赛的主题是'自然之境'，非常契合当下绿色、环保可持续的家纺发展理念。既体现出人与自然的和谐共处，又能立足于信息时代，大胆探索数字化的创新。很多的作品已经从单纯的花型图案设计，转化到更为全面、细致的家居整体空间和周边展示，并进行了商业的转化。相信通过本次大赛可以很好地检验设计师的实力、对市场的认知度与家纺产品的专业度。"

"海宁家纺杯"21年的精神薪火接力传承，为家用纺织品设计的发展镌刻了不平凡的印记；"海宁家纺杯"描绘着时代镜像，凝练着时代文明，反映着时代声音；关注着社会生活，关注着科技进步，关注着受众多元化审美诉求，也关注着纺织行业可持续发展。本届整体软装设计组评委，北京服装学院艺术设计学院环境设计系主任、教授、硕士研究生导师，中国室内装饰协会陈设艺术专业委员会副主任，北京创意设计协会理事李政认为："海宁家纺杯"以其敏锐的洞察力，准确捕捉到时代发展的节奏与市场的动态，研究分析人们的生活方式与心理需求，以趋势美学为先导，为业界提供了导航与坐标；为业界和高校的每一位设计者提供了一个艺术交流、思想共舞的平台；为业界发现、输送了很多设计精英和创新人才；为行业的设计创新及发展不断注入新生力量；在行业内形成了广泛的号召力和影响力。本届整体软装设计组评委、浙江纺织服装职业技术学院环境艺术设计（软装设计方向）专业副教授、宁波市建筑装饰行业协会（软装分会）副会长付岳莹认为，"海宁家纺杯"大赛一直致力于促进行业产学研一体化的发展。大赛已经成为专业院校在课程教学方面不可缺少的宝贵资源，"以赛促教、以赛促学"。"海宁家纺杯"大赛21年来，持之以恒地为行业发展挖掘创新型人才，是行业时尚设计的风向标，以及广大学生和专业设计人士展现自我的平台。大赛令学生的思维与视野得以拓宽，自我价值得以展现，天马行空的创意能够"被看见"（图14）。

图14　画稿组评委们在反复斟酌获奖作品

"海宁家纺杯"21年的执着创新精神，在赛事活动中一直得到大赛评委关注与重视，由此形成了评审专家积极探讨如何以赛事促进创意设计水平提升。如本届整体软装设计组评委、中国高级室内装饰设计师、广州美术家协会美育委员会副秘书长杨易认为，大赛旨在推动纺织品软装设计领域的发展，展示设计师的创新与才华。纺织品作为软装设计中不可或缺的元素，在提升空间美感和舒适度方面起着重要的作用。评审专家期待看到参赛者在设计中融入创新理念、注重细节，并且能够展现出对于纺织品材料的深入理解和运用。能够注重功能性与美观性的平衡，考虑到用户的需求和体验。不仅要追求外观的精美和独特，还要注重实用性和可持续性的考量。评委团根据设计的创意性、原创性、技术性、可行性等方面进行评判。评审专家秉持公正、客观、严谨的原则，为每个参赛作品给予专业和细致的评价。大赛平台激发了众多参赛者原创设计的热情，也让企业在设计研发及流行趋势的把握中找到了方向。

"海宁家纺杯"中国国际家用纺织品创意设计大赛平台，不仅在每年的赛事活动中推出新锐设计师，同时也会发现中国家纺设计可持续发展中的瓶颈问题。这种发现会引起重视、思考和研讨，并及时找出针对性问题的具体对策，提出一些改革意见与改进方法。本届整体软装设计组评委、浙江致居软装设计有限公司执行总经理、北京家纺协会秘书长乔振国认为，从企业的角度来说，企业希望能够看到更落地、更与市场接轨的方案，建议参赛者可以多添加一些具备肌理感，能够展现纹样细节的产品。从制造方面，中国无疑是世界一流水准，但在原创研发方面，目前我国还有一定的进步空间。希望大赛能够继续担起促进引领的责任和作用，推动我国家纺原创设计力量再上新的阶梯。

清华大学美术学院

附件 "海宁家纺杯"2023中国国际家用纺织品创意设计大赛评审委员会名单

评审委员会主任
杨兆华　中国纺织工业联合会副会长、中国家用纺织品行业协会监事长

评审委员会执行主任
王　易　中国家用纺织品行业协会副会长兼秘书长、高级工艺美术师

创意组评审委员会委员（按姓氏字母排序）
陈　霞　西安美术学院服装系主任、硕士研究生导师、国家级一流专业带头人
乔振国　浙江致居软装设计有限公司执行总经理、北京家纺协会秘书长
温　润　东华大学纺织学院教授
吴　静　愉悦家纺有限公司设计部主任
徐雪漫　苏州工艺美术职业技术学院服装设计学院院长、副教授、高级工艺美术师
于春波　滨州亚光家纺有限公司产品研发主管、经理助理
朱利江　中共海宁市许村镇党委书记

软装组评审委员会委员（按姓氏字母排序）
方国海　海宁市伦博纺织有限公司总经理、海宁市家纺协会副会长、海宁许村时尚产业新生代联合会副会长
付岳莹　浙江纺织服装职业技术学院环境艺术设计（软装设计方向）专业副教授、宁波市建筑装饰行业协会（软装分会）副会长
李　政　北京服装学院艺术设计学院环境设计系主任、教授、硕士研究生导师、中国室内装饰协会陈设艺术专业委员会副主任、北京创意设计协会理事
杨　易　中国高级室内装饰设计师、广州美术家协会美育委员会副秘书长
张晓亮　北京艾迪尔建筑装饰工程股份有限公司设计总监、2020年度中国设计年度人物、金堂奖年度卓越人物

新闻发言人
贾京生　清华大学美术学院教授

"张謇杯" 2023中国国际家用纺织品产品设计大赛综述

阎维远

由中国家用纺织品行业协会、中国国际贸易促进委员会纺织行业分会、法兰克福展览（香港）有限公司、南通市人民政府主办，中国家用纺织品行业协会设计师分会、江苏南通国际家纺产业园区管委会、南通市市场监督管理局、南通市通州区人民政府、南通市海门区人民政府承办的"张謇杯"2023中国国际家用纺织品产品设计大赛于9月16日正式开评，评比工作在9月17日落下帷幕（图1~图3）。本届大赛以2024年度中国家纺流行趋势"悦·共生"为主题，以全新方式开启家纺时尚新模式，让潮流引领设计，时尚改变生活。

图1　大赛于9月16日正式开评

图2　大赛评审会

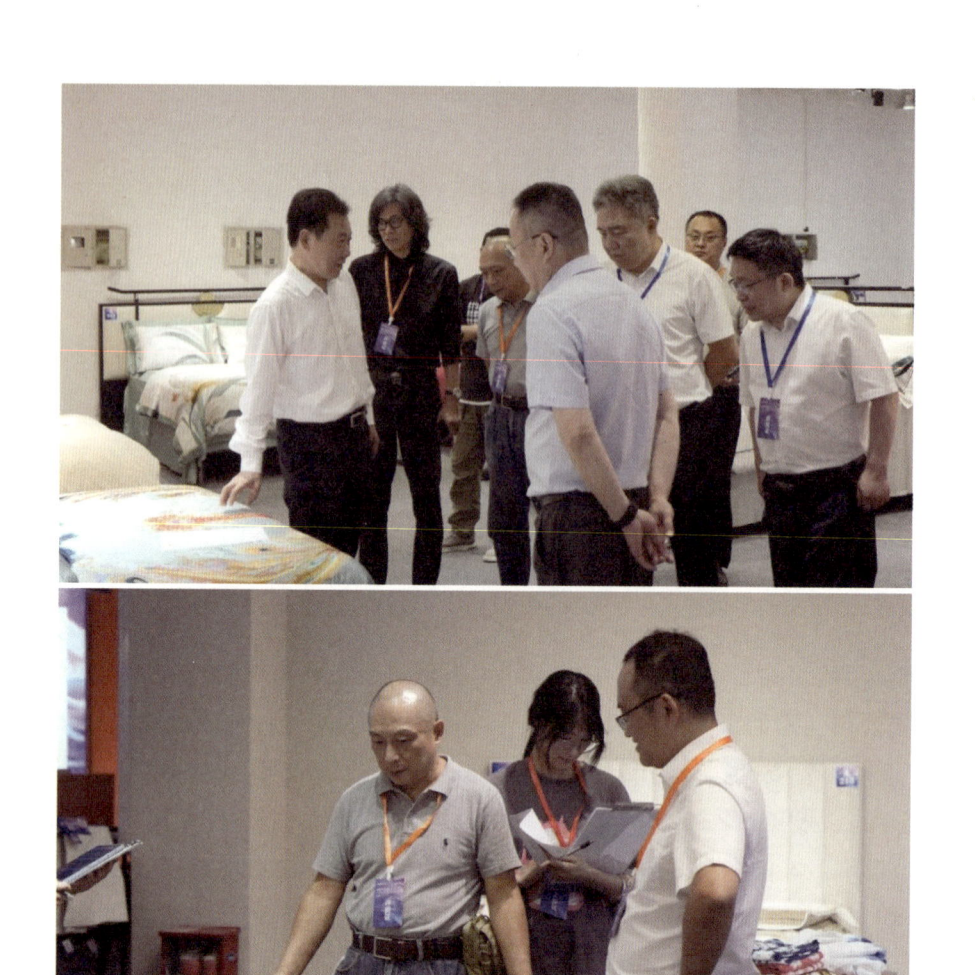

图3 大赛评审现场

本届大赛自启动招赛，截至招赛结束，共收到来自海内外企业、院校、独立设计师的参赛作品586套件，其中海外作品129套件，是大赛举办以来参赛作品最多的一届。参赛作品充分展现了当下消费市场需求和设计潮流走向，国际化水平再度提升。

"张謇杯"设计大赛自2006年创办以来，今年是"张謇杯"大赛举办的第18个年头，"张謇杯"大赛在家纺企业和设计师领域中树立了极其重要的行业地位，为产业的发展提供了高质量的交流、展示和人才发掘的平台。在大赛组委会的精心组织下，本次大赛亮点频现。

一、对行业的深沉情感，拉升大赛工作高品质

"张謇杯"中国国际家用纺织品产品设计大赛创办以公平、公正、专业、创新为办赛原则，以服务行业企业与设计师为宗旨，以提升中国家纺设计水平为目标，已成功举办了18届。现在"张謇杯"大赛已成为家纺品牌文化推广的窗口，设计师交流的平台，是中国最权

威、最专业、最具影响力的家纺产品设计赛事之一。今年，赛事宣传工作更加充分和全面，参赛作品数量实现新的增长，国际化程度也取得更大突破，大赛征集到百余件海外作品，涉及多个品类。根据行业发展现状，本年度将对大赛"中国家纺产品设计奖"奖金进行增加调整，金奖奖金从原30000元增加至50000元、银奖奖金从原10000元增加至15000元、铜奖奖金从5000元增加至10000元，以激励设计人才创新进步，促进家纺产业发展。同时，聘请评委类型更多元，行业代表性更强。在市场赛道也进一步完成新升级，大赛特别邀请抖音、快手、小红书等国内头部电商平台参与选评，借助线上平台的独到视角，评选出更具市场潜力的作品。中国纺织工业联合会副会长、中国家用纺织品行业协会监事长杨兆华为本届大赛评审委员会主任；中国家用纺织品行业协会副会长兼秘书长、高级工艺美术师王易为评审委员会执行主任。大赛评审委员会委员包括（按姓氏拼音排列）：武汉纺织大学伯明翰时尚创意学院院长李万军；常州纺织服装职业技术学院副院长马昀；德国环境艺术设计专家约翰·冯·曼斯伯格（Johann Von Mansberg）；华尔泰国际纺织有限公司董事长徐博华；青岛家纺协会会长、众地上雅创新科技有限公司董事长赵国亮；北京服装学院材料设计与工程学院院长张秀芹；江南大学设计学院教授张毅。天津美术学院艺术设计研究院副院长研究生导师阎维远为本次大赛新闻发言人。此外，参加本次大赛的"中国家纺设计市场潜力奖"评审的评委还有（按姓氏拼音排列）：快手商家发展部家纺行业负责人刘海铖；巨量引擎垂直业务家居家纺行业策略总监宋文洁；小红书电商交易部家用纺织品行业负责人周林锋。

经过激烈的角逐，评委层层筛选，本次大赛共评选出：中国家纺产品设计奖金奖3个、银奖6个、铜奖9个、优秀奖30个，中国家纺品牌潮流风尚奖5个，中国家纺未来设计师之星5名，中国家纺设计市场潜力奖5个。根据大赛规则，获奖作品于2023年9月27日起7个工作日在中国家纺协会官网上进行公示。

南通大学艺术学院姜洁沂设计的《微漾》，烟台北方家用纺织品有限公司邢磊设计的《此岸—花未落》，浙江大唐纺织科技有限公司乔鹏武设计的《向云端》三套（件）作品获得中国家纺产品设计奖金奖；孚日集团股份有限公司赵艳、薛瑞芬设计的《和光同尘》，上海美络工坊家纺有限公司陈忆书设计的《繁花》，江苏悦达家纺有限公司于灿、耿男男设计的《叶影》，江苏明超国际贸易有限公司曹垒设计的《盛世蟠龙》，南通棉盛家用纺织品有限公司徐燕设计的《秋实》，INDO-ITALIAN FURNITURECO.PVT.LTD Studio Abaca设计的《生命之树》六套（件）作品获得中国家纺产品设计奖银奖；江苏南星家纺有限公司Tina设计的《Anthony》，南通帝帛纺织品有限公司韩笑设计的《无极一蓝》，江苏美罗家用纺织品有限公司朱邵瑜设计的《长宫阙》，广州市源志诚家纺有限公司谭俊威、金英爱、高树立设计的《上善若水》，无锡万斯家居科技股份有限公司许洁设计的《格塔》，鲁迅美术学院杨靖怡、海楠设计的《海之韵》，韩国金智惠设计的《AIphabet store》，韩国韩志淑设计的《Yearning》，海宁市金佰利纺织有限公司蒋莉设计的《烟雨朦胧》九套（件）作品获得中国家纺产品设计奖铜奖；30套（件）作品获优秀奖及入围奖；南方寝饰科技有限公司谭风娟设计的《囍·锦悦春华》，江苏金太阳纺织科技股份有限公司曹佳颖设计的《戴维特》，江苏大唐纺织科技有限公司乔鹏武设计的《春和》，南通匠造数码布艺有限公司刘晨霄设计的《罗拉》，浙江升丽纺织有限公司王思佳设计的《傍晚的霓虹灯》五套（件）作品获得中国家纺品牌潮流风尚奖；

南通玛洛驰纺织品有限公司葛政慧设计的《长乐风光》，南方生活杜香婷设计的《源·萃植萃羊绒被》，上海美络工坊家纺有限公司张美珍设计的《原色亚麻》，江苏美罗家用纺织品有限公司闫慧设计的《流云晚星》，通州区川姜镇亦栢家居经营部张家铭设计的《拉斐尔》五套（件）作品获得中国家纺设计市场潜力奖；苏州大学杨唯一设计的《爱是你我》，北京服装学院葛梦鑫设计的《镜羽》，通州中等专业学校陈凤设计的《竹墨》，南通大学解凯设计的《未来之音》，北京服装学院张云雁设计的《虹》五套（件）作品获得中国家纺未来设计师之星。

二、对设计的创新追求，绽放产品视觉新魅力

本届大赛"张謇杯"中国国际家用纺织品产品设计大赛以"悦·共生"作为主题，引导参赛作品需贴合2024家纺年度流行趋势主题方向，这让设计师能够将时尚趋势设计和终端市场研究结合在一起，引导设计师、品牌和企业进行新的创作，创造新的生活方式，不断进步、不断完善。

今年参赛作品整体的设计水平有新的提升，尤其是在"悦·共生"主题的启发下，作品既能够传承、超越过去的气氛，又带有强大的文化赋新力量，提高了品牌风格影响力。作品具体体现是对新材料、复合工艺的运用有了更进一步的突破，遵循了当下行业绿色、环保、低碳经济的发展方向。在运用新材料、新工艺的同时强化了对传统工艺的改良和融合，加上对经典纹样、传统文化符号的解构重塑，诞生了不少兼具实用性、观赏性、潮流性的佳作。

大赛评审委员会评委、德国环境艺术设计专家Johann Von Mansberg在接受采访时表示，首次参与"张謇杯"大赛的评审，他能够从一个稍微不同的角度，带来全新的观点。同时，身为一名建筑师，他更熟悉建筑设计中的展示空间，而在这次大赛中，他看到了完全不同的作品，这让他好奇并思考消费者究竟期望什么样的风格。现场最令他感到惊讶的是，不少中国设计师的作品灵感来源根植于诗词歌赋或中国传统纹样等，他对这些设计充满好奇与兴趣。由于其职业原因，他更倾向于欣赏能够长期延续的事物，而非快速改变的潮流。中国具有悠久厚重的历史文化，在这方面拥有先天的优势。

大赛评审委员会评委、青岛家纺协会会长、众地上雅创新科技有限公司董事长赵国亮在接受采访时表示，作为首次参与"张謇杯"的评委，不仅感到参赛作品的丰富多彩，更感受到了大赛的严谨公正。在评比中，看到了许多令人眼前一亮的时尚诠释，展现出当代家纺设计师们的创造力与实力，也让其对家纺行业在新居家生活方式下的发展充满期望。

从企业的角度来看，大赛对中国家纺品牌的发展具有积极的推动作用。在产品设计和创意方面，获得专业评委的点评建议，对于参赛企业未来的产品创新设计，可以拓展创作思路，激发设计灵感，提高团队设计水平。新趋势意味着新商机，大赛还展示了整个家纺行业的发展趋势，进一步推动了中国家纺品牌乃至整个行业的创新与发展。

大赛评审委员会评委、华尔泰国际纺织有限公司董事长徐博华在接受采访时表示，在参赛作品中，他感受到了新生代设计力量满满的活力，也看到了一些能够代表当今家纺产品设计潮流的作品，同时更感受到了大赛的国际化、多元化以及包容性。大赛有力推动了家纺行业设计水平提升，尤其是对于作为产品创新主力的设计师来说，通过参赛受益良多。

大赛评审委员会评委、北京服装学院材料设计与工程学院院长、教授、研究生导师张秀芹在接受采访时表示，首次参加大赛评审，印象最深的就是产品的种类非常丰富，很多作品让人眼前一亮。今年的作品除了在图案、色彩方面的创新，也将很多新材料应用进来，产品的科技感更强，更能满足消费市场需求。例如，有的参赛作品应用了具有防螨功能的纤维，恰恰符合当今人们追求的大健康理念；有的参赛作品则应用了原液着色纤维，更加契合"双碳"目标下的可持续发展。随着社会的发展，人们对家纺产品的需求不仅满足于时尚外观，还要求其具有功能性，达到科技与时尚的完美融合。

大赛评审委员会评委、江南大学设计学院教授、博士生导师高级家纺设计师张毅在接受采访时表示，本届比赛中，年轻设计师们表现题材丰富多样，设计方法和材质运用也呈现出多元化的发展趋势。他们敢于表达自己的设计思想，以"Z世代"年轻消费者的需求为导向进行产品设计，这种突破和创新让人感到振奋。自创立以来，大赛不断成长、不断超越，每届比赛都让人耳目一新。"张謇杯"大赛不仅提高了南通家纺的整体设计水平、培养出一批批优秀设计师，也推动了南通家纺行业的繁荣发展，成为南通家纺产业的一张"金名片"。作为院校老师，希望能够进一步加强产学研多方联动，珍惜赛事提供的实力展示平台和学习交流机会。期待更多优秀作品和设计新秀能够在"张謇杯"大赛中脱颖而出，为家纺行业建设添一把"火"。

金奖作品《微漾》（图4），设计师以"微漾"为题，将"古道长亭，绿竹猗猗"的自然之美，融入人居环境之中。通过多种扎染制作技艺，呈现出天然偶成的肌理效果，再以家居产品为载体传达出人与自然的和谐共处之韵。整个作品晕色丰富，变化自然，趣味雅致，整体上萌发出了一种回归自然的拙趣。

金奖作品《此岸—花未落》（图5），设计主题来自自然肌理纹样与花卉的启示，以粗纱支的全棉竹节纱为原料，设计了有浮雕触觉感的大提花抽象肌理纹样，图案肌理表现丰富，含蓄内敛中又有面料组织形成的对比变化，床品的工艺技法表达丰富并能够有机地达成设计风格的统一；色彩表

图4　金奖作品《微漾》

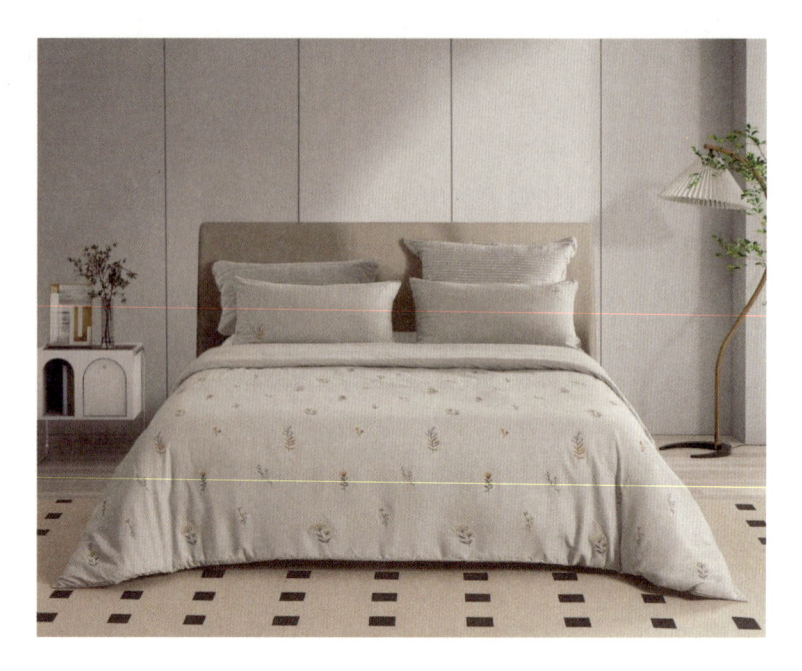

图5　金奖作品《此岸—花未落》

达上以中性的灰色系推晕变化为主，辅以中长调的灰白色系进行对比，色调统一而富有微妙的变化，清新自然，符合流行色彩趋势要求。

金奖作品《向云端》（图6），专家评价很高，"居处寄吾生，但得其地，不在高广"。有室一间，便有了于日常中沉思静悟、安顿心灵的所在。以素为绚，得温润与静观，小筑四目见古湛；以真为本，得平淡与明道，斗室随处满幽旷；云端悠然，虽不能至，心向往之。风雅的种子，只有成长在生活的土壤里，才会让人收获心性的踏实。作品图形设计有"树木合边，终日规啼，叠山理水、曲径通幽"之趣，工艺采用刺绣拼接手法，合理、精湛，风格高贵优雅，完美体现了中式生活意趣和古典格调。

图6　金奖作品《向云端》

银奖作品《和光同尘》(图7)以棉和竹纤维为主要材料的居家毯,没有繁杂的花型设计和艳丽的色彩搭配,亮点在材料和织造工艺上。松弛的浮长和紧密的平纹组织巧妙地结合在一起,配以条格纹样,凸显其透气性能;棉线竹丽尔材质特有的触感和光泽,使作品呈现出自然柔软、轻松愉悦的肌理质感。

银奖作品《繁花》(图8)设计师以抽象花卉为设计灵感来源,偏中性的图案和色彩的设计搭配诠释了时尚都市青年人精致的生活方式。作品图案生动饱满,体现了年轻人朝气蓬勃、积极向上的向往真实、自由、和谐的价值观。整个作品的设计构图巧妙,银灰色的主色调时尚大气,极具韵律感,非常符合时尚人群的家居搭配。

银奖作品《叶影》(图9)以恬淡雅致之趣入心,以生活点滴之美入眼,清雅平静又兼具浪漫柔美气息,色调与工艺内敛克制。手折山花,当以一定的距离,以无用之心,重新审视生活的周遭之物,便会发现万物皆诗。庄子有谓:"天地有大美而不言",生活之美,不过是恬淡、雅致、淡泊、自然的生活情趣。在有心人的眼中,即使是细枝末叶之物,也足以令人为之动容,譬如一片山林、一窗树影、一条山溪,甚至一株蒲草、一片树叶,也能生出无尽的意趣。

图7 银奖作品《和光同尘》

图8 银奖作品《繁花》

图9 银奖作品《叶影》

图10　银奖作品《秋实》

银奖作品《秋实》（图10）设计贴合命题，棉花类产品本身有果实、收获季节的象征，使用肌理变化面料风格显著，突出朴实天然感，全品类诠释不同应用季节与场景实现。

银奖作品《生命之树》（图11）设计极具艺术观赏性与家纺产品实用性，灵感来源与产品表达高度一致，呈现风格使用同类色与线条组合，达到完美效果，工艺运用多层次化设计。

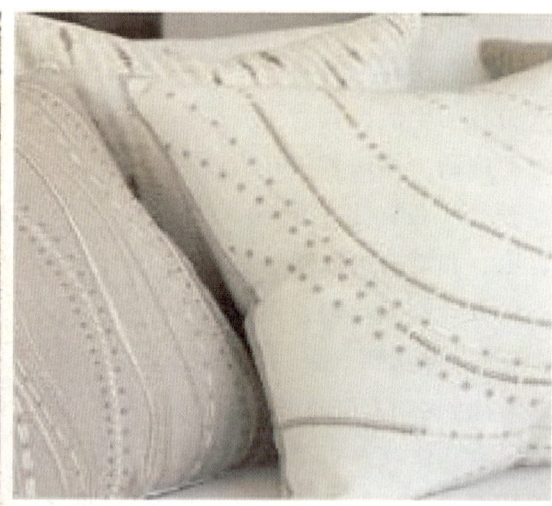

图11　银奖作品《生命之树》

银奖作品《盛世蟠龙》（图12），2024年恰逢龙年，"龙"是中华民族的伟大图腾和象征之一，作者在设计时搭配上了别具一格的蟠龙纹饰，环绕的祥云和波浪图案，象征着风调雨顺。作品运用多种材质的混搭，整体形象立体饱满，肌理分明、惟妙惟肖，充满精湛而又独特的东方风情，整体效果大气、沉稳气息，符合当代人的审美需求和发展。作品视觉庄重、华丽，色彩搭配对比强烈、和谐自然，并且具有节奏感，整体散发着浓浓的贵气。

铜奖作品《Anthony》（图13）设计主题来自波希米亚设计风格的启示，图案设计以富有民族风的抽象几何纹样为题材，通过主纹样的类似形设计变化及大小的构成组合，增加了图案的丰富性；床品工艺设计以印花面料与电脑刺绣平绣、裁绒立体刺绣、装饰镶边相结合，工艺方法使用虽简单但是调和恰到好处；色彩应用上，作品以暖色系中灰色调为主，辅以深浅色阶的变化与少量黑色调的对比，色彩风格清新时尚。

铜奖作品《无极一蓝》（图14）以时尚沧海宇宙为设计灵感，将中国的传统元素诠释得惟妙惟肖，其中刺绣工艺和龙纹图案的结合恰到好处，龙纹中金色肌理的点缀等，都巧妙地体现了图案的灵动性。

图12 银奖作品《盛世蟠龙》

图13 铜奖作品《Anthony》

图14 铜奖作品《无极一蓝》

刺绣工艺制板精致，曲线流畅，材质细腻。整个作品的配色以沉稳的深蓝色为主色调，匹配黄金分割的蓝条进行搭配，使得整套床品系列时尚、奢华，高端又不失稳重典雅。

铜奖作品《长宫阙》（图15）以色彩应用作为此作品的命题特征，降低色彩饱和度体现内敛雅致的新中式风格。运用水墨淡彩的中国画手法设计刺绣部分图案，金色底摆与枕边设计增添精美高级感。

图15　铜奖作品《长宫阙》

铜奖作品《上善若水》（图16）设计上虚实相拥、刚柔相融。通过金属亮丝的块面应用和横条纹组织的搭配设计，描绘出山水画般的意境，既有炫目的未来科技感，又不失优雅韵味。

铜奖作品《格塔》（图17）视觉上恰如其名，节律优美，层次丰富。棉麻质感和亮丝材料的对比运用赋予面料独特的品质感，传统空心袋组织在平面上营造了立体效果，配以简约又大气的几何纹样，作品释放出既自然随性又时尚雅致的隽永气质。

图16　铜奖作品《上善若水》　　　　　图17　铜奖作品《格塔》

铜奖作品《海之韵》（图18）。素心，其意不在寡淡，反而更加深入地，体味生命的丰盈。持一颗素心，并非叫人与俗世格格不入，相反它也贴近现实，从单调的日常中汲取养分。让一颗心关注真实的生活，在保存真我的同时，融入环境、关注自然。作品以海洋生态问题为关注和设计切入点，不刻意标榜，也不是保持表面功夫，有深切的悲悯同时表现生命的张扬与希望。保持如海洋一般清澈透明的心，它柔软、坚韧，能度风霜雨雪，也能享平和自然，时在云水间，见天地与真我。

图18　铜奖作品《海之韵》

铜奖作品《AIphabet store》（图19）以字母为元素，将大小不一、角度各异、颜色多样的英文字母放置在画面中，使其产生了冲突与碰撞。整个作品借鉴了拼贴和混合媒体的视觉表现形式，在字母外在的理性形式之下，传达出内在的感性情绪纠结。在看似漫不经心的随意组合中，作者创造出一副欢快与忧郁、自由与束缚、矛盾与平和的精美作品。

图19　铜奖作品《AIphabet store》

铜奖作品《Yearning》（图20）是拼布艺术作品，以中文释义是《向往》的涵义，极具童真童趣，体现了人性内心的真、善、美。作品四周环绕以菱形图案为基础的象征吉祥如意、幸福健康的代表性装饰纹样，结合拼布艺术设计中独特的工艺手法，作品精致细腻，内容耐人寻味。作品整体色调以深色为主，构图中的点线面以及黑白灰关系结合拼布手法表现非常完美。

图20　铜奖作品《Yearning》

铜奖作品《烟雨朦胧》（图21）设计主题来自自然的肌理纹样，以水性画材模拟自然肌理，图案表达技法流畅而自然，整体图案风格与面料肌理有机统一；面料工艺以梳绒麂皮效果表现，并以数码印花的方法进行面料风格效果表达；色彩应用本季流行色系，整体风格既时尚新奇，又富有中国绘画写意晕染的韵味。

"张謇杯"大赛在家纺企业和设计师领域中树立了极其重要的行业地位。举办18年来，强化文化赋新，不断超越、不断追求更高水平定位，充分展现多年深化积累的发展韧性，为行业培养、输送了大批高端设计人才和出色的作品案例，继而全面引领和推动我国家纺软实力的不断发展。

中国纺织工业联合会副会长、本届大赛评审委员会主任杨兆华对"张謇杯"大赛举办给予了充分的肯定。他在致辞中讲到，大赛在家纺企业和设计师中早已树立了权威影响力和号召力，为家纺产业发展提供了高质量的交流、展示和人才发掘的平台。大赛成长18年，

图21　铜奖作品《烟雨朦胧》

也见证了南通家纺翻天覆地的变化。如今，本地家纺企业的设计研发能力有了很大的提升，产品品质、色彩、时尚文化的发展，与大赛的聚集、引入、提升密不可分。

相信未来在各方努力下，"张謇杯"大赛将为行业发展，中国时尚话语权建立、消费引领、指导产业提升方面发挥更大的作用。

天津美术学院

"震泽丝绸杯"·第八届中国丝绸家用纺织品创意设计大赛综述

张毅

2024年1月19日，备受瞩目的"震泽丝绸杯"·第八届中国丝绸家用纺织品创意设计大赛评审会在中国丝绸小镇——震泽举行。在吴江区公证处的严格监督与公证下，为期两天的评审工作圆满完成。随后，获奖作品与获奖名单按大赛规则进行了公布和公示。

自2016年办赛以来，"震泽丝绸杯"已成功举办了八届，逐渐发展成全国规模最大、参赛作品众多且质量上乘的丝绸产品创意设计权威赛事之一。它不仅是中国丝绸家纺的创意设计竞技平台，更是中国现代丝绸设计风采的重要展示窗口，在提升中国丝绸文化的国际影响力的同时，弘扬和传承中华优秀传统文化。大赛作品集中展现了丝绸文化的创新精神，也代表着当代丝绸产品设计的最新成就和流行方向。

第八届"震泽丝绸杯"大赛于2023年9月开启招赛活动，面向全行业征集具有时代创新精神的丝绸创意设计作品，本届大赛以"丝·循"为主题，巧妙地将丝绸文化的传统魅力和现代纺织行业的创新发展相结合，不仅彰显了绿色环保、科技创新和时尚前沿的设计理念，也突出了丝绸在低碳经济、资源节约和环境保护中的重要作用。丝绸，作为中国传统文化的象征性符号，承载着沿丝绸之路传承的深厚情感和广阔胸怀，这一主题旨在重塑新丝绸之路上的中国设计文化软实力，也引领着国际家纺行业的低碳、循环的设计潮流。

本届大赛受到了家纺企业及纺织高校的广泛关注和热烈参与，共吸引了160家参赛单位提交的2882件设计作品，参赛作品数量为历年之最。这一记录不仅证明了大赛在丝绸创意设计领域的重要地位，还彰显了大赛的蓬勃发展和广泛魅力。大赛评审秉承公平、公正的原则，由吴江区公证处全程监督。评审团成员由国内外知名丝绸家纺企业代表、纺织高校的专业负责人、非遗专家等构成，他们的专业视角和宝贵经验确保了评审的权威性。经过严格的评选流程，大赛最终评选出金奖1名、银奖3名、铜奖5名，最佳创意设计应用奖5名、最佳创意设计题材奖4名、最佳传统纹样表现奖5名，优秀奖30名以及多名入围奖，此外还有优秀指导教师奖和优秀组织奖。这些获奖作品不仅展现了当代丝绸产品创新、独特的设计理念，还指明了未来创意设计的趋势方向。

纵观本届大赛，有以下几个特点。

一、大赛主题彰显绿色低碳和高质量发展

本届大赛以"丝·循"为主题，寓意着丝绸之路的再创新与可持续发展双向追求。大赛倡导设计师深挖传统丝绸文化的精髓，融合现代设计潮流，创造出既能传承经典又迎合现代时尚的丝绸产品。这些设计作品不仅展现了传统与现代的和谐共融，还体现了对环保和健康的深切关怀。大赛期望设计师们在这一主题下释放创造力，为推动纺织行业的绿色革新和高质量发展贡献力量。

江苏悦达纺织集团有限公司总经理，江苏悦达家纺有限公司董事长、教授级高级工程师凌良仲指出"今年大赛的主题与当下趋势十分切合，一方面充分凸显了中国传统丝绸文化，同时联结了过去、现在和未来，可助力丝绸家纺产业的可持续、高质量发展。本届大赛的参赛作品总体上能够紧扣主题，设计风格呈现个性化、小众化、多样化特点，灵感来源丰富，创意设计新颖，色彩搭配合理，原创作品较多，部分作品的产业转化程度高。"

二、无纸化评审圆满完成

本届大赛实现了与主题"丝·循"相呼应的绿色突破，全面采用了无纸化的评审方式。由七位行业专家组成的评审团，使用中国家纺协会开发的数字化平台——"家纺设计汇"小程序，围绕赛事主题，依据严格的评审标准，以盲评的方式对所有参赛作品进行了多角度、多层次的线上评审。这一"无纸化"的新举措，不仅减少了纸张浪费、大大提高了评审效率，还展现了大赛对环保的重视和对科技应用的开拓精神。

三、搭建全产业链互动融合的丝绸产品设计的信息交互平台

在2023年6月的文化传承发展座谈会上，习近平总书记指出："中华文明具有突出的创新性。""中华文明的创新性，从根本上决定了中华民族守正不守旧、尊古不复古的进取精神，决定了中华民族不惧新挑战、勇于接受新事物的无畏品格。"强调了中华文明的创新性，这一精神贯穿于"震泽丝绸杯"大赛的每一个环节。大赛不仅是设计师展示创新力的舞台，还是推动丝绸产业与国际设计潮流对话的重要平台，体现了中华民族面向未来的创新精神和开放态度。

大赛评审委员会执行主任，中国家纺协会副会长兼秘书长、高级家纺设计师王易解读了大赛的未来方向及规划：第一，继续坚持以丝绸文化为载体，打造一个具有国际水准和影响力的丝绸家纺创意设计赛事；第二，加强与国内外各知名艺术院校、家纺企业和专业设计机构的合作和交流，提升大赛的专业性和权威性，培养和选拔更多的优秀设计人才；第三，拓展互联网、新媒体等宣传和推广渠道，提高大赛的知名度参与度，继续增强大赛的社会影响力和公众认知度；第四，继续大力推动获奖作品的产业化和市场化，促进设计与生产、销售、消费的有效对接。

山东轻工职业学院纺织工程系主任、副教授，全国纺织服装职业教育教学指导委员会家

用纺织品设计专业指导委员会委员陈爱香认为参赛作品融合了传统与现代，部分作品在传统纹样的基础上融入了现代元素，体现出了时尚感。大赛不仅体现了设计师的独特创意，还反映了目前家纺行业的发展趋势和创新动力。此外，大赛推动了高校的学科发展和创新，学生们追踪热点事件和潮流趋势的同时，锻炼了实践动手能力，起到了以赛促教、以赛促学、以赛促改、以赛促建的重要作用。

四、文化赋予丝绸产业创造性发展、创新性转化的动能

"震泽丝绸杯"大赛已成功举办八年，八年来，不仅提升了丝绸文化的影响力和震泽镇的知名度，还成为发现创意、挖掘人才、服务企业的重要平台，推动设计成果的落地运用。通过大赛，培育了震泽丝绸各企业的产品设计团队，同时也推动了震泽本地企业的创新发展和品牌建设进程。

湖北美术学院纤维艺术设计教研室主任、副教授、硕士研究生导师崔岩对今年的参赛作品同样赞不绝口："参赛作品数量多、水平高、成果好，是我作为评委的直观感受。作品中包含了诸多民族元素，如建筑、人物、历史、民族团结、文化风貌等，构成、色彩、技法运用等方面显得丰富而多样。"

青岛大学教授，锦绣非遗研究中心主任，山东非遗年度人物侍锦："一些设计师通过对中华艺术精粹的准确把握，将民族传统文化艺术糅合到现代设计观念里，是非常好的尝试。用当下的视觉语言对中国优秀传统文化以及非物质文化的美好寓意进行再创造、再表达，这恰恰是传播优秀传统文化、非物质文化遗产在当代创新发展的集中表现。"

"近年来，震泽丝绸始终保持强劲的发展势头，巩固形成了年产值50亿元能级的丝绸家纺产业集群。与时俱进的震泽丝绸，还第一时间搭上新经济的快车：网络直播、跨境电商等各类业态在小镇全面开花。坐落在震泽的吴江丝绸文化创意产业园，早已成为远近丝绸人创意创新、聚会交流、培训提升的'网红打卡点'，不断吸引各路人才和创业者们碰撞、聚变。"苏州市吴江区震泽镇副镇长薛美娟认为，大赛为震泽丝绸企业创新发展提供了宝贵的设计作品素材库，并且源源不断地注入新理念、新创意与新工艺，这对擦亮震泽蚕丝名片、提高震泽丝绸产品的品牌形象大有裨益。震泽有很多中小型丝绸企业，他们没有能力培养优秀的设计团队，震泽丝绸杯大赛的举办正好解决了这一企业难题。此外，大赛还为震泽丝绸产业和丝绸企业提供了设计人才储备，很多设计师借助大赛平台与震泽及震泽丝绸企业结缘。

走过8年的"震泽丝绸杯"大赛，从"招赛"向"引才"进阶、从"产业升级"向"产品开发"延伸，震泽丝绸家纺产业在变中寻机、加速蝶变，不断重塑发展新优势，赋予蚕桑丝绸新灵感、新内涵、新定义。通过大赛的连续举办，震泽丝绸产业将迎来新的机遇和新的天地。

五、新期待、新起点、新要求

"对标知名品牌的资深的设计师，年轻的设计师们显然还有不小的进步空间。"江苏鑫缘丝绸科技有限公司研发部经理仲小红指出："参赛作品创意十足，但仍有很多值得探索的方向，例如要注意科技与设计相结合，凸显绿色环保理念，关注可持续材料的运用，注重设计的实用性，强调体验感，有很多值得探索的方向与思考的价值点。年轻设计师们还需要掌握更多的专业技能、提升技术能力、开拓视野眼界、培养环保意识、关注消费需求，敢于尝试、勇于创新、不断探索。"

"参赛作品与市场需求之间还有一定差距，设计师还需要更深入地理解生活，真正了解蚕桑、丝绸产业。"苏州太湖雪丝绸股份有限公司董事长、高级工程师，全国丝绸标准化委员会委员胡毓芳也有类似的看法，"现在的消费者更关注产品的生产过程对环境的影响，他们希望一件丝绸产品可以在不同场合下使用，既可以穿着出席正式场合，也可以作为日常服装搭配。所以，设计师在设计款式的同时，还要考虑面料的选材。"

凌良仲坦言，参赛产品在与产业的紧密结合方面尚有待提升。"大多设计师对于产品的设计趋势了解来源于网络，从而将得出的结论运用于产品的改进与升级中，但那些是远远不够的。设计师还是需要更了解市场需求，通过与企业间的交流活动等渠道，来获得最新的信息，再进行转化应用。"

作为丝绸家纺企业代表，胡毓芳还表示，"为了吸引消费者，太湖雪近年来推出了更具功能性的产品，如融合了其他材料的混纺丝绸、具有特殊处理技术的抗皱丝绸、具有抗菌功能的丝绸等。未来，太湖雪将通过年轻化的产品设计、品牌宣传语言的调整和与热门文创作品的合作，使太湖雪的品牌更贴近年轻消费者的心理需求和审美观念，为进一步占有年轻消费者市场打下基础。"因此，她寄语年轻一代的设计师们还需更深入地理解生活，真正了解蚕桑、丝绸产业。

大赛新闻发言人，江南大学设计学院教授、博士生导师张毅说道，"00后"已经成为设计大赛的参赛主力军，他们对中国传统文化拥有深厚情感和独特情结，这一特点开始逐步反馈在大赛作品的设计及元素运用中，这点非常好。与此同时，作品中也暴露出一些问题，例如，部分作品对传统文化的主题挖掘不够深入。期待参赛选手能够就大赛主题进行充分理解，能更深入探索并挖掘中国传统文化的精髓，在此基础上用设计语言进行更充分、更有深度的演绎。

"震泽丝绸杯"·第八届中国丝绸家用纺织品创意设计大赛已经圆满落幕，它在我国的经济调整期中，以丝绸产品的创新设计给行业带来了创造性转化与创新性发展新的能量与动力，相信已经开启的第九届"震泽丝绸杯"大赛会带来更多惊喜和期待！

江南大学设计学院

附件一 "震泽丝绸杯"·第八届中国丝绸家用纺织品创意设计大赛评审委员会名单

大赛评审委员会主任
杨兆华　中国纺织工业联合会副会长，中国家用纺织品行业协会监事长

大赛评审委员会执行主任
王　易　中国家用纺织品行业协会副会长兼秘书长，高级工艺美术师

评审委员会委员（按姓氏笔画排序）
仲小红　江苏鑫缘丝绸科技有限公司研发部经理
陈爱香　山东轻工职业学院纺织工程系主任、副教授，全国纺织服装职业教育教学指导
　　　　委员会家用纺织品设计专业指导委员会委员
侍　锦　青岛大学教授、锦绣非遗研究中心主任，山东非遗年度人物
胡毓芳　苏州太湖雪丝绸股份有限公司董事长，高级工程师，全国丝绸标准化委员会委员
凌良仲　江苏悦达纺织集团有限公司总经理，江苏悦达家纺有限公司董事长，教授级高
　　　　级工程师
崔　岩　湖北美术学院纤维艺术设计教研室主任、副教授、硕士研究生导师
薛美娟　苏州市吴江区震泽镇副镇长

附件二　大赛金奖、银奖、铜奖作品介绍

《震泽印象》
设 计 者：曹天宇
参赛单位：鲁迅美术学院

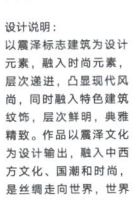

设计说明：
以震泽标志建筑为设计元素，融入时尚元素，层次递进，凸显现代风尚，同时融入特色建筑纹饰，层次鲜明，典雅精致。作品以震泽文化为设计输出，融入中西方文化、国潮和时尚，是丝绸走向世界，世界认识震泽的情感表达。

评委点评：
作品的设计主题来自震泽具有地标符号性的水乡风景与建筑景观，图案设计以传统棋盘格纹为组织结构并作为图案底纹层次，通过对建筑景观的主纹样进行设计变化及图案大小的构成组合，增加了图案的丰富性和观赏性；作品以暖色系中灰色调为主，辅以少量黑、灰色做对比，色彩风格清新时尚又很好地表达了大赛主题。

银奖 SILVER AWARDS

《宋风疏影》

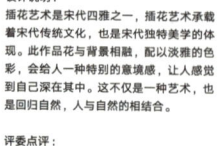

设 计 者：任艺
参赛单位：山东工艺美术学院
指导教师：王斌 / 周晨

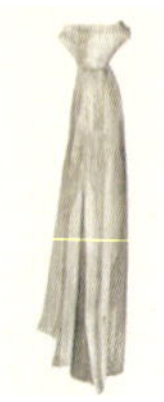

设计说明：
插花艺术是宋代四雅之一，插花艺术承载着宋代传统文化，也是宋代独特美学的体现。此作品花与背景相融，配以淡雅的色彩，会给人一种特别的意境感，让人感觉到自己深在其中。这不仅是一种艺术，也是回归自然，人与自然的相结合。

评委点评：
作品巧妙地融合了宋代插花艺术与现代家纺设计，展现出一种淡雅、简约而又不失文化底蕴的美学风格。色彩运用非常考究，以淡雅色调为主，给人一种清新自然的感觉。同时，作品在设计中注重细节处理，如花瓶的造型、花的摆放等，都体现了作者对宋式美学意境的深入理解和独特见解。
此外，作品还特别强调了人与自然的和谐共生，通过插花艺术展现出回归自然的美学理念。这种理念在现代社会中具有非常重要的意义，能够引导人们更加关注自然环境，追求健康、环保的生活方式。
总之，《宋风疏影》不仅是一件具有艺术价值的家纺设计作品，更是一次对宋代美学的传承与创新。它能够启迪人们对于传统文化的思考，同时也为现代家纺设计提供了新的思路和灵感。

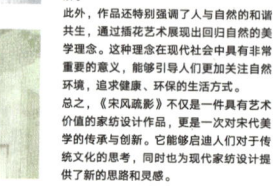

银奖 SILVER AWARDS

《画卷山水》

设 计 者：谢玲娜
参赛单位：鲁迅美术学院
指导教师：王晓丹

设计说明：
作品从中国传统特色山水画形式为特点入手，同时融合山水元素和几何穿插以及村庄等元素的点缀，以传达新时代新气象的山水之美。通过现代形式与传统山水的完美融合，来反映中国文化传统与现代社会的交融，以及对自然环境的重视。

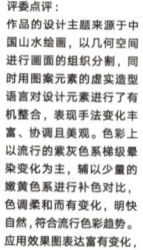

评委点评：
作品的设计主题来源于中国山水绘画，以几何空间进行画面的组织分割，同时用图案元素的虚实造型语言对设计元素进行了有机整合，表现手法变化丰富、协调且美观。色彩上以流行的紫灰色系梯级晕染变化为主，辅以少量的嫩黄色系进行补色对比，色调柔和而有变化，明快自然，符合流行色彩趋势。应用效果图表达富有变化，涵盖了家纺与服饰。

银奖 SILVER AWARDS

《幽林幻影》

设 计 者：钟智丛
参赛单位：广州美术学院
指导教师：霍康

设计说明：
在钢筋水泥林立的城市中，快节奏的生活让人喘不过气，大家都向往着一种轻松自由、桃源牧歌般的闲适生活。本次设计针对大众的心理需求，以自然的山、树、自然景观作为设计的灵感来源，针对自然形状进行提取再现，采用装饰化表现手法，点线面的元素组合，保留元素原有的特征，同时又不拘泥于写实，营造一种多层次、富有变化的画面氛围。色彩采用清新、时尚、自然的色调，纹样可以应用在窗帘、抱枕、室内软装和服装丝巾等产品上，具有良好的市场应用前景。

评委点评：
作品以可持续循环发展的概念——多彩森林作为设计灵感来源，以手绘式的造型语言对画面进行表达，辅以线条和几何图案，设计整体丰富而有节奏感。色彩以流行的中高明度和中高纯度色系的多巴胺同类色对比变化为主，呈现出明度上的黑白灰色调，不同色阶的同美色的树形色块呈现出丰富的色彩，加以深紫灰色系进行对比变化，极具图案美感并符合本季的流行色彩趋势方向。作品设计了三个套色，并分别模拟了效果图，可应用在家纺、服饰等多类产品中。

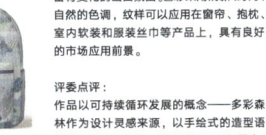

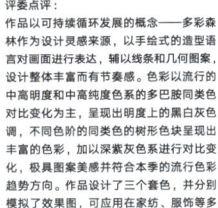

铜奖 SILVER AWARDS

《园林丝韵》

设 计 者：樊午语
参赛单位：湖北美术学院
指导教师：崔岩

设计说明：
虽由人作，宛自天开。开窗见景，游园拾梦。
作品灵感来源于苏式园林，将花窗、洞门、桥、亭、塔等建筑样式融入兼具美好寓意的花木植物，窗格与栏杆做空间的框架与色彩划分，多点式构图，画面充满韵律与节奏感。希望通过这个作品，让每一个看到它的人都能感受到苏州园林的艺术之美。

评委点评：
作品以苏式园林为题材，刻画了亭台楼阁、门洞花窗等极具中国江南特色的符号元素，是美丽中国的生动映像。设计者结合中国传统文化元素，应景地穿插"柿柿如意"、如意云肩和万字纹等诸多寓意吉祥的元素，韵味浓郁、时尚靓丽，值得肯定。画面疏密有致，织体严谨，在色彩配置上，橘黄色与灰青色的调性使画面感张弛有度。边框设计也较为出彩，但要注意在丝巾的应用生产中卷边的预留量；元素造型还可再精细些。

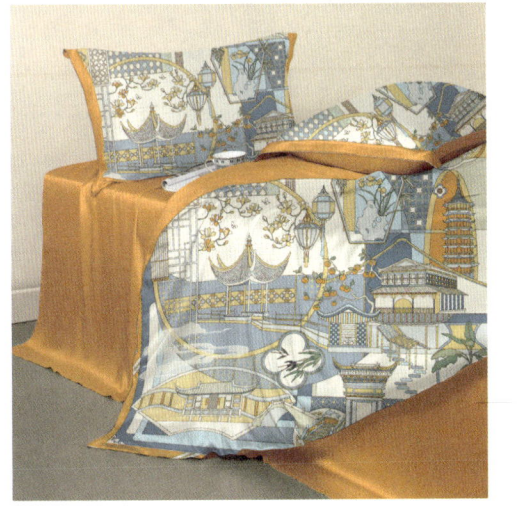

· 213 ·

铜奖 SILVER AWARDS

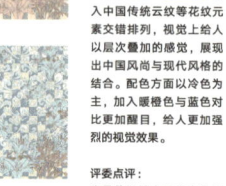

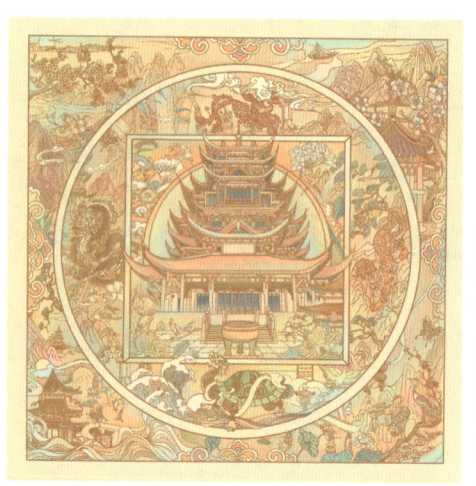

《雕蔻流花》

设　计　者：李飞阳
参赛单位：青岛大学
指导教师：郑蕾

设计说明：
作品运用古代传统建筑以及百合花为主要元素，加入中国传统云纹等花纹元素交错排列，视觉上给人以层次叠加的感觉，展现出中国风尚与现代风格的结合。配色方面以冷色为主，加入暖橙色与蓝色对比更加醒目，给人更加强烈的视觉效果。

评委点评：
作品的设计主要来自传统建筑屋脊以及大自然的花卉纹样。以建筑形态对画面进行有机分割并穿插富有节奏感的花卉图案，表现技法流畅自然，整体风格写真舒畅。色彩应用了本季的流行色系，以浅蓝色冷色系为主并辅以暖灰色系，对比清新时尚，富有中国传统设计文化的韵味。模拟应用图以室内软装、床品与窗帘为主，图案与实物表达贴切。

铜奖 SILVER AWARDS

《璀璨山河》

设　计　者：郭文旭
参赛单位：青岛大学
指导教师：彭卫丽

设计说明：
作品创作灵感来源于中国传统文化四象延伸，从汉代四神瓦当纹样提取设计元素，将古代对世界认识天圆地方的理念与祖国当今璀璨的黄河文化相结合，构建了一个大美中国锦绣山川的磅礴意境，中式传统建筑与华夏美丽传说以及纺织纹样巧妙碰撞，黄河文化与现代插画华丽结合，交叉孕育出这一作品。

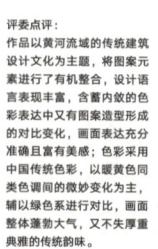

评委点评：
作品以黄河流域的传统建筑设计文化为主题，将图案元素进行了有机整合，设计语言表现丰富，含蓄内敛的色彩表达中又有图案造型形成的对比变化，画面表达充分准确且富有美感；色彩采用中国传统色彩，以暖黄色同类色调间的微妙变化为主，辅以绿色系进行对比，画面整体蓬勃大气，又不失厚重典雅的传统韵味。

铜奖 SILVER AWARDS

《遗忘之森》

设 计 者：孙子媛
就读院校：北京服装学院
指导教师：孙一楠

设计说明：
在充满童真的奇幻世界中，是否存在一个被遗忘的梦幻王国？请跟随少年蜥蜴的脚步，开启一场神秘的旅程。作品在奇幻新颖的想象当中，以蓝色与粉色、紫色与黄色的神奇碰撞，打造出一场深深浅浅的紫色梦境，温柔灵动中蕴含丝丝奇异。
本作品适用于卧室、客厅等功能区域，使空间整体氛围放松舒适。也适用于制作衍生品，如丝巾、书包印花、手机壳、杯子等，色彩明亮，内容丰富而不突兀。

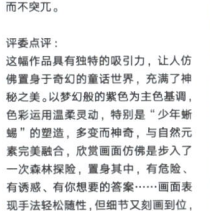

评委点评：
这幅作品具有独特的吸引力，让人仿佛置身于奇幻的童话世界，充满了神秘之美。以梦幻般的紫色为主色基调，色彩运用温柔灵动，特别是"少年蜥蜴"的塑造，多变而神奇，与自然元素完美融合，欣赏画面仿佛是步入了一次森林探险，置身其中，有危险、有诱惑、有你想要的答案……画面表现手法轻松随性，但细节又刻画到位，能感受到作者在创作过程中思如泉涌的状态，因而才能呈现出这样富有感染力的作品。

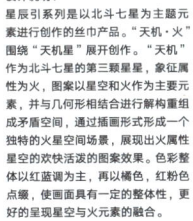

铜奖 SILVER AWARDS

《星辰引系列"天机·火"丝巾设计》

设 计 者：王美丁
就读院校：郑州经贸学院
指导教师：林凯莉

设计说明：
星辰引系列是以北斗七星为主题元素进行创作的丝巾产品。"天机·火"围绕"天机星"展开创作。"天机"作为北斗七星的第三颗星星，象征属性为火，图案以星空和火作为主要元素，并与几何形相结合进行解构重组成矛盾空间，通过插画形式形成一个独特的火星空间场景，展现出火属性星空的欢快活泼的图案效果。色彩整体以红蓝调为主，再以橘色、红粉色点缀，使画面具有一定的整体性，更好的呈现星空与火元素的融合。

评委点评：
这幅以星辰宇宙为题材的作品立意非常新颖，突破了常规纹样题材的框架，运用蒙太奇手法将宇宙元素和中国的民俗元素巧妙地安排于画面之中，不同风格的图案通过分割、解构、重叠、组合形成了有趣的空间架构。画面分割比例成熟而富有表现力，配色丰富大胆，整幅作品氛围轻松流畅，细节表现上又细腻精致，体现了年轻设计师活泼而又严谨的审美情趣。

时尚研发

2023/2024中国纤维流行趋势发布报告

中国化学纤维工业协会

化纤工业是我国具有国际竞争优势的产业，是纺织工业整体竞争力提升的重要支柱产业，也是战略性新兴产业的重要组成部分。为了打造"中国纤维"品牌，提升"中国纤维"在国际市场的整体形象和竞争力，2012年，由工信部牵头，中国化学纤维工业协会、东华大学、国家纺织化纤产品开发中心共同组织的"中国纤维流行趋势"活动拉开序幕。历经十年的培育和发酵，对纤维流行元素及应用进行了系统调研分析，深刻阐释中国纤维的发展内涵，逐渐形成了具有中国特色的纤维品牌建设推进体系。时至今日，中国纤维流行趋势已然成为化纤行业发展的风向标，引领着中国纤维产业在科技创新、绿色发展、匠心精神等诸多方面实现全方位提升，使产业链整体竞争能力不断增强。

2023/2024中国纤维流行趋势的主题是"和合与共生"（图1），围绕该主题，发布了纤·绿意、纤·舒馨、纤·无限、纤·破壁四个篇章及入选、入围纤维。本文重点解读2023/2024中国纤维流行趋势发布的主题篇章及发布产品。

图1 和合与共生

一、趋势主题：和合与共生

和合共生，与时偕行。当今世界，和而不同，共享发展；文化理念，你中有我，我中有你；产经融合，相互联系、相互依存。中国化纤人致力于"大道之行，天下为公"的美好愿景，在求同存异中发展，为推动破解发展难题，提供中国方案；为实现世界各国人民对美好生活的向往，贡献中国智慧。

（一）和合

1. 世界和合：和而不同，美美与合

万物并育而不相害，大道并行而不相悖。中国作为世界第一大化纤生产国，已深度融入全球纺织供应链和价值链，与全球化纤纺织产业互联互通、休戚与共。中国为世界第一大化纤出口国和消费国，解决了全世界二分之一人口的穿衣问题。中国化纤架起一座纤韧的彩虹桥，跨越亚非欧的苍穹，勾勒出一道道山海相连的弧度，纤起一个个遥远的国度，用丝织就经济繁荣。化纤人共同面对环境问题，合力解决产业难题，打造群体与社会和谐。纤连世界，和合共生。

2. 人体和合：亲和舒适，自然合谐

人们不断面临着消费者的考题。什么是亲和舒适关系？化纤人的回答是：一拥抱就感觉舒适；一习惯就难以离开。不带来身体束缚、自由自在；不带来思想负担、轻松自如。若即若离、不远不近，一切恰到好处。什么是自然合谐关系？化纤人的回答是：纤维颜色，可游走黑白之间，也可炫彩夺目；纤维形状，可圆可方、可直可卷、能屈能伸；纤维触摸，可轻轻微凉、轻盈呼吸；纤维味道，可鲜活清新、沁人心脾；纤维性能，可导湿透汗、降温、保暖；纤维功能，可抵抗病毒入侵、屏蔽紫外线，也可阻燃消臭；纤维于人体，可亲可疏、可远可近，一切出于自然。

（二）共生

1. 自然共生：和谐发展，共生共荣

群体与社会、人与自然，和谐共生，是人们追求的永恒目标。人们从未停止对自然万物的追问，也被自然拷问，现在正面临着一场"零碳"的考试，考试出题人是地球。需要在每一个流程、每一道工序上演算，在每一种产品里勾选，纤维人交出了自己的答案。为了降低地球负荷、保护地球"内核"，用可再生原料缩减石油消耗，为了净化自由呼吸的空气、减少能耗、物耗和有害物质的排放，为了保护人类蓝色海洋，对微塑料发起挑战。为了明天走得更远，可以取材大自然，开发绿色环保，寿命终结后回归大自然的产品。为了呵护地球上的生命，以"人造仿"代替天然真，"0"分是人们追求的满分。和谐发展，共生共荣，是人类对地球的回答。

2. 科技共生：科技赋能，创新共生

科技是内核，科技开辟绿色催化，点燃了"无锑"纤维的畅想。拉近"高冷"元素与百姓距离，实现消费升级、美美与共。感受"微元素"的能量，让冬天不再寒冷、夏天不再酷热。为纤维注入"金刚不坏"的灵魂，筑起同心抗疫的钢铁长城。打造形状各异、千变万化的横截面，营造仿棉、仿毛、仿真的百变效果。催生纳米科技、生物工程在化纤领域开花结果，享受科技带来的丰硕果实。实现高端封锁产品从"0到1"历史跨越，奏响新时代发展的交响乐。纤维的维度从平实的路面延伸到遥远的太空，从百姓的生活家到农民的农田梗，从贴身呵护到"直抵人心"。科技创新从未如此与人们贴近，日新月异，创新不止。

二、发布篇章及发布纤维

（一）纤·绿意

城市繁华渐渐淹没自然的绿意，"复得返自然"成为理想。中国纤维建立一套完善丰富、多维度的绿色低碳制造体系。农林、植物、动物等副产物的低碳开发及功能性品种拓展，引领绿色制造，收获一片绿意；原液着色技术的升级迭代，赋予纤维五彩斑斓的外衣，勾画彩色纤维的绿色属性，播种美丽梦想。纤·绿意如图2所示。

图2 纤·绿意

1. 生物基化学纤维（表1）

生物基化学纤维，自原材料开始精算低碳效应。可再生原料替代不可再生石油原料，速生、耐旱、生命力顽强的菌草替代经济价值高的木材，实现低成本开发；100%源于天然植物，结合生物酶技术的纤维素醚短纤维，常温水溶性优异、遇水成凝胶态的特性适用于医疗卫材领域。国产化聚乳酸纤维更上一层楼，专业化与差异化定制为毛纺领域提供多元绿色选择；生物基聚酰胺56纤维，蕴含吸湿速干属性，演绎环保锦纶的别样风采。

表1 生物基化学纤维推荐品种及品牌

推荐品种	品牌	推荐品种	品牌
菌草基再生纤维素纤维	白鹭	毛纺专用聚乳酸纤维	福泰来丝
水溶再生纤维素醚短纤维	隆腾纤维	吸湿速干生物基聚酰胺56纤维	伊纶

（1）菌草基再生纤维素纤维。

①推荐理由。纤维原料为速生草，增加植物原料的多样性，资源易再生；再生纤维素纤维长丝，本质抑菌，可满足高端产品的需求。

②制备技术。采用碱法提取草本植物菌草秸秆中的纤维素成分，经过次氯酸钠或其他成分的漂白、制浆等一系列工艺制备菌草浆粕，再经湿法纺丝制备菌草基再生纤维素纤维（图3）。

③主要规格。短长丝，82.5~330dtex/24~60F。

图3 菌草基再生纤维素纤维

④性能及制品特点。

- 生物基材质，低碳环保；
- 可降解；
- 抑菌效果好，抑菌率大于99%。

⑤应用领域。休闲服、家居服、西装等服装领域；床上寝具、窗帘等家用纺织品；医用纺织品、卫生纺织品等产业用纺织品（图4）。

图4　菌草基再生纤维素纤维的应用

（2）水溶再生纤维素醚短纤维。

①推荐理由。纤维素纤维品种再创新，提升了产品的附加值，拓展了产品的应用领域。纤维可水溶、可降解、安全无害、适用于医疗卫生领域。

②制备技术。以纤维素为原料，采用生物酶技术，通过纤维素C3、C6的羟丙基、羧甲基改性生产纤维素醚，经湿法纺丝工艺制备水溶再生纤维素醚短纤维（图5）。

③主要规格。1.1~3.0dtex×20~62mm。

④性能及制品特点。

- 100%源于天然植物，绿色环保；
- 常温水溶性，遇水成凝胶态，质感微滑柔顺；
- 亲水性能优异，具有瞬间吸水、高吸水特点；
- 可降解、90天相对降解率87.5%，安全无毒、可做医疗卫材。

图5　水溶再生纤维素醚短纤维制品的水溶实验

⑤应用领域。围巾、高端成衣、水溶花边等服装领域；毛巾、玩具等家用纺织品；医用纺织品、卫生纺织品等产业用纺织品（图6）。

（3）毛纺专用聚乳酸纤维。

①推荐理由。聚乳酸纤维品种拓展与升级。毛纺型聚乳酸降低了毛纺制品的成本，赋予了毛纺成品抑菌抗螨亲肤的特点，避免了存放期间虫蛀的问题。

②制备技术。将玉米、木薯、红薯、甜高粱等农作物分解提取出淀粉，再利用酶转化成葡萄糖；或将秸秆分解提取出纤维素和半纤维素，再通过物理和化学方法转化成五碳糖、六碳糖。糖经过发酵生成乳酸，乳酸通过浓缩制得丙交酯，再经开环聚合生成聚乳酸，经熔融纺丝工艺制得

图6　水溶再生纤维素醚短纤维的应用

聚乳酸纤维（图7）。

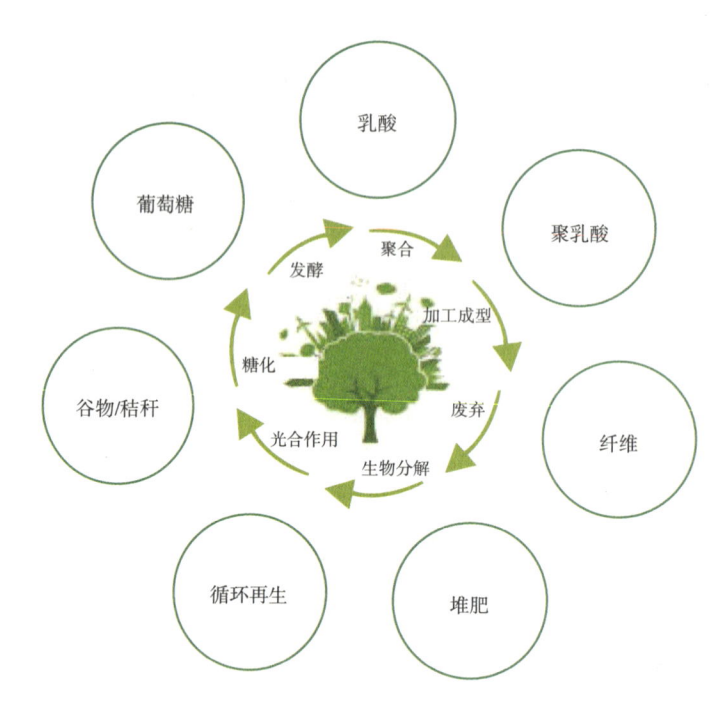

图7　毛纺专用聚乳酸纤维的制备流程示意

③主要规格。短纤，2.22dtex×88mm、3.33dtex×88mm。

④性能及制品特点。

- 生物基材料、绿色环保、可生物降解；
- 难燃、难烧、无黑烟；
- 亲肤透气，本质抑菌、抗螨、防过敏；
- 抗紫外线。

⑤应用领域。休闲服、家居服、婴儿服、贴身内衣、衬衣等服装领域；床上寝具、窗帘等家用纺织品（图8）。

（4）吸湿速干生物基聚酰胺56纤维。

①推荐理由。相比传统石油基聚酰胺材料，吸湿速干生物基聚酰胺56纤维可降低约50%的不可再生资源消耗，同时更加柔软、吸湿速干、耐温、易染并具有凉感，兼具环保和功能性，竞争优势明显。

②制备技术。可再生的植物原料经生物发酵制成赖氨酸，通过赖氨酸脱羧酶制成戊二胺，戊二胺与己二酸缩聚形成聚酰胺56盐，后经纺丝制备形成

图8　毛纺专用聚乳酸纤维的应用

长丝和短纤产品（图9）。

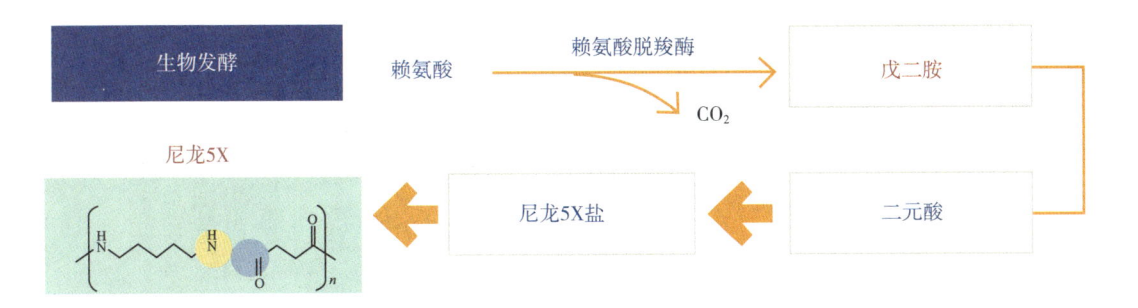

图9　吸湿速干生物基聚酰胺56纤维的制备示意图

③主要规格。短纤，1.55dtex×38mm，2.75dtex×51mm；长丝，22～77dtex/24～68F（FDY/DTY，SD/FD）；毛条，2.22dtex×88mm。

④性能及制品特点。

- 植物来源材料，绿色环保；
- 具有很好的吸湿排汗性能，接触凉感；
- 可在常压下低温染色，上染温度低、速度快、色牢度高、不易褪色；
- 本质阻燃，纤维及织物的极限氧指数（LOI）超过30%；
- 优良、持久的弹性、回复性好。

⑤应用领域。休闲服、牛仔、贴身内衣、袜子等服装领域；地毯等家用纺织品；户外用品、织带等产业用纺织品（图10）。

图10　吸湿速干生物基聚酰胺56纤维的应用

2. 原液着色化学纤维（表2）

色彩，万物最本真的存在。原液着色纤维，在每一个流程、每一道工序中精算低碳公式。原位聚合工艺，将染料分子与大分子链牢牢相连，少一分色彩差异，多一分灵动耐久之美。色浆在线添加工序，与可追溯的示踪剂相结合，随纤维素纤维变幻多姿，仍可精确识别；双组分并列复合与色母粒在线添加，创造聚丙烯纤维自然活力的色彩美学。原液着色绚烂美好，最美底色皆为绿色。

表2　原液着色化学纤维推荐品种及品牌

推荐品种	品牌	推荐品种	品牌
高品质原液着色聚酰胺6纤维	申丽纶	双组分并列复合有色聚丙烯纤维	蒙泰
可追溯原液着色再生纤维素纤维	唐丝	—	—

（1）高品质原液着色聚酰胺6纤维。

①推荐理由。采用原位聚合原液着色技术，纤维色泽更均匀、色牢度高，颜料分子粒径更小，分散均匀，减少织针磨损。品质升级满足高档产品的市场需求。

②制备技术。在聚酰胺聚合过程中添加颜料单体，颜料分子与聚酰胺6以共价键或氢键结合，制得有色聚酰胺6切片，再将切片经熔融、挤出、喷丝、冷却、上油和卷绕成型，制备原位聚合原液着色聚酰胺6纤维（图11）。

③主要规格。长丝，22dtex/24F、33dtex/68F、44dtex/72F、77dtex/96F（FDY）；92dtex/24F（POY）；155dtex/48F（DTY）；44dtex/12F（HOY）。

④性能及制品特点。

图11　高品质原液着色聚酰胺6纤维

- 采用原位聚合原液着色技术，纤维染色深、色泽均匀；
- 下游加工无须染整工艺、低碳环保；
- 耐摩擦、耐皂洗、耐光、耐汗复合色牢度高。

⑤应用领域。袜子、箱包等服装领域；渔网、户外用品、织带等产业用领域（图12）。

图12　高品质原液着色聚酰胺6纤维的应用

（2）可追溯原液着色再生纤维素纤维。

①推荐理由。生产过程中加入色浆和追踪剂，实现了再生纤维素纤维原液着色的同时，保证纤维到终端制品整体产业链的透明和可追溯。

②制备技术。筛选适用于纺前注入工艺的追踪剂，将其制备成追踪剂浆料；将追踪剂和色浆共混后加入纺丝液中，经湿法纺丝工艺制成可追溯原液着色再生纤维素纤维（图13）。

图13　可追溯原液着色再生纤维素纤维

③主要规格。短纤：1.33dtex×38mm。

④性能及制品特点。

- 采用分子追踪技术，即使通过纺织品加工后，仍可在终端应用中识别原料来源；
- 采用原液着色技术，省去传统的染色步骤，节能降耗，绿色环保；
- 色牢度好，颜色丰富，可实现24种颜色制备；
- 织物手感柔软，悬垂性好，穿着舒适亲肤。

⑤应用领域。休闲服、运动服、西装、牛仔等服装领域；地毯、沙发布等家纺用品；织带等产业用纺织品（图14）。

（3）双组分并列复合有色聚丙烯纤维。

①推荐理由。双组分复合纺丝及原液着色技术赋予聚丙烯纤维优异的卷曲性、回弹性及色彩丰富性，拓宽了聚丙烯纤维的用途。

②制备技术。不同熔融指数聚丙烯经干燥后按比例添加色母粒进入各自螺杆，经加热熔融挤出进入复合纺丝箱体，由喷丝板喷出侧吹风冷却后，集束上油，通过甬道经预网络、拉伸、定型后进行收卷，双组分并列复合聚丙烯纤维截面如图15所示。

③主要规格。长丝，55~110dtex/24~48F（DTY）。

④性能及制品特点。

- 采用原液着色技术，省去传统的染色步骤，节能降耗，绿色环保；
- 具有永久性螺旋状的立体卷曲，弹性和抗皱回弹性好；
- 织物轻量化，手感柔软丰满，穿着舒适。

⑤应用领域。运动服等服装领域（图16）。

3. 舒感纤维（表3）

舒感纤维，纵享柔美生活。创新开发水溶性聚酯成孔技术，织物优异的滴水扩散性与透气透湿速干性，开启自由跃动的无限可能；细旦搭档十字截面，亲肤柔滑，轻若无物，为消费者带来极致的舒适体验；将牛皮边角料变废为宝，18种有益氨基酸贴身呵护皮肤健康，绽放美丽芳华。

图14 可追溯原液着色再生纤维素纤维的应用

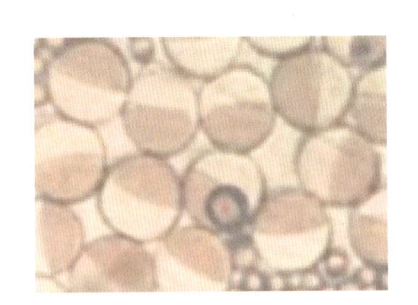

图15 双组分并列复合有色聚丙烯纤维截面

图16 双组分并列复合有色聚丙烯纤维的应用

表3 舒感纤维推荐品种及品牌

推荐品种	品牌	推荐品种	品牌
微孔聚酯纤维	凯泰特纤	胶原蛋白改性再生纤维素纤维	安文思
细旦异形聚酰胺66纤维	嘉华尼龙	—	—

（1）微孔聚酯纤维。

①推荐理由。该复合纤维的PET组分来源于废旧聚酯瓶片，PTT组分源于生物基原料，具有均匀度高的多微孔结构，增加了蒸发面积，提高了织物的透气性和吸湿速干性，带来舒适

的穿着体验，微孔聚酯纤维纵向图如图17所示。

②制备技术。采用微孔切片与聚酯切片两种不同成分切片共混，经熔融纺丝制备。

③主要规格。长丝：83dtex/48F、55dtex/48F（DTY）。

④性能及制品特点。

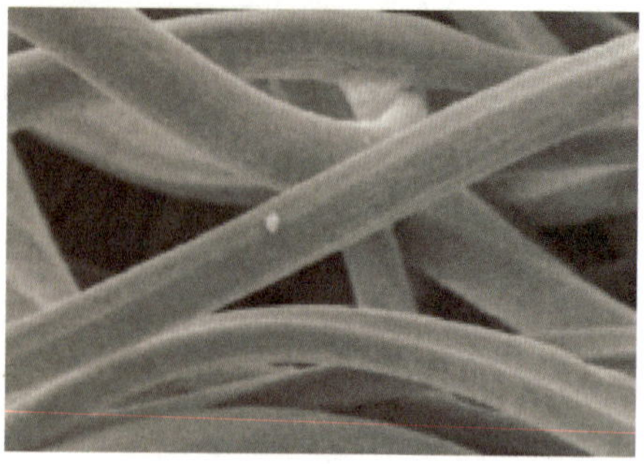

- 具有微孔结构，比表面积为常规涤纶的7倍，面料的洗后吸水率为211%，吸湿速干性优良；
- 具有天然纤维的触感，优良的抗起球性能、保暖性。

⑤应用领域。休闲服、运动服等服装用纺织品。

图17 微孔聚酯纤维纵向图

（2）细旦异形聚酰胺66纤维。

①推荐理由。解决了聚酰胺66长丝细旦化和异形化，实现吸湿排汗及凉感功能，品质稳定。

②制备技术。精准调控优化生产工艺，自主设计和优化喷丝板构造，通过专用的"+"形喷丝板，经熔融纺丝工艺制备具有吸湿排汗及凉感功能的细旦异形聚酰胺66纤维（图18）。

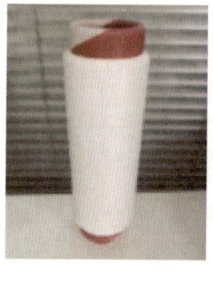

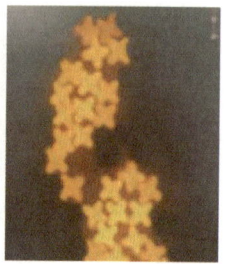

③主要规格。44.4dtex/51F，DTY，细旦轻质；44.4dtex/34F，DTY，十字截面。

④性能及制品特点。

图18 细旦异形聚酰胺66纤维及其横截面

- 单丝细度低、异形截面、品质稳定；
- 44.4dtex/51F，旦数小于1，织物轻薄、超柔亲肤，丝滑触感；
- 44.4dtex/34F，十字截面、吸湿排汗、凉感、亲肤。

⑤应用领域。休闲服、运动服、贴身内衣等服装用纺织品（图19）。

（3）胶原蛋白改性再生纤维素纤维。

①推荐理由。采用牛皮边角料作为原料，废弃资源回收再利用，并且保留了胶原蛋白的特性，具有亲肤、抑菌防螨、防污防油等多种功能，实现高值化开发。

②制备技术。蓝牛皮原料使用NMMO溶剂溶解，经过滤、脱泡等工序获取纺丝原液，再通过卧式湿法纺丝工艺制备胶原蛋白改性再生纤维素纤维（图20）。

图19 细旦异形聚酰胺66纤维的应用

③主要规格。短纤，1.55dtex×38mm。

④性能及制品特点。

- 抑菌防螨防霉；
- 含有多种氨基酸、总含量达80.8%；
- 织物质轻、手感柔软、蚕丝一样的柔和光泽；
- 结晶度高、尺寸稳定性好易加工。

⑤应用领域。家居服、贴身内衣等服用纺织品；窗帘、沙发布等家用纺织品；医用纺织品、卫生用品等产业用纺织品（图21）。

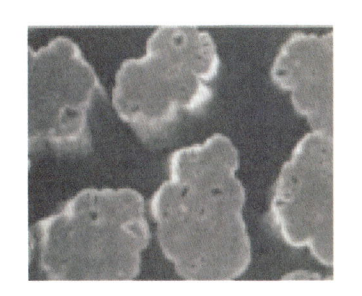

图20　胶原蛋白改性再生纤维素纤维横截面

图21　胶原蛋白改性再生纤维素纤维的应用

（二）纤·舒馨

挑战刻板印象，追求舒适自我。中国纤维一直走在迭代升级的路上，"创新"成就舒馨。中国纤维可以轻盈保暖，驱散冬天的寒冷，带来最贴心的温暖；可抵挡酷暑，为夏天带来丝丝清凉；可吸湿排汗、柔软亲肤、弹力无限，让身体随心所欲，轻松舒畅；可抑菌、防螨、消臭，让呵护伴随身边，无处不在。纤·舒馨如图22所示。

图22　纤·舒馨

1. 抑菌纤维（表4）

抑菌纤维，以柔韧之姿守护家人健康。功能元素创造纤维之魂，创新技术雕琢纤维之劲。原位聚合工艺，低比例高效添加，消臭效果更加持久、出色；非溶出稀土原料，在抑菌和远红外的双重加持下，身体分子活力被强力激发，尽展科学保健之道；抑菌剂与纤维素分子浑然一体，从源头反应消臭，由身及心，维护消费者的健康。

表4　抑菌纤维推荐品种及品牌

推荐品种	品牌	推荐品种	品牌
消臭氨纶	奥神	抑菌消臭再生纤维素纤维	植物原
稀土抑菌光蓄热聚酯纤维	镧光丝	—	—

（1）消臭氨纶。

①推荐理由。在保持氨纶优异性能的同时实现低添加消臭功能，性能持久耐用，对人体安全无刺激。

②制备技术。设计合成聚氨酯用消臭功能体，并引入聚氨酯溶液中，通过干法纺丝制备得到消臭氨纶，赋予氨纶减少臭味的功能（图23）。

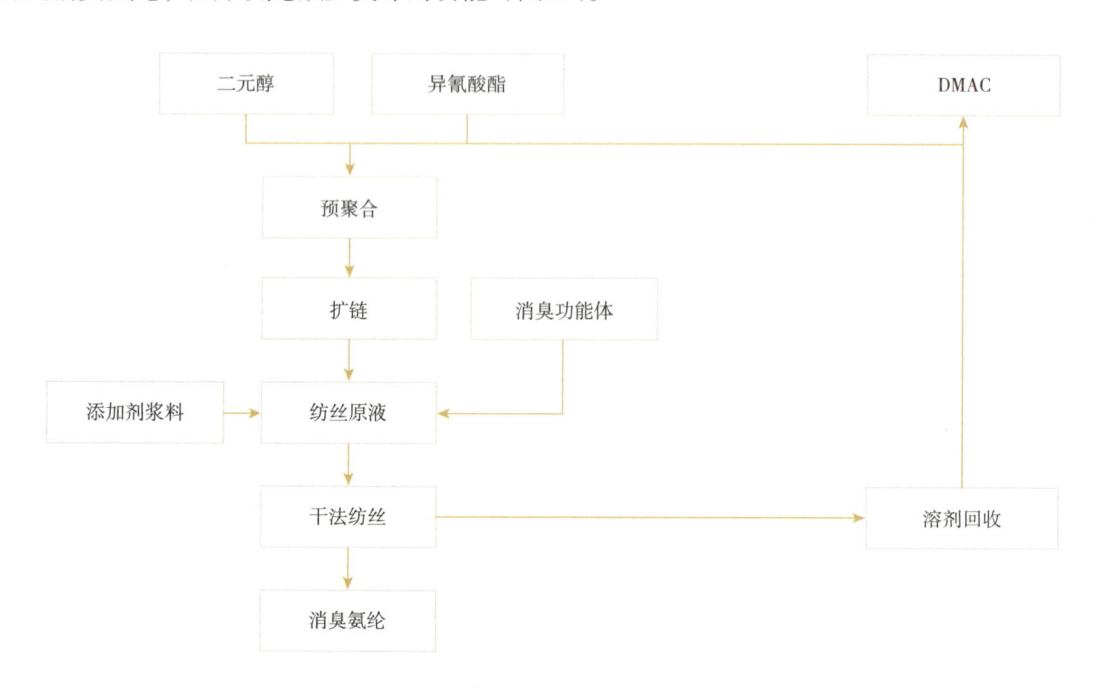

图23　消臭氨纶的制备流程示意图

③主要规格。长丝，20~140旦（图24）。

④性能及制品特点。

• 持久的消臭功能，有效应对汗味、体味、排泄物味等异味的主要成分氨气、醋酸等；

• 优异的耐水洗性能，水洗50次后消臭保持率达到90%以上，对人体无刺激。

图24　消臭氨纶

⑤应用领域。运动服、家居服、贴身内衣等服装用纺织品；医用纺织品等家用纺织品（图25）。

（2）稀土抑菌光蓄热聚酯纤维。

①推荐理由。稀土基元素的添加改性，赋予纤维非溶出型高效抑菌及光蓄热保暖功能。

②制备技术。先将稀土功能粉体、分散剂、分散介质等按比例混合均匀，再与聚合物粉体进行共混，制备稀土功能聚合物粉体专用料。然后，通过复配不

图25　消臭氨纶的应用

同比例的母粒助剂，制备稀土复合功能母粒。最后，通过熔融纺丝技术制备稀土光蓄热抑菌聚酯纤维，图26为光蓄热原理图。

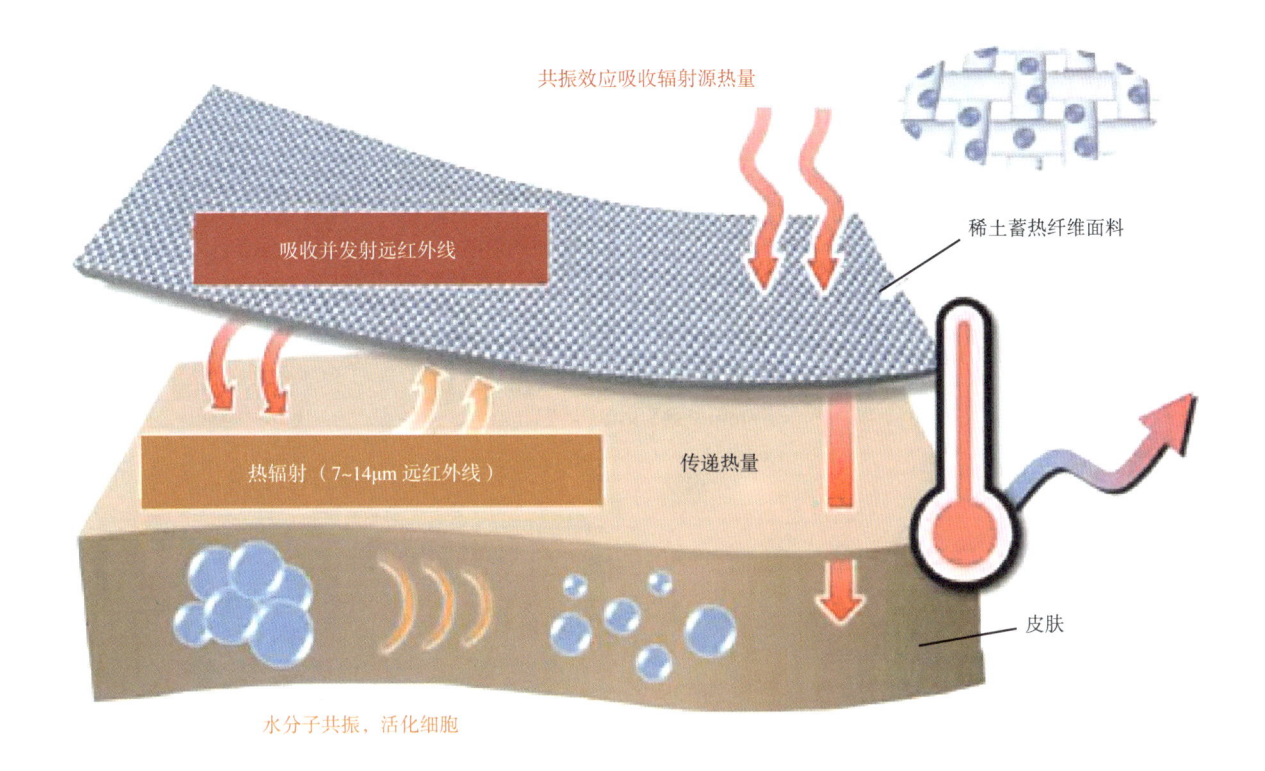

共振效应吸收辐射源热量

吸收并发射远红外线

稀土蓄热纤维面料

热辐射（7~14μm 远红外线）

传递热量

皮肤

水分子共振，活化细胞

图26　光蓄热原理图

③主要规格。长丝，82.5dtex/48-72F（DTY）。

④性能及制品特点。

- 稀土原料添加改性具有零溶出、抑菌叠加保暖功能；
- 高效持久抑菌，对金黄色葡萄球菌、大肠杆菌以及白色念珠菌的抑菌率大于97%，对人体安全友好；
- 光蓄热较好，远红外发射0.93，远红外辐射温升为2.4℃。

⑤应用领域。休闲服、运动服、家居服等服装用纺织品；床上寝具、窗帘等家用纺织品；户外用品等产业用纺织品（图27）。

（3）抑菌消臭再生纤维素纤维。

①推荐理由。采用天然植物及矿物元素，降低或切断异味气体产生的途径，并快速清除氨气、醋酸等异味，达到抑菌、除臭双重功能。

图27　稀土抑菌光蓄热聚酯纤维的应用

②制备技术。将天然植物类、天然矿石类提取物与再生纤维素纤维纺丝液共混，通过湿法纺丝工艺制备抑菌消臭再生纤维素纤维（图28）。

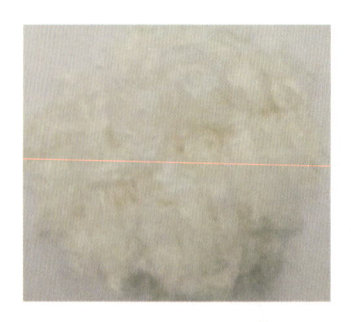

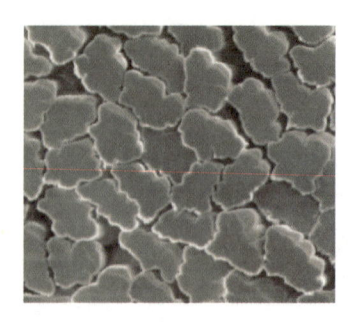

图28　抑菌消臭再生纤维素纤维及截面

③主要规格。短纤，1.56dtex×38mm、5.56dtex×51mm。

④性能及制品特点。

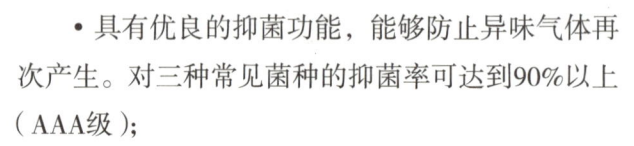

- 具有优良的抑菌功能，能够防止异味气体再次产生。对三种常见菌种的抑菌率可达到90%以上（AAA级）；
- 高效抑菌除臭，对氨气、醋酸的清除效果好；
- 织物亲肤舒适，手感柔软。

⑤应用领域。运动服、家居服、婴儿服等服装用纺织品；填充物等家用纺织品；医用纺织品等产业用纺织品（图29）。

图29　抑菌消臭再生纤维素纤维的应用

2. 温敏纤维（表5）

科技传递温暖，季节、温度变化给身体机能带来影响，保暖纤维帮助消费者应对季节变迁、寒暑交替。采用高效远红外母粒、4C中空异形设计，纤维吸收阳光与人体辐射并保存热量，平衡人体与外界的温差，在寒冷的冬天，让消费者感受温暖如春的舒适体验，减少空调依赖，践行减碳责任。

表5　温敏纤维推荐品种及品牌

推荐品种	品牌	推荐品种	品牌
光谱发热阳离子聚酯纤维	桐昆	微胶囊相变莱赛尔纤维	里奥
异形截面凉感聚酰胺6纤维	华鼎锦纶	—	—

（1）光谱发热阳离子聚酯纤维。

①推荐理由。主动吸收太阳辐射中的可见光、红外线以及人体的散发热，起到蓄热保暖

效果。叠加阳离子可染特性，纤维具有较强的应用潜能和市场竞争力。

②制备技术。以阳离子聚酯切片为原料，添加光谱发热功能母粒，通过熔融纺丝和加弹工艺，制备出光谱发热阳离子聚酯纤维（图30）。

图30　光谱发热阳离子聚酯纤维截面

③主要规格。长丝：83～242dtex/36～144F（DTY）。

④性能及制品特点。

- 全光谱吸热、光温响应；
- 蓄热保暖；
- 低温易染、色彩艳丽。

⑤应用领域。运动服、围巾、羽绒服等服装用纺织品（图31）。

图31　光谱发热阳离子聚酯纤维应用

（2）异形截面凉感聚酰胺6纤维。

①推荐理由。通过异形截面设计，使纤维表面形成扁形沟槽，产生毛细芯吸效应，提升汗液导出速度。结合高导热母粒，加速热量扩散，持久保持凉感与舒适。

②制备技术。以相对黏度稳定的切片为原料，超凉感母粒作为添加物进行高温熔融共混，通过独特的异型截面设计，配合先进的纺丝工艺生产出异形凉感聚酰胺6纤维（图32）。

③主要规格。长丝，44～78dtex/12～68F（FDY）。

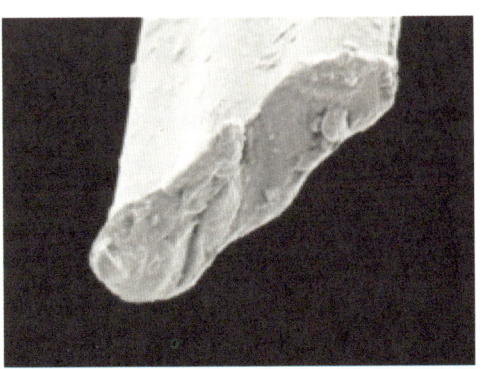

图32　异形截面凉感聚酰胺6纤维及其横截面

④性能及制品特点。

- 具有高导热性、接触瞬间凉感；
- 独特的纤维横截面、吸湿排汗、功能持久；
- 织物轻薄柔软，亲肤透气、穿着舒适。

⑤应用领域。运动服、贴身内衣、衬衣、瑜伽服等服装用纺织品（图33）。

（3）微胶囊相变莱赛尔纤维。

①推荐理由。微胶囊相变材料与莱赛尔纤维制造技术相结合，产品热焓值高、双向温度调节，可无限次可逆循环，提升莱赛尔纤维差异化水平，满足高端品牌需求。

②制备技术。浆粕溶解于NMMO过程中加入一定比例的微胶囊，经湿法纺丝制得微胶囊相变莱赛尔纤维（图34）。

③主要规格。短纤，6.7dtex×60mm。

④性能及制品特点。

图33 异形截面凉感聚酰胺6纤维的应用

图34 微胶囊相变莱赛尔纤维

- 生物质，生产过程绿色环保、废弃后可回归自然；
- 干、湿强度高、吸湿透气、亲和舒适；
- 可染性好、染色后色泽鲜艳、色牢度优良；
- 自动吸热和放热、无限次可逆循环，具有良好的温度缓冲，使人体处于舒适的状态。

⑤应用领域。运动服、人体护理服等服装用纺织品；床上寝具、填充物等服家用纺织品。

（三）纤·无限

铸造辉煌，挑战无限。精益求精的匠心理念、精湛的纤维技术是化纤人的不懈追求。挑战仿真极限，再细一点、再柔一点、再轻一点、再"真"一点，一点一点，"不设限"方能无极限。挑战节能极限，温度低一点、流程短一点、能耗低一点、寿命久一点、维护少一点，一点一点，即是极限。纤·无限如图35所示。

1. 仿真纤维（表6）

小改进，大"变身"，从结构设计到截面设计，让纤维多角度无限接近兔毛、真丝，在性能上超越天然纤维，以仿超真。细旦轻柔与羊绒感兼具，双组分弹性复合混纤打造弹性和

图35 纤·无限

仿毛触感融合，从微末细节释放自然美感；梅花瓣状截面、光泽柔和饱满的棉感纤维，从丰盈触感延续温柔暖意。

表6 仿真纤维推荐品种及品牌

推荐品种	品牌	推荐品种	品牌
消光异形仿兔毛聚酯纤维	桐昆、盛虹	仿毛聚酯弹性纤维	永盛高纤
仿真丝生物基聚酰胺510纤维	泰纶	棉感再生纤维素纤维	雅赛棉
细旦羊毛感聚酯纤维	羊绒迭代®涤纶	—	—

（1）消光异形仿兔毛聚酯纤维。

①推荐理由。该纤维具有超仿真效果，手感细腻、丰满、直立性好、保暖效果优异。纤维可以直接上机织造，降低下游使用成本。

②制备技术。采用原位聚合法，在聚合低聚物管道上，利用注射设备在线添加二氧化钛/EG悬浮液实现全消光聚酯熔体的制备，再通过熔体直纺法制得消光异形仿兔毛聚酯纤维，其截面如图36所示。

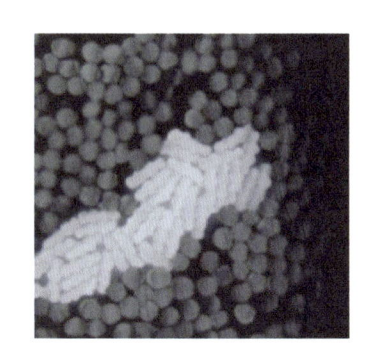

图36 消光异形仿兔毛聚酯纤维截面

③主要规格。长丝，55dtex/12F、83dtex/36F、111dtex/48F（桐昆），82.5~286dtex/36~60F（盛虹）。

④性能及制品特点。

• 超仿真、仿兔毛效果好、毛感挺立；消光效果好，光泽度比普通消光产品更柔和；
• 蓬松性好、手感柔软；
• 深染性好、耐光性、抗紫外、防霉性。

⑤应用领域。毛衣、围巾、外套等服装用纺织品；地毯等服装用纺织品（图37）。

图37 消光异形仿兔毛聚酯纤维的应用

（2）仿真丝生物基聚酰胺510纤维。

①推荐理由。生物基聚酰胺纤维新品种，可规模化生产，拥有完整的知识产权和制造技术。仿真丝品种，拓展了生物基聚酰胺纤维的应用领域，在性能和风格上优于真丝。

②制备技术。仿照天然蚕丝分子结构、利用合成生物学开发生物基新型单体，再经成盐—聚合—切粒—干燥—熔融纺丝，构造仿真丝生物基聚酰胺纤维（图38）。

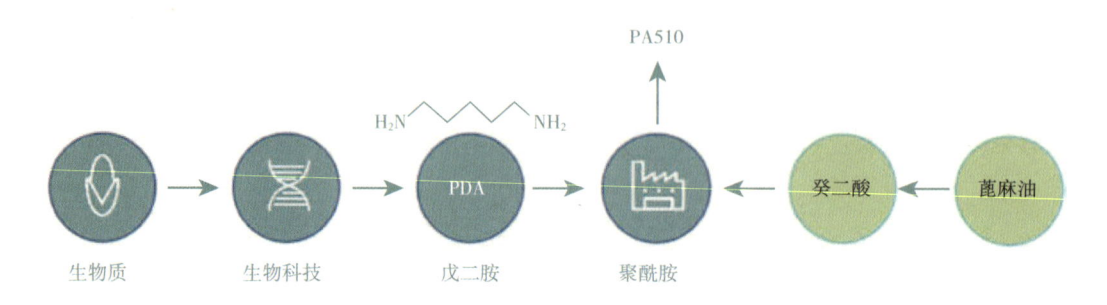

图38 仿真丝生物基聚酰胺510纤维制备示意图

③主要规格。短纤，1.65dtex×38mm；长丝，22dtex/24F、44dtex/36F、70dtex/68F（FDY和DTY）。

④性能及制品特点。

- 生物质原料、100%生物基（戊二胺、癸二酸）；
- 仿真丝、手感柔软亲肤；
- 密度小、更轻盈；
- 强度高，耐磨优异；
- 抗皱、易打理；
- 染色后色泽鲜艳、色牢度优良。

⑤应用领域。休闲服、运动服、贴身内衣等服装用纺织品；床上寝具等家用纺织品（图39）。

（3）细旦羊绒感聚酯纤维。

①推荐理由。聚酯纤维品种再创新，兼具羊绒手感与聚酯纤维的优势，作为羊绒的迭代品，解决羊绒难打理、尺寸稳定差等问题。

②制备技术。以聚酯为主要材料，加入适量间苯二甲酸、醚进行共聚得到聚醚酯，形成亲水柔软的聚酯基材，经熔融纺丝和特殊柔软工艺制得富有弹性和羊绒手感的纤维。

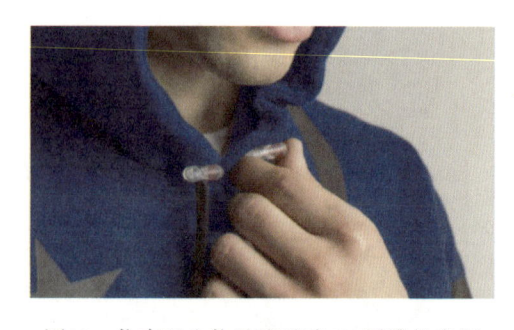

图39 仿真丝生物基聚酰胺510纤维的应用

③主要规格。短纤，0.99dtex×38mm。

④性能及制品特点。

- 羊绒般触感、细腻滑糯；
- 强度高，是羊毛的4倍，不易皱、不变形、易打理；
- 亲肤舒适、吸湿透气。

⑤应用领域。运动服、贴身内衣、鞋材等服装用纺织品（图40）。

图40　细旦羊绒感聚酯纤维的应用

（4）仿毛聚酯弹性纤维。

①推荐理由。采用异黏双组分并列纺丝+混纤加弹工艺，制备具有多元复合聚酯弹性纤维。该纤维弹性卷曲优异，抗皱性能突出，织物蓬松毛感，实现进口替代。

②制备技术。采用高低黏度的两种聚酯切片经复合纺丝制备双组分弹性聚酯复合纤维，然后以双组分弹性复合纤维长丝为芯层、聚酯仿毛纤维长丝作为外层，经复合混纤、热收缩加工整理，制备仿毛聚酯弹性纤维（图41）。

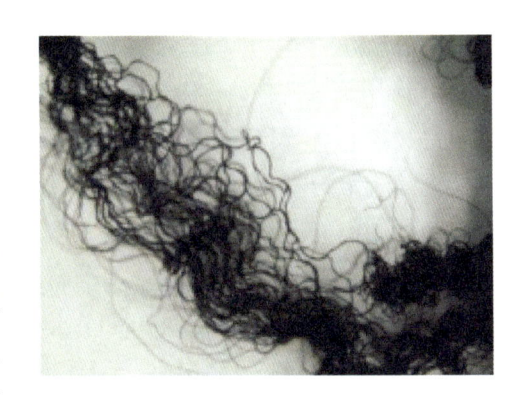

图41　仿毛聚酯弹性纤维

③主要规格。长丝，110dtex/96F、132dtex/84F、154dtex/48F。

④性能及制品特点。

- 多元复合弹性、优异的弹性卷、抗皱回复性好；
- 机械仿真，仿毛的手感。

⑤应用领域。休闲服、家居服、西装、毛衣、高端成衣等服装用纺织品；窗帘等家用纺织品（图42）。

（5）棉感再生纤维素纤维。

①推荐理由。纤维原料来源于树木，天然环保，纤维具有棉的手感以及抗紫外线功能。其面料亲肤舒适、保形性好、光泽柔和饱满，在服装领域运用广泛。

②制备技术。采取低锌、高盐、高纺速、多段牵伸成型技术，实现产品高湿模量，通过纺前共混湿法纺丝技术制备具有防紫外功能性能的棉感再生

图42　仿毛聚酯弹性纤维的应用

纤维素纤维。

③主要规格。短纤，1.22dtex×38mm。

④性能及制品特点。

- 100%木浆，可自然降解；
- 纤维截面呈梅花瓣状结构，增加了纤维比表面积，面料吸湿透气性好；
- 上染率高，色泽如棉般柔和饱满；
- 棉感柔软、舒适透气；
- 永久防紫外、抗起毛球、保形强韧。

⑤应用领域。休闲服、家居服、衬衣等服装用纺织品（图43）；窗帘等家用纺织品。

图43 棉感再生纤维素纤维的应用

2. 易打理纤维（表7）

抗污聚酰胺6纤维挑战耐污极限，9级抗污，如神来之笔，轻松搞定服装、家居的打理养护问题，干净整洁不失质感；常压深染抗起球聚酯纤维具有染色温度低、起球少、热稳定强，加工更低碳、色彩更绚烂等优势特点，如积蓄在春日里的力量，焕发着无限活力，纵横风雨，历久弥新。超低温定型聚烯烃弹性纤维，95~100℃即可定型，如净水无波，不为境转，传承产品优势，助力节能减排，为凉爽夏日增添科技力量。

表7 易打理纤维推荐品种及品牌

推荐品种	品牌	推荐品种	品牌
抗污聚酰胺6纤维	恒逸	超低温定型聚烯烃弹性纤维	梦丝
常压深染抗起球聚酯纤维	博尔	—	—

（1）抗污聚酰胺6纤维。

①推荐理由。打破高端抗污聚酰胺产品被国外垄断的局面，纤维具有强度高、弹性好、耐磨性好、抗污持久等优点，在窗帘、地毯、汽车内饰等清洁频次低的应用场景中，优势显著。

②制备技术。在己内酰胺中添加抗污功能改性单体，经熔融共聚制备抗污聚酰胺6切片，再经熔融纺丝制得抗污聚酰胺6纤维（图44）。

将牵伸后的纱线再通过变形器进行膨化变形。冷却后进行网络集束，收卷后制得抗污聚酰胺6 BCF纤维。

图44 抗污聚酰胺6纤维

③主要规格。长丝，44dtex/24F（FDY）；750dtex/36F（BCF）；928dtex/42F（BCF）。
④性能及制品特点。

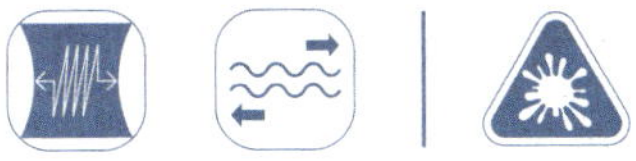

• 强度高、弹性好、耐磨性好；

• 相关纤维及织物制品抗污持久，不易沾染生活污渍，抗污等级达到9级（常规聚酰胺6纤维抗污等级为2级），抗污性能大幅提升。

⑤应用领域。休闲服、运动服、羽绒服等服装用纺织品；地毯、窗帘等家用纺织品；航空航天、汽车内饰及配件等产业用纺织品（图45）。

图45 抗污聚酰胺6纤维的应用

（2）常压深染抗起球聚酯纤维。

①推荐理由。解决普通聚酯纤维深染需要高温高压的问题，纤维具备常压易染、深染、抗起球等特点，实现纤维制备及后道染整工序的节能降耗。

②制备技术。对聚酯大分子链进行重新设计，在熔体直纺工艺中，聚酯合成过程中增加第三单体、第四单体，降低聚酯大分子链段的柔顺性，达到常压易染改性，制得常压深染、抗起球聚酯纤维（图46）。

| 与维纶、丙纶、腈纶、锦纶等相比，聚酯纤维性价比最高、竞争力最强 | 对聚酯大分子链的重新设计，主链中植入高含量的第三单体和第四单体，纤维的玻璃化温度、模量、强度等基本物理性能、染色性等都发生了根本性的变化 | 纤维柔软、吸湿性增强，可实现离子染料常压沸染 |

图46 常压深染抗起球聚酯纤维的特点

③主要规格。短纤，1.33~1.56dtex×38mm；中空短纤，1.56dtex×38mm。
④性能及制品特点。

• 节能降碳，采用熔体直纺工艺改性，染整工序的低温深染；

• 色彩鲜艳、上染率高、色牢度好，品质提升；

• 模量较常规涤短低30%、织物抗起球性能优异；

• 具有良好的耐温性、亲水性、面料手感柔软。

⑤应用领域。休闲服、运动服、贴身内衣等服装用纺织品（图47）；床上寝具、沙发布等家用纺织用品；户外用品等产业用纺织品。

（3）超低温定型聚烯烃弹性纤维。

①推荐理由。采用自主研发和技改创新的纤维制备装备。可实现95~100℃超低温定型，满足了（含）聚乙烯纤维系列的面料定形、保形、舒适、尺寸稳定性的要求，难以取代。

②制备技术。以聚烯烃热塑性弹性体为原料，加入消光剂、抗氧化剂等助剂共混造粒，再通过熔融纺丝制备超低温定型聚烯烃弹性纤维（图48）。

③主要规格。短纤，1.33~1.56dtex×38mm；中空短纤，1.56dtex×38mm。

④性能及制品特点。

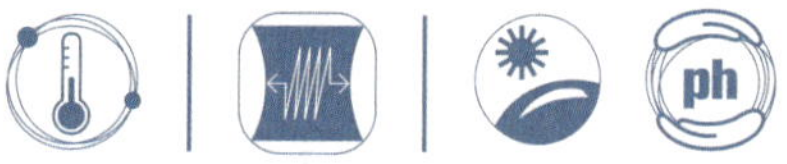

图47　常压深染抗起球聚酯纤维的应用

图48　超低温定型聚烯烃弹性纤维

• 节能降碳，采用熔体直纺工艺改性，染整工序的低温深染；

• 色彩鲜艳、上染率高、色牢度好，品质提升；

• 模量较常规涤短低30%、织物抗起球性能优异；

• 具有良好的耐温性、亲水性、面料手感柔软。

⑤应用领域。休闲服、运动服、贴身内衣等服装用纺织品（图49）；床上寝具、沙发布等家用纺织用品；户外用品等产业用纺织品。

图49　超低温定型聚烯烃弹性纤维的应用

（四）纤·破壁

打破壁垒，涌现活力。中国纤维突破壁垒，联通上下游的应用和技术门槛，阻燃聚酯、阻燃再生纤维素纤维，高强聚酰胺66、柔性发光纤维等实现跨界应用，大放异彩。中国碳纤维深耕十年，厚积薄发，一步法、两步法大丝束碳纤维成功开发，突破国外技术壁垒，开创国产碳纤维高品质发展之路。纤·破壁如图50所示。

1. 全防护纤维（表8）

突破环保磷系阻燃剂与聚酯、循环再利用聚酯原位聚合技术，使阻燃更高效、功能更持

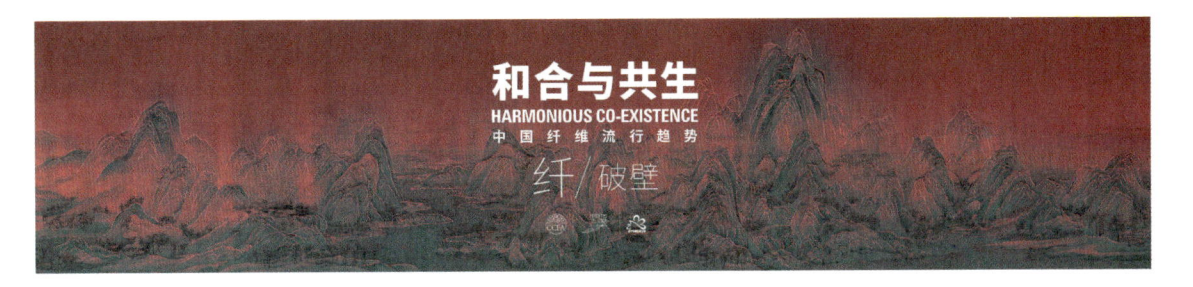

图50 纤·破壁

久，实现产品高值化开发。磷氮系阻燃元素与再生纤维素纤维碰撞，使纤维柔软爽滑、吸湿透气、低烟无熔滴，满足终端品牌对可持续发展的迫切需求。高强聚酰胺66纤维集优异的强度、耐磨、耐低温、亲肤吸湿等优点于一体，跨界军民两用，赋予冲锋衣、军服新维度和舒适度。完美结合柔性发光技术的高性能纤维，为汽车工业、信息电子、智能鞋服提供时尚设计新方案。

表8 全防护纤维推荐品种及品牌

推荐品种	品牌	推荐品种	品牌
共聚改性阻燃聚酯纤维	凤鸣	高强聚酰胺66纤维	神马
化学法循环再利用阻燃聚酯纤维	佳人	柔性发光纤维	莱特美
阻燃竹材再生纤维素纤维	天竹	—	—

（1）共聚改性阻燃聚酯纤维。

①推荐理由。采用环保磷系阻燃剂及原位聚合技术，使阻燃剂分散均匀，有效含量高。纤维具有高效阻燃、阻燃性持久等特点，产品竞争力强。

②制备技术。将磷系阻燃剂以原位聚合的方式在聚合反应釜共聚，使其均匀混入聚酯熔体中制得阻燃聚酯熔体，经熔体直纺工艺和卷绕技术制得共聚改性阻燃聚酯纤维。

③主要规格。长丝，83dtex/72F、178dtex/96F（POY）。

④性能及制品特点。

- 极限氧指数≥32%，阻燃效果优异；
- 阻燃剂在使用中无磷析出，对生态环境没有影响；
- 织物挺括，悬垂，具有良好的染色性和手感。

⑤应用领域：窗帘等家用纺织品（图51）；汽车内饰及配件等产业用纺织品。

（2）化学法循环再利用阻燃聚酯纤维。

①推荐理由。化学法循环再利用技术升级，

图51 共聚改性阻燃聚酯纤维的应用

融合磷系阻燃聚合改性技术，创新了循环再利用聚酯纤维的阻燃功能，实现产品高值化开发。

②制备技术。采用先进的DMT化学法循环再生技术与工艺装备，结合阻燃聚合改性切片生产技术，制备再生阻燃聚酯切片，经熔融纺丝制备纤维（图52、图53）。

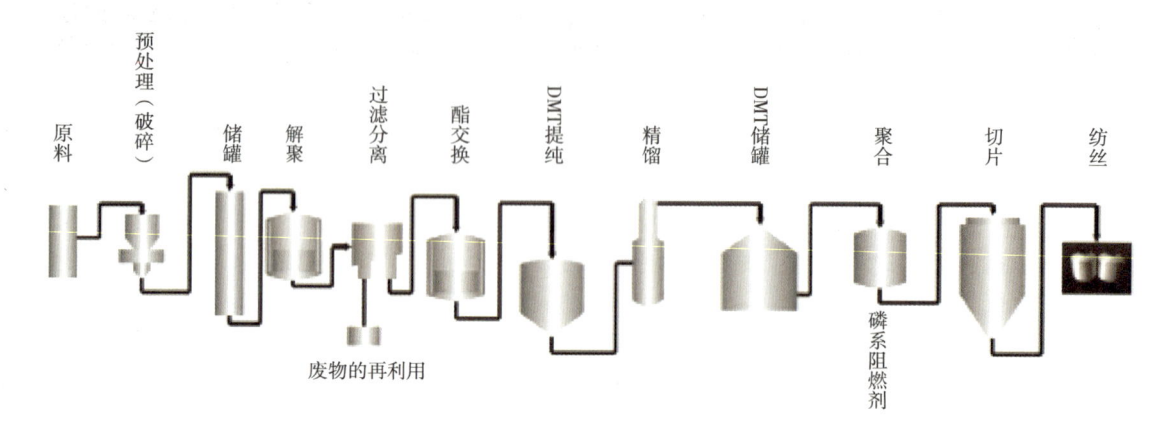

图52 化学法循环再利用阻燃聚酯纤维的制备示意图

③主要规格。长丝，22~330dtex/12~288F（FDY）。

④性能及制品特点。

- 化学法再生、实现资源再利用；
- 磷系阻燃、低烟无毒，极限氧指数达32%。

⑤应用领域。运动服、床上寝具、窗帘等（图54）。

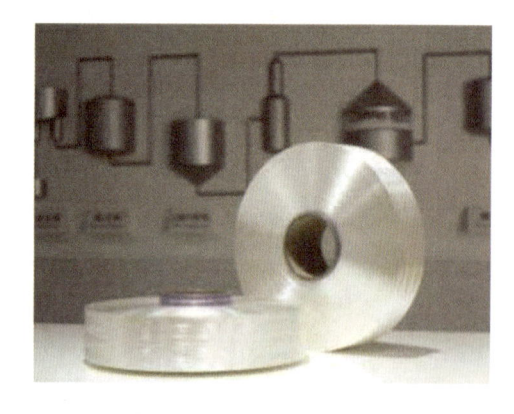

图53 化学法循环再利用阻燃聚酯纤维

（3）阻燃竹浆再生纤维素纤维。

①推荐理由。以竹材为原料，生态环保，可生物降解。纤维柔软爽滑、吸湿透气、磷氮阻燃、低烟无熔滴，功能性和绿色属性相联合，满足终端品牌对可持续发展的需要。

②制备技术。以竹子为原料，通过预水解硫酸盐工艺处理，把竹子内纤维素提取出来，再经碱化、黄化制备成纤维素磺酸酯，将磷氮系阻燃剂通过高效分散技术与之混合均匀，经纺丝、多级牵伸等工序制造成阻燃竹浆再生纤维素纤维。

③主要规格。短纤，1.56dtex×38mm。

图54 化学法循环再利用阻燃聚酯纤维的应用

④性能及制品特点。

- 生物基来源、采用新原料（慈竹、黄竹、毛竹），以竹代木，绿色环保；
- 织物柔软爽滑、亲肤细腻、吸湿性和透气性良好；
- 可降解；
- 磷氮系阻燃、低烟无毒、极限氧指数达到28%。

⑤应用领域。休闲服、安全防护服、家居服、婴儿服等服装用纺织品（图55）；户外用品、清洁用品等产业用纺织品。

（4）高强聚酰胺66纤维。

①推荐理由。强度高、耐高温、耐疲劳，综合性能优异。细旦纤维可用于高速缝纫线、降落伞伞绳、帐篷等产业用领域，拓展了纤维的应用范围。

②制备技术。通过对盐液精制、高温浓缩、高压反应、负压脱水制备成高黏聚合物，在线添加耐热剂、纺丝顺滑剂等添加剂，并直接纺丝，通过冷却定型、多级牵伸松弛定型，使纤维具有更高的强度和尺寸稳定性（图56）。

图55 阻燃竹浆再生纤维素纤维的应用

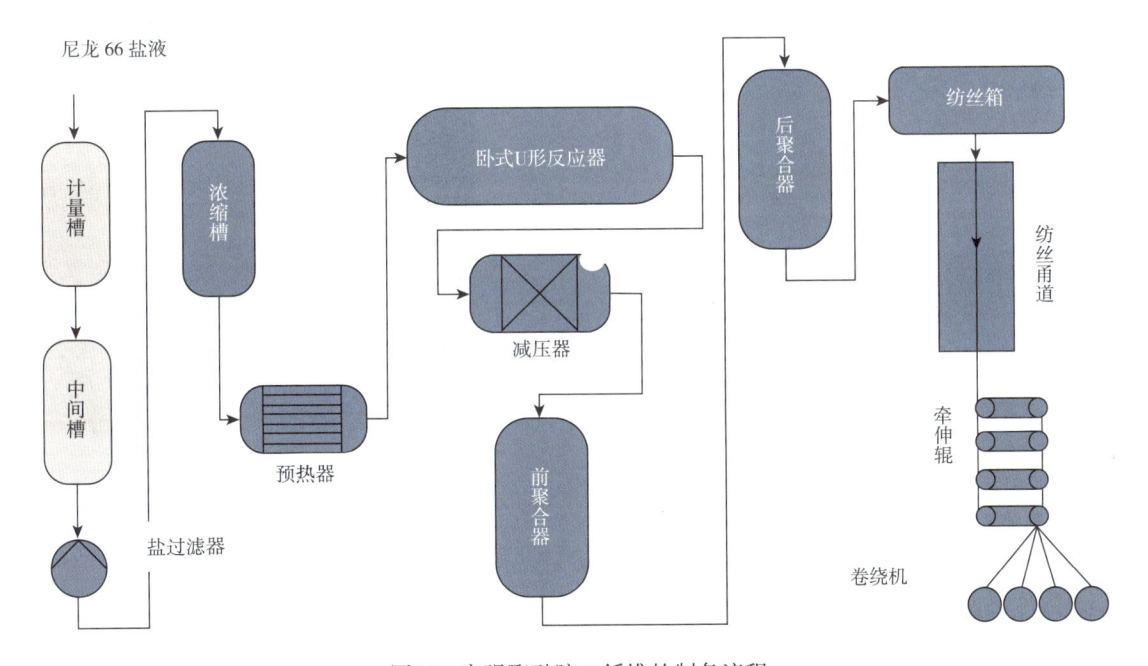

图56 高强聚酰胺66纤维的制备流程

③主要规格。长丝，110~278dtex/36F、312dtex/54F、470dtex/72F、700dtex/108F（FDY）。

④性能及制品特点。

- 强度高、耐高温、耐疲劳、抗冲击性好；
- 色牢度稳定、易加工、耐低温；
- 干热收缩小，品质均匀稳定，制成品变形少。

⑤应用领域。汽车内饰及配件等产业用纺织品（图57）。

（5）柔性发光纤维。

①推荐理由。将高性能纤维的高强耐磨、可编织性和柔性与电子器件的智能化完美融合，为汽车工业、信息电子、智能鞋服提供时尚设计新方案。

②制备技术。以导电性和柔性良好的高分子导电纤维为基底，透明高分子材料和发光活性材料为复合活性层，通过平行或缠绕方式制备柔性发光纤维（图58）。

③主要规格。纤维直径：0.2~0.5mm。

④性能及制品特点。

- 电驱动可控性好，发光均匀、长时间发光不会发热；
- 直径细，在0.2~0.5mm精确调控；
- 柔性好可拉伸，能任意弯折打结，可塑性强；
- 耐洗耐磨。

⑤应用领域。运动服、安全防护服、鞋材、帽子等服装用纺织品；窗帘、玩具等家用纺织品（图59）。

2.高性能碳纤维（表9）

大丝束碳纤维将50000根纤维集于一束，突破制造成本瓶颈，开创高性能碳纤维平民化道路，支撑复合材料轻量化，走向风电叶片、轨道交通、航空航天主战场，助力先进制造业低碳发展。

图57 高强聚酰胺66纤维的应用

图58 柔性发光纤维

图59 柔性发光纤维的应用

表9 高性能碳纤维推荐品种及品牌

推荐品种	品牌
50K大丝束碳纤维	吉林碳谷、恒神

①推荐理由。大丝束碳纤维的成本为小丝束碳纤维的50%~60%,其大规模应用将实现碳纤维复合材料由"贵族"材料走向"平民化"。"双碳"背景下,风电叶片等需求爆发,大丝束碳纤维市场空间广阔。

②制备技术。采用丙烯腈连续聚合,湿法纺丝工艺,使用50K单喷板纺丝,制备聚丙烯腈纤维原丝,经预氧化预处理、均质预氧化、低温—高温碳化、深度均质表面处理等工序制备50K大丝束碳纤维(图60)。

图60　50K大丝束碳纤维

③主要规格。长丝,50K。

④性能及制品特点。

- 具有高强度,高模量等优异的力学性能;
- 具有耐高温、耐烧蚀等优异的物理化学特性;
- 轻比重,低成本。

⑤应用领域。汽车轻量化、轨道交通、风电叶片等产业用纺织品(图61)。

图61　50K大丝束碳纤维的应用

附件一 2023/2024中国纤维流行趋势入选产品（附表1）

附表1 2023/2024中国纤维流行趋势入选产品

篇章	分类	产品名称
纤·绿意	生物基化学纤维	菌草基再生纤维素纤维
		水溶再生纤维素醚短纤维
		毛纺专用聚乳酸纤维
		吸湿速干生物基聚酰胺56纤维
	原液着色化学纤维	高品质原液着色聚酰胺6纤维
		可追溯原液着色再生纤维素纤维
		双组分并列复合有色聚丙烯纤维
纤·舒馨	舒感纤维	微孔聚酯纤维
		细旦异形聚酰胺66纤维
		胶原蛋白改性再生纤维素纤维
	抑菌纤维	消臭氨纶
		稀土抑菌光蓄热聚酯纤维
		抑菌消臭再生纤维素纤维
	温敏纤维	光谱发热阳离子聚酯纤维
		异形截面凉感聚酰胺6纤维
		微胶囊相变莱赛尔纤维
纤·无限	仿真纤维	消光异形仿兔毛聚酯纤维
		仿真丝生物基聚酰胺510纤维
		细旦羊绒感聚酯纤维
		仿毛聚酯弹性纤维
		棉感再生纤维素纤维
	易打理纤维	抗污聚酰胺6纤维
		常压深染抗起球聚酯纤维
		超低温定型聚烯烃弹性纤维
纤·破壁	安全防护纤维	共聚改性阻燃聚酯纤维
		化学法循环再利用阻燃聚酯纤维
		阻燃竹材再生纤维素纤维
		高强聚酰胺66纤维
		柔性发光纤维
	高性能碳纤维	50K大丝束碳纤维

附件二 2023/2024中国纤维流行趋势入围产品（附表2）

附表2 2023/2024中国纤维流行趋势入围产品

分类	产品名称
生物基化学纤维	可染色纺织专用海藻纤维
循环再利用化学纤维	原液着色异形截面循环再利用聚酯纤维
原液着色化学纤维	原液着色吸湿排汗聚酯纤维
健康防护纤维	稀土抗紫外抑菌再生纤维素纤维
健康防护纤维	矿物粉体改性聚酯纤维
舒感纤维	改性PBT复合弹性纤维
舒感纤维	牛奶丝面料专用聚酯弹性纤维
舒感纤维	乳木果添加改性再生纤维素纤维
舒感纤维	羽毛蛋白改性再生纤维素纤维
轻柔纤维	超细旦轻柔高密聚酯纤维
轻柔纤维	超细旦聚酯纤维
仿真纤维	仿毛聚酯纤维
仿真纤维	弹性仿棉双组分复合聚酯纤维
仿真纤维	仿羊羔绒专用三叶型截面聚酯纤维
仿真纤维	仿超绒面料专用聚酯纤维
抑菌纤维	凉感抑菌聚酯纤维
抑菌纤维	海藻酸钠改性再生纤维素纤维
抑菌纤维	高弹性抑菌氨纶
抑菌纤维	石墨烯改性聚酯混纤
产业用纤维	高耐候原液着色聚酯纤维
产业用纤维	抗芯吸拒水聚酯工业丝
产业用纤维	抑菌防霉高强聚酯工业丝

撰写人：杨涛 靳高岭 王永生 窦娟 王祺

2023/2024中国纱线流行趋势发布报告

中国棉纺织行业协会

中国纱线流行趋势是中国棉纺织行业协会和中国化学纤维工业协会联合主办的纺织行业具有一定权威性和影响力的趋势发布活动。该活动自2019年启动以来，始终坚守"创新、绿色、低碳、环保、时尚"的核心理念，致力于挖掘和引领中国纱线行业的潮流趋势，推广创新技术和产品应用，并推动纱线品牌的建设。该活动由中国棉纺织行业协会组织行业专家、学者和企业家参与，从工艺技术、时尚文化、市场竞争和品牌文化等多个角度进行评价，推荐设计合理、性能优异、市场适应性强的产品。2023/2024中国纱线流行趋势以"蝶变·新生"为主题，以绿色生态、功能赋予、品质匠心、视觉时尚四大篇章，推出2023/2024中国纱线流行趋势推荐产品名单。

一、趋势主题：蝶变·新生（图1）

中国纱线经纬全球，全球市场成就中国。共建全球纺织产业链命运共同体是中国纱线流行趋势的美好愿景。中国纱线必将在苦练内功中重塑自我，破茧蝶变中探寻新生。

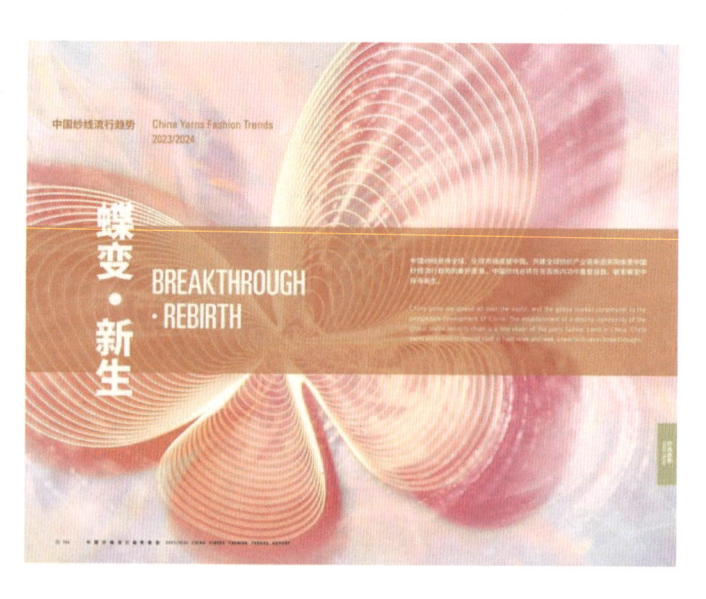

图1 蝶变·新生

二、发布篇章及推荐产品

(一) 绿色生态——拥抱自然·乐享美好生活(图2)

绿色生态纱线,旨在促进人与自然的和谐共生,将可持续发展理念融入纱线的研发生产中,推动行业应用更多的可再生纺纱原料,推广更加先进的清洁生产工艺,向消费者传递生态纺织理念,建立健全绿色纺织品标准,逐步引导企业积极调整产品结构,助力绿色中国,践行碳中和。

1. 海洋再生聚酯纤维纱线

原料及规格:100%海洋再生涤纶 30S。

关键词:海洋再生涤纶。

推荐理由:近几年,海洋环境受到了严重污染,尤其是塑料污染已经成为全球性问题。根据联合国环境署调查,每年约有数百万吨塑料进入海洋,并对世界海洋生态系统造成严重破造,此外,这些塑料还会通过微塑料、塑料碎片等形式出现在食物链中,影响动物和人类的健康。因此,海洋可再生材料的应用势在必行。海洋再生聚酯纤维纱线,原料来源于从海洋中回收的塑料瓶,采用100%海洋涤纶(1.33tex×38mm)生产,可针对不同应用场景定制针织、梭织(包括可免浆类产品)。

适用范围:服装、家纺、产业用纺织品(图3)。

代表企业:吴江京奕特种纤维有限公司。

品牌(图4)。

图2 绿色生态——拥抱自然·乐享美好生活

图3 海洋再生聚酯纤维纱线产品

图4 京奕集团品牌及logo

主要质量指标与性能（表1）。

表1 海洋再生T30S与原生T30S的主要质量指标与性能

项目	原生T30S	海洋再生T30S
条干均匀度变异系数（%）	12.2	12.7
千米细节（-50%）（个/km）	1	4
千米粗结（+15%）（个/km）	5	8
千米棉结（+200%）（个/km）	3	6
毛羽指数H值	4.13	3.76
平均单纱断裂强力（cN）	560	514
单纱断裂强力变异系数（%）	6.8	7.2
最低单纱断裂强力（cN）	469	402
断裂伸长率（%）	9.6	9.8
单纱断裂强度（cN/tex）	28.4	26.1

2. 转杯纺再生古棉聚酯纤维混纺纱

原料及规格：转杯纺 再生古棉/涤纶80/20 10~32S。

关键词：再生。

推荐理由：选用优质再生古棉、再生涤纶，纱线风格硬挺、粗犷，绿色可持续、倡导低碳循环理念。

适用范围：服装（图5）。

代表企业：河南锦胜纺织有限公司（图6）。

主要质量指标与性能（表2）。

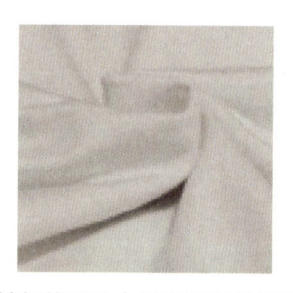

图5 转杯纺再生古棉聚酯纤维混纺产品

图6 锦胜纺织logo

表2 OEC21S（古棉）的主要质量指标与性能

	项目	OEC21S（古棉）
条干	条干管间变异系数（%）	1.5
	条干均匀度变异系数（%）	13.09
	千米细节（-50%）（个/km）	0
	千米粗结（+50%）（个/km）	15
	千米棉结（+200%）（个/km）	182
	千米棉结（+280%）（个/km）	10

续表

项目		OEC21S（古棉）
强力	单纱断裂强力变异系数（%）	7.5
	平均单纱断裂强力（cN）	281.1
	单纱最高强力（cN）	312.4
	单纱最低强力（cN）	251.2
	单纱平均断裂强度（cN/tex）	10.1
	断裂伸长率（%）	6.1
	断裂伸长率变异系数（%）	6.9

3. 赛络紧密纺循环再利用再生纤维素纤维高支纱（图7）

原料及规格：紧密赛络纺　FINEX黏胶　60S。

关键词：高品质、绿色环保。

推荐理由：在已臻成熟的种植林生产体系外，纤生代FINEX纤维是赛得利自主研发的，以废旧纺织品为原材料生产的可循环再生纤维，其废旧纺织品含量达到20%，再生溶解浆的碳排放量不到传统溶解木浆碳排放量的10%，可应用于全新的植物基服装以及无纺用品，引领时尚行业前所未有的绿色变革。纤生代纤维性能优越，让循环技术在纺织领域广泛使用。

适用范围：服装、家纺、产业用等。

代表企业：林茨（南京）黏胶丝线有限公司（图8）。

品牌：纤生代。

主要质量指标与性能（表3）。

图7　赛络紧密纺循环再利用再生纤维素纤维高支纱

图8　林丝logo

表3　主要质量指标与性能

项目	密赛络纺FINEX黏胶60S	项目	密赛络纺FINEX黏胶60S
条干均匀度变异系数（%）	12.42	单纱断裂强度（cN/tex）	16.94
毛羽指数H值	2.66	断裂伸长率（%）	11.9

4. 赛络紧密纺亚麻再生纤维素纤维混纺纱（图9）

原料及规格：亚麻/环保黏胶55/45　15S。

关键词：抑菌、防静电、易上色。

推荐理由：该产品使用欧洲亚麻落麻，经过物理开松，适用于棉纺设备生产，细纱采用赛络纺工艺提高纱线强力、降低强力不匀和粗细节。用该纱

图9　赛络紧密纺亚麻再生纤维素纤维混纺纱

线织造的面料兼具两种纤维的优点，具有抑菌、吸湿排汗、防静电、上色绚丽多彩、织物悬垂性好、透气飘逸、手感舒适等特点。

适用范围：高档服装面料、家纺家居、针织、餐厨用品（图10）。

代表企业：河南平棉纺织集团股份有限公司（图11）。

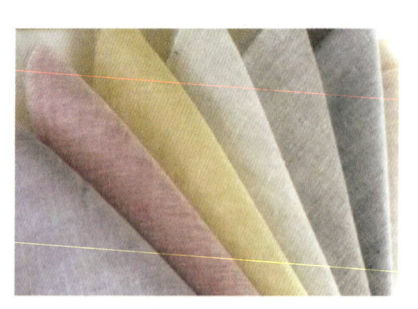

图10　赛络紧密纺亚麻再生纤维素纤维混纺纱产品

图11　平棉纺强集团logo

主要质量指标与性能（表4）。

表4　赛络纺　亚麻／兰精环保55/45　15S的主要质量指标与性能

检验项目	赛络纺　亚麻/兰精环保55/45　15S	
	标准技术要求	实测结果
百米重量偏差（%）	±4	2.1
百米重量变异系数CV（%）	≤3.5	1.83
单纱断裂强度（cN/tex）	≥6	8.5
单纱断裂强力变异系数（%）	≤18	8
条干均匀度变异系数（%）	≤29	24.8
千米细节（-50%）（个/km）	—	355
千米粗结（+50%）（个/km）	—	2320
千米棉结（+200%）（个/km）	—	2842
麻纤维含量（%）	55±1	55.7

5. 赛络紧密纺再生纤维素纤维棉混纺本色纱

原料及规格：赛络紧密纺　环保黏胶/棉60/40　32S。

关键词：绿色环保、透气、柔软。

推荐理由：该产品将博拉环保黏胶纤维和棉纤维按照一定的比例进行混纺，不仅保持了黏胶纤维柔软透气和顺滑的特点，同时兼具棉纤维吸湿性能好、透气性强、手感柔软、性能稳定的特点，两种纤维的特性优势实现互补，适用于制织各种中高档服装面料及家纺产品。

适用范围：服装、家纺（图12）。

图12　赛洛紧密纺再生纤维素纤维棉混纺本色纱产品

代表企业：南通华强布业有限公司（图13）。

图13　华强布业logo

品牌：倍优特 Beauty（图14）。

产品获得专利：一种新型梳棉机双卷喂入装置、一种具有跳管降速功能的粗纱机、一种托盘式全自动络筒机空纱管准确落入容器装置。

主要质量指标与性能（表5）。

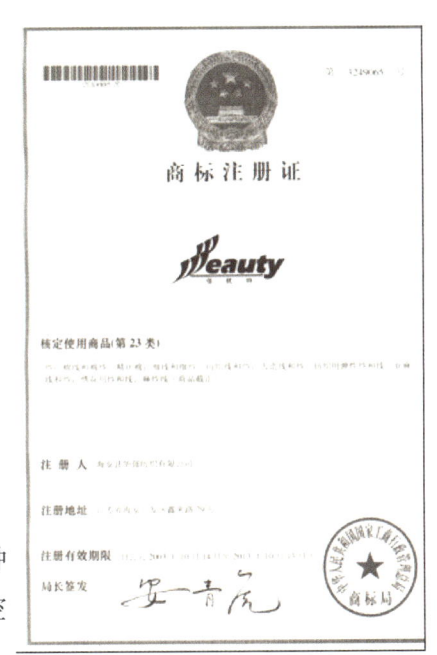

图14　倍优特商标注册证

表5　赛络紧密纺再生纤维素纤维棉混纺本色纱的主要质量指标与性能

项目	标准	实测值
纤维含量（%）	±1.5	环保黏胶60.4/棉39.6
单纱断裂强力变异系数（%）	≤6	5.5
断裂伸长率变异系数（%）	≤7.2	6.4
百米重量变异系数（%）	≤1.5	1
单纱断裂强度（cN/tex）	≥13.2	14.4
百米重量偏差（%）	±1.5	+0.4
线密度（tex/S）	—	18.5/31.8
百米质量（g）	—	1.644
条干均匀度变异系数（%）	≤10.1	9.8
千米棉结（+200%）（个/km）	≤15	10

6. 降耗节水牛仔色纺纱

原料及规格：ECOINDIGO牛仔纱线。

关键词：环保、高色牢度、超柔。

推荐理由：全新环保产品ECOINDIGO™是一款颠覆传统牛仔行业的色纺纱线，可以进行牛仔工艺的传统轻洗水从而得到马骝、怀旧等效果。更为重要的是，其色牢度高、洗水脱色少、废水更容易处理，为环境可持续发展带来全新的方向。

适用范围：服装、家纺（图15）。

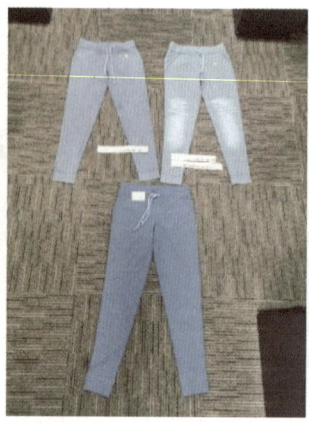

图15　降耗节水牛仔色纺纱产品

代表企业：百隆东方股份有限公司（图16）。

品牌：ECOINDIGO™。

主要质量指标与性能（表6）。

图16　百隆东方logo

表6　100%棉的针织面料，颜色为靛蓝50A#（普洗后样），20S/1的主要质量指标与性能

指标			执行标准	等级Grade	
耐摩擦色牢度	干		GB/T 3920—2008	4	
	湿			3	
耐光色牢度	晒到4级		GB/T 8427—2008，方法3氙弧灯	好于4	
耐洗色牢度	颜色变化		GB/T 3921—2008，Test method A（1），40℃，30min机械洗涤，用0.5%的皂片，浴比为50∶1	4–5	
	沾色	棉		4–5	
		羊毛		4–5	
耐汗渍色牢度	颜色变化		GB/T 3922—2013	酸4–5	碱4–5
	沾色	棉		酸4–5	碱4–5
		羊毛		酸4–5	碱4–5
耐水色牢度	颜色变化		GB/T 5713—2013	4–5	
	沾色	棉		4–5	
		羊毛		4–5	

图17　聚乳酸混纺色纺纱产品

图18　新丝路logo

图19　生物基尼龙混纺色纺纱

图20　生物基尼龙混纺色纺纱产品

7. 聚乳酸混纺色纺纱

原料及规格：赛络紧密纺　黏胶/聚乳酸/精梳棉50/30/20　40S。

关键词：可降解、时尚。

推荐理由：通过对纺纱工序进行重构、对梳理设备进行改造，纤维混合均匀度得到大幅提升，进一步降低了纤维损耗，优化配置各工序工艺，实现了聚乳酸色纺纱线的生产，产品更天然、环保、可降解，同时具有一定抑菌效果。

适用范围：服装、家纺、产业用（图17）。

代表企业：沛县新丝路纺织有限公司（图18）。

品牌：新起点色纺。

8. 生物基尼龙混纺色纺纱（图19）

原料及规格：棉/生物基尼龙/莱赛尔40/30/30　16～50S。

关键词：低温易染。

推荐理由：采用生物基尼龙纤维，可实现活性染料深染，低温易染更节能环保。采用赛络紧密纺纺纱方式，在保证织物物理力学性能的同时，可确保织物优良的手感，可适用于各种结构的针织和机织面料，面料产品手感轻盈柔软、亲肤舒适、悬垂性好。

适用范围：针织内衣、家纺、服装等（图20）。

代表企业：汶上如意技术纺织有限公司（图21）。

品牌：天容牌（图22）。

主要质量指标与性能（表7）。

图21　汶上如意logo

图22　天容牌商标注册证

表7　生物基尼龙混纺色纺纱的主要质量指标与性能

项目	线密度变异系数（%）	单纱断裂强力变异系数（%）	单纱断裂强度（cN/tex）	耐皂洗色牢度（级）		耐汗渍色牢度（级）		耐干摩擦色牢度（级）
				变色	沾色	变色	沾色	
FZ/T 12016—2014优等品指标	3	≤13	≥13	≥3-4	≥3	≥3-4	≥3	≥3-4
本产品实测值	1.5	7	15	4-5	4-5	4-5	4-5	4-5
常规产品	1.5	7.8	14.9	4	4	4	4	4

（二）功能赋予——破除枷锁·探寻设计至美（图23）

功能赋予纱线，利用功能性纤维或特殊工艺赋予纱线全新功能，涵盖抑菌防螨、运动保健、阻燃隔热、超柔高弹等方面，赋予了纱线产品更多的环境适应性，改变了纺织服装服用效果的固有实现方法。当前，功能赋予类纱线应用领域已渗透到国民经济各个领域，性能已不仅局限于单一功能，而是向多功能、高功能、复合功能的方向发展。

1. 纯棉抑菌抗病毒纱线（图24）

原料及规格：100%改性抑菌棉　20~60S。

关键词：抑菌、舒适。

推荐理由：该产品从富含锌元素的海洋生物中提取有机锌，通过大分子接枝改性技术反应到含有大量羟基（—OH）、氨基（—NH$_2$）等基团的棉纤维分子链上，然后生产出具有安全零溶出和耐洗性的抑菌抗病毒、天然健康的棉纤维。

适用范围：内衣、家纺、工装服饰、休闲服饰、运动服饰、医疗卫生及公共场合纺织品。

代表企业：利泰醒狮（太仓）控股有限公司（图25）。

图23　功能赋予——破除枷锁·探寻设计至美

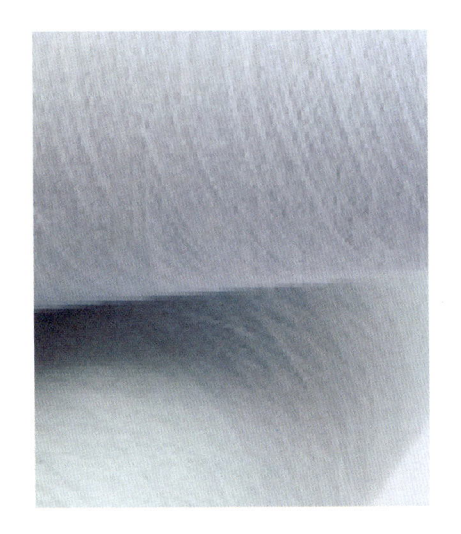

图24　纯棉抑菌抗病毒纱线

图25　利泰醒狮logo

品牌：利泰醒狮。

主要质量指标与性能（表8）。

表8　纯棉抑菌抗病毒纱线（20%锌棉）——纤维成分100%棉的主要质量指标与性能

项目	要求抑菌率（%）	实测值抑菌率（%）
金黄色葡萄球菌	≥80	97.33
大肠杆菌	≥70	91.35
白色念珠菌	≥60	85.87

2. 微纳米镶嵌纺功能性纱线

原料及规格：转杯纺　3~20S；环锭纺　21~140S。

关键词：抑菌。

推荐理由：微纳米镶嵌纺功能性纱线，通过纺纱技术创新实现了功能性微纳米纤维与普通棉纤维跨尺度附着镶嵌成纱，该产品保持了棉纤维的亲肤舒适，兼具优异持久的功能性（抑菌类产品水洗50次，抑菌率>99%）。该生产技术成熟、生产方式灵活方便、纱线质量稳定，并且可实现各种不同功能性微纳米纤维产品的生产。

适用范围：针织、家纺、服装（图26）。

图26　微纳米镶嵌纺功能性纱线产品

代表企业：魏桥纺织股份有限公司（图27）。

品牌：魏桥牌。

3. 抑菌防螨棉纱线（图28）

原料及规格：悦聚纺　精梳棉　60S。

关键词：抑菌、防螨。

推荐理由：悦聚纺技术是江苏悦达棉纺有限公司自主开发的一种新型纺纱技术，将新型纺丝与传统纺纱技术完美结合，在纺纱过程中添加特殊的功能性材料，与棉或其他纤维的均匀复合，对主体纤维性能无任何影响。采用悦聚纺纱线织成的面料，不仅省去了传统功能性助剂后整理的步骤，生产过程无污染废液产生，节能环保，且比采用传统功能性纤维纺纱节约原料成本。产品经第三方检测，具有优异的抑菌、防螨、消臭等性能，多次反复洗涤，不影响织物的手感，且仍具有符合国家标准的功能效果。

适用范围：服装、家纺、产业用纺织品（图29）。

代表企业：江苏悦达棉纺有限公司（图30）。

品牌：悦聚纺（图31）。

图27　魏桥纺织logo

图28　抑菌防螨棉纱线

图29　抑菌防螨棉纱线产品　　图30　悦达棉纺logo　　图31　悦聚纺商标注册证

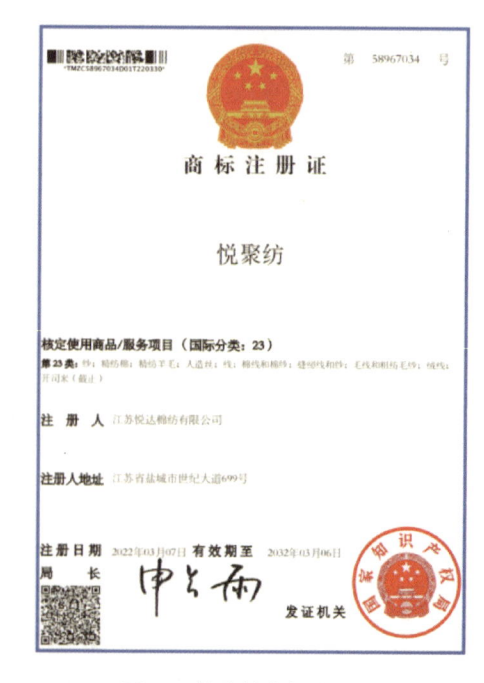

4. 赛络紧密纺汉麻棉混纺纱

原料及规格：赛络紧密纺　汉麻/棉55/45　32S。

关键词：透气、抑菌、防紫外线。

推荐理由：汉麻纤维的吸湿性符合人体皮肤生理需求，采用汉麻纤维制成的服装具有吸湿、透气、舒爽、散热、防霉、抑菌、抗辐射、防紫外线等多种功能，是一种新型、健康、时尚、绿色环保的生态纺织纤维。因汉麻纤维短绒高，断裂伸长小，长度差异大，汉麻纤维含量越高，其生产难度越大。本纱线产品汉麻比例高达55%，品质优良，可满足客户需求。

适用范围：服装、产业用纺织品（图32）。

代表企业：际华三五零九纺织有限公司（图33）。

图32　赛络紧密纺汉麻棉混纺纱产品

图33　际华三五零九纺织有限公司logo

品牌：九连环。

产品获得专利：一种新型混纺纱及其生产方法和应用，专利号：2020113715525。

5. 牛油果纤维混纺纱线（图34）

原料及规格：腈纶/精梳棉/兰精莫代尔/牛油果纤维40/30/15/15　60S。

关键词：保暖、亲肤、抑菌。

图34　牛油果纤维混纺纱线

推荐理由：该产品结合牛油果纤维特性研制开发，牛油果纤维是将牛油果中的油酸、棕榈油酸进行提炼，以适量的质量比例添加到黏胶纤维纺丝液中制备而成的一种新型植物源黏胶纤维，具有保湿亲肤、抑菌等功能。后续通过与腈纶、精梳棉、莫代尔混纺，实现多组分优势互补，莫代尔纤维能够对牛油果纤维起到很好的改善作用，进而充分克服了现有技术中牛油果纤维面料价格高昂和洗涤护理麻烦的缺点。该纱线所制备的针织面料具有洗涤护理方便、手感蓬松软糯、保暖性优异、吸湿透气、贴肤穿着舒适的优点，且具有抑菌护肤保健的功效，适合开发贴身穿着类服装产品。

适用范围：服装、家纺（图35）。

代表企业：德州彩诗禾纺织有限公司（图36）。

图35　牛油果纤维混纺纱线产品　　　　　　　　图36　彩诗禾纺织logo

品牌：彩诗禾。

主要质量指标与性能（表9）。

表9　腈纶/精梳棉/兰精莫代尔/牛油果纤维40/30/15/15　60S的主要质量指标与性能

项目	检验结果	项目	检验结果
平均单纱断裂强力（cN）	146	千米细节（-50%）（个/km）	3
单纱断裂强度（cN/tex）	14.9	千米粗结（+50%）（个/km）	12
捻度（捻/10cm）	107	千米棉结（+200%）（个/km）	98
捻系数	334	3mm毛羽数（根/m）	2.2
条干均匀度变异系数（%）	15.6	—	—

6. 再生胶原蛋白纤维混纺纱

原料及规格：赛络紧密纺　莫代尔/再生胶原蛋白90/10　80S。

关键词：舒适、健康。

推荐理由：再生胶原蛋白纤维具有高保湿和吸放湿性；富含氨基酸，具有亲肤护肤、延缓衰老、美容抗皱的功效；有良好的抑菌消臭功效；可生物降解，健康绿色环保。莫代尔纤维是一种高湿模量纤维，它不仅具有天然纤维的吸湿性，还具有合成纤维的强伸性，废弃物可自然降解，具有良好的环保性能。两种纤维混纺，所制备面料舒适、功能性强、绿色健康环保。

适用范围：童装、内衣、家纺（图37）。

代表企业：无锡一棉纺织集团有限公司（图38）。

图37　再生胶原蛋白纤维混纺纱产品

图38　一棉纺织集团logo

7. 莫代尔二醋酸纤维混纺纱（图39）

原料及规格：天丝™莫代尔/二醋酸70/30　32~40S。

关键词：快干、舒适。

推荐理由：该产品采用美国伊士曼二醋酸纤维，结合赛络紧密纺、细纱集体落纱技术，开发生产了天丝二醋酸混纺高品质纱线，生产出的纱线手感柔软、毛羽少、抗起毛起球性好、条干均匀度好。应用其制成的纺织品，织物纺织品布面光洁，亲肤友好，具有快干及凉爽触感的特质，可令肌肤时刻清凉干爽，更绿色环保。

适用范围：服装、家纺。

代表企业：南通双弘纺织有限公司（图40）。

品牌：双弘。

主要质量指标与性能（表10）。

图39　莫代尔二醋酸纤维混纺纱

图40　双弘纺织logo

表10　莫代尔二醋酸纤维混纺纱的主要质量指标与性能

品种	条干均匀度变异系数（%）	千米细节（−50%）（个/km）	千米粗结（+50%）（个/km）	千米棉结（+200%）（个/km）	毛羽指数 H值	平均单纱断裂强力（cN）
Tencel/AC70/30　40S紧赛	13.1	2	34	62	4.1	265.9
Tencel/AC70/30　32S紧赛	11.48	0	13	44	3.9	318.1

8. 赛络紧密纺腈纶纤维混纺纱（图41）

原料及规格：赛络紧密纺　莫代尔/黏胶/膨体腈纶/固体腈纶/羊毛/蚕丝30/24/20/20/3/3　50S。

关键词：六组分混纺。

推荐理由：该纱线品种由莫代尔、黏胶、膨体腈纶、固体腈纶、美利奴澳毛、桑蚕丝等六组分纤维混合纺纱而成，是纤维素纤维、聚丙烯腈纤维和天然纤维性能的相互迭代。既具有纤维素纤维吸湿舒适，聚丙烯

图41　赛络紧密纺腈纶纤维混纺纱

腈着色靓丽，澳毛柔软、保暖优点，又具有天然桑蚕丝独特的养颜护肤等功能性特点，可实现多种纤维特性互补。

适用范围：内衣（图42）。

代表企业：山东超越纺织有限公司（图43）。

品牌：中鲁超越。

图42 赛络紧密纺腈纶纤维混纺纱产品

图43 超越纺织logo

9.锦纶弹性纤维混纺纱线

原料及规格：赛络紧密纺 锦纶/弹性纤维 60/40 40S。

关键词：弹力 凉感 保型。

推荐理由：该纱线由功能锦纶短纤和弹性纤维混纺而成，由该纱线制成的面料打破了常规锦纶长丝化纤感极强的传统风格，具有良好的棉感，与弹性纤维的结合更使面料爽滑、凉感、微弹，穿着舒适贴服易打理，保型性好不易变形。

适用范围：运动服饰（图44）。

代表企业：无锡四棉纺织有限公司（图45）。

品牌：球鹤。

10.精梳棉/锦纶高强耐磨包芯包缠线（图46）

原料及规格：精梳棉/锦纶（40旦/12F）50/50 32S/2。

关键词：高强、耐磨。

推荐理由：该纱线经三次复合而成，选用长绒棉和锦纶长丝两种原料，采用独特的双丝单粗纱包芯包缠复合纱结构，使纱线兼具舒适性和高强耐磨特性，织物经整理后布面平整不易变形，是制作户外运动、军服等纺织品的理想原料。

适用范围：户外运动服、军服等（图47）。

代表企业：福建新华源科技集团有限公司（图48）。

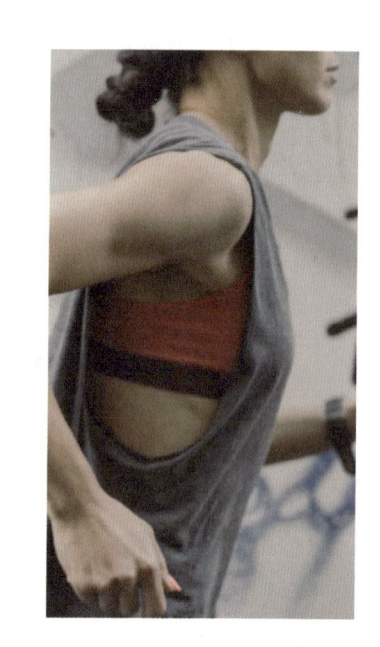

图44 锦纶弹性纤维混纺纱线产品

图45 四棉纺织logo

图46 精疏棉/锦纶高强耐磨包芯包缠线

图47 精疏棉/锦纶高强耐磨包芯包缠线产品

图48 新华源科技集团logo

主要质量指标与性能（表11）。

表11 精梳棉/锦纶（40旦/12F）50/50 32S/2的主要质量指标与性能

项目	测量结果	项目	测量结果
线密度（tex）	36.3（18.2tex×2）	百米重量偏差（%）	−0.8
单纱断裂强度（cN/tex）	37.7	千米细节（−50%）（个/km）	0
单纱断裂强力变异系数（%）	2.58	千米粗结（+50%）（个/km）	1
断裂伸长率（%）	23.7	千米棉结（+200%）（个/km）	10
百米重量变异系数CV（%）	0.6	—	—

（三）品质匠心——质朴本真·回归至简初心（图49）

品质匠心纱线，是基于常规纤维，在传统纺纱工艺基础上开展创新纤维混纺、工艺调整、设备改造等，优化纱线性能，满足消费者对高端纺织品服装的需求。科技创新助推纺织产业结构调整与升级，通过做精、做专、做透常规产品，提高产品的市场占有率和品牌影响力，让常规纱线焕发出新的价值。

1. 复合捻向纱线（图50）

原料及规格：100% 棉20~40S。

关键词：抗起毛起球、耐磨。

推荐理由：通过纺纱技术创新，在同一根单纱内存在着两种不同捻向的纤维束，通过加捻作用实现捻向相异的纤维束相互复合缠绕成纱，该单纱结构可以有效降低成纱毛羽、提升单纱强力，从而大幅改善成纱及所织面料的耐磨及抗起毛起球等性能。

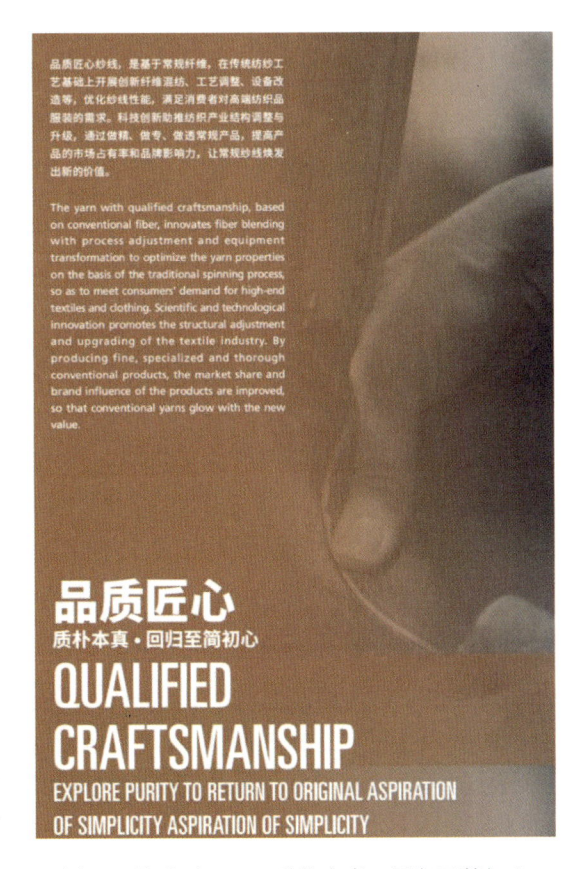

图49 品质匠心——质朴本真·回归至简初心

适用范围：针织T恤领域（图51）。

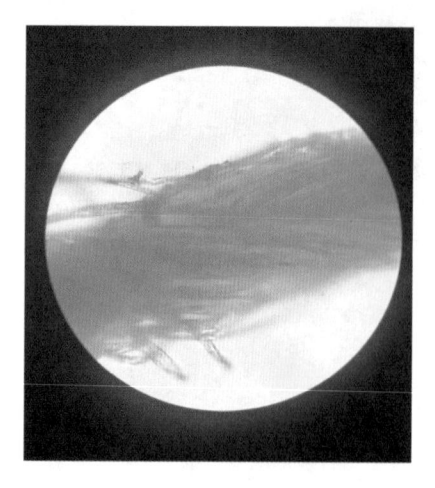

图50　复合捻向纱线显微镜图片

图51　复合捻向纱线产品

代表企业：魏桥纺织股份有限公司（图27）。

品牌：魏桥牌。

主要质量指标与性能（表12）。

表12　复合捻向40sK双纱汗布的主要质量指标与性能

检测项目	检测依据	实测值
抗起毛起球	GB/T 4802.2—2008	2000r 4–5级
耐磨	GB/T 21196.1—2009	126000r出现破洞
无尘率	—	1.47%

2. 丝光羊毛复合包芯纱（图52）

原料及规格：羊毛/涤纶长丝50/50　32S；羊毛/锦纶长丝50/50　32S。

关键词：蓄热、抑菌。

推荐理由：该产品应用羊毛纤维，结合环锭纺、包芯纱装置、细纱集体落纱技术，开发生产了羊毛/涤纶长丝、羊毛/锦纶长丝等包芯混纺高品质纱线，手感柔软、强度高、毛羽少、抗起毛起球性好、条干均匀度好。应用其制成的纺织品，织物纺织品布面光洁，轻蓬暖柔，耐磨性好、蓄热升温、改善微循环、有助抑菌功能，与此同时更为绿色环保。

适用范围：服装、家纺。

代表企业：南通双弘纺织有限公司（图40）。

品牌：双弘。

产品获得专利：《一种包芯纱纺纱装置》（ZL 2022　20045408.2）（图53）。

主要质量指标与性能（表13）。

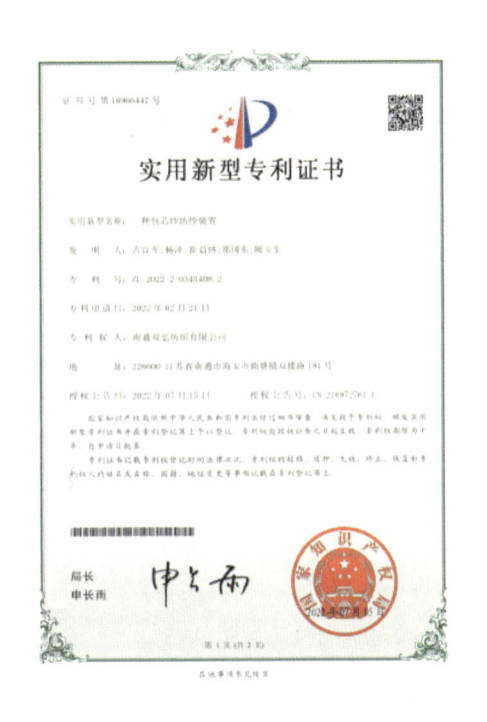

图52　丝光羊毛复合包芯纱　　　　图53　《一种包芯纱纺纱装置》专利证书

表13　丝光羊毛复合包芯纱的主要质量指标与性能

品种	条干均匀度变异系数（%）	千米细节（-50%）（个/km）	千米粗结（+50%）（个/km）	千米棉结（+200%）（个/km）	毛羽指数 H 值	平均单纱断裂强力（cN）
羊毛/涤纶长丝50/50　32S	11.6	1.3	7.5	11.8	3.15	640.2
羊毛/锦纶长丝50/50　32S	11.9	0.5	6.5	13.6	3.26	645.5

3. 喷气涡流纺再生纤维素纤维聚酯包芯纱（图54）

原料及规格：喷气涡流纺　黏胶/PBT（50旦/24F）25S。

关键词：易染色、舒适、耐洗涤。

推荐理由：本产品由两种纤维组成，芯纱采用涤纶长丝或其他长丝，外包黏胶短纤，利用涡流纺纱机及特殊加芯纱机构纺制。该纱线充分发挥涤纶长丝挺爽、抗折皱、易洗快干的优点，同时发挥外包黏胶纤维吸湿好、静电少，不易起毛起球的特长。织成的织物易染色整理、穿着舒适、耐洗涤，且色泽鲜艳，美观大方。与此同时，在保持和改进织物性能的同时，可减轻织物的重量。

图54　喷气涡流纺再生纤维素纤维聚酯包芯纱

适用范围：T恤、衬衣、工作服、被单、家用装饰布。

代表企业：巴州金富特种纱业有限公司（图55）。

主要质量指标与性能（表14）。

图55　金富特种纱业logo

表14　喷气涡流纺再生纤维素纤维聚酯包芯纱的主要质量指标与性能

品种	平均单纱断裂强力（cN）	条干均匀度变异系数（%）	千米棉结（+200%）（个/km）	毛羽	备注
OER25S	350	12	10	4.2	普通涡流纺
	481	11.4	6	3.11	涡流纺包芯纱

4. 转杯纺棉莱赛尔混纺纱线

原料及规格：转杯纺　棉/莱赛尔63/37　7~32S。

关键词：舒适、环保、易染色。

推荐理由：该产品以天然植物纤维为原料，生产过程无化学反应，绿色环保，具有棉纤维的舒适性、手感好、易染色等特点。经一系列工艺优化，有效规避了布面染色出现大面积条花的现象。

适用范围：服装、家纺（图56）。

代表企业：浙江九舜纺织有限公司（图57）。

图56　转杯纺棉莱赛尔混纺纱线产品　　　图57　九舜纱线logo

品牌：JIUSHUN。

主要质量指标与性能（表15）。

表15　转杯纺棉莱赛尔混纺纱线的主要质量指标与性能

项目	实测结果（16S）
纤维含量（%）（结合公定回潮率）	棉：63.3 再生纤维素纤维：36.7
线密度（tex）	36.3
条干均匀度变异系数（%）	10.8
平均单纱断裂强力（cN）	455
断裂伸长率（%）	7.8
捻度（捻/10cm）	50.7

5. 国产莱赛尔纱线

原料及规格：10%~100%莱赛尔　21~120S。

关键词：高支。

推荐理由：国产莱赛尔纤维原料具有并丝、硬板丝及疵点含量高等特点，通过对纺纱流程的创新及纺纱参数的优选设计，成功解决国产莱赛尔纤维无法高支化生产与应用的技术瓶颈，且使国产莱赛尔纱线指标优于进口莱赛尔纱线指标，实现国产莱赛尔纤维高支规模化生产。

适用范围：针织、家纺、服装（图58）。

代表企业：魏桥纺织股份有限公司（图27）。

品牌：魏桥牌。

产品获得专利：《一种国产莱赛尔高支纱线及其生产方法》（ZL 202110397035.3）（图59）。

图58　国产莱赛尔纱线产品

6. 有机棉精梳漂白高强纱（图60）

原料及规格：赛络紧密纺　100%有机棉　40~60S。

关键词：高强。

推荐理由：原料全部采用有机棉，纱线条干好、棉结少、毛羽少，纱体顺滑光洁、强度高，所制备面料耐磨与回弹性好，纺纱过程低碳、节能、环保、绿色化，风格独特，是高档服装面料首选纱之一。

适用范围：服装、家纺、产业用纺织品。

代表企业：扶沟县昌茂纺织有限责任公司（图61）。

品牌：昌茂。

图59　《一种国产莱赛尔高支纱线及其生产方法》发明专利证书

图60　有机棉精梳漂白高强纱

图61　昌茂纺织logo

主要质量指标与性能（表16）。

表16　有机棉精梳漂白高强纱60S的主要质量指标与性能

检验项目	检验结果	检验项目	检验结果
平均单纱断裂强力（cN）	182	千米细节（-50%）（个/km）	2
单纱断裂强度（cN/tex）	18.7	千米粗结（+50%）（个/km）	15
捻度（捻/10cm）	125	千米棉结（+200%）（个/km）	26
捻系数	389	3mm毛羽数（根/m）	2.7
条干均匀度变异系数（%）	12.1	—	—

7. 莫代尔长绒棉混纺高支纱

原料及规格：超细旦莫代尔/棉　60/40　140S。

关键词：高支。

推荐理由：该纱线采用兰精超细旦莫代尔纤维及新疆特长长绒棉混纺，细度可达140S，与常规莫代尔/棉混纺纱相比，条干好、棉结少，面料柔软、透气。

适用范围：针织圆机原纱、拉架平纹布、家居服等（图62）。

代表企业：德州华源生态科技有限公司（图63）。

图62　莫代尔长绒棉混纺高支纱产品

图63　华源生态科技logo

8.莱赛尔羊毛聚酯混纺纱线

原料及规格：50%~70%莱赛尔纤维，5%~15%超细丝光澳毛，25%~35%PBT聚酯纤维。

关键词：亲肤、保暖。

推荐理由：产品成分为50%~70%莱赛尔纤维，5%~15%超细丝光澳毛和25%~35%PBT聚酯纤维，具有棉的舒适性、涤纶的强度、毛织物的豪华美感和真丝的独特触感及柔软垂坠。莱赛尔纤维吸湿排汗、触感丝滑且亲肤，可以生物降解；再辅以高支进口羊毛，可增加保暖性。

适用范围：服装、家纺、产业用（图64）。

代表企业：广世纺织（张家港）有限公司（图65）。

图64 莱赛尔羊毛聚酯混纺纱线产品

图65 广世纺织logo

（四）视觉时尚——流光溢彩·扮靓多彩人生（图66）

视觉时尚纱线，打破固态刻板印象，利用新色彩、新花型，开发花式纱、色纺纱及仿真纱线，带来全新视觉冲击。原创性色彩配比，科学固色工艺，让美丽持续停留；突破性牵伸工艺，前沿花型设计，让视觉也可以有触感。衣着不平凡，家居不平淡，生活不平庸，视觉时尚纱线唤醒人们视觉触觉感官，激发美好想象与别样追求。

1.粗纺砂砾圈圈纱

原料及规格：PET 3.1~18Nm。

关键词：圈圈纱。

推荐理由：圈圈纱融入一定比例低弹丝，使其具有非常舒适的伸缩性，织片可塑性更强；通过饰纱超喂在纱线的表面上形成封闭的圆形，外以固纱包缠来固定花型；圈圈纱的使用使纱线自带砂砾感，这样能够以较少的纱线纺织成粗纺面料，实现了产品轻量化，而原料

图66 视觉时尚——流光溢彩·扮靓多彩人生

的减少直接降低了生产能耗，从而减少温室气体的排放。

适用范围：羊毛衫、运动衣、裤等织物、家居产品等（图67）。

代表企业：旷达纤维科技有限公司（图68）。

图67　粗纺砂砾圈圈纱产品　　　　图68　旷达纤维科技logo

品牌：旷达。

产品获得认证/专利：《耐磨透气车用内饰花式卷曲纱面料和使用该面料的座椅》《一种再生环保有色差别化纤维及其织成的面料》。

2. 变捻纱（图69）

原料及规格：捻系数290~680　变捻长度20~1000　16~60S。

关键词：新结构、新功能。

推荐理由：纱线在保持纱支不变的情况下，通过捻度变化可实现布面不同风格；捻系数为290~490根据要求从程序设计中实现不规则变化；布面纱线由高捻纱和低捻纱不规律组成，实现褶皱风格，或通过染色着色差异呈现独特的不规则横条风格。

适用范围：服装（图70）。

图69　变捻纱

图70　变捻纱产品

代表企业：山东联润新材料科技有限公司（图71）。

产品获得认证：《一种变捻纱及其纺纱方法》（ZL 201910022422.1），2022年6月，通过科技鉴定（纺科鉴字〔2022〕第51号），鉴定结论为"整体技术处于国际先进水平，其中变捻纱的生产方法处于国际领先水平"（图72）。

图71　联润新材料logo

3. 大差异比例AB竹节纱（图73）

原料及规格：AB差异极限比例85/15　16~40S。

关键词：大差异比例。

推荐理由：该纱线将新一代数字化、信息化、智能化技术与纺织行业深度融合，实现了色泽变化丰富、结构变化多样、功能多重组合的时尚风格纱线产品的智能化生产。AB差异一般控制在80%∶20%，极限可以到达85%∶15%；大差异比例AB竹节纱因独特的布面风格，鲜明的层次感、立体感倍受市场青睐，市场需求量也逐年增加，经济效益好。

适用范围：服装（图74）。

图72　《一种变捻纱及其纺纱方法》发明专利证书

图73　大差异比例AB竹节纱

图74　大差异比例AB竹节纱产品

代表企业：山东联润新材料科技有限公司（图71）。

4. 腈纶多组分混纺色纺纱（图75）

原料及规格：赛络紧密纺　腈纶/精梳棉/黏胶/蚕丝/山羊绒50/22/22/3/3　40S。

关键词：天然。

推荐理由：腈纶多组分混纺色纺纱采用色纺纱纤维纺纱前着色工艺，低碳环保、色牢度好，含羊绒、蚕丝等天然纤维，更天然、高端、时尚，具有安全环保等特点。

适用范围：服装、针织等（图76）。

代表企业：沛县新丝路纺织有限公司（图18）。

品牌：新起点色纺（图77）。

图75　腈纶多组分混纺色纺纱

图76　腈纶多组分混纺色纺纱产品

图77　新起点色纺商标注册证

附件　2023/2024中国纱线流行趋势推荐产品名单（附表1）

附表1　2023/2024中国纱线流行趋势推荐产品名单

序号	产品名称	企业名称	原料及规格
1	转杯纺再生古棉聚酯纤维混纺纱	河南锦胜纺织有限公司	转杯纺再生古棉/涤纶80/20　10~32S
2	海洋再生聚酯纤维纱线	吴江京奕特种纤维有限公司	100% 海洋再生涤纶　30S
3	赛络紧密纺循环再利用再生纤维素纤维高支纱	林茨（南京）黏胶丝线有限公司	赛络紧密纺　FINEX　黏胶　60S
4	赛络紧密纺亚麻再生纤维素纤维混纺纱	河南平棉纺织集团股份有限公司	亚麻/环保黏胶55/45　15S
5	赛络紧密纺再生纤维素纤维棉混纺本色纱	南通华强布业有限公司	赛络紧密纺　环保黏胶/棉60/40　32S
6	降耗节水牛仔色纺纱	百隆东方股份有限公司	ECOINDIGOTM牛仔纱线
7	聚乳酸混纺色纺纱	沛县新丝路纺织有限公司	赛络紧密纺　黏胶/聚乳酸/精梳棉 50/30/20　40S
8	生物基尼龙混纺色纺纱	汶上如意技术纺织有限公司	棉/生物基尼龙/莱赛尔40/30/30　16~50S
9	纯棉抑菌抗病毒纱线	利泰醒狮（太仓）控股有限公司	100% 改性抑菌棉　20~60S
10	微纳米镶嵌纺功能性纱线	魏桥纺织股份有限公司	转杯纺　3~32S；环锭纺　21~140S

续表

序号	产品名称	企业名称	原料及规格
11	抑菌防螨棉纱线	江苏悦达棉纺有限公司	悦聚纺 精梳棉 60S
12	赛络紧密纺汉麻棉混纺纱	际华三五零九纺织有限公司	赛络紧密纺 汉麻/棉55/45 32S
13	再生胶原蛋白纤维混纺纱	无锡一棉纺织集团有限公司	赛络紧密纺 莫代尔/再生胶原蛋白90/10 80S
14	牛油果纤维混纺纱线	德州彩诗禾纺织有限公司	腈纶/精梳棉/兰精莫代尔/牛油果纤维40/30/15/15 60S
15	莫代尔二醋酸纤维混纺纱	南通双弘纺织有限公司	天丝™莫代尔/二醋酸70/30 32~40S
16	赛络紧密纺腈纶纤维混纺纱	山东超越纺织有限公司	赛络紧密纺 莫代尔/黏胶/膨体腈纶/固体腈纶/羊毛/蚕丝30/24/20/20/3/3 50S
17	锦纶弹性纤维混纺纱线	无锡四棉纺织有限公司	赛络紧密纺 锦纶/弹性纤维60/40 40S
18	精梳棉/锦纶高强耐磨包芯包缠线	福建新华源科技集团有限公司	精梳棉/锦纶（40旦/12F）50/50 32S/2
19	复合捻向纱线	魏桥纺织股份有限公司	100% 棉 20~40S
20	丝光羊毛复合包芯纱	南通双弘纺织有限公司	羊毛/涤纶长丝50/50 32S；羊毛/锦纶长丝50/50 32S
21	喷气涡流纺再生纤维素纤维聚酯包芯纱	巴州金富特种纱业有限公司	喷气涡流纺 黏胶/PBT（50旦/24F）25S
22	转杯纺棉莱赛尔混纺纱线	浙江九舜纺织有限公司	转杯纺 棉/莱赛尔63/37 7~32S
23	国产莱赛尔纱线	魏桥纺织股份有限公司	10%~100%莱赛尔 21~120S
24	有机棉精梳漂白高强纱	扶沟县昌茂纺织有限责任公司	赛络紧密纺 100%有机棉 40~60S
25	莫代尔长绒棉混纺高支纱	德州华源生态科技有限公司	超细旦莫代尔/棉60/40 140S
26	莱赛尔羊毛聚酯混纺纱线	广世纺织（张家港）有限公司	50%~70%莱赛尔纤维，5%~15%超细丝光澳毛，25%~35% PBT聚酯纤维
27	粗纺砂砾圈圈纱	旷达纤维科技有限公司	PET 3.1~18Nm
28	变捻纱	山东联润新材料科技有限公司	捻系数290~680，变捻长度20~1000，16~60S
29	大差异比例AB竹节纱	山东联润新材料科技有限公司	AB差异极限比例85/15 16~40S
30	腈纶多组分混纺色纺纱	沛县新丝路纺织有限公司	赛络紧密纺 腈纶/精梳棉/黏胶/蚕丝/山羊绒50/22/22/3/3 40S

撰稿人：贺文婷

2024 中国布艺流行趋势
2024 China Fabric Fashion Trends

2024 TRENDS

衍 & 蓄

衍 & 蓄

怀着对过去的敬畏和对未来的期待，不断探索新的可能、创造新的形式、展现新的风格、满足新的需求、反映新的价值。单一的思维模式逐渐被打破，创意与表达更具丰富性与深度，人们在变与不变之间寻找平衡。展望未来，"以创新求进化，以包容求拥抱" "衍变创新、兼收并蓄"。我们在"随心所域"中满足真实自我需求，思"万维衍续"践行生态永续发展，观"文化释界"创多元共融之美。

Evolution · Accumulation

With reverence for the past and expectations for the future, we constantly explore new possibilities, create new forms, display new styles, meet new needs, and reflect new values. The single mode of thinking is gradually broken, creativity and expression are more rich and deep, and people are looking for a balance between change and unchanged. Looking forward to the future, we "seek evolution through innovation, embrace through inclusiveness", and "evolve innovation and inclusiveness". In the " Chosen Dream" to meet the needs of the real self, thinking of "Continuable Everything" practice ecological sustainable development, view the "Culture Unbound" to create the beauty of diversity and integration.

随心所域　　Chosen Dream

新时代的居者拥有张弛有度的稳定力量，他们坚持自我身份的表达，不在意他人的眼光；追求随心自在、抵制内卷和PUA；明确地宣誓着自己的生活态度，勇敢地释放灵魂的力量。他们崇尚精致的简约，摒弃冗余和做作，既追求品质又注重颜值，感性和理性并存。触发原生质感、产生情感能量的产品打造出独属于自我的心灵域所，或明媚活力、或舒适安心、或浪漫纯粹、或随性惬意……在不经意间提振情绪，让生命流动升腾。

The dwellers of the new era have a balanced and stable power. They insist on expressing their own identity and do not care about the opinions of others; they pursue freedom and comfort, resist involution and PUA; they clearly declare their attitude towards life and bravely release the power of their soul. They advocate exquisite simplicity, discard redundancy and pretentiousness, pursue quality and value appearance, and have both sensibility and rationality. Products that trigger primal texture and emotional energy create a unique realm of mind that belongs to themselves, either bright and lively, or comfortable and secure, or romantic and pure, or casual and cozy… They inadvertently boost their mood and make their life flow and rise.

· 270 ·

色彩

本组色彩营造出一个放松和释放的自在空间：明亮欢快的甜橙、温柔甜美的奶黄和元气清爽的气泡绿犹如一剂夏日的多巴胺，阳光、欢乐，既充满生机又不过分强烈。简单而实用的中性色，温柔浪漫的雾霭玫瑰、理智沉稳的灰石色、自然舒适的软木棕等搭配奶油色，不仅保持了原有的宁静，还更增加了平和素雅。

Color

These colors create a relaxed and free space: bright and cheerful sweet orange, gentle and sweet cream yellow and refreshing bubble green are like a dose of summer dopamine, sunny, joyful, full of vitality and not too strong. Simple and practical neutral colors, such as gentle and romantic misty rose, rational and calm gray stone color, natural and comfortable cork brown, etc., matched with cream color, not only maintain the original tranquility, but also increase the sense of peaceful elegance.

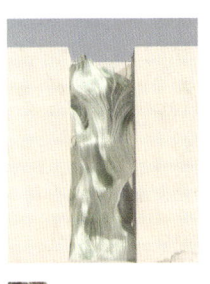

图案 Pattern

同色系的印花、提花、压花既统一和谐又不失变化。一些令人愉悦的元素，如随机的纹理、渐变、自由流动的线条等营造悦出己的氛围；由岩石纹演变而来的波浪、扭曲、放射性图案等灵动且富有律动感，让人心情舒畅；不规则的几何、新式条纹及格纹以叠透、视错觉等手法呈现，看似随意，实则暗藏章法，隐隐散发着充满智性的幽默与优雅，轻松创造出松弛感和愉悦感，展现自由奔放的时尚态度。

Monochromatic prints, jacquards or embossing are both harmonious and varied. Some pleasant elements, such as random textures, gradients, free-flowing lines, etc., create a pleasing atmosphere; dynamic and rhythmic patterns derived from rock textures, such as waves, twists, radiation patterns, etc., make people feel relaxed; irregular geometry , new stripes and plaid patterns are presented with techniques such as transparency overlap , optical illusion , etc . , seemingly casual but actually hidden rules , subtly exuding humor and elegance full of intelligence , easily creating a sense of relaxation and pleasure , showing a free-spirited fashion attitude .

织物 Fabric

以高品质的天然材质为基础，超高支高密的有机棉、蓬松轻软的羊毛、质地细腻的亚麻混纺等，以及麂皮绒、仿真皮草等化纤材质赋予产品软糯舒适的触感；真丝、天丝等混纺织物以丝质化外观和垂坠的特质散发高级而低调的光泽，释放放松舒展的愉悦感；不规整的肌理、褶皱等元素营造出一种自然而随性的美感，也能体现对细节的关注和品味；哑光的薄纱轻盈、通透，妆点出感性空灵的空间。不同材质的组合既丰富了质感又保证了易打理和耐用。

Based on high-quality natural materials, such as ultra-high-count high-density organic cotton, fluffy soft wool, fine-textured linen blends, etc., as well as suede velvet, faux fur and other synthetic materials, the products have a soft and comfortable touch; silk,tencel and other blended fabrics emit a high-end but low-key luster with a silky appearance and a draping quality, releasing a relaxing and soothing pleasure; irregular textures, wrinkles and other elements create a natural and casual beauty, which also reflects attention to detail and taste; matte gauze is light and transparent, embellishing a sensual and ethereal space. The combination of different materials enriches the texture and ensures easy care and durability.

1.无锡万斯家居科技股份有限公司 22JE208 白昼线 /2.ELASTRON GROUP Vivaldi Beige /3.海宁市伦博纺织有限公司 G1173 卢浮印象 /4.吴江中冠纺织有限公司 时影 /5.海宁市金佰利纺织有限公司 NB2304C-24 /6.海宁市卡农纺织有限公司 TS202306 /7.海宁东港泰信纺织有限公司 植绒易去污沙发面料（米色）/8.海宁万得利纺织有限公司 7701 /9.浙江玛雅布业有限公司 A3400-5A 光影斑驳 /10.海宁万德福纺织有限公司 RW1764

1.桐乡市宏城世纪纺织有限公司 HC9988 / 2.海宁市秦纶纺织有限公司 BL63 / 3.海宁市丝华布艺织造有限公司 SH23011 龙鳞纹绒布 / 4.海宁市卡乐福家纺有限公司 ANGELES / 5.海宁市志诺纺织股份有限公司 ZN223-11 / 6.浙江华辰新材股份有限公司 HC23001 满格华夫 / 7.广州市源志诚家纺有限公司 上善若水 / 8.浙江凯达布业有限公司 XD130 / 9.浙江升丽纺织有限公司 Z230269-2 竹林风 /10.国可傲家居（杭州）有限公司 GKASHEER501-528580-7 空蒙山色

万维衍续　　　　　Continuable Everything

我们正步入一个数字未来的时代——Web3.0、元宇宙、ChatGPT、NFT等处处彰显着数字科技的魔力。环境危机和资源紧缺让可持续升级为一种社会意识，不断植于我们的生活方式和价值观。人们开始深入交流探索数字科技和可持续性之间的各种可能。以数字赋能天然材料的形态交织，创造出富有原生质感的产品。同时，将天然、环保、再生的材料赋予低碳、节能、循环的技术和理念，重塑人类、技术与自然的依存关系，实现人与万物多维并存，共生共长。

We are entering an era of digital future - Web3.0, metaverse, ChatGPT, NFT, etc. everywhere show the magic of digital technology. Environmental crisis and resource scarcity make sustainability upgrade to a social awareness, constantly implanted in our lifestyle and values. People start to communicate deeply explore the various possibilities between digital technology sustainability. The form of natural materials interwoven with digital empowerment creates products with rich primal texture. At the same time, natural, environmental, recycled materials are endowed with low-carbon, energy-saving, circular technology concepts, reshaping human, technology nature's interdependence relationship, realizing multi-dimensional coexistence of people everything, symbiosis growth.

色彩

本组色彩满足了对未来世界的美好想象——带有循环气息的淡棕色和拥有振奋能量的翻糖粉等中性色融入了蔚蓝、忍冬、麦麸色、橄榄绿等鲜明的自然色彩，仿若穿梭在林间山色，让人倍感活力，充满生机。极致灰、深棕红、深蓝等深沉的高级色彩，与亮白色形成强烈对比，彰显出前卫大胆的时尚精神和对数字未来的无限畅想。

Color

These colors satisfy the beautiful imagination of the future world - recycled light brown energizing fondant pink other neutral colors blend into bright natural colors such as azure honeysuckle wheat color olive green etc . as if traveling through forest mountains making people feel energetic full of vitality . Extreme gray dark brown red dark blue other deep advanced colors contrast sharply with bright white highlighting avant-garde bold fashion spirit infinite imagination digital future .

织物 Fabric

数字科技与循环再生在这里达成共识：人造皮革和竹纤维、莫代尔等植物基面料仍然受到人们的追捧；人工痕迹和天然瑕疵，如结节、修补、锈迹、氧化、做旧、磨损等所带来的的人文特征和情怀无法被取代；在循环经济的理念下，更加专注于翻新、修复、回收、降解等废旧纺织品回收技术，以延长产品的使用周期。废物回收、循环聚合的再生产品不断涌现，开启无限循环的产业革命；同时，拥有神秘色彩的光亮釉质面料、加入金属丝和亮泽纱线的织物冷冽前卫，象征着人类对新未来主义的探索和创造。

Digital technology circular regeneration reach consensus here : artificial leather bamboo fiber modal other plant-based fabrics are still popular ; artificial traces natural defects such as nodules repair rust oxidation aging wear etc . bring human characteristics feelings can not be replaced ; under concept circular economy more focused renovation repair recycling degradation other waste textile recycling new technologies extend product life cycle . Waste recycling circular polymerization recycled products continue emerge opening up infinite cycle industrial revolution ; same time mysterious color bright glazed fabrics fabrics with metal wire shiny yarn cold avant-garde symbolizing human exploration creation new futurism .

图案 Pattern

叶片，标本，手绘植物，海洋生物，迷彩，斑驳的地质纹理和动物纹样等直观图案，与光感微生物、地苔等微观图案传达出对自然界的敬畏和赞美。奇异的热带花卉被赋以夸张外形，充满了对未来新奇物种的大胆想象；以波光图案、植物扫描印花、像素化植物、数字生物图案等类自然元素搭配缤纷色彩，描绘出对数字化时代的创想，是对魔幻超自然的生动诠释；在循环再生的理念下，不同材料混合而成的斑点微粒图案开始流行，粗扩的编织图案也表达着不可替代的人文情怀……

Leaf specimens hand-painted plants marine life camouflage mottled geological textures animal textures other intuitive patterns with light-sensitive microorganisms moss other microscopic patterns convey awe praise nature ; strange tropical flowers are given exaggerated shapes full of bold imagination future new species ; with wave patterns plant scanning prints pixelated plants digital biological patterns other natural elements with colorful colors depict imagination digital age vivid interpretation magic supernatural ; under concept circular regeneration different materials mixed form speckled particle patterns start popular rough woven patterns also express irreplaceable human feelings …

1.海宁市伦迪纺织有限公司 21045-2 / 2.浙江杰科纺织科技股份有限公司 JK2300-12 / 3.海宁居莱纺织有限公司 JLW8228212 流线 / 4.浙江嘉利和纺织科技有限公司 R2034 磨砂绒暗纹 / 5.海宁市布妍诚纺织有限公司 FA3068-1 纳勒斯 / 6.海宁卡勒纺织股份有限公司 K717 / 7.海宁市双飞布业有限公司 OTY003 缺缺纱 / 8.海宁市新时新织造有限公司 S22006A / 9.海宁市伊诺纺织有限公司 PS5070-6 / 10.海宁市经之纬家纺织造有限公司 SJ665 晨曦 / 11.浙江鑫利莱纺织有限公司 9737

1.浙江艾诺纺织科技有限公司 G1038 段染色织沙发布 / 2.杭州尼特尔纺织有限公司 JF5201-03 / 3.嘉诚纺织装饰品实业有限公司 23075-01 01 YOKO / 4.海宁市新时代纺织有限公司 XSD2220 / 5.诺华（杭州）纺织有限公司 50435 / 6.海宁市凯逸纺织有限公司 Jky3326-1 / 7.浙江锦豫纺织科技有限公司 JYXP001 绒布沙发面料 / 8.华尔泰国际纺织（杭州）有限公司 1914C09 扩野 / 9.海宁市金雅特纺织有限公司 J105-13 / 10.海宁市鑫亚伦纺织股份有限公司 QC6613-1

文化释界
Culture Unbound

消费需求、科技创新、市场竞争和政策环境的变化共同催生出文化创新的新业态。人们将视野聚焦于传统与现代、传承与创新、多元与和谐的美学理念，以文化的视角探索和展现不同地域的生活方式、审美取向和价值观念。它们超越时空的界限，延续经典设计的美感，敬致传统与历史。通过跨界诞生出一种新的艺术方式和表达形式，以此激发创新活力、凝聚社会共识、引领时代风尚。

The epidemic has accelerated the advent of the digital age, and digitalization and informatization have become the only way for social development. The boundary between the real world and the virtual world has gradually begun to blur, and artificial intelligence and virtual experience have sprung up along with the rapid development of the society. The fashion inspiration of digital technology is awakened, and it makes a "Phantom movement" between different materials, patterns and technologies.

色彩

黑白灰作为基底色，搭配具有时尚前卫感和科技感的柠檬黄、活力橙、深空蓝、奇异果绿、浆果紫等振奋人心的活力色彩，组成了具有反叛精神的鲜明色调，他们联合起来，拨开持续已久的沉闷迷雾，用色彩的力量为战胜未来的不确定因素增强信心。

Color

Black and white gray as the base color, collocation with fashion avant-garde sense and technology sense of lemon yellow, vitality orange, deep space blue, exotic fruit green, berry purple exciting vitality color, formed the rebellious spirit of distinct tone, they unite, open the long-lasting dull fog, with the power of color to overcome the future uncertainty to enhance confidence.

织物 Fabric

激光切割、3D打印等依旧盛行；带有涂层的防护性产品、满足人性化需求的功能性产品在此备受关注。同时，有着炫彩效果的新型工艺、3D视幻、发光纤维等也吸引着人们的眼球，他们都带有时尚和前卫的自我属性，为未来产品注入丰富的数字化外观。

Laser cutting, 3D printing is still popular; the protective products with coating, functional products to meet the needs of humanization have attracted much attention here. At the same time, the new process, 3D dazzling color effect, vision and luminous fiber also attract people's attention, they have fashion and avant-garde self-attributes, injecting rich digital appearance into the future products.

图素 Pattern

几何图案与数字科技相得益彰：跳跃色块、玩味几何、数字电波、线性结构等映射了当下的数字化趋势；此外趣味图案、抽象图案，富有韵律的波点、柔焦效果、像素化图案、渐变霓虹等也反映出人类与时尚未来的联系与思考；种种颠覆传统的新奇造型在这里成就了对虚拟世界的无限遐想。

Geometric patterns and digital technology complement each other: jumping color blocks, playful geometry, digital waves, linear structures, etc., reflect the current digital trend; In addition, interesting patterns, abstract patterns, rhythmic wave points, soft focus effects, pixelated patterns, gradient neon etc. also reflect the connection and thinking between human beings and fashion in the future; All kinds of novel styles that subvert the tradition have achieved unlimited reveries of the virtual world here.

时尚研发

1. 浙江埃齐奥纺织有限公司 G2590 Peony / 2. 海宁市千百芸织造有限公司 AD91002 飞马神兽 / 3. 浙江布朗斯纺织科技有限公司 B023-S169-D4 / 4. 浙江布言语纺织科技有限公司 223-9-1 锦织山韵 / 5. 海宁市舒雅达纺织科技有限公司 2352X-43A 麋纳之光 / 6. 浙江民辉纺织有限公司 丝竹清韵 / 7. 海宁天屹纺织科技股份有限公司 SF1547 / 8. 新空间布业有限公司 KF100-300 心心向城 / 9. 烟台北方家用纺织品有限公司 NHT-23015 月白枫清 / 10. 浙江和心控股集团有限公司 HX001640-3

1. 海宁市金佰利纺织有限公司 NB2302A-22 / 2. 海宁市蕴凡纺织有限公司 2 简欧黑白 / 3. 桐乡市卡申纺织品有限公司 KS1228-32 / 4. 海宁金永和家纺织造有限公司 JYH9960T-1 / 5. 杭州艺科家居有限公司 YK23108-3 蒲草飞花 / 6. 海宁市华亿经编有限公司 HYHL001 荷兰城 压胶 / 7. 美线之家 KALPA OCEAN / 8. 海宁金永和家纺织造有限公司 JYH9967T-1 / 9. 海宁艾特丝布业有限公司 ATS078 / 10. 海宁市金佰利纺织有限公司 0177

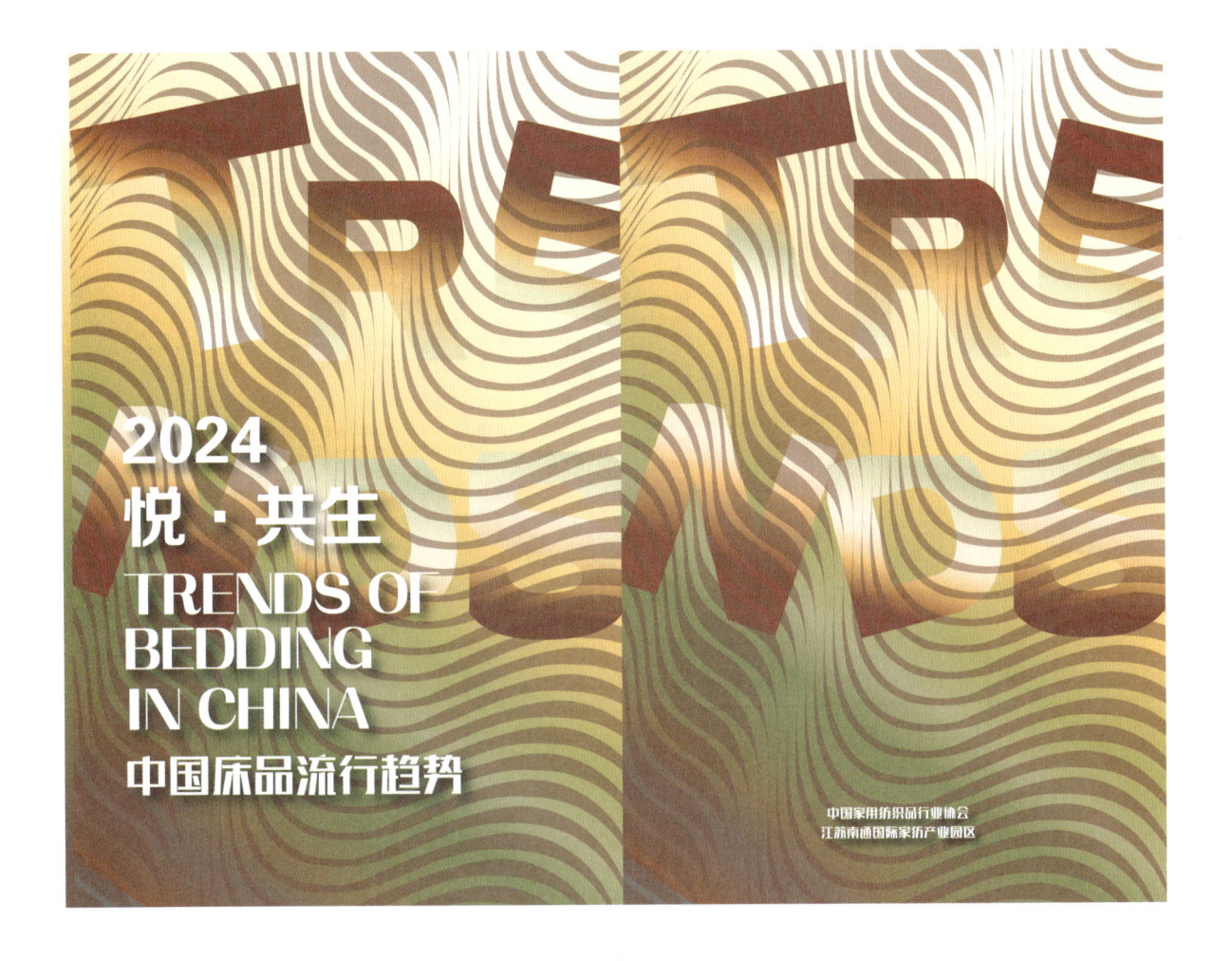

2024 TRENDS
OF BEDDING IN CHINA
中国床品流行趋势

发布单位：中国家用纺织品行业协会
　　　　　江苏南通国际家纺产业园区
研究单位：中国家用纺织品行业协会时尚研究拓展部

悦·共生

不确定因素的常态化让人们更加重视身心健康和生活品质，对于幸福感的追求越加浓烈，希望通过提升居家生活的舒适度和个性化程度，"**悦**"享生活。

在生态危机和文化冲突的背景下，人们高度重视自然环境与社会文化的变化，更加意识到与自然、社会和谐共处的重要性，以减少资源消耗和污染排放等手段保护环境和生物多样性，以及使用新型数字科技、增加文化交流和融合，促进多元、包容的社会氛围，实现人与自然、人与人的共生共荣。"**共生**"是人们对自然、科技、人文和社会的关注和尊重，也是对可持续发展的倡导和实践。

在这种全新认知下，自我觉醒的本我与精神在喧嚣的世界中倾听内心真实的呼唤，于"**静语**"中达成稳定统一，得到一种有序的平衡；聚焦生态循环发展，坚持"**守望**"大自然的生机与力量，与万物共生；打破技术壁垒，紧跟时代步伐，通过对虚拟世界的探索和创造，以及对科技未来的想象和期待尽在"**幻潮**"；勇于突破传统，迎接多元共融，带着对多元文化的尊重和欣赏，以及对国潮和复古的钟爱，在"**竞彩**"中交流与碰撞，共话创新未来。

在时代浪潮中，"**静语**""**守望**""**幻潮**""**竞彩**"通达与共，开启"**悦·共生**"的美好世界！

静语

各类社交媒体和信息的爆炸式增长，使生活中充斥着大量无效社交和庞杂的内容，人们亟需按下暂停键，以一种简约舒适的高质化生活方式，回归生命的本质和内在的价值。

遵循感性生活、以人为本、以材为基、以质为魂，以理性消费的价值理念，以简洁实用的设计、松弛随性的外观、经久耐用的品质、柔软亲肤的触感、温和淡雅的色彩，营造出平和、宁静的家居氛围，营造出能够远离喧嚣和压力的私密空间，在冥想和释放后促成内心的滋养和自洽。

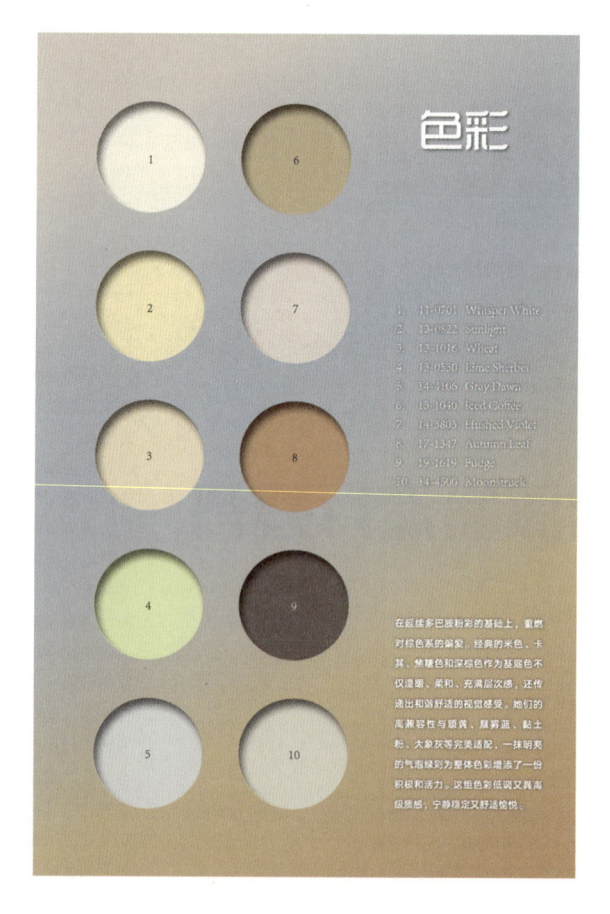

色彩

1. 11-0701 Whisper White
2. 13-0922 Sunlight
3. 13-1016 Wheat
4. 13-0550 Lime Sherbet
5. 14-1106 Gray Dawn
6. 15-1040 Iced Coffee
7. 14-3803 Hushed Violet
8. 17-1347 Autumn Leaf
9. 19-1619 Fudge
10. 14-4500 Moonstruck

在延续多巴胺粉彩的基础上，素雅对经色系的编发，经典的米色、卡其、焦糖色和深棕色作为基底色不仅温暖、柔和、充满层次感，还传递出和谐舒适的视觉感受。她们的高兼容性与顿黄、颠雾蓝、黏土粉、大象灰等完美适配，一抹明亮的气泡绿为整体色彩增添了一份积极和活力。这组色彩低调又具有高级感，宁静稳定又舒适愉悦。

图案

简练的手绘图案、抽象的色彩印花、不规则的斑点、手绘放玻的凹色视觉果、图案的极简主义相色等给你以无法抗拒；圆润、有机的形状是载谁素和风围不可或缺的点点要素，不仅能传递腿致的自然表达，还能增加图案的动态感；此外，不同粗细的线条可以丰富视觉上的层次；单一图案的重复复制，如对称、拉伸、镜像、反转等都可以创造出和谐稳定的视觉感受，而微小的细节变化往往可以带出独特的节奏与秩序，制造强大的内在张力。

织物

注重物的柔软质感层次质感触感与天然纤维；高品质的棉、毛、麻等一在你的是主角，以棕织进一步显得蓬松，光泽的质感更是尚来采那到的水韵神色；抗菌、抑菌、易打理的能效好细色是图想之选；一要具有不同原地或厚度的质感，也是重要的搭配材料；夹皮绒、绒绒线，皮革等承表实用、耐用的特性兼有质感又同时具备新高级感；此外，丰富的材质、肌纹理搭配能让产品变得更加精致；在材质、质感和细节中找到共同的情感纽带，传递正念家居感。

家居空间

守望

以减少浪费和使用新型原材料的解决方案——旧物再造、变废为宝、重新修复、技术革命、100%降解、数字可追溯等重新构建人与生态的平衡，这是建立闭环循环经济的关键所在。以更加环保和低碳的生产方式和生活方式，保持材料的自然状态和原始质感，赋予产品真实自然的原生色彩，这种新型环保属性更加贴近原生态、也让产品更赋叙事性和生命力……守望人类最后的"绿洲"，是迈向零碳之旅的积极行动，也是未来趋势发展的长期定位和要求。

色彩

1. 18-0538 Woodbine
2. 17-1514 Ash Rose
3. 11-0601 Bright White
4. 19-1218 Potting Soil
5. 17-5104 Ultimate Gray
6. 19-4042 Set Sail
7. 19-5411 Trekking Green
8. 19-3915 Graystone
9. 16-0953 Tawny Olive
10. 18-1238 Rustic Brown

自然色调持续流行。忍冬、越野绿、土棕等带有强烈的仿生特质，它们浓郁的自然气息可以充分展现出天然的氛围和美感。未经改变的植物染料和天然配色独具魅力，因此姜黄、茜草、板蓝等自然中性色经久不衰。再生循环色，如壳白、极致灰、椰壳棕等不仅四季通用，还同时具备环保理念和社会责任感。

图案

放大自然环境中的微妙细节，展示原始纹理的独特魅力。地貌形态、动物纹理、结合手绘、拼贴、数字合成等多种形式形成全新的抽象迷彩图案，成为比较扎染和自然纹理的首要之选。复旧材料装饰数款近方形、三角形、菱形，新改革几何形状，通过拼接和缝补，营造出新的视觉效果。游牧风格以更加创意的外观进行呈现，蓬皱、氧化、皱展，在特殊肌理不同颜色为基础，展现个性化和别致特魅力的美感。此外，多功能装饰增色的图案，通过有序的排列来表现结构和秩序之美。

时尚研发

织物

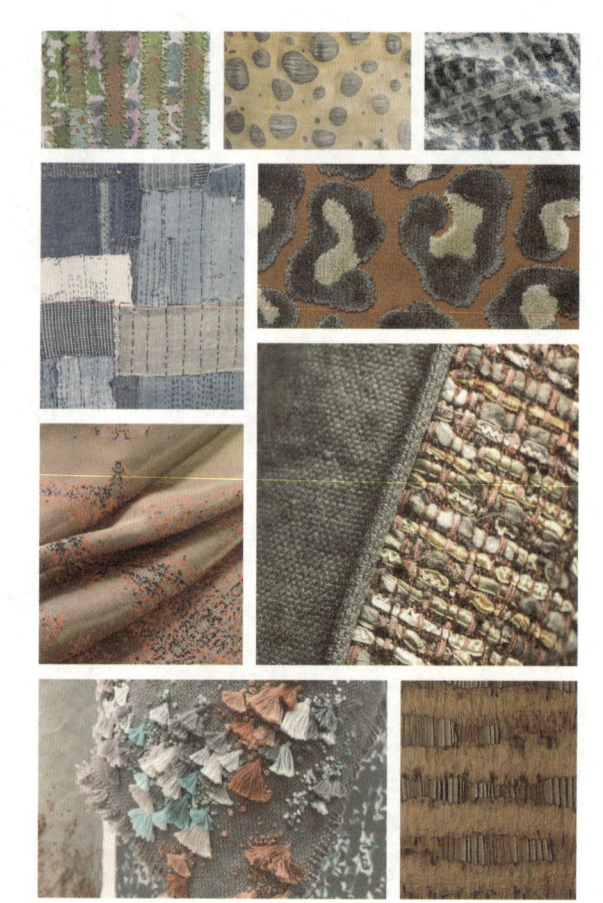

从古老工艺中获取的灵感及手工件织面料、流苏等细节的添加，获得了消费者的青睐。天然的有机材料，或模仿自然形态和特性的新创新装饰，以及不同的工艺技术制作出新的乐趣、具有自然风格和功能的产品。主生不仅有着自然的色彩和质感，也可以满足其他时尚、奢华、高贵等元素的需求。绿色环保的再生、低碳放材料，如再生棉、再生原脚、竹开维等、回再生品收利用等，不断创造出新奇有趣、有故事的新产品。

家居空间

幻潮

迅速崛起的虚拟领域和人工智能技术展现了信息化、数字化变革的可持续性，数字科技将持续产生具有创造力的未来主义美学。时尚前卫的创意、大胆抽象的色彩、趣味鲜明的图案都为床品设计增添了梦幻超现实主义的独特魅力，塑造出充满戏剧性的氛围效果。现代科技的融合创新，开启了打破审美结界的多维度的视觉盛宴，如未来感、科幻感、炫彩感等，以及利用智能设备和互动媒体来增强家居体验，智创未来。

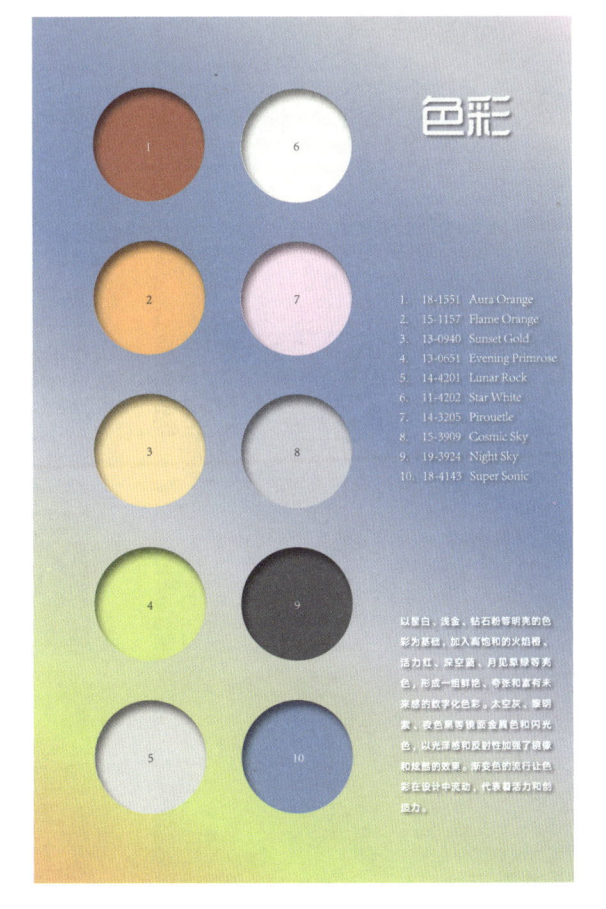

色彩

1. 18-1551 Aura Orange
2. 15-1157 Flame Orange
3. 13-0940 Sunset Gold
4. 13-0651 Evening Primrose
5. 14-4201 Lunar Rock
6. 11-4202 Star White
7. 14-3205 Pirouette
8. 15-3909 Cosmic Sky
9. 19-3924 Night Sky
10. 18-4143 Super Sonic

以整白、流金、钻石粉等明亮的色彩为基础，加入高饱和的火焰橙、活力红、深空蓝、月见草夢等亮色，形成一组鲜艳、夸张和富有未来感的数字化色彩。太空灰、黎明灰、夜色蓝等银盛金属色和闪光色，以光泽感和反射性加强了想像和炫酷的数字。渐变色的流行让色彩在设计中发起，代表着活力和创造力。

图案

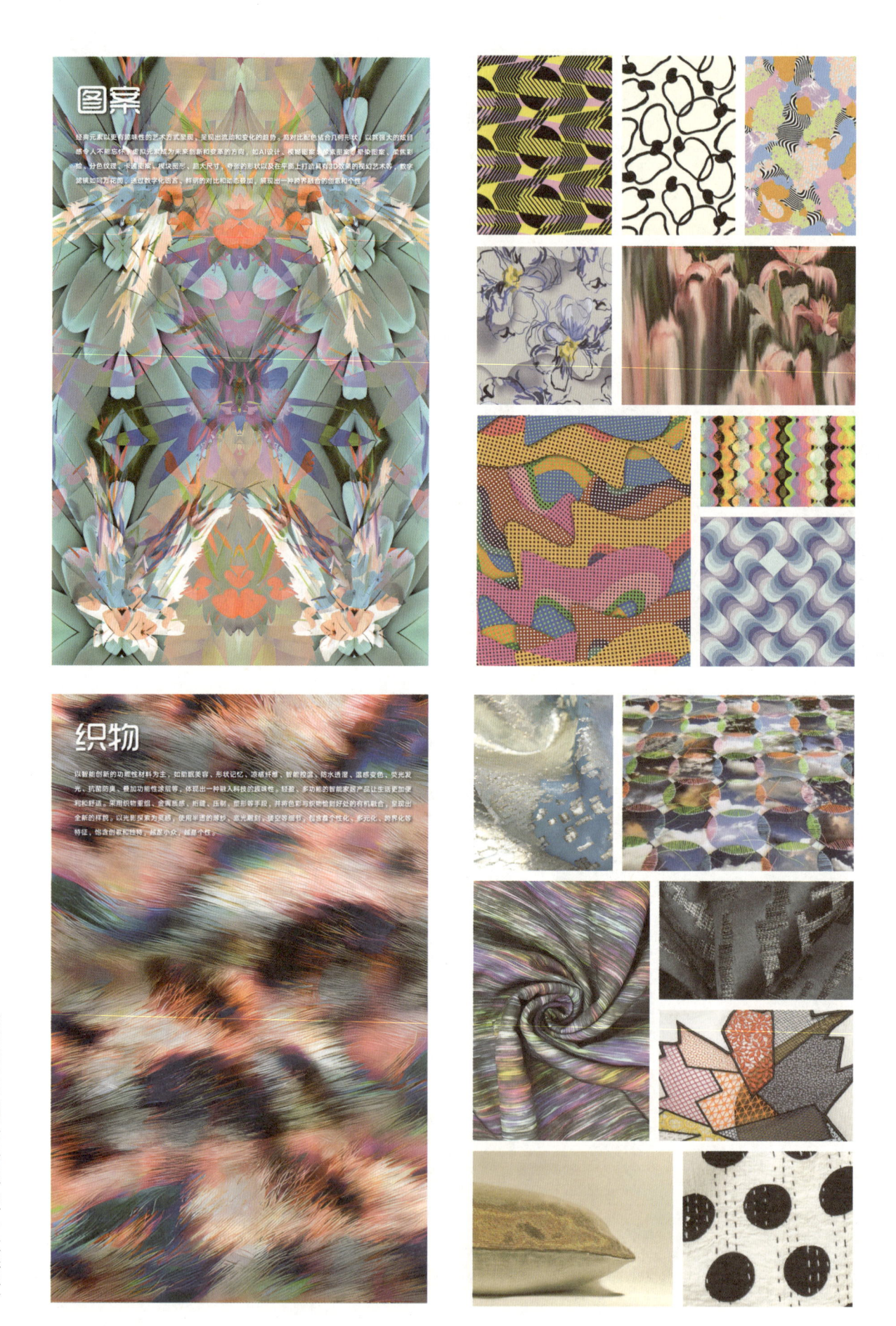

经典元素以更有趣味性的艺术方式呈现，显现出流动和变化的趋势，将对比配色结合几何形状，以其强大的炫目感令人不断探析。虚拟元素成为未来创新和变革的方向，如AI设计，根据图案特点来匹配图案、紧密图案、密拼影绘、分色纹理、卡通图案、拼块图形、超大尺寸、夸张的形状以及在平面上打造具有3D效果的视幻艺术等。数字滤镜如同万花筒，通过数字化图像，鲜明的对比和动态叠加，展现出一种跨界融合的创意和个性。

织物

以智能创新的功能性材料为主，如肌肤美容、形状记忆、凉感纤维、智能控温、防水透湿、温感变色、荧光发光、抗菌防臭、叠加功能性涂层等等，体现出一种融入科技的趣味性。轻盈、多功能的智能家居产品让生活更加便利和舒适。采用织物褶皱、金属质感、折叠、压制、塑形等手段，并将色影与织物恰到好处的有机融合，呈现出全新的样貌。以光影探索为灵感，使用平面的薄纱，遮光厚到、镂空的细节，包含着个性化、多元化、跨界化等特征，愈发创新和独特，越显小众，越显个性。

284

家居空间

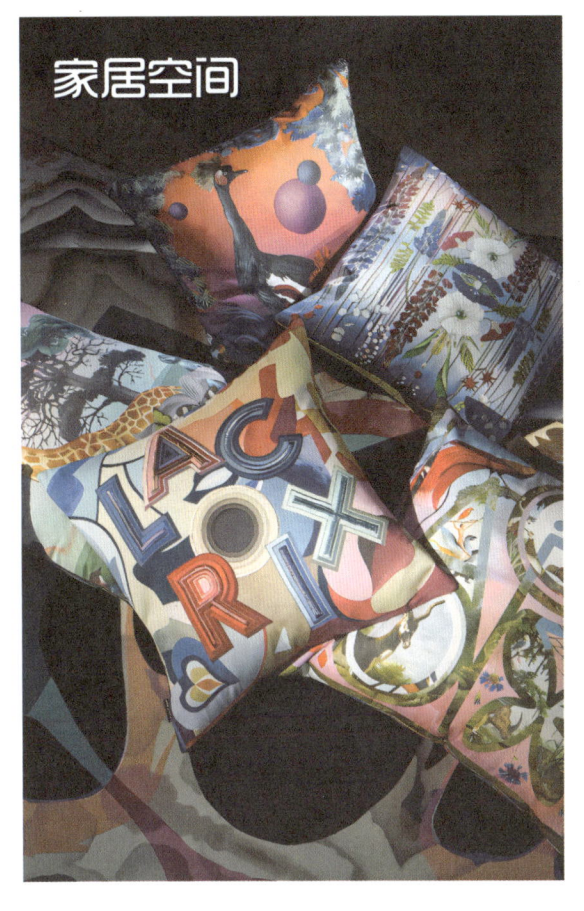

竞彩

以传统文化元素为灵感，注重民族文化和世界文化的融合与创新是赋予产品历史底蕴的基因密码——古典主义的典雅、新艺术运动的华丽、东方美学的优雅含蓄……文化的关联性连接起多元文化的纽带和共识。沉浸在丰富多彩的文化氛围中，感受文化的内涵和包容，以复古为基调，将经典解构，与当代都市生活相链接，重释文化意境，以艺术之形传递文化内核，不仅是一种文化的竞彩，还是一种文化的竞合。

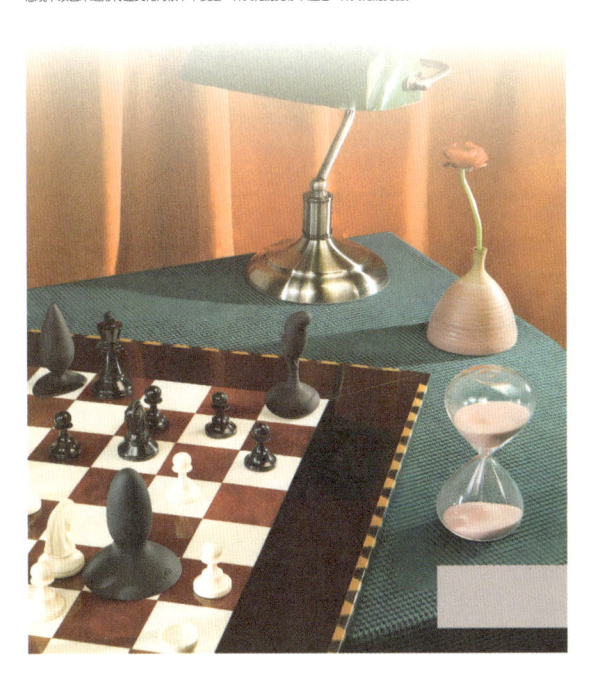

时尚研发

色彩

1. 11-0105	Antique White
2. 18-1613	Renaissance Rose
3. 19-1420	Deep Mahogany
4. 18-4631	Exotic Plume
5. 16-0228	Jade Green
6. 19-2428	Magenta Purple
7. 12-0722	French Vanilla
8. 13-0946	Jurassic Gold
9. 15-1611	Bridal Rose
10. 8025C	

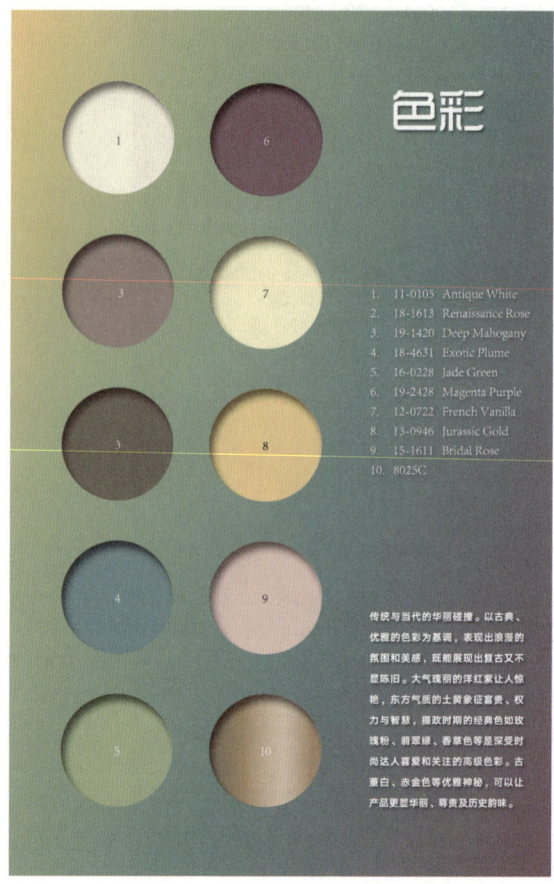

传统与当代的华丽碰撞。以古典、优雅的色彩为基调，表现出浪漫的氛围和美感，既能展现出复古又不显陈旧。大气瑰丽的洋红家让人惊艳，东方气质的土黄象征富贵、权力与智慧，据政时期的经典色如玫瑰粉、翡翠绿、香草色等是深受时尚达人喜爱和关注的高级色彩。古董白、赤金色等优雅神秘，可以让产品更显华丽、尊贵及历史韵味。

图案

图案起源于20世纪，灵感来自山水诗歌、花鸟图案、异国风情、文艺复兴、机械朋克和非洲的部落图腾、墨西哥的土著图案等元素。除了这些设计手法外，华丽还存在一些其他的美学元素如出彩的故事叙述，展现出一种深沉、神秘的情感，如同深刻的感情、美妙的回忆、奇妙的梦境，通过的视觉冲击感成为传世经典，对现代设计影响大深远，打破时空和文化界限，直接和间接中展现出东西方文化的流转与变换。

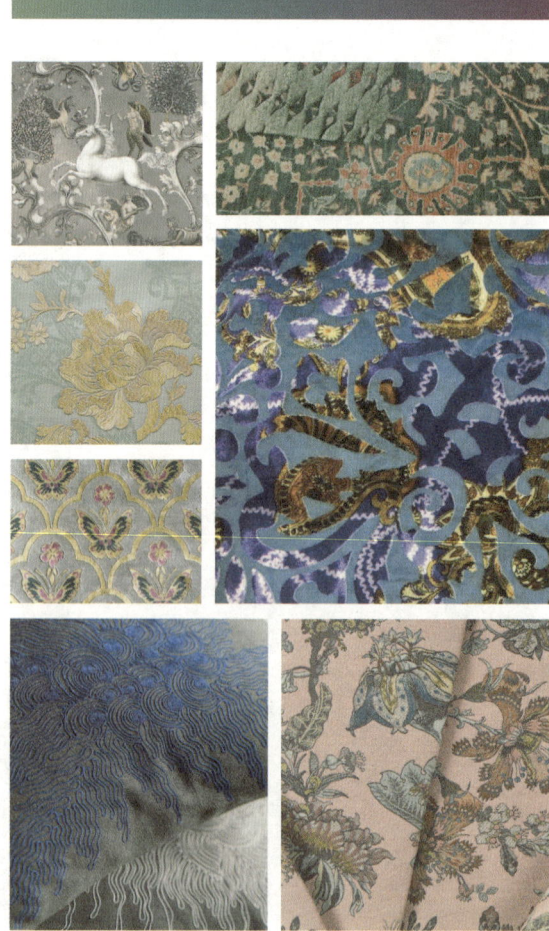

织物

以柔软的天鹅绒、考究的提花面料以及精细的刺绣来表现古典主义的质感和特点，或以丝绸、锦缎等珍珠般光泽的材质为载体，更显温柔与高贵。透明的材质，如精致蕾丝、水溶刺绣、定位镂空等轻盈或通透的材料可以增强设计的表现力，与色彩结合，打造优雅精致的现代复古主义风格。

家居空间

TRENDS 2024

今天，消费者选择购买的产品不再仅仅是物品，还代表着他们的个性和价值观，以及他们在社会中的立场和态度。

"**重塑再造**"、"**重置再生**"、"**重启再用**"、"**重温经典**"旨在通过文字、概念和色彩满足当代消费者的不断变化，他们越来越倾向于更智能、更环保和生态可持续的购物需求。保护地球资源已迫在眉睫，对于那些被赋予了家园特色和个性的家居用品，这种需求就变得更加迫切。这不仅是出于对社会责任的考量，还是在坚持践行安全、健康和可持续发展的目标。希望从过去汲取灵感，重视产品的材质和制作过程，基于可持续和回收再利用的循环模式，在生态友好和绿色环保的环境中诠出新的生活方式。

Today the products consumers choose to buy are no longer just objects, but they say something about them, their personality and their way of positioning ourselves within society.

REmake, **REforest**, **Reboot**, **Regency** are words, themes and colors designed to meet the sensitivity of contemporary consumers, who are trying to make their purchases progressively smarter, eco-sustainable and low impact on the environment. It has become important to safeguard the planet's resources, This need becomes even more urgent when the objects in question are the furnishing accessories with which we give character and personality to our homes. Not only for a discourse of social coherence,but also for a topic of safety, health and sustainability.These themes want to recover from the past, to interpret in the present a lifestyle in environments that are eco-friendly and green, giving importance to the resources with which the objects are made.We wanted to propose moods based on sustainable production models, which allow us to create a circular economy where materials are recovered and reinvented, and then enter our homes.

发布单位：中国家用纺织品行业协会
中国国际贸易促进委员会纺织行业分会
法兰克福展览（香港）有限公司
研究单位：意大利康斯坦丁时尚设计策划集团
中国家用纺织品行业协会时尚研究拓展部

重塑再造

不完美材料的魅力在于他们散发出的人性气息。这些瑕疵的、老旧的、修补过的、翻新过的、回收过的物品随着每一次的再利用和变形，会被重塑和转化成新奇迷人的材料和作品。而每一件作品都在讲述着一个独特的故事，成为人类独一无二的智慧杰作。

当前循环经济的重要性日益显现，生产废料和回收材料不断具有新的重复利用方法。通过巧妙的创意、拼接、缝补、修复及进一步的变形技术，能够改变材料的性质、形状和形式，焕发出新的生命。色彩缤纷的线条、强烈的色调对比、惊艳的纹理，奇妙的细节，呈现出令人心喜的意想不到的组合结果，激发着我们对作品的设计历程以及材料变化效果的好奇心和探索欲。

REmake

The charm of imperfect materials—faulty, used, repaired, refurbished, recycled—is the fact they exude humanity. With each reuse, each metamorphosis, existing objects get reinvented and transformed into new fascinating items and materials. Every piece tells a unique story, a one-of-a-kind handiwork of human ingenuity.

Nowadays, thanks to the growing importance of the circular economy, production scraps and recycled materials find a new life changing shape and form, using great creativity, patchwork, mending stitches and further metamorphic techniques. Colorful twines, contrast between bold and neutral tints, surprising textures, odd extraordinary details: the results can be joyous unexpected combos, leaving us wondering about the journey of a design piece as well as our own materiality.

重置再生

沉浸在大自然中一直是人类重要的灵感之源。自然就是创造本身。

这一主题总结了我们这个时代最大的挑战之一：在保护自然的重要性和社会进步的驱动力之间找到完美的平衡。这个概念背后的理念是在人类尺度内建立一个健康的环境，让自然能够顺利地融入城市、建筑、家居和我们生活的其他方面。让自然进入我们的房间，创造我们自己的伊甸园。自然元素，如苔藓、叶子、根茎、海葵、水等真实材料或由纤维和其他环保材料模仿出的自然材料成为设计元素，产生具有有机灵感的颜色、质感和形状。

REforest

Immersing in nature has always been a great source of inspiration for humans. Nature is creation itself.

Reforest summarises one of the biggest challenge of our time: finding the perfect balance between the crucial preservation of nature and the driving force of progress. The idea behind this concept is building a healthy environment on a human scale where nature can smoothly integrate with urban areas, cities, buildings, homes and the rest of our lives. The outside world enters our rooms to create our own Eden garden. Natural elements like moss, foliage, roots, anemones, water and more - real or mimicked by fibres and other eco-friendly materials - become elements of design, producing organic-inspired colours, textures, and shapes.

重启再用

在当代室内设计中恢复和再利用旧工厂的空间、物品和材料，倡导具有可持续灵魂的工业设计。这种可持续的工业风格着重寻找那些经常被忽视的旧物和材料，这类材料通常来自旧制造厂并充满个性。将它们应用在不同的环境中——例如，在家或办公室内，可以突出旧与新之间的对比，达成一种层次分明且不拘一格的设计结果。

这一主题的材料可以是粗糙的、机器制造的、机械的、生锈的、脏乱的、破旧的、不完美的。但这种不完美是值得欣赏的，因为每种材料背后都有可讲述的故事。而不同用途的材料（木材、金属、皮革）中的几何、编织图案又给这种粗犷的都市风格带来了一些秩序感。

REboot

Industrial design with a sustainable soul, Reboot aims to restore and reuse old factory spaces, objects and materials in contemporary interior design.This sustainable industrial style focuses on searching for often neglected vintage items and overlooked materials, full of personality, coming from old manufactories, and inserting them in a different context - for example, our homes or offices - highlighting the contrast between old and modern. The result is a sophisticated eclectic design.
Materials are rough, machine-made, mechanical, rusty, dirty, worn out, imperfect. Yet, imperfections are something to appreciate and value because they tell a story. Geometric, woven patterns in different repurposed materials - wood, metals, leather - bring some order to the chaos of such a rough metropolitan look.

重温经典

这一主题出丰富且细腻的设计。优雅被古典和浪漫的主题唤起，代表了古典主义理想化的当代诠释。在这里，我们强调柔和的曲线、盛开的枝干和花卉组合，以及以石膏设计为灵感的精美图案。

经过几个世纪的不断完善，经典的材料和技术被巧妙地转化为新的形式。历史的迷人感觉遥远而熟悉，在经典的基础上赋予了现代设计一种新的浪漫幻想。淡雅的色调和柔和的色彩与珍珠色和乳白色的搭配相得益彰。柔软的天鹅绒、考究的提花面料以及精细的刺绣，能够更好的实现重温经典的美好愿景。

REgency

Regency is delicate richness. Its elegance is evoked by classical and romantic motifs. Regency represents an idealised contemporary take on classicism.Here we find exquisite patterns inspired by soft curlicues, blooming branches and floral compositions, and regency plaster designs. Classic materials and techniques, perfectioned throughout the centuries, are expertly translated into new forms. The alluring feel of the past, distant yet familiar, brings us to reimagine our present as a new romantic rich fantasy.Light hues and pastel colours harmonize beautifully with pearly and opalescent dies.
The use of timeless fabrics, such as soft velvets and precious woven jacquards, and detailed embroideries in design elements help bring this vision to life.

重塑再造 REmake

色号
19-3923 TPX
18-3531 TPX
16-5721 TPX
14-0852 TPX
17-1547 TPX
15-1717 TPX
15-3817 TPX
19-4151 TPX
18-2027 TPX
17-1842 TPX

重置再生 REforest

色号
19-4044 TPX
19-4340 TPX
16-0840 TPX
18-0538 TPX
19-0417 TPX
19-1725 TPX
16-1255 TPX
16-1342 TPX
13-0932 TPX
11-4604 TPX

重启再用 REboot

色号
19-3911 TPX
19-1213 TPX
19-1338 TPX
17-1336 TPX
14-0935 TPX
11-0907 TPX
14-0210 TPX
15-4105 TPX
19-3926 TPX
19-4726 TPX

重温经典 REgency

色号
13-0002 TPX
15-1906 TPX
17-1609 TPX
16-1105 TPX
11-0616 TPX
16-0730 TPX
17-6009 TPX
14-4501 TPX
13-4411 TPX
16-4021 TPX

时尚研发

海宁家纺杯
中国国际家用纺织品创意设计大赛
China International Home Textiles
Design Competition Awards

更多详细信息请登陆中家纺官网：www.hometex.org.cn

主办单位
中国家用纺织品行业协会
中国国际贸易促进委员会纺织行业分会
法兰克福展览（香港）有限公司
浙江省海宁市人民政府

承办单位
中国家用纺织品行业协会设计师分会
海宁市许村镇人民政府

协办单位
海宁市家用纺织品行业协会
海宁市许村镇时尚产业新生代联合会
海宁中国家纺城股份有限公司

支持单位
中国版权协会
中国版权保护中心

张謇杯
- LING YU -
领·域

2024中国国际家用纺织品产品设计大赛

CHINA
INTERNATIONAL
HOME TEXTILES
DESIGN
COMPETITION

张謇 DESIGN COMPETITION

震泽丝绸杯
中国丝绸家用纺织品创意设计大赛

主办单位 | 中国家用纺织品行业协会、江苏省苏州市吴江区人民政府
承办单位 | 中国家用纺织品行业协会设计师分会、江苏省苏州市吴江区震泽镇人民政府
协办单位 | 苏州吴江丝绸文化创意产业园

中国布艺流行趋势
CHINA FABRIC FASHION TRENDS

TRENDS

发布单位：中国家用纺织品行业协会
　　　　　海宁市许村镇人民政府
研究单位：中国家用纺织品行业协会时尚研究拓展部

中国床品流行趋势

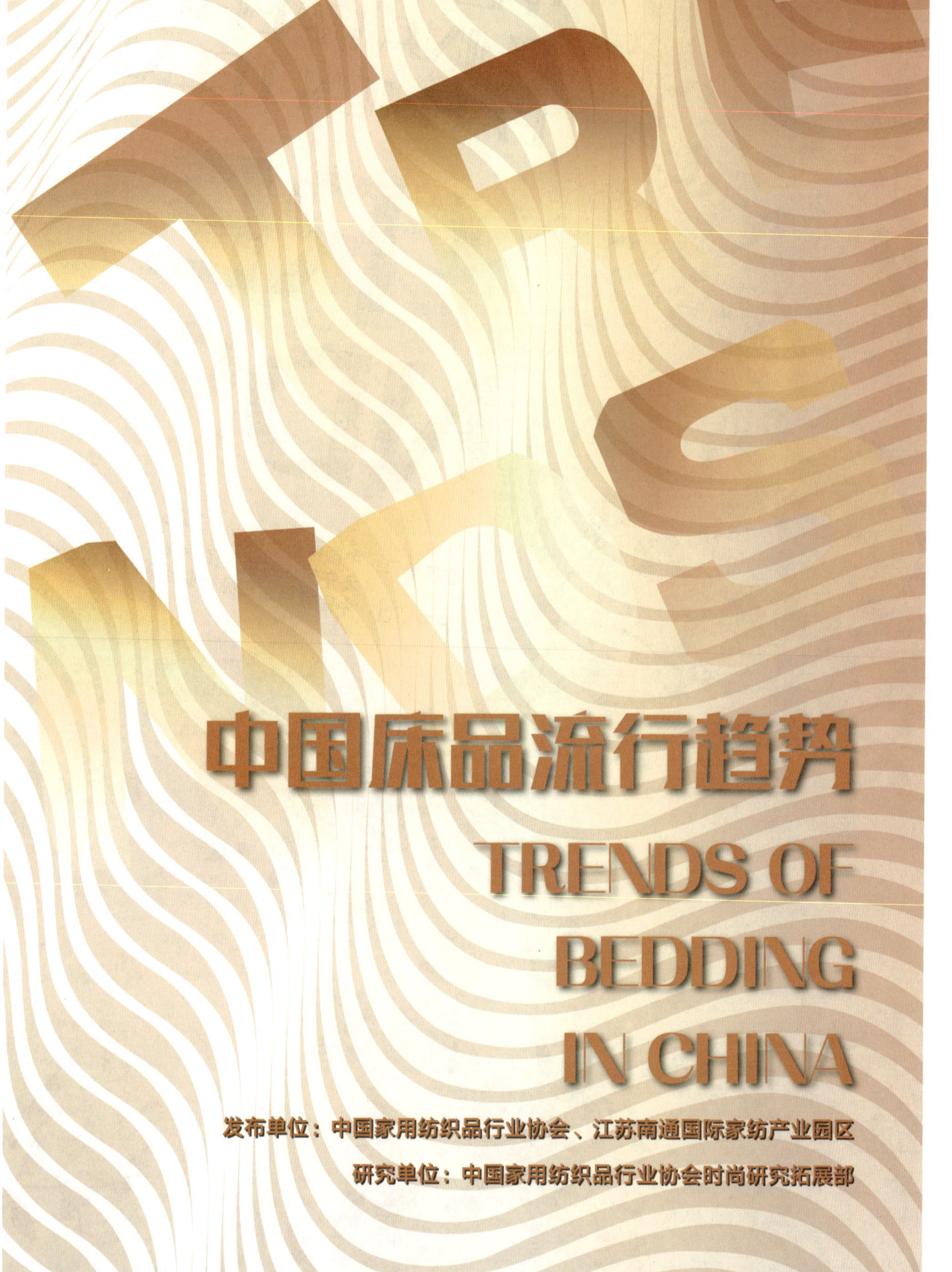

TRENDS OF BEDDING IN CHINA

发布单位：中国家用纺织品行业协会、江苏南通国际家纺产业园区

研究单位：中国家用纺织品行业协会时尚研究拓展部

相关产业

2023年我国棉纺织行业运行及发展情况

中国棉纺织行业协会

2023年,在地缘政治冲突持续升级、全球经济增速放缓、贸易保护主义蔓延发酵等因素叠加下,我国棉纺织行业经历了前端棉花价格大幅波动、终端有效需求不足、融入"双循环"存在堵点等多重挑战。棉纺织行业受上下游双向挤压,从"强预期,弱现实"转向"弱预期,弱现实"。在国家一系列宏观政策支持下,棉纺织企业积极调整,努力适应百年未有之大变局之下的环境变化,向着建设现代化纺织体系不断前行。

一、2023年棉纺织行业运行情况

(一)纱、布产量

2023年,我国棉纺织行业承压发展,纱、布产量较前一年度有所下降。据中国棉纺织行业协会调研会商统计,2023年我国棉纺织行业纱产量为1748万吨,较2022年同比下降2.21%;布产量440.5亿米,较2022年同比下降5.78%。从图1中可以看出,近年来,我国棉纺织行业纱、布产量已进入平稳波动阶段。

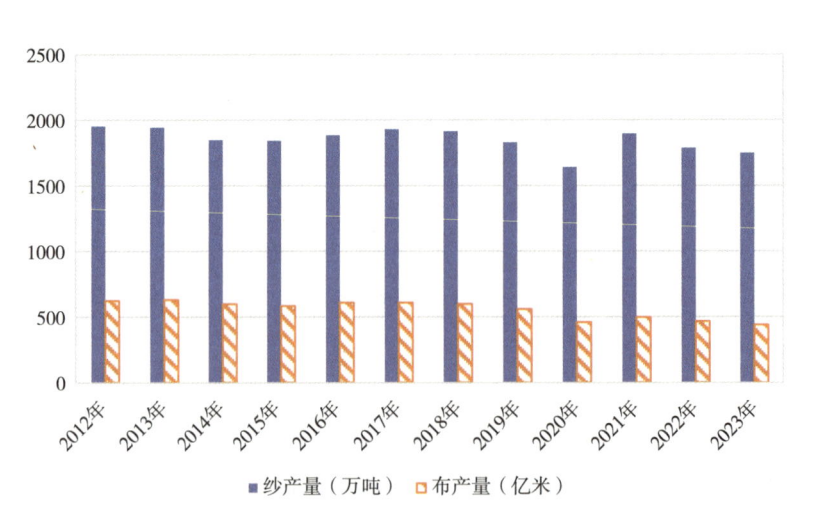

图1 2012~2023年我国棉纺织行业纱、布产量情况
数据来源:中国棉纺织行业协会

(二)市场价格

2023年，棉花价格大幅波动，作为棉纺织行业的"晴雨表"，将原料市场情况大致分为三个变化阶段，如图2所示。

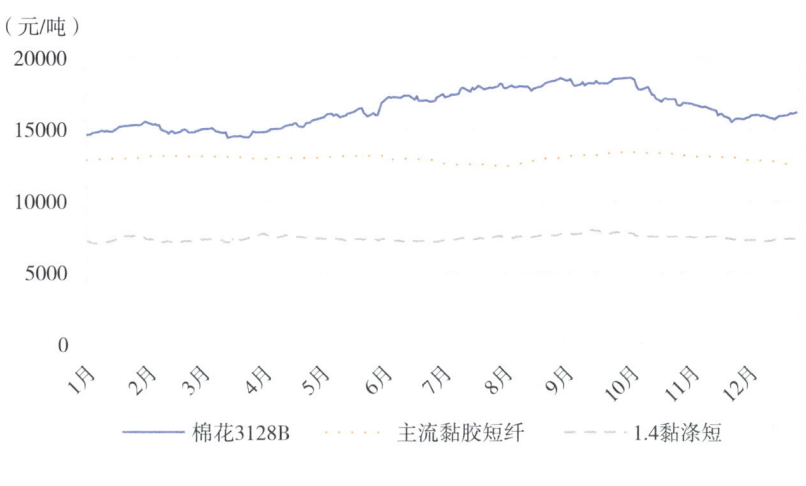

图2 2023年主要棉纺织原料价格走势
数据来源：TTEB中国棉纺织行业协会

1~4月，平稳波动期。棉、黏胶短纤、涤纶短纤价格基本维持上年末水平，价格相对平稳，其中棉花价格小幅波调，维持在15000元/吨左右。

5~9月，波动攀升期。4月中下旬开始，棉花价格持续攀升，再次走向高位，最高达到18600元/吨，5个月时间内涨幅近20%。黏胶、涤纶等化纤短纤的价格相对平稳，黏胶短纤于8月初迎来全年价格低值，涤纶短纤价格于9月中旬，迎来全年高点，化纤短纤价格整体波动幅度较小，作为棉花的替代品，对于企业维持稳定资金链具有重要意义，优势凸显。

10~12月，回落收官期。棉花持续攀升的步伐停止，价格在10~11月快速回落至16000元/吨的水平，黏胶短纤价格小幅回落、涤纶短纤价格平稳，棉花与黏胶短纤间的价差大幅收窄。对于以棉为主要原料企业，把控原料采购节奏的考验再次加剧，棉花价格快速下跌对棉纺织企业市场信心、经营压力影响均较大。

2023年，国内外棉价差近一半时间处于倒挂，如图3所示。1~4月，受国际贸易保护主义不断加剧的影响，国产棉在国际市场的竞争力下降，价格走低。4月以来，国内棉花价格快速上涨，自5月起价格逐步高于国际棉价，加大了市场对进口棉和进口纱的青睐。

2023年，纱、布产品价格波调，如图4所示，与原料变化不同的是，整体波动趋势与原料价格相似，但值得关注的是，下半年纱、布产品价格下跌于9月初就已开始，早于原料下跌，由此可知，需求端疲软对市场价格的影响较大。

2023年与2022年棉纺织行业主流原料、产品年度均价见表1。与前一年度对比看，2023年各主流纤维、纱线均价较2022年有所下降，而坯布均价增幅相对明显；通过分析价格离散系数可以看出，随着疫情防控平稳转段，2023年整体价格稳定程度整体好于2022年，但棉花价格波动仍较大，黏胶短纤价格最稳定，进一步体现非棉纤维在减轻企业经营压力、维持企业资金链稳定方面的优势。

图3　2023年国内外棉花价格走势
数据来源：中国棉纺织行业协会

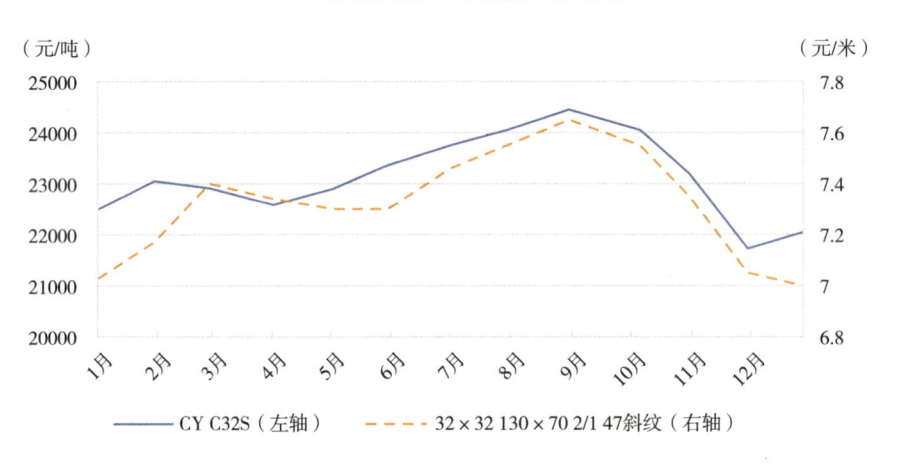

图4　2023年主要棉纺织产品价格走势
数据来源：中国棉纺织行业协会

表1　2022~2023年市场价格变化情况

项目	3128级棉花（元/吨）	主流黏胶短纤（元/吨）	1.4旦直纺涤短（元/吨）	CY C32（元/吨）	32×32 130×70 2/1 47英寸斜纹（元/米）
2022年均价	18434	13796	7789	25848	5.5
2023年均价	16430	12989	7393	23257	7.4
增幅	-10.87%	-5.85%	-5.08%	-10.02%	34.55%
2022年价格离散系数	0.1915	0.0684	0.0628	0.1049	0.1258
2023年价格离散系数	0.0776	0.0177	0.0253	0.0331	0.025
2023年最低价	14390	12380	7005	21690	7
2023年最高价	18600	13400	7970	24450	7.7

数据来源：中国棉纺织行业协会

（三）经济效益

据国家统计局数据，2023年，规模以上棉纺纱和棉织造的营业收入同比分别降低了6.6%和3.6%；由于低基数效应，棉纺纱和棉织造的利润总额同比涨幅较大；棉纺纱和棉织造营收利润率分别为2.46%和3.75%，低于规模以上纺织行业、制造业和工业（表2）。

表2　2023年规模以上行业经济指标对比情况

行业	营业收入 同比（%）	利润总额 同比（%）	营收利润率（%）	亏损面（%）	资产负债率 12月末（%）	产成品存货周转天数 12月末（天）
工业企业	1.1	−2.3	5.76	—	57.1	19.3
制造业	1.3	−2	5	—	56.4	21.6
纺织行业	−0.8	7.2	3.83	21.4	58.6	32.5
棉纺纱加工业	−6.6	20.3	2.46	24	62.1	34.9
棉织造加工业	−3.6	8.1	3.75	18.5	54.3	39.8

数据来源：国家统计局

通过对比规模以上棉纺纱、棉织造加工营业收入及利润情况，营业收入、利润总额、营收利润率等指标边际改善，稳步恢复显韧性（图5~图7）。其中，织造企业全年营业收入，月度累计降幅逐步收窄，利润总额、营收利润率稳步回升，整体发展相对平稳；纺纱企业全年波动发展，利润总额月度累计虽整体回升，但营收利润率较弱。

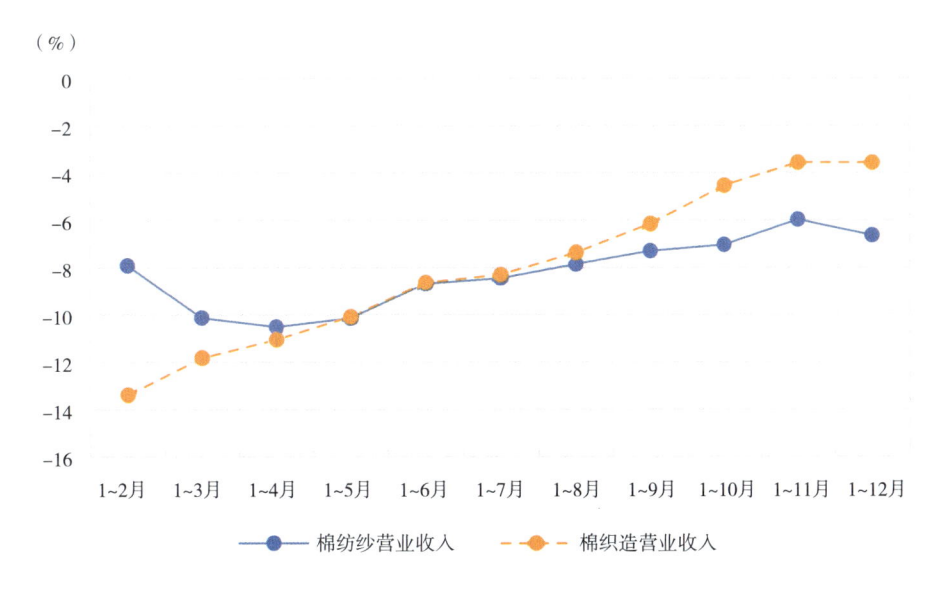

图5　规模以上棉纺织行业营业收入同比变化趋势
数据来源：国家统计局

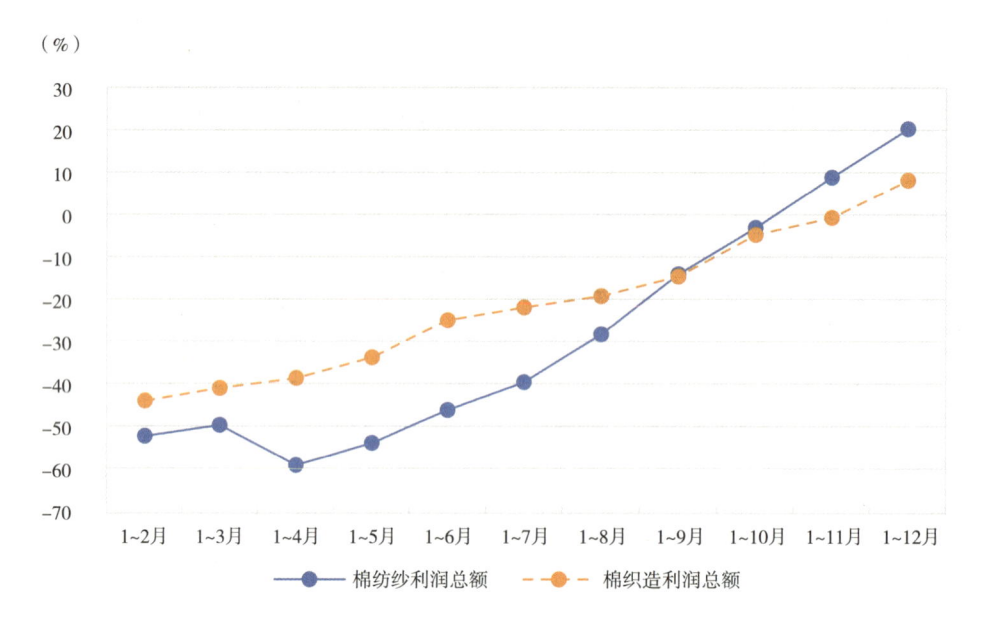

图6　规模以上棉纺织行业利润总额同比变化趋势
数据来源：国家统计局

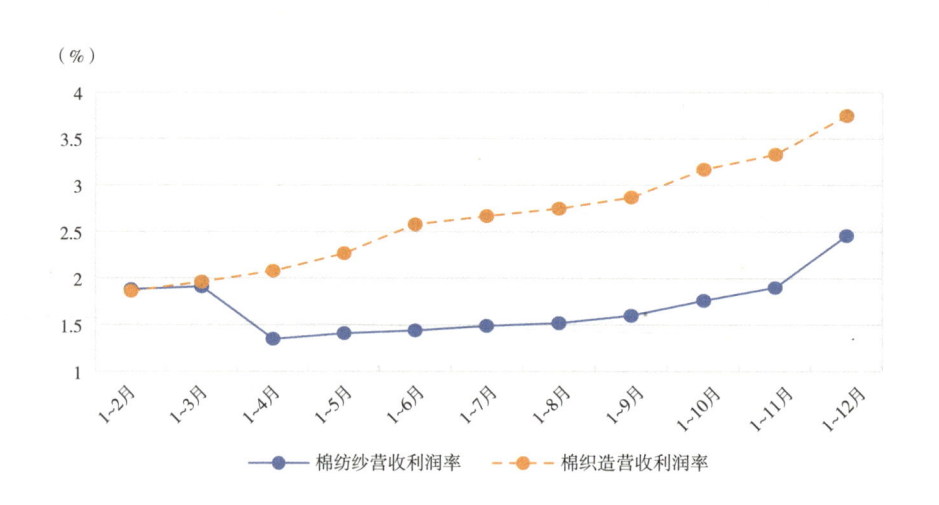

图7　规模以上棉纺织行业营收利润率变化趋势
数据来源：国家统计局

（四）进出口市场

据海关统计数据，2023年1~12月，我国累计进口棉花195.10万吨，同比增长1.21%。2023/2024年度，我国累计进口棉花109.32万吨，同比增长92.9%。

2023年1~12月，我国累计进口棉纱168.71万吨，同比增长43.41%；累计出口23.72万吨，同比下降16.62%。2023/2024年度，我国累计进口棉纱66.33万吨，同比增长113.71%；累计出口7.76万吨，同比下降22.8%。

2023年1~12月，我国累计进口棉布3.69亿米，同比增长59.53%；累计出口58.36亿米，同比下降9.18%。2023/2024年度，我国累计进口棉布1.48亿米，同比增长15.43%；累计出口18.6亿米，同比下降3.93%（表3）。

表3 我国棉花、棉纱、棉布进出口情况

产品	进出口	2023年1~12月		2023/2024年度	
		进/出口量	增幅	进/出口量	增幅
棉花	进口（万吨）	195.10	1.21%	109.32	92.9%
棉纱	进口（万吨）	168.71	43.41%	66.33	113.71%
	出口（万吨）	23.72	−16.62%	7.76	−22.8%
棉布	进口（亿米）	3.69	59.53%	1.48	15.43%
	出口（亿米）	58.36	−9.18%	18.6	−3.93%

数据来源：中国海关总署

从销售额来看，2023年全球经济增速放缓，国际市场需求不足，在复杂严峻的外部环境下，我国纺织服装行业出口压力明显加大。据海关统计数据，2023年我国纺织品服装出口2936.4亿美元，同比下降8.1%（以人民币计，同比减少2.9%）。其中，纺织品出口1345亿美元，同比下降8.3%（以人民币计，同比减少3.1%）；服装出口1591.4亿美元，同比下降7.8%（以人民币计，同比减少2.8%）。受国际贸易形势影响，2023年棉制纺织品服装出口降幅明显，全球同比下降14%，其中，美国、欧盟分别同比下降17%和22%。

从市场布局看，2023年，东盟继续成为纺织服装行业最大出口市场，中国对东盟出口纺织品服装498亿美元，同比下降9.1%。中国对全球出口纺织纱线贸易额同比减少8.6%（以美元计），其中，印度成为我国纱线第一大出口市场，出口额同比增长3%，市场份额提高至10%。同时，多元化国际市场格局正加速形成，目前我行业对共建"一带一路"国家的年出口额占比已超过50%，对部分国家如俄罗斯、哈萨克斯坦、沙特阿拉伯、新加坡、阿尔及利亚等国出口表现亮眼。

二、2023年棉纺织行业发展特点

（一）行业运行持续承压

中国棉纺织行业协会每月定期发布的棉纺织行业景气指数，当指数高于50，表示棉纺织行业本月景气程度好于上月，低于50则表示本月景气程度不及上月。如图8所示，2023年初疫情全面放开之后，企业信心高涨，景气指数于2月达到全年最高值53.2。此后，随着整个市场预期逐步回归现实，景气指数逐步回落，于荣枯线上下徘徊，体现出从全年行业预期逐步从"强预期，弱现实"转向"弱预期，弱现实"。年末景气指数实现"翘尾"，体现出棉纺织行业的强大韧性。

（二）非棉纤维应用占比继续上升

非棉纤维的发展不仅在一定程度上弥补了我国用棉缺口、稳定了原料市场，还为棉纺织产品新产品开发提供源动力。与棉花相比，非棉纤维市场化程度较高，受贸易壁垒影响较小，

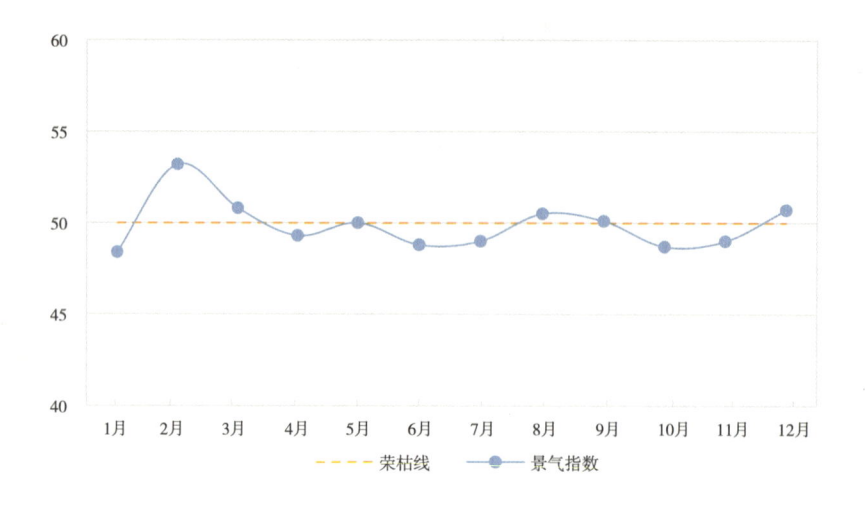

图8 2023年棉纺织景气指数
数据来源：中国棉纺织行业协会

在数量和质量方面有一定的优势，近年来在棉纺生产中的使用的比重不断上升，与棉花供需形成互补的关系，如图9所示。

图9 2007~2023年非棉纤维在棉纺领域应用情况
数据来源：中国棉纺织行业协会

2011~2013年收储期间，棉花价格处于高位，非棉纤维在棉纺用纤维中的比重开始超过棉纤维，并快速上升。2016~2018年，在棉花储备、配额、目标价政策的多重引导下，棉花价格和品质均较为平稳，非棉纤维应用比重虽小幅下降，但基本保持平稳。2019年以来，受国际贸易局势影响，棉花价格出现波动，非棉纤维应用比重再次提高。

2023年，在多重不利因素叠加下，棉纺织行业纤维消耗量继续下降。从纤维应用占比看，由于逆全球化势力抬头、棉花价格波动明显等因素，非棉纤维再次发挥互补优势，在棉纺织行业的应用占比为纤维消耗总量的66.6%，较前一年度增加0.1个百分点，达到新高峰。

（三）培育优势产品的热情不断提高

在终端消费需求走弱的环境下，棉纺织企业纷纷苦练内功，加强产品推广力度和创新力度，提升产品优势，以争取更多的市场份额。

研发前沿产品的主动性提高。主要表现为企业积极扩充产品种类，为下游客户提供更多选择的空间；积极参与行业推广活动，以最快速度打开新产品知名度。2023年，由中国棉纺织行业协会作为主办单位之一的2024/2025中国纱线流行趋势活动中，纱线产品的原料种类、外观形态、功能品质进一步提升，趋势主题篇章进一步优化，充分体现了行业最新研发成果和热情。

为满足企业培育优势产品的需求，打造我国牛仔产业集体话语权，增强我国牛仔面料的国际影响力，引导终端消费风向，中国棉纺织行业协会首次开展"中国牛仔面料流行趋势研究与发布"项目，为牛仔服装产业乃至整个纺织产业的高质量发展注入新的动力，吸引业内大量关注。

打造优势产品品牌效应的热情提高。企业积极树立行业名片，努力提升在专一产品上的市场地位。2023年，中国纺织工业联合会继续组织开展的纺织行业"专精特新"中小企业（第四批）培育入库和第一批"专精特新"企业复核工作，更多企业参与其中。

（四）对绿色发展的关注度持续升高

1. 在整体绿色发展水平上提升

近年来，为贯彻落实《"十四五"工业绿色发展规划》和《工业领域碳达峰实施方案》，持续完善绿色制造体系，工信部持续开展国家级绿色制造名单推荐工作。2023年，企业参与热情进一步提高，通过依次申报市级、省级、国家级绿色制造名单，与优秀企业对标，优化企业经营模式和发展方向。

2. 在关键技术领域上提升

中棉行协在行业内持续开展节能减排技术推荐活动，推介在行业节能减排创新工作方面表现突出的企业，鼓励棉纺织企业重视节能降耗、绿色发展。截至2023年，活动已发布十一批《中国棉纺织行业节能减排技术及创新应用目录》，征集技术350余个，主要包含设备升级与改造、能源/动力系统改造、循环利用技术、生产工艺创新和智能化生产等五个方面，推动棉纺织产品单位产出综合能耗下降，为进一步实现可持续发展助力。

（五）拓展市场渠道的主动性增强

2023年，受终端有效需求不足、融入"双循环"存在堵点等多重不利因素影响下，为保证企业良好运行，企业拓展市场的主动性明显增强，许多企业通过积极拓展国内、国外两个市场，分担营销风险。在扩展市场的过程中，部分企业遇到了"水土不服"的现象，进一步引导企业在经营模式和产品结构上进行转型升级。

三、2024年棉纺织行业发展面临的机遇与挑战

（一）响应政策导向，发挥超大规模市场的支撑作用

近年来，全球贸易市场挑战不断，期间，我国超大规模市场优势始终发挥着重要支撑作用。与此同时，国家出台多重组合政策，推动加快内外贸一体化发展，助力企业顺畅且换国内、国际两个市场。

2024年，一系列优供给、促升级将继续开展。商务部、工信部、供销合作总社继续组织开展"棉纺消费季"活动，为了推动内外贸一体化，扩大棉制纺织品服装消费发挥推动作用。发挥中国超大规模市场优势和纺织工业强大制造优势，计划联合各棉纺织产业集群、贸易平台、终端品牌等开展一系列消费提振活动。该活动对于促进棉纺织服装消费，弘扬传统文化，满足绿色健康消费升级需求，以及稳定棉纺织产业链、供应链都具有重要意义。工业和信息化部以商务部将继续组织开展"2024纺织服装优供给促升级"活动。将扩大纺织服装市场需求同深化供给侧结构性改革有机结合，深入推动纺织服装增品种、提品质、创品牌"三品"行动，加快形成纺织行业新质生产力，推动纺织服装行业稳中求进、以进促稳，促进纺织服装行业高质量发展。

在国家层面提振举措越发强劲的环境下，棉纺织产业链各环节应紧抓机遇，紧跟市场风向，加快产业转型升级步伐，稳固并扩大自身优势。

（二）利用非棉原料优势，推动产品多样化发展

非棉纤维与棉纤维相比，具有不受季节影响、产品相对稳定的特点。一方面，随着非棉纤维可纺种类持续扩宽、可纺性越来越稳定，对纱线、面料的新产品开发起到巨大推动作用。另一方面，非棉纤维市场化程度高，价格变化相对棉纤维更稳定，具有一定的可预判性，非棉纤维的应用有助于企业降低经营风险。因此，加强上下游产业链对接、提高市场信息灵敏度，对棉纺织企业加快研发效率、稳定经营水平、抢占市场先机具有重要意义。

与此同时，在上游纤维原料品种不断丰富，下游客户对产品多样性需求不断增加的双向拉动下，差别化产品在棉纺织行业的表现越来越亮眼。2023年，棉纺织行业非棉纤维应用比例继续提高，达到66.6%，差别化纱线、面料的比重同步提升。多种纤维混纺交织已经成为纺织产业时尚化、功能化的主流，为棉纺织产品创新、纺纱织造技术进步奠定了基础。走多样化产品的发展方向对企业研发人员的要求较高，加强创新型人才的培养成为企业能否紧抓机遇的重要因素。

（三）全新市场形态逐步形成，协同打造市场新格局

2023年，棉纺织行业从"强预期，弱现实"逐步转向"弱预期，弱现实"，企业想冲破现有格局的意识越发强烈。2024年，在全球市场形势复杂严峻的情况下，多元化的市场格局正在加速形成，带动纺织品服装出口实现稳中提质。

现阶段，全球终端消费习惯发生改变已成事实，消费两极分化的现在变得更加明显。一

方面，高品质商品依旧拥有固定的市场份额和消费群体；另一方面，消费降级的现场仍在加剧。终端消费者与以往相比更加现实，高品质或者高性价比的产品将获得更多青睐。因此，产业链上下协同进步，积极调整产品结构，适应全新市场形态才能保证甚至提高原有市场份额。

（四）加快产业转型升级，拓宽智能制造应用领域

2024年完成"十四五"发展任务的关键之年，与此同时，2024年的政府工作报告将"大力推进现代化产业体系建设，加快发展新质生产力"作为首要任务提出。我国棉纺织行业应积极响应号召，遵循高质量发展道路。努力适应员工老龄化，加强高技术人才培育，扩大自动化、智能化设备的应用范围，积极应对、主动作为，减轻对人工操作的依赖度，逐步从劳动密集型向技术密集型转变。硬件设备上，推进智能化工厂的建设进程和水平，其中织造生产各环节间目前大多仍为人工运输，劳动强度较大，在自动化、智能化领域拥有更大发展空间。软件系统上，要建立完善、高效的在线监测、数据采集、分析系统，加强对产品质量控制水平。

（五）关注宏观形势，增强危机意识

据经济合作与发展组织发布的经济展望报告预测，预计2024年全球经济增长2.9%，2025年增长3%，近两年亚洲将与2023年一样，继续贡献全球经济增长的大部分。此外，经合组织补充表示，全球经济增长将主要来自世界第二大经济体中国，预计中国经济将增长4.7%。与此同时，国际货币基金组织同样上调了全球经济增长预期，将2024年全球经济增长预测上调至3.1%，高于2023年预测值。

尽管各方预测对中国经济充满期待，但2024年全球宏观环球仍面临复杂严峻的情况，其中包括：全球济仍延续疲软趋势；主要发达经济体面临经济增长乏力的困顿；贸易摩擦、地缘冲突加剧、国际航道危机尚存；全球供应链加速重构，国际竞争越加激烈；诸多不确定性风险上升对纺织行业外贸发展带来影响。我国纺织行业及其相关单位应多加关注宏观形势变化，保持危机意识，关注大宗商品价格走势，合理利用期货、现货两个市场，对企业稳定资金链、保证平稳运行具有重要意义。

（六）顺应跨境电商新模式，加快产品反应速度

近年来，跨境电商新业态模式蓬勃发展，成为推动行业产品出口增长的重要引擎。棉纺织产业链各个环节也应紧跟形势、瞄准机遇，适应新的发展风向，加快产品反应速度，满足消费者的需求。达到这一要求，需要行业从研发到生产、销售等各个方面能力的综合提升，提高整体运行效率，做好转型工作。

撰稿人：杨秋蕾

2023年中国化纤行业运行分析与2024年展望

中国化学纤维工业协会

2023年是全面落实党的二十大精神、推进中国式现代化新征程的开局之年，是国际地缘政治风云变幻、全球经济艰难前行的一年。2023年，我国经济恢复发展，呈现回升向好态势，供给需求稳步改善，为纺织化纤产业链平稳运行和发展提供了重要基础条件和积极支撑。在此背景下，化纤行业全年经济运行情况呈现积极向好的趋势：一是行业产销基本稳定，市场相对平稳；二是化纤出口保持增长态势，出口量创历史新高；三是行业运行状况环比逐步改善，特别是下半年效益改善明显；四是高性能纤维和生物基纤维行业持续稳步发展。

一、2023年化纤行业运行基本情况

（一）产量增速提升，库存水平正常

2023年，化纤产量增速较2022年有所提高。一方面，行业原本计划在2022年投产的装置由于市场行情的原因，部分延后至2023年，使2023年产能再次集中投放。另一方面，行业总体开工负荷高于去年同期，以直纺涤纶长丝为例，一季度受春节因素影响较大，平均开工负荷约67%；二季度平均开工负荷约84%；三、四季度平均开工负荷约90%；全年平均开工负荷较2022年提升约10个百分点。

根据中国化纤协会统计，2023年化纤产量为6872.4万吨，同比增长8.5%（表1）。其中，莱赛尔纤维产量33.6万吨，同比大幅增加138.3%；氨纶产量96万吨，同比增加11.6%；涤纶产量5702万吨，同比增加8.7%。

表1 2023年中国化纤产量完成情况

产品名称	2023年产量（万吨）	同比（%）
化学纤维	6872.4	8.5
再生纤维素纤维	479.4	12.3
其中：黏胶纤维	416.8	8.2
短纤	398	8.2

续表

产品名称	2023年产量（万吨）	同比（%）
长丝	18.8	8.6
莱赛尔纤维	33.6	138.3
合成纤维	6393	8.2
其中：涤纶	5702	8.7
短纤	1193	9.2
长丝	4509	8.5
锦纶	432	5.4
腈纶	60.4	6.7
维纶	8.5	2.4
丙纶	41.8	1.2
氨纶	96	11.6

注：2023年协会统计口径有调整，涤纶短纤中包含全部的再生涤纶短纤，涤纶长丝中不包含加弹等后加工产品；同时，按照同口径调整2022年基数。

资料来源：中国化学纤维工业协会

在行业高投产、高开工的情况下，化纤总体库存仍处于正常水平。以涤纶POY为例，全年平均库存约15天，较2022年下降11天，尤其6~9月，平均库存均在15天以下。

（二）内需逐步回暖，终端外需压力明显

供应端的高增长离不开需求端的支撑，受益于社交场景恢复，2023年纺织行业国内市场需求韧性较强，国内纺织服装类商品零售明显修复。国家统计局数据显示，1~12月全国限额以上单位服装、鞋帽、针纺织品类商品零售额同比增长12.9%，增速较2022年大幅回升19.4个百分点，整体零售规模超过2019年水平，且明显好于社会消费品零售整体水平。同时，网络零售增速实现良好回升，2023年全国网上穿类商品零售额同比增长10.8%，增速较2022年大幅回升7.3个百分点。

受海外需求收缩、贸易环境风险上升等因素影响，2023年我国纺织行业出口压力明显加大，但行业发展韧性在外贸领域持续显现，对"一带一路"部分市场出口实现较好增长，带动纺织品服装出口总额降幅逐步收窄。中国海关快报数据显示，2023年我国纺织品服装出口总额为2936.4亿美元，同比减少8.1%，增速较2022年回落10.6个百分点，但累计降幅自9月以来逐步收窄。主要出口产品中，纺织品（纺织纱线、织物及制成品）出口额为1345亿美元，同比减少8.3%；服装出口额为1591.4亿美元，同比减少7.8%。主要出口市场中，我国对美国、欧盟、日本等市场纺织品服装出口规模均较上年有所减少，对"一带一路"沿线的土耳其、俄罗斯等国家出口稳中有升。

整体来看，终端需求较2022年有所改善，带动化纤直接下游需求好于2022年同期。从化纤下游主要行业（加弹、织机、涤纱）开机率来看，均处于近几年的偏高水平。从轻纺城成交量来看，也略好于2022年同期，特别是9月之后成交量明显提升。

（三）出口保持增长态势，出口量创历史新高

近年来，全球纺织产业分工持续深化，产业链前端和中间产品贸易更趋活跃，体现出产业链供应链融合加深，我国化纤产业正是国际纺织供应链的核心参与方。根据中国海关数据统计，2023年化纤出口量为650.73万吨，同比增加15.08%（表2），较2022年提升6.32个百分点；出口占比9.47%，较2022年提升0.76个百分点。其中，涤纶长丝、涤纶短纤拉动化纤出口增长，同比增加均超过20%，如涤纶短纤月均出口10万吨，远超往年同期水平。从出口目的地看，印度、土耳其、越南、巴基斯坦、埃及、巴西位列前六，出口市场向纺织业快速发展的新兴市场集中。其中，出口印度70.26万吨，同比增长45.49%，出口占比超10%；出口土耳其62.8万吨，同比增长30.54%，出口占比为9.65%；出口越南60.95万吨，同比增长12.73%，出口占比为9.37%。

表2 2023年化纤主要产品进出口情况

产品名称	进口量			出口量		
	2023年（吨）	2022年（吨）	同比（%）	2023年（吨）	2022年（吨）	同比（%）
化学纤维	623053.6	615972.4	1.15	6507300.3	5654455.3	15.08
其中：涤纶长丝	69494.4	88333.6	−21.33	4033800.6	3353747.8	20.28
涤纶短纤	101838.7	90620.6	12.38	1230617.2	1017213.4	20.98
锦纶长丝	45710.6	56995.8	−19.8	391725.2	381042.1	2.8
腈纶	50980.6	45586.3	11.83	42065.1	66800.3	−37.03
黏胶长丝	561.6	263.1	113.45	102672.4	119310.5	−13.95
黏胶短纤	94732.6	93268.5	1.57	266024.7	312916.5	−14.99
氨纶	47938.9	25836.7	85.55	69628.2	71025.4	−1.97

资料来源：中国海关数据

（四）价格波动减弱，市场相对平稳

2023年，原油价格中枢低于2022年，且波动较为平稳（图1）。整体来看，上半年原油价格基本保持在70~80美元/桶震荡，阶段性受到美国、欧洲银行业危机，OPEC+减产，美联储加息，欧洲、美国出行需求旺季等因素影响；三季度受宏观加息暂缓和沙特减产等影响，原油价格开启上涨模式，涨幅高达32.62%，且在9月中下旬超过90美元/桶；10月以后，原油价格震荡下跌，年末跌至约70美元/桶。

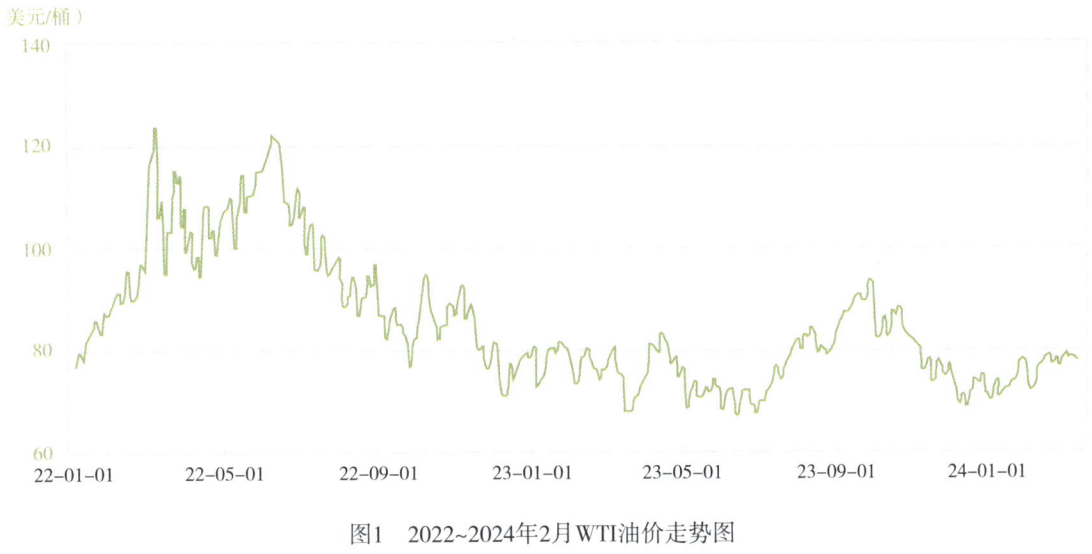

图1 2022~2024年2月WTI油价走势图
资料来源：中纤网

PTA、化纤价格基本跟随原油价格走势，但涨跌幅度较原油平缓（图2），尤其是三季度原油价格上涨明显，PTA、化纤价格涨幅有限，仅上涨10%左右。整体来看，化纤价格总体平稳波动。以涤纶为例，全年价差不超过1000元/吨。年末POY价格约7580元/吨，较年初上涨约390元/吨，涨幅为5.4%。

图2 2022~2024年2月涤纶及其原料价格走势图
资料来源：中纤网

（五）营收保持增长，效益环比改善

2023年化纤行业经济效益指标呈现向好趋势。国家统计局数据显示，化纤行业营业收入为10975.26亿元，同比增加6.75%；自8月起，累计同比增速转正。实现利润总额270.73亿元，同比增加43.74%，自10月起，累计同比增速转正；利润同比大幅增加的原因，一方面是行业经济运行在下半年有很大改善，另一方面很大程度上是因为2022年四季度基数较低。化纤行业为纺织全行业贡献约15.7%的利润，较2022年提升了4个百分点；行业亏损面25.52%，较2022年收窄6.41个百分点，亏损企业亏损额同比减少35.38%（表3）。

分行业来看，涤纶、锦纶、腈纶和氨纶行业分别约贡献了化纤利润总额的39%、19%、1%和5%，其中涤纶行业利润总额增加明显，分产品来看，涤纶长丝利润呈现逐步修复态势，涤纶短纤加工差横盘维持，效益不及涤纶长丝；腈纶行业利润总额下降明显，主要原因在于下半年原料丙烯腈价格有所回升。

表3　2023年化纤及相关行业经济效益情况

行业	营业收入（亿元）	同比（%）	营业成本（亿元）	同比（%）
纺织行业*	45959.01	-0.79	40554.82	-1.34
其中：纺织业	22879.09	-1.59	20235.39	-1.9
纺织服装、服饰业	12104.66	-5.4	10177.25	-6.43
化学纤维制造业	10975.26	6.75	10142.18	5.64
行业	利润总额（亿元）	同比（%）	亏损企业亏损额（亿元）	同比（%）
纺织行业*	1724.08	6.67	416.46	-19.44
其中：纺织业	839.53	5.92	207.3	-16.9
纺织服装、服饰业	613.82	-3.39	95.14	4.49
化学纤维制造业	270.73	43.74	114.03	-35.38

* 本表中纺织行业数据为三项合计。
资料来源：国家统计局

（六）固定资产投资下滑，产能惯性增长

国家统计局数据显示，2023年化纤行业固定资产投资额同比下降9.8%（图3），但是从实际新增产能来看，2023年仍是集中投放期，化纤行业产能惯性增长。固定资产投资额的下降，意味着化纤行业本轮扩产周期结束，未来一段时间，行业新增产能压力将有所缓解。

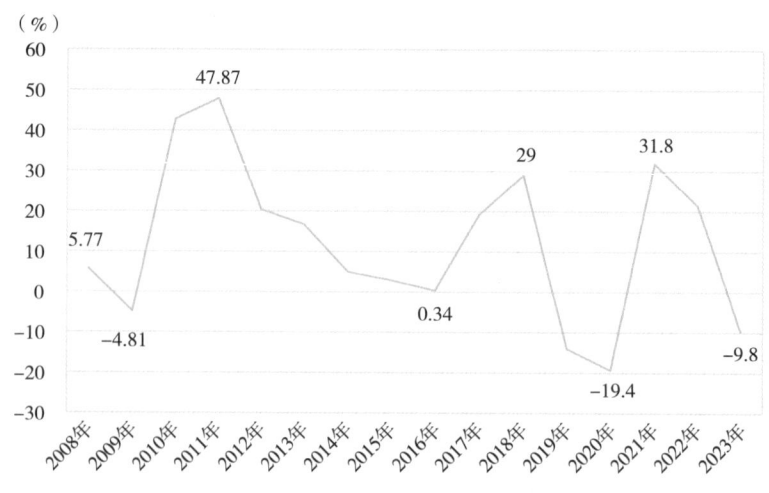

图3　2008~2023年化纤行业固定资产投资增速变化
资料来源：国家统计局

二、2024年化纤行业展望

2023年，面临国际政治经济环境不利因素增多、国内周期性和结构性矛盾叠加等多重困难挑战，我国宏观调控政策"组合拳"行之有效，经济持续回升向好，高质量发展扎实推进。中央经济工作会议要求，2024年要坚持稳中求进、以进促稳、先立后破，多出有利于稳预期、稳增长、稳就业的政策，在转方式、调结构、提质量、增效益上积极进取，不断巩固稳中向好的基础。预计随着我国经济的持续恢复、就业形势的不断改善、市场供给的稳步提升和优化，加上促消费政策的发力显效，恢复和扩大消费的基础将不断巩固，将支撑我国化纤行业经济运行持续恢复向好。

2024年春节以来，化纤各品种均出现不同程度累库，叠加节后雨雪天气导致终端恢复节奏偏慢，春装销售也有所延后，市场节奏预期调整。但从全年来看，内销方面，我国纺织品服装消费需求韧性仍在，同时消费圈层丰富、产业用纺织品应用领域持续拓展、网络零售新业态层出不穷等也将不断催生新的消费需求；外销方面，随着我国纺织行业国际分工地位改变，产业链各类主要产品的对外贸易结构正在调整和优化，预计化纤及其制品的出口份额仍将呈现较好增长态势；供应方面，新增产能的压力将有所缓解，有助于避免供需矛盾进一步升级，但近两年累积下来的新增产能的释放仍需要市场去消化，建议企业要继续做好行业自律。此外，原油价格的不确定性仍将对化纤经济运行产生重要影响。在全球经济增长动力依然疲弱的背景下，原油需求仍将承压，而供应端仍相对充裕，但欧佩克+大概率将继续控制产量以维持油价。从金融方面来看，美联储降息的可能性较大，有利于支撑油价。总体来看，全球能源市场正在深度调整中寻找平衡，2024年仍需关注地缘局势变化、美联储降息进程、美国总统大选等因素可能对国际油价带来的大幅度波动。

2024年是实现"十四五"规划目标任务的关键一年。中央经济工作会议将"以科技创新引领现代化产业体系建设"列为2024年九项重点工作任务之首，提出要以科技创新推动产业创新，特别是以颠覆性技术和前沿技术催生新产业、新模式、新动能，发展新质生产力。行业要将认识和行动统一到党中央的决策部署上来，加快发展新质生产力，高质量建设纺织化纤现代化产业体系。例如，围绕前沿技术、功能性、大健康、智能穿戴、生物来源、高性能纤维、关键设备等，加强技术创新、产品创新，拓展市场需求；加快应用数字化技术，逐步打造企业智能车间、智能工厂系统，同时通过工业互联网加速构建新型产业结构；围绕节能减排、绿色能源、循环再利用、可降解、低碳技术等，主动探索可持续发展模式，推进绿色制造体系建设，并引导绿色消费，助力"双碳"战略。

撰稿人：吴文静

2023/2024年中国印染行业发展报告

中国印染行业协会

2023年是全面落实党的二十大精神、推进中国式现代化新征程的开局之年，是经济恢复发展的一年。这一年，全球经济整体呈现弱复苏态势，经济增长动能不足，国际市场需求下降；地缘政治风险上升，全球纺织服装产业链、供应链格局加速调整，国际贸易面临诸多挑战。国内经济发展面临总需求不足、社会预期偏弱的阶段性考验。面对复杂严峻的国内外发展环境，印染行业顶住外部压力、克服内部困难，在国家稳增长促消费政策支持及纺织品服装内销市场持续回暖、国际市场需求恢复的带动下，行业生产形势逐步好转，全年印染布产量实现小幅增长；外贸保持较强韧性，主要产品出口规模再创新高；主要经济指标持续修复，企业发展质效不断提升，印染行业经济运行整体呈现恢复向好态势。

一、2023年印染行业经济运行情况

（一）终端消费持续回暖，行业生产恢复向好

根据国家统计局数据，2023年，印染行业规模以上企业印染布产量同比增长1.3%，增速较2022年提高8.82个百分点。一季度，印染行业生产承压开局，印染布产量增速为负；二季度，由于2022年同期基数较低，印染布产量增速小幅走高；三季度，印染行业生产形势转弱，企业生产订单减少，产量增速有所回落；四季度，随着国家稳增长促消费政策持续发力显效，以及国庆长假、"双十一"购物节、圣诞节促销备货等拉动节日消费，纺织服装终端需求持续回暖，印染行业生产恢复向好，产量增速有所回升，如图1所示。从当月产量来看，前6个月规模以上印染企业当月产量均保持在50亿米以上，7月产量创年内新低，之后逐月提高，11月重回50亿米以上，12月产量环比增长9.48%，为4月以来单月最高产量，如图2所示。

分地区来看，2023年我国印染行业产能集中度有所下降，浙江、江苏、广东、福建、山东等东部沿海五省规模以上印染企业印染布产量占全国总产量92.76%，占比较2022年下滑0.98个百分点。沿海五省中，广东省印染布产量大幅增长，同比提高17.78%，福建省印染布产量下降幅度较大，同比减少13.55%，广东省印染布产量超过福建省，跃居全国第三位。山西、安徽、江西、湖南、重庆、新疆等中西部地区印染布产量增速均高于全国平均水平，其中，重庆、湖南、新疆实现大幅增长，增速分别达156.72%、90.17%和88.55%，见表1。

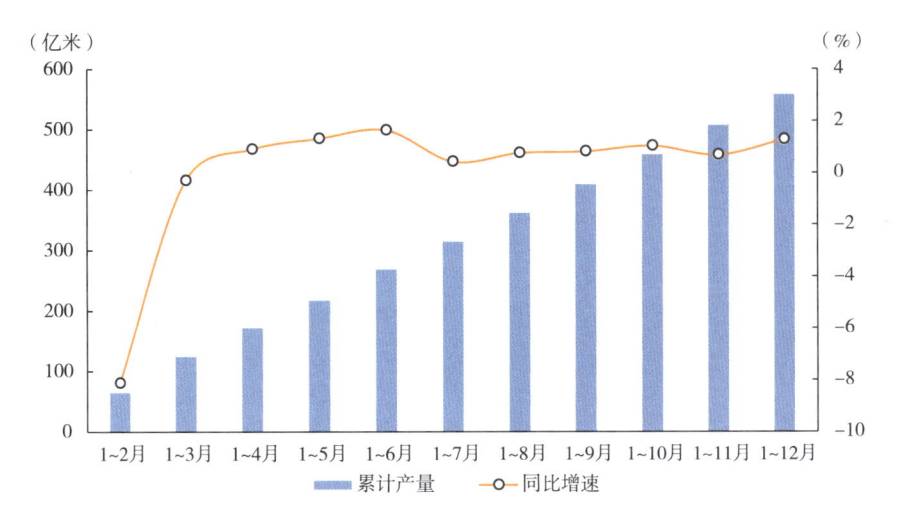

图1 2023年印染行业规模以上企业累计产量及增速情况
资料来源：国家统计局

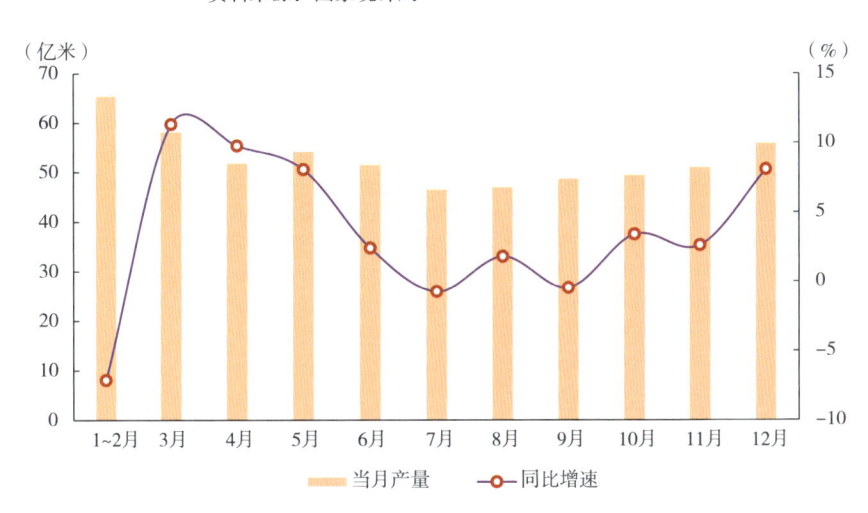

图2 2023年印染行业规模以上企业当月产量及增速情况
资料来源：国家统计局

表1 2023年我国部分地区印染布产量增速情况

序号	地区	同比（%）	序号	地区	同比（%）
1	浙江	1.09	9	湖北	-27.57
2	江苏	0.9	10	重庆	156.72
3	广东	17.78	11	河南	-12.57
4	福建	-13.55	12	江西	6.31
5	山东	8.02	13	新疆	88.55
6	湖南	90.17	14	安徽	3.59
7	河北	-0.62	15	山西	6.45
8	四川	-46.12	16	广西	-12.54

注：表中地区为印染布年产量超过1亿米的省份（自治区、直辖市）。
资料来源：国家统计局

（二）外贸展现较强韧性，出口市场表现分化

2023年，受国际市场需求收缩、国际贸易风险上升等因素影响，我国印染行业出口整体承压，但立足产业规模优势和配套优势，行业出口规模逐步回稳，外贸韧性持续彰显。根据中国海关数据，2023年，我国印染八大类产品出口数量311.86亿米，同比增长4.91%，为有统计以来首次超过300亿米，创历史新高；出口金额301.25亿美元，同比降低3.89%；出口平均单价0.97美元/米，同比降低8.39%。一季度，印染行业出口明显承压，印染八大类产品出口量价齐跌；自二季度开始，出口增速保持基本平稳，主要产品出口呈现量升价跌态势；四季度随着海外需求逐步改善，出口金额降幅收窄至年内最低水平，如图3所示。

印染产品间接面临出口下行压力，但出口降幅逐步收窄。2023年，我国累计完成服装及衣着附件出口1591.4亿美元，同比下降7.8%，降幅较前三季度收窄1个百分点；家纺产品出口459.78亿美元，同比下降2.29%，降幅较前三季度收窄0.93个百分点。

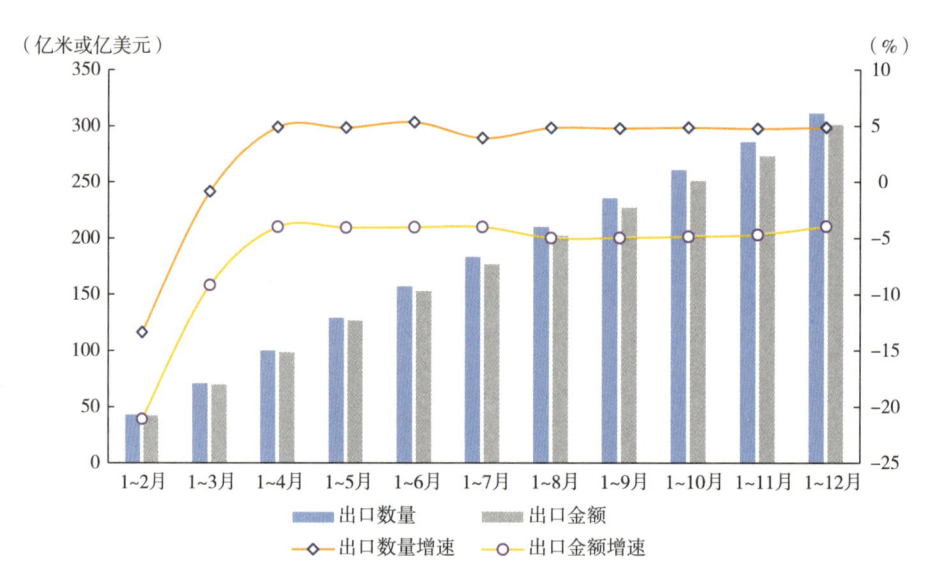

图3 2023年我国印染八大类产品出口情况
资料来源：中国海关

1. 主要产品出口情况

2023年，我国印染八大类产品中，纯棉染色布、棉混纺印花布、T/C印染布出口数量分别下滑4.01%、21.32%和13.88%，纯棉印花布、棉混纺染色布出口数量增速不及印染八大类产品平均出口增速，见表2。涤纶短纤织物、化纤短纤织物出口数量实现较快增长，增速分别高于印染八大类产品出口总量增速5.13和17.71个百分点。合成长丝织物出口数量223.52亿米，同比增长4.17%，占印染八大类产品出口总量71.67%，是带动印染产品出口规模实现增长的主要产品。出口平均单价方面，印染八大类产品均有不同程度下滑，其中棉制相关产品出口单价下降幅度均高于整体水平。

2. 主要出口市场情况

东盟和以东盟为重要组成的RCEP成员国是我国印染产品出口的主要市场。2023年，我国印染八大类产品对东盟出口70.52亿米，同比增长2.08%，占出口总量的22.61%，增速低于出

表2 2023年我国印染八大类产品出口情况

品种	出口数量（亿米）	数量同比（%）	出口金额（亿美元）	金额同比（%）	出口单价（美元/米）	单价同比（%）
纯棉染色布	12.17	-4.01	24.31	-14.42	2	-10.84
纯棉印花布	12.88	3.03	14.52	-6.69	1.13	-9.44
棉混纺染色布	3.96	4.51	8.25	-7.2	2.09	-11.2
棉混纺印花布	0.48	-21.32	0.94	-32.87	1.97	-14.68
合成长丝织物	223.52	4.17	194.43	-3.26	0.87	-7.13
涤纶短纤织物	13.59	10.04	12.74	7.65	0.94	-2.17
T/C印染布	11.2	-13.88	13.49	-21.69	1.2	-9.07
化纤短纤织物	34.07	22.62	32.58	11.69	0.96	-8.92
合计	311.86	4.91	301.25	-3.89	0.97	-8.39

资料来源：中国海关

口总量增速2.83个百分点；对RCEP成员国出口75.71亿米，同比增长1.33%，增速低于出口总量增速3.58个百分点。对东盟和RCEP成员国出口增速放缓主要受欧洲、美国等传统消费市场对纺织服装需求收缩的传导影响，导致这些市场对我国印染面料的需求下降。2023年，我国印染八大类产品对菲律宾、泰国、马来西亚、韩国等国家出口呈现不同程度下滑，对越南、缅甸出口增速低于出口平均增速。

从主要出口国家来看，我国印染八大类产品对出口规模排名前十国家的出口表现呈现分化。2023年，对前十国家出口数量达到133.38亿米，占出口总量的42.77%，其中，对孟加拉国、巴基斯坦、菲律宾分别下滑6.05%、16.78%和12.58%，对尼日利亚、越南、缅甸出口实现小幅增长，对印度、俄罗斯等新兴市场的出口表现良好，同比分别增长9.47%和12.54%。对前十国家的出口平均单价同比下降9.14%，降幅高于整体水平0.75个百分点，仅对越南出口单价小幅增长0.12%，对尼日利亚、印度尼西亚、印度、缅甸、巴基斯坦出口平均单价降幅超10%，见表3。出口产品价格下降的原因，一是受2022年国内疫情扰动，印染产品供应链衔接不畅，出口价格涨至近年来较高水平，导致同比基数抬高；二是2023年国际市场需求下降，行业竞争加剧，企业利润空间受到挤压；三是受人民币对美元贬值影响，出口产品价格以美元计出现下滑。

表3 2023年我国印染八大类产品出口前十国家情况

国家	出口数量（亿米）	数量同比（%）	出口金额（亿美元）	金额同比（%）	出口单价（美元/米）	单价同比（%）
尼日利亚	23.55	1.25	15.08	-14.38	0.64	-15.44
越南	22.78	0.35	36.29	0.47	1.59	0.12
印度尼西亚	17.95	9.43	16.23	-3.59	0.9	-11.9

续表

国家	出口数量（亿米）	数量同比（%）	出口金额（亿美元）	金额同比（%）	出口单价（美元/米）	单价同比（%）
孟加拉国	14.52	-6.05	20.92	-14.18	1.44	-8.66
巴西	13.19	17.1	9.79	7.99	0.74	-7.78
印度	9.74	9.47	7.22	-5.25	0.74	-13.45
缅甸	9.69	3.64	10.33	-8.01	1.07	-11.24
巴基斯坦	8.57	-16.78	9.14	-26.71	1.07	-11.93
俄罗斯	7.1	12.54	6.9	9.86	0.97	-2.38
菲律宾	6.3	-12.58	5.91	-21.18	0.94	-9.84

资料来源：中国海关

（三）运行质量恢复缓慢，经营效益持续改善

2023年，受宏观经济下行风险加大、全球市场需求疲软、市场竞争加剧等因素影响，我国印染企业盈利明显承压。随着国家一系列扩内需、提信心、防风险政策举措实施显效，内销市场持续回暖，企业效益水平逐步改善，但主要运行质量指标仍待进一步修复。

1. 运行效率仍处低位

根据国家统计局数据，2023年，全国规模以上印染企业三费比例6.95%，同比提高0.19个百分点，其中，财务费用同比增长13.25%，是三费增长的主要原因，反映当前印染企业融资成本依然偏高；产成品周转率13.83次/年，同比降低11.84%；应收账款周转率8.01次/年，同比提高0.26%；总资产周转率0.97次/年，同比降低0.24%。从年内走势来看，印染行业主要运行质量指标在低位波动，产成品周转率和总资产周转率尚未扭转负增长态势，其中产成品周转率下滑明显，反映企业产销衔接不畅；应收账款周转率呈逐步修复态势，全年实现小幅增长，但恢复进程相对缓慢，见表4。

表4 2023年规模以上印染企业主要运行质量指标增速

主要指标	一季度	上半年	前三季度	全年
产成品周转率（%）	-14.79	-9	-10.7	-11.84
应收账款周转率（%）	-9.13	-0.97	-0.29	0.26
总资产周转率（%）	-6.85	-2.95	-2.09	-0.24

资料来源：国家统计局

2. 经济效益持续恢复

2023年，印染行业主要经济效益指标在2022年较低基数的基础上实现恢复性增长，企业营收逐步回升，带动利润持续改善。国家统计局数据显示，2023年，规模以上印染企业营业收入同比增长1.44%，利润总额同比增长9.26%；成本费用利润率5.03%，同比提高0.38个百分点；销售利润率4.66%，同比提高0.33个百分点。1781家规模以上印染企业亏损户数为548户，

亏损面30.77%，较2022年小幅收窄0.23个百分点；亏损企业亏损总额同比降低9.71%，亏损情况较2022年有所好转。

2023年前10个月，规模以上印染企业营业收入、利润总额降幅逐步收窄，11月增速实现由负转正，12月增速进一步提高，见图4。利润总额从1~2月同比下降89.29%回升至全年增长9.26%，企业盈利能力明显改善。销售利润率不断提升，从1~2月仅为0.23%的低位水平逐步回升至5%左右的行业正常水平，见图5。行业亏损面持续收窄，部分亏损企业扭亏为盈，一季度行业亏损面为45.44%，全年收窄至30.77%，收窄14.67个百分点；亏损企业亏损总额同比下降，部分企业经营效益得到修复。

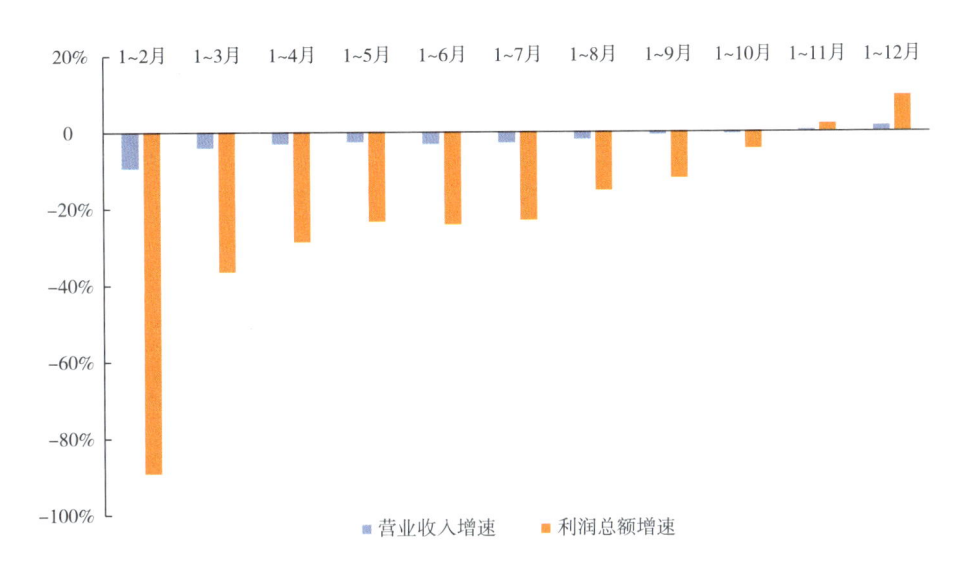

图4 2023年规模以上印染企业营业收入和利润总额增速情况
资料来源：国家统计局

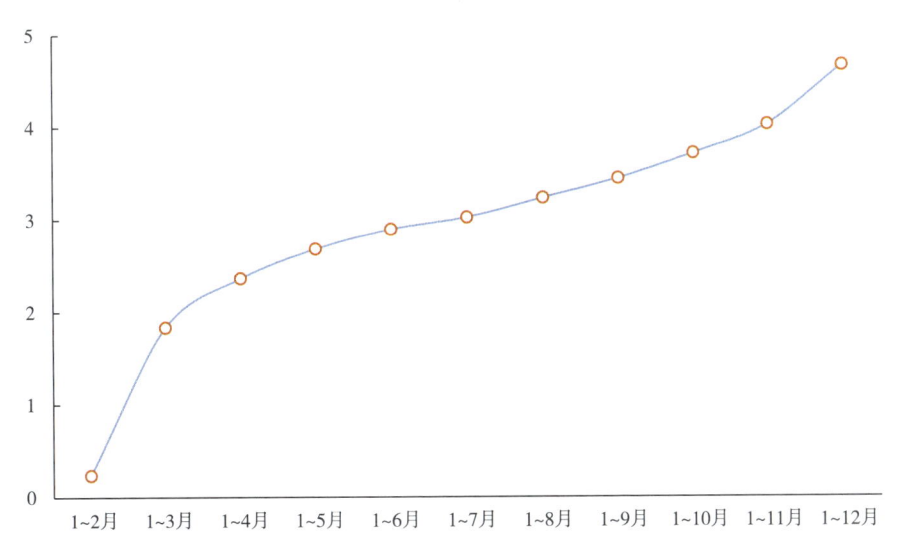

图5 2023年规模以上印染企业销售利润率变化情况
资料来源：国家统计局

二、2023年印染行业面临的主要问题

（一）需求恢复不及预期，企业生产订单不足

2022年12月，与快速升温的复苏预期形成鲜明对比的是经济基本面的现实依然偏弱。从宏观层面来看，2023年中国制造业采购经理指数（PMI）总体呈M型走势，在2月达到年内高点后先后经历了快速回落、温和回升、再次转弱的波动过程，见图6。12月PMI指数为49%，连续3个月处于收缩区间，"供强需弱"特征仍突出。对印染行业而言，企业对于订单不足的感受较为普遍，多数印染企业产能利用率仅维持在70%左右，部分中小企业产能利用率不足五成。产能利用率不高，企业成本承压，规模效应弱化，盈利能力下降。订单不足主要归因于市场需求疲软，国内的"疤痕效应"尚未消退，社会预期有待改善，居民消费信心仍需提振，尽管四季度以来内销市场有所回暖，但恢复向好的基础仍需进一步巩固；国际方面，主要发达经济体因核心通胀高企而采取紧缩性货币政策，加大世界经济下行风险，国际市场对纺织品服装的需求下降。

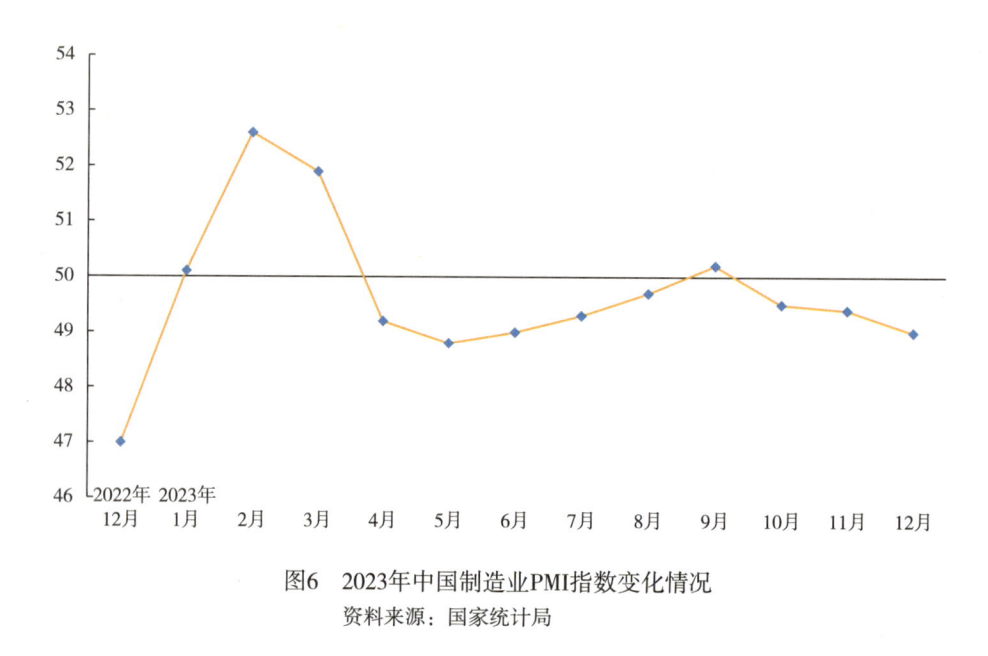

图6　2023年中国制造业PMI指数变化情况
资料来源：国家统计局

（二）国际贸易风险上升，行业面临订单转移压力

2023年，全球地缘政治紧张局势延宕，国际贸易环境日趋复杂。2023年我国在美国、欧盟纺织品服装进口额中所占比重分别为24%和29.7%，与2010年的峰值相比分别下降17.2和12.8个百分点；在日本纺织品服装进口额中所占比重为52.2%，较2009年的峰值下降26.3个百分点。越南、孟加拉国、墨西哥、土耳其等国在美国、欧洲、日本市场份额有所增加，这些国家对我国印染面料的需求逐步上升。2023年，我国印染八大类产品对越南、孟加拉国出口数量较2011年分别增长204.4%和120.5%。近年来，随着新兴国家印染产能的扩张和生产配套的完善，我国印染订单向国外转移的趋势越加明显。

(三) 市场竞争加剧，企业盈利承压

2023年，在企业订单不足、国际供应链结构深入调整的背景下，我国印染行业面临的市场竞争越加激烈。国际上在面临越南、孟加拉国、印度等新兴纺织制造国的竞争的同时，也面临着来自欧洲、美国发达国家在技术创新、品牌建设等方面的挑战。从协会调研情况来看，2023年多数印染企业加工费有所下调，一是因为随着染化料、能源等价格回落，企业生产成本降低，下调加工费是企业的主动作为，更主要是因为市场订单不足，企业为争取市场订单、维持正常运转而选择低价策略。这种低价竞争行为不仅压缩了行业的利润空间，增加企业盈利压力，还影响到企业在技术创新、设备更新、产品开发等方面的投资意愿，对企业转型升级和长远发展产生负面影响。

三、2024年印染行业发展形势

展望2024年，印染行业经济运行将面临新的机遇和挑战。一方面，全球经济增速放缓已成为普遍共识，尽管当前全球通胀问题已得到阶段性缓解，但导致全球经济下行的短期和长期因素依然很多，印染行业对传统市场出口或仍将承压。依托出口市场多元化战略的深入实施及我国跨境电商的蓬勃发展，我国印染行业在新兴市场将迎来新的发展机遇。另一方面，随着国家宏观政策显效发力，居民消费能力和消费意愿有望持续改善，内销市场持续恢复的基础将进一步巩固，超大规模内需市场潜力将逐步释放，国内消费有望从疫后恢复转向持续扩大，这为印染行业实现平稳发展提供重要支撑。

(一) 出口或将量价齐升，但价格改善程度有限

2024年世界经济仍将行进在中低速增长轨道上，全球贸易增速将温和回升。2023年10月世界贸易组织的预测表明，2024年贸易增速为3.3%，高于2023年增速2.5个百分点。外需改善的动因主要在于，美国、欧洲等发达经济体的通胀问题有望进一步缓和，货币政策转向将提振国际市场对纺织品服装的需求，但需求改善带动产品价格大幅修复的可能性较低，阻碍2023年经济增长的因素在2024年仍将存在，叠加2024年"超级大选年"的来临，全球贸易恢复进程仍面临诸多不确定性因素。另外，随着出口市场多元化持续推进，我国印染行业将继续深耕非洲、南美洲、"一带一路"沿线国家等新兴市场，这些地区将成为我国印染产品出口增长的重要支撑。同时跨境电子商务的发展有利于降低面料等中间品的贸易成本，提高交货效率，这将进一步增强我国印染产品在新兴市场的竞争力。

(二) 内销有望持续恢复，发展质效将逐步改善

在一系列政策推动下，2023年四季度，我国纺织服装消费市场呈现企稳回升态势。全年限额以上单位服装鞋帽、针纺织品类商品零售额同比增长12.9%，增速较前三季度提高2.3个百分点，12月当月同比增长26%，连续两个月增速保持在20%以上。2024年，宏观政策将持续对经济恢复提供有力支撑，终端消费潜能将进一步释放。中央经济工作会议强调"要激发

有潜能的消费"，商务部将2024年定义为"消费促进年"，将着力优化消费环境，推动扩大消费需求。预计在系列政策叠加支持下，社会预期将逐步改善，居民储蓄倾向将逐步向消费、投资转化，内销市场有望延续2023年底的恢复态势。消费复苏将带动印染行业盈利能力整体改善，企业经营压力将有所缓解。

四、2024年印染行业重点发展方向

（一）以产品提质和品类创新为切入点，着力扩大国内消费

内需是中国经济发展的根本动力，也是满足人民日益增长的美好生活需要的必然要求。当前，人们对纺织服装的生存性需求逐步向发展性、享受型需求升级，心理预期正从数量向质量转变，优质制造正在得到市场更多关注，品质消费已成为新的发展趋势。印染行业作为纺织产业链提升产品品质、创造市场价值的关键环节，要加快培育新质生产力，通过新材料、新工艺、新装备的系统性创新应用，推动印染产品科技感、价值性、功能性持续提升。要坚持以市场需求为导向，加大差异化产品开发力度，积极构建与新时期市场相适应的制造体系，满足多样化细分市场的消费需求，以创新驱动、高质量供给引领和创造新需求。

（二）以结构调整和产业升级为支撑，积极应对产业转移

随着全球经济技术的发展，产业的国际化转移成为必然趋势。近年来，随着全球纺织服装产业向新兴经济体转移，东南亚、南亚国家快速崛起，分流部分原中国的中低端订单。与新兴国家相比，我国印染行业在产业规模、生产配套、生产效率、产品质量等方面仍具有明显竞争优势，实施错位竞争是避免产业过快外移的重要战略。印染行业应加大科技创新和研发投入，加快产品结构调整和产业数字化、智能化转型，实现生产力系统跃迁，深化提升自身软实力。聚焦中高端消费市场，促进产业向高附加值升级，避免同质化、低水平项目的重复投资建设，重塑行业国际竞争新优势。同时，印染行业也要顺应产业发展大势，积极开展国际产能合作，深度参与全球产业链供应链的优化调整，推动形成多元、高效的生产力布局。

（三）以节能减排和社会责任为关键，加快产业绿色转型

绿色发展是顺应自然、促进人与自然和谐共生的发展，是高质量发展的底色，体现着社会演进、产业变革的趋势与方向。2024年是印染行业实现"十四五"绿色发展目标的关键一年，行业要坚持把实现减污降碳、协同增效作为促进产业全面绿色转型的总抓手，积极践行社会责任担当。加强资源节约集约高效利用，加快能源结构调整优化，积极稳妥推进碳达峰、碳中和。加大节能减排先进技术推广力度，推动大中小企业协调发展，不断提升行业绿色发展基础能力和内生动力。充分发挥产业链中间关键环节优势，加强与纤维材料、染化料、纺织机械、服装家纺等产业协同发展，深入推进绿色供应链体系建设，突破国际绿色贸易壁垒。

撰稿人：林琳

2023年中国缝制机械行业经济运行及2024年发展展望

中国缝制机械行业协会

2023年，全球经济在复苏的道路上坎坷前行。经济增长放缓、地缘冲突加剧、通胀保持黏性、货币持续收紧，全球制造业景气度较为低迷，货物贸易增长低于预期，发达国家鞋服库存高企，消费进口需求大幅收缩，对下游鞋服及缝制机械行业带来明显冲击。

全年来，我国缝制机械行业内需低迷、外需下行，经济效益明显下滑，企业经营压力较大，行业经济整体回落至近十年来较为低迷的水平。面对严峻形势，行业坚持以习近平新时代中国特色社会主义思想为指导，认真贯彻落实国家战略部署和行业高质量发展指导意见，加快结构调整，加大技术创新，推进智能转型，深挖用户需求，三季度以来行业产、销降幅逐步收窄，年末呈现出明显的触底回暖势头，行业企稳复苏动能持续累积。展望2024年，行业面临的机遇大于挑战，全年经济运行有望保持稳中有进的恢复性增长态势。

一、2023年行业经济运行情况

（一）行业触底徘徊，景气较为低迷

2022年末至2023年，行业景气指数从渐冷区间下滑至过冷区间，并在过冷区间持续徘徊。值得注意的是，从去年10月开始，行业景气指数由68.81持续回升至12月的74.03，说明四季度行业正缓慢走出谷底，筑底、企稳、复苏的态势正逐步形成，但12月景气指数仍在过冷区间，行业经济总体仍很低迷。

从各分项指数来看，12月行业主营业务收入景气指数81.71，出口景气指数96.32，资产景气指数90.81，利润景气指数41.1，四项指数中出口和资产景气指数在稳定区间，主营业务收入景气指数在渐冷区间，利润指数在过冷区间，年末行业生产和出口相对好转，拉动行业景气指数触底小幅回升（图1）。

（二）生产整体收缩，年末止跌回升

2023年，行业生产呈现明显下滑和紧缩态势，但降幅较上年有所收窄，年末行业生产实现止跌回升。

图1 2022年11月至2023年12月缝制机械行业综合景气指数变化情况
数据来源：中国轻工业信息中心

据国家统计局数据显示，截至2023年底我国缝制机械行业规模以上企业工业增加值累计增速为1.1%，低于专业设备制造业工业增加值2.5个百分点，低于全国规模以上工业企业增加值3.5个百分点，说明行业生产仍处于总体疲软和相对收缩状态。而从行业月度工业增加值累计增速指标来看，自年初该指标延续上年负增长态势，但降幅较上年末逐月收窄，至年末11、12月，该指标由负转正，12月升至年内最高值1.1%，显示出行业经济止跌回升、阶段性趋好的积极态势（图2）。

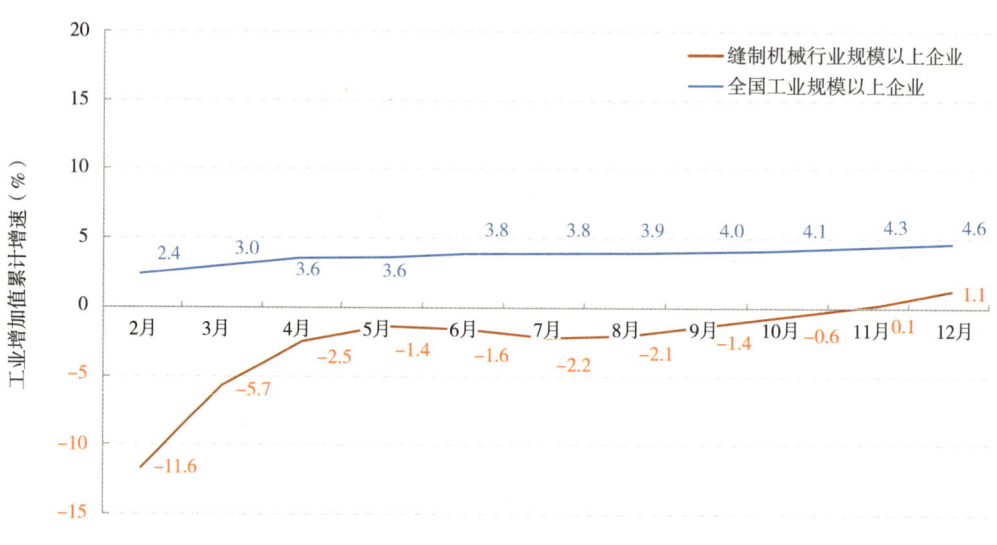

图2 2023年行业规模以上企业月度工业增加值累计增速走势图
数据来源：国家统计局

据初步估算，2023年行业累计生产各类家用及工业用缝制设备（不含缝前缝后）约935万台，同比下降3.6%。另据协会跟踪统计的百家整机企业数据显示，2023年百家骨干整机企业累计生产各类缝制机械637万台，同比下降1.26%，12月末行业百余家整机企业产品库存量约

95万台，同比下降15.08%。

1. 工业缝纫机

初步估算，2023年全行业工业缝纫机总产量约为560万台左右，同比下降约11%（图3）。行业工业机库存约80余万台，同比约下降12%，相较上年末行业库存压力明显缓解，为适量补库打开了空间。

图3 2011~2023年我国工业缝制设备年产量变化情况（估算）
数据来源：中国缝制机械协会

2023年协会统计的百余家骨干整机企业累计生产工业缝纫机445万台，同比增长1.97%，年内生产整体"前低后高"。年初受内外市场需求下滑及春节假期影响，行业生产大幅紧缩，1月行业百家骨干整机生产企业工业缝纫机月产量仅不到20万台，刷新近年来行业最低值。二、三季度，随着企业全面复工复产，国家稳经济政策效果显现，下游内外贸局域市场订单需求释放，以"快返王"等为代表的一批行业创新型产品积极推向市场，百家企业月产量环比回升，月产量同比降幅逐月收窄，至8月起止跌回升。年末，受下游需求回升和内外需补库拉动，百家企业月产量增至最高49万台/月。产品品类方面，平缝机、厚料机、刺绣机及自动缝制设备产量同比呈现增长态势，而包、绷及特种机产量同比呈现两位数下滑。

2. 家用缝纫机

受俄罗斯、马来西亚、新加坡、波兰、中亚及非洲等区域市场需求拉动，2023我国家用缝纫机产销较上年有所增长。据初步估算，2023年我国家用缝纫机产量约375万台，同比增长10.29%。其中，普通家用机产量约为185万台，同比增长15.63%；多功能家用机产量约为190万台，同比增长5.56%（图4）。

3. 缝前缝后设备

2023年，行业缝前缝后设备生产相较于上年亦呈现同比下滑态势。据协会统计的11家缝前缝后设备整机企业显示，2023年累计生产各类缝前缝后设备（含自动裁床、拉布机、裁剪机、熨烫设备等）共58万台，同比下降18.2%。

4. 零部件

受整机生产下滑影响，各类零部件订单明显萎缩，从调研情况和统计测算来看，2023年行业零部件企业生产普遍下降达20%~30%。其中，平缝机零件产销相对平稳，包绷缝零件明显下滑，厚料类零件前三季度增幅明显，与日资、台资配套的零部件企业下滑幅度较大。

图4　2015~2023年我国家用缝纫机年产量变化情况（估算）
数据来源：中国缝制机械协会

（三）下游投资紧缩，内销持续下滑

2023年，虽然我国纺织服装市场稳步回暖，但受经济复苏不达预期、消费能力和下游订单不足、外部环境严峻等影响，我国纺织服装、鞋帽等下游行业产销、出口依然疲软，鞋服企业经营压力加大，投资信心普遍不足，导致缝制设备内销市场总体仍保持低迷和下行态势。但是国内监狱系统、部分区域及箱包、羽绒等专业市场，呈现出明显的好转和复苏趋势，有效减缓了行业内销下行深度。

据国家统计局和海关数据显示，2023年我国规上企业服装产量同比下降8.69%，降幅比2022年同期加深5.33个百分点；服装及衣着附件出口额同比下降7.8%，增速比2022年同期放缓11个百分点；服装行业固定资产投资完成额同比下降2.2%，比2022年同期下滑27.5个百分点。制鞋、家具、家纺等各相关下游行业营收也普遍下滑，投资需求紧缩，说明下游消费端和供给端景气较为低迷，短期内缝制设备内销形势难以改善。初步估算，2023年行业工业缝纫设备内销总量约185万台，同比下降20%，回落至2016年行业最为低迷的水平（图5）。

图5　2011~2023年工业缝纫机内销及同比情况
数据来源：中国缝制机械协会

另据海关数据显示（图6），2023年我国缝制机械产品累计进口额9.3亿美元，同比增长9.56%，主要源自国内鞋服企业智能化转型需求和裁剪、拉布等缝前缝后设备进口额的增长。其中，工业缝纫机进口量3.75万台，进口额7716万美元，同比分别下降14.9%和15.68%，显示出缝中主导产品内需依然低迷。

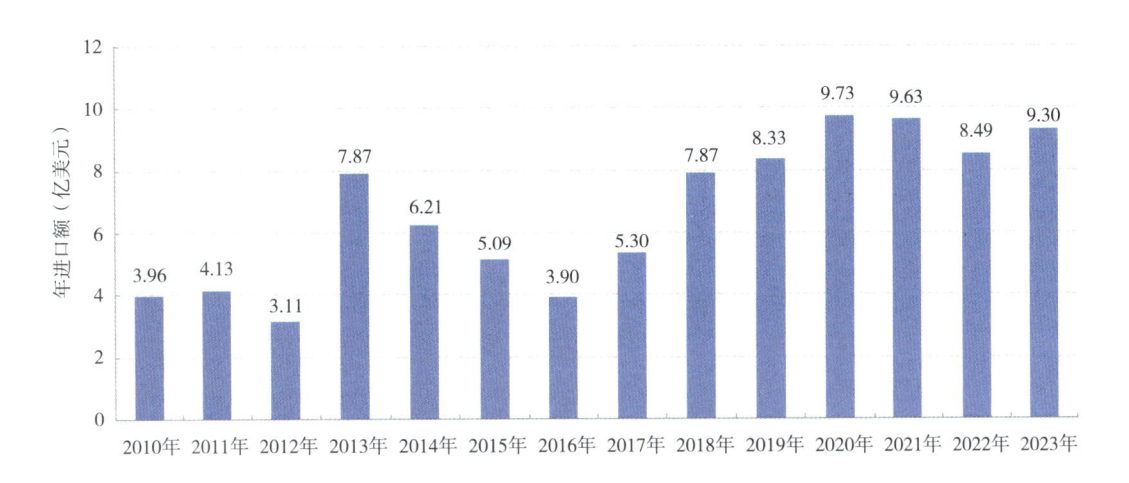

图6 我国缝制机械产品年进口额变化情况
数据来源：海关总署

（四）出口高位回落，市场趋向分化

2023年，由于全球经济增长放缓、持续通胀和高库存等影响，全球纺织服装行业出口额下降约10%，缝制设备外贸需求紧缩，行业出口额高位回落。据有关数据显示，2023年美国、欧盟、英国等发达国家服装进口以及越南、印度、孟加拉国、印度尼西亚、柬埔寨等服装出口同比均达近两位数的明显下降，而中亚、俄罗斯、非洲、南美等局域市场缝制设备需求大幅增长，行业出口趋向分化并显示出韧劲。

1. 出口整体下滑，金额高位回落

据海关总署数据显示（图7、图8），2023年我国缝制机械产品累计出口额28.92亿美元，同比下降15.62%，出口额自上年的高位回落至2021年初水平，比2019年同期增长16.36%。行业月均出口额2.41亿美元/月，较上年减少0.45亿美元/月。总体来看，行业出口从上年高位明显回落，系转段后向行业出口潜在增长水平良性回归，出口依然具有较大潜力和韧劲。

从月度出口数据来看，自2022年11月起受外需下滑影响，我国缝制机械行业出口额同比持续呈现负增长态势。2月，受春节假期以及疫情等因素影响，行业出口额大幅下滑，月出口额仅1.47亿美元，同比下降22.83%，为行业近年来出口最低值。3、4月，受印度、土耳其、俄罗斯、巴西以及中亚、西亚等局域市场需求回暖拉动，行业出口明显提升，月出口额回升至2.7亿美元以上。至二、三季度，海外鞋服需求持续萎缩，对缝机采购需求大幅下滑，行业月出口额再度下滑至2.5亿美元以下，10月出口额更低至2.03亿美元，同比下降21.05%。11、12月，随着下游补库需求逐步释放，南亚、东盟、非洲等区域市场出口增长，拉动行业月出口额回升至2.62、2.48亿美元，12月出口额同比再度实现由负转正。

图7 我国缝制机械产品年出口额变化情况
数据来源：海关总署

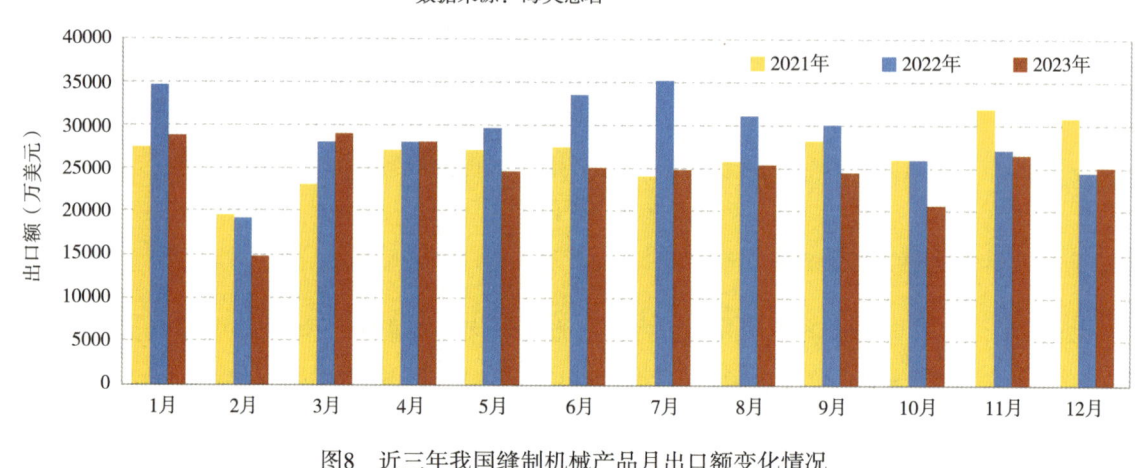

图8 近三年我国缝制机械产品月出口额变化情况
数据来源：海关总署

分产品领域来看（表1），2023年我国缝制机械产品除家用缝纫机外，出口均呈同比下滑态势。其中，工业缝纫机出口量432万台，出口额13.06亿美元，同比分别下降13.75%和25.73%；缝前缝后设备出口量160万台，同比增长17.55%，出口额4.31亿美元，同比下降4.52%；缝纫机零部件出口额近4亿美元，同比下降16.19%。刺绣机受印度、孟加拉国等重点市场需求回暖以及单头刺绣机需求递增带动，出口量5.25万台（单价2000美元以上），同比增长19.39%，出口额4.88亿美元，同比下降0.89%；而家用缝纫机受俄罗斯、马来西亚、新加坡等市场需求拉动，出口量366万台（单价22美金以上），出口额2.13亿美元，同比分别增长10.84%和1.59%。

表1 2023年我国缝制机械分产品出口情况

产品分类	出口量		出口额	
	数据（台）	同比（%）	数据（美元）	同比（%）
家用缝纫机	8752840	21.91	261622320	7.94
工业缝纫机	4322292	−13.75	1306413640	−25.73

续表

产品分类	出口量		出口额	
	数据（台）	同比（%）	数据（美元）	同比（%）
刺绣机	119372	51.59	493196803	-0.89
缝前缝后设备	1601547	17.55	431049394	-4.52
缝纫机零部件	74635277	-7	399912625	-16.19
总计	—	—	2892194782	-15.62

数据来源：海关总署

从出口价格来看（表2），2023年我国各类缝制机械产品出口均价均呈现两位数下滑。工业缝纫机出口均价302.3美元/台，同比下降13.89%，出口均价下滑原因一是产品出口结构有所变化，2023年新增的市场需求主要集中于中亚、俄罗斯、巴西、非洲等市场，其需求产品主要为常规缝制设备，高附加值产品比重较低，自动类设备出口比重较上年同期减少2.16个百分点；二是由于外贸整体需求紧缩，行业竞争越加激烈，加之人民币汇率走低，产品出口价格呈现下滑态势。刺绣机方面，2023年出口均价为4131.6美元/台，同比下降34.62%，出口均价下滑的原因主要是由于单价较低的单头刺绣机产品出口大幅增长。

表2　2023年我国缝制机械分产品出口均价情况

产品分类	出口均价（美元/台）	同比（%）
家用缝纫机	29.9	-11.46
工业缝纫机	302.3	-13.89
刺绣机	4131.6	-34.62
缝前缝后设备	269.1	-18.77

数据来源：海关总署

2. **市场两极分化，局域市场增势强劲**

从出口大洲市场来看（表3），2023年我国对亚洲、拉丁美洲、北美洲三大重点市场，以及大洋洲市场出口同比均呈现下滑态势，仅对非洲、欧洲市场出口同比增长。亚洲地区依然是中国缝制机械产品最主要的出口市场，但受印度、孟加拉国、柬埔寨等东盟、南亚主力市场需求下滑影响，2023年我国对亚洲市场出口缝制机械产品总额降至18.11亿美元，同比下降22.44%，占行业出口额比重的62.61%，比重较上年同期下降5.5个百分点。而受俄罗斯、波兰、阿尔及利亚、埃及、摩洛哥等欧洲、非洲局域市场需求增长的拉动，我国对欧洲、非洲市场出口额同比分别增长9.09%和18.06%，占行业出口份额分别增长了2.57和2.82个百分点。

表3　2023年我国缝制机械分大洲出口情况

大洲	出口额（美元）	同比（%）	比重（%）	比重增减
亚洲	1810805419	-22.44	62.61	-5.5
非洲	285857272	18.06	9.88	2.82
欧洲	327659025	9.09	11.33	2.57
拉丁美洲	293102482	-12.96	10.13	0.31
北美洲	154598250	-19.71	5.35	-0.27
大洋洲	20172342	-4.55	0.70	0.08

数据来源：海关总署

从主要出口区域市场来看（图9），2023年中国对"一带一路"沿线国家缝制机械产品出口额18.8亿美元，同比下降17.64%，占行业出口额比重65.16%，比重较上年同期下降1.6个百分点；对RCEP市场出口额7.3亿美元，同比下降34.27%，占行业出口额比重25.25%，比重较上年同期下降7.17个百分点；对南亚市场出口6.33亿美元，同比下降17.16%；对东盟市场出口5.88亿美元，同比下降36.42%；对西亚市场出口2.86亿美元，同比下降11.98%；对欧盟市场出口1.67亿美元，同比下降8.16%；对中亚市场出口1.43亿美元，同比增长49.59%；对东亚市场出口1.25亿美元，同比下降25.44%。

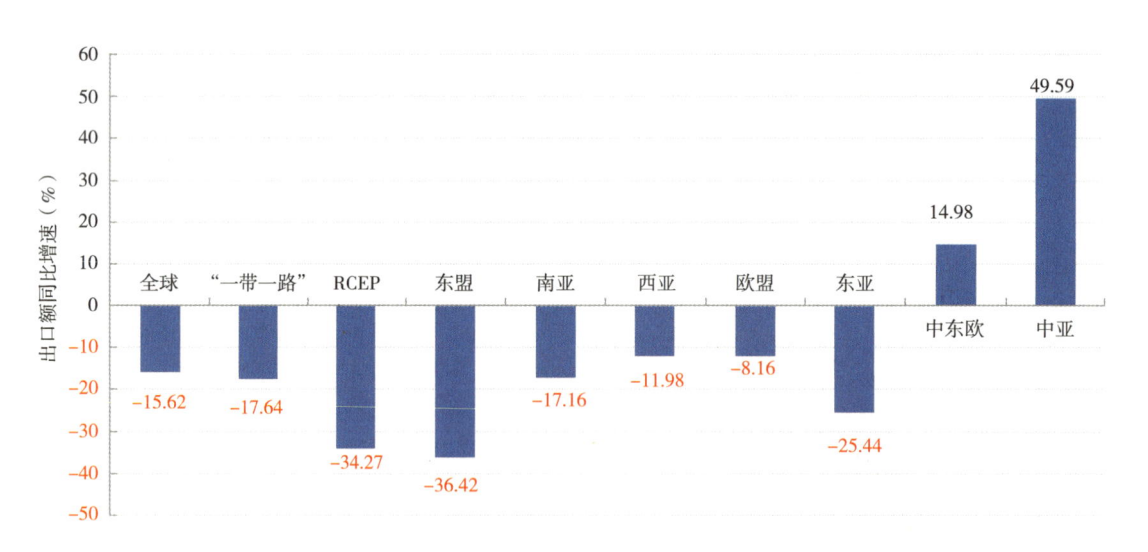

图9　2023年我国缝制机械出口主要市场区域情况
数据来源：海关总署

从出口国家来看（表4、图10），2023年行业出口的202个海外市场中四成以上市场出口额同比负增长，前20大出口市场中13个市场出口额同比负增长，其中出口额同比降幅达两位数以上的市场有11个，仅7个市场出口额呈现同比增长态势。

表4　2023年我国缝制机械产品主要出口市场情况

国家和地区	出口额（美元）	同比（%）	比重（%）	比重增减
印度	430746088	-7.47	14.89	1.31
越南	214836393	-43.79	7.43	-3.72
美国	144425956	-19.89	4.99	-0.27
俄罗斯	123184722	45.59	4.26	1.79
土耳其	117881293	-13.98	4.08	0.08
孟加拉国	109562313	-30.15	3.79	-0.79
巴西	100593904	6.77	3.48	0.73
印度尼西亚	97798325	-15.7	3.38	0
日本	93184780	-20.58	3.22	-0.2
乌兹别克斯坦	73834186	44.48	2.55	1.06
巴基斯坦	66559512	-42.77	2.3	-1.09
阿联酋	65370240	-8.66	2.26	0.17
柬埔寨	65219317	-18.01	2.26	-0.07
马来西亚	60577774	-34.54	2.09	-0.61
墨西哥	60327046	8.44	2.09	0.46
新加坡	55715264	-56.11	1.93	-1.78
吉尔吉斯斯坦	46479650	87	1.61	0.88

数据来源：海关总署

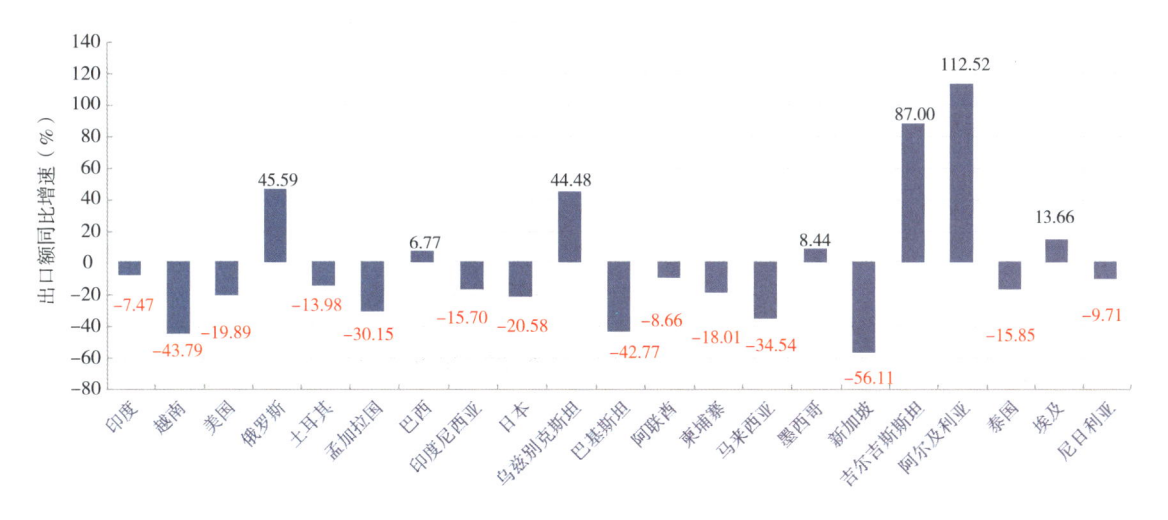

图10　2023年我国缝制机械产品主要市场出口额同比增长情况
数据来源：海关总署

印度、越南、美国依然稳居行业前三大出口市场。2023年我国对印度累计出口缝制机械产品4.31亿美元，同比下降7.47%，占我国行业出口额比重的14.89%；对越南出口额2.15亿美元，同比下降43.79%，占我国行业出口额比重的7.43%；对美国出口额1.44亿美元，同比下降

19.89%，占我国行业出口额比重的4.99%。此外，我国对俄罗斯、乌兹别克斯坦、吉尔吉斯斯坦等中亚市场，以及巴西、墨西哥等部分拉美市场，阿尔及利亚等部分非洲市场缝制机械产品出口额同比呈现长态势，其中对俄罗斯、乌兹别克斯坦、吉尔吉斯斯坦、阿尔及利亚市场出口额同比增幅均超过40%，而对孟加拉国、巴基斯坦等南亚市场，越南、柬埔寨、马来西亚等东盟市场，以及美国、日本、新加坡等转口市场缝制机械产品出口额同比则呈现大幅下滑态势。

（五）利润大幅下滑，运行质效承压

2023年，受内外市场疲软、产销规模下降、综合管理及制造成本上升等因素影响，企业运营压力持续增大，经济效益大幅下滑，超出行业发展预期。

据国家统计局数据显示（图11），2023年行业287家规上企业实现营业收入285.7亿元，同比下降12.77%，降幅较上年同期加深1.95个百分点；利润总额9.7亿元，同比下降45.12%，降幅较上年同期加深22.92个百分点；营业收入利润率3.4%，低于行业上年同期5.56%的均值，亦低于全国工业5.76%的均值。

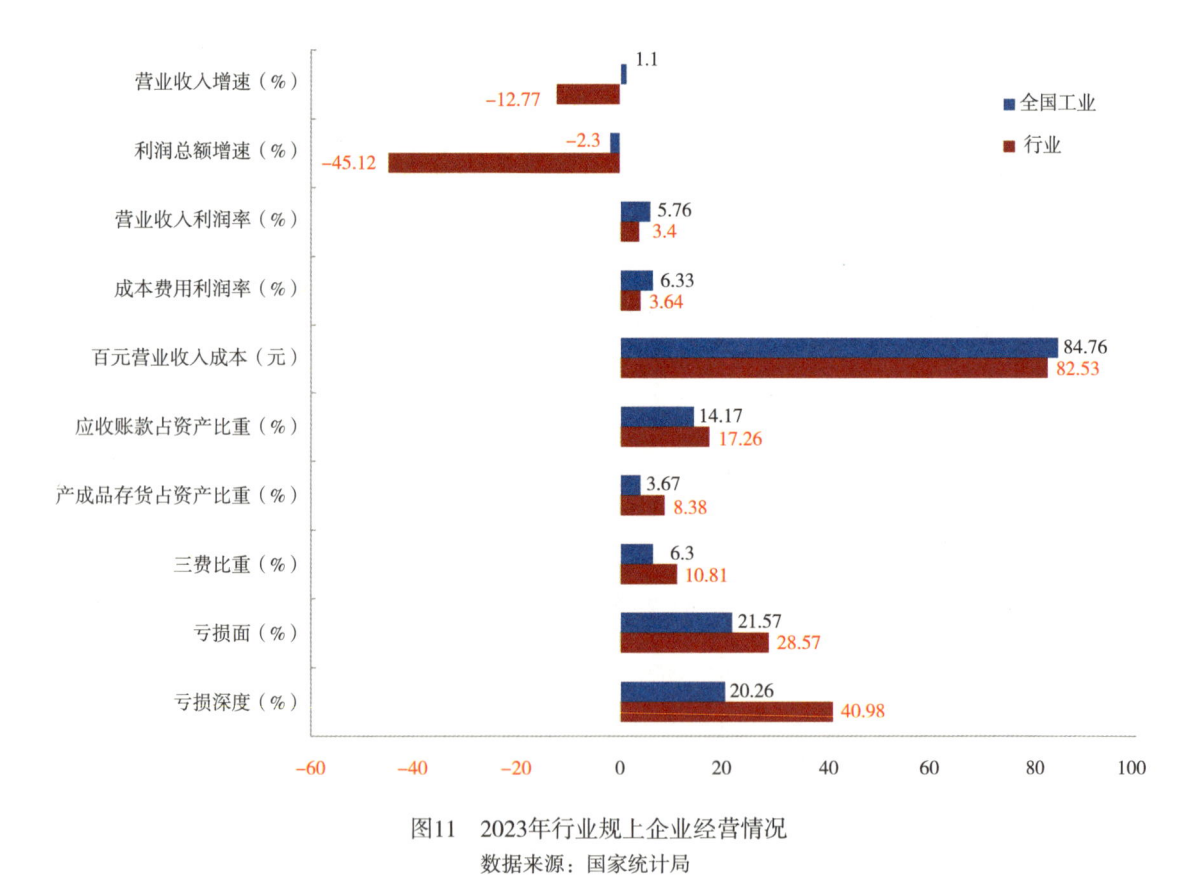

指标	全国工业	行业
营业收入增速（%）	1.1	-12.77
利润总额增速（%）	-2.3	-45.12
营业收入利润率（%）	5.76	3.4
成本费用利润率（%）	6.33	3.64
百元营业收入成本（元）	84.76	82.53
应收账款占资产比重（%）	14.17	17.26
产成品存货占资产比重（%）	3.67	8.38
三费比重（%）	6.3	10.81
亏损面（%）	21.57	28.57
亏损深度（%）	20.26	40.98

图11　2023年行业规上企业经营情况
数据来源：国家统计局

2023年，行业亏损面扩大，运行效率有所下降。行业规上企业亏损企业数同比增长64%，亏损面达28.57%，较上年扩大11.15个百分点，亏损额同比增长6.2%；三费比重10.81%，高于上年同期1.30个百分点；应收账款同比增长14%，应收账款占资产比重较上年同期增长2.51个百分点。总资产周转率、产成品周转率、应收账款周转率同比分别下降10.44%、1.04%和

23.48%。

二、2023年行业发展亮点

2023年是全面贯彻党的二十大精神的开局之年，是经济恢复发展的一年。虽然行业经济下行压力较大，面临诸多问题与挑战，但是在高质量发展战略指引和企业的共同努力下，企业危中寻机，创新求变，行业发展依然不乏一些亮点。

1. 行业创新驱动力充分展现

市场低迷期，创新是激发行业内生动力、推动设备换代升级、驱动市场可持续发展的重要动力。2023年，行业智能化单机研发应用加快，自动缝制单元进一步向智能缝制单元和自动产线升级，数字化整厂解决方案不断丰富完善和深入拓展，部分创新型企业依托技术创新展现了逆势发展的新动能。突出表现在以下两方面。

一是技术创新不断深入。2023年，行业规上企业研发投入占比达到6%，同比增长5.5%。骨干企业积极应用图像视觉、机器人、人工智能、物联网等先进技术，在缝纫原理、机构优化、软件设计、系统集成、成套智能等层面持续聚焦和创新突破，涌现出了一大批如多轴平缝双步进伺服控制系统、智能平缝机、智能包缝机、线内模板机、全自动开袋机、智能钉扣机、全自动缝制工作站、高端智能裁床、智能分拣、自动仓储系统、未来工厂AI数字孪生管理平台、服装家纺数字化整套解决方案等智能缝制设备及整厂解决方案，以产品创新和技术迭代，带动市场更新换代，为低迷的市场注入了强大活力。

二是品类创新取得新突破。骨干企业通过深挖用户需求，聚焦下游痛点，开展品类创新，以爆品思维引导行业由价格战转向价值战，以新品类开拓新赛道，充分展现了创新驱动市场发展的引领作用。如杰克研发推出厚薄通吃的快返王平缝机和不断线模板机，其中快反王全球首发就取得全球预订超14万台的优秀业绩；美机推出快单王平缝机、富山推出新一代智能包缝机、中捷推出高速静音智能平缝机等爆款产品，均有效切中了市场需求，有效带动企业业绩回升向好。

2. 数字化服务能力较快提升

随着下游加快数字化、智能化转型，以智能成套为特征的整厂智能缝制解决方案已经由局部试点逐步走向全面应用，行业骨干企业加快整合资源，提升数字化能力，成为引领行业由制造商向综合服务商转型、打造行业数字经济的重要增长点。

一是骨干企业智能制造加快推进，制造模式转型升级。如杰克股份持续加大智能制造软硬件投入和布局，积极建立高效绿色制造体系，成功入选"2023第二届中国标杆智能工厂百强榜"，被工信部授予2022年度国家级绿色工厂称号；总投资上亿元的美机智造大楼、舒普智能制造示范基地（总部）等先后落成并正式启用，实现了产品制造流程和系统管理的数字化、自动化，标志着企业在研发、制造以及数字化管理等水平得到了质的提升；中捷智能仓储正式投入使用，全面实现拉货自动化、零件出库无人化，库存管理和库存周转水平大幅提升。

二是各类整厂解决方案较快涌现，个性化、定制化服务能力大幅提升。如杰克持续深化成套智联解决方案，通过提升产品力、营销力、服务力和制造力，与下游头部企业和中国、越南、孟加拉国等服装协会推进战略合作，与常纺学院共建服装智慧工厂，以成套智联推进下游柔性供应链打造和产业智能制造深化，引领行业整厂解决方案的发展；大豪智能工厂云平台系统在头部企业得到较为广泛的应用，在刺绣、袜业、手套等行业使用的工厂已经超过250家；舒普、中捷、美机、汇宝、华阳、TP、衣拿、莱蒙等骨干企业也相继推出相应的整厂智能缝制解决方案或特色定制化解决方案，与服装、制鞋、家纺、箱包、家具等龙头企业展开合作，标志着行业骨干企业在数字化转型道路上已经迈出坚实步伐。

3. 部分领域产品稳中有增

在市场总体低迷的大环境下，下游鞋服、箱包等行业复苏步伐不一，部分领域对缝制设备需求呈现稳中有增，有效带动了行业经济的相对稳健发展，成为全年市场发展的亮点。

一是旅游业全面复苏，对箱包等产品的需求明显增大，2023年我国箱包出口量同比增长13.5%，箱包行业持续回暖；汽车产销量创历史新高，新能源汽车出口增长30%。因此，箱包行业、汽车座椅内饰行业对厚料机等需求明显增长，据协会统计估算显示，2023年行业中厚料机产量同比大幅增长近37%，部分聚焦中厚料发展的骨干特色企业业绩均实现了两位数增长。

二是随着国内经济回升和印度经济明显复苏，电脑刺绣机来了恢复性增长机遇。据统计估算，2023年我国刺绣机产量同比约增长15%，出口同比增长18.2%。从行业调研统计情况来看，珠叠一体绣的销量大增，个性化云刺绣、超多头高速机、多色散珠、多色金片、自动换底线装置等实现快速发展和稳定应用，除了传统市场需求稳中有增，越来越多的刺绣机进入土耳其、阿联酋、欧洲等高端市场，成为引领刺绣机行业上升的新增长点。

三是冷冬导致羽绒服、棉服需求大增，下游用户在迅速消化了前两年库存的同时，加大了模板机等专用设备的采购，模板机产销在下半年得到了明显提振，订单集中释放。据协会统计估算，2023年行业模板机产销量同比增长近20%，实现了逆市上扬，受甩尾惯性和补库带动，2024年初模板机市场行情依然向好。

4. 行业内外竞争格局加快转换

随着我国缝制设备骨干企业的技术、质量、品牌、服务等综合竞争力的快速提升，越来越多的下游鞋服大厂受制于成本和数字化、智能化转型压力，开始转变合作及采购理念，青睐更具性价比和竞争力的国产缝制设备及整厂解决方案，中国国产品牌缝制设备正加快进入以前外资企业独占的中高端市场，骨干龙头企业正对外资品牌形成全方位赶超和挤压态势。

从国内市场来看，虽然总体低迷，但中国骨干缝制设备品牌的销售明显要好于外资品牌，市场更加关注产品的技术创新、质价比和品牌的可持续发展潜力，国产骨干品牌正加快走入下游中大型厂，发展的空间正在有效扩展；从生产来看，今年外资缝机品牌生产下降幅度远远超过中国缝机品牌。调研显示，配套外资品牌的零部件企业订单下降普遍高达60%以上，远远超过国产品牌生产降幅；从品牌实力来看，上工申贝集团通过欧洲子公司，对德国超声波焊接非标自动化设备隐形冠军企业SONOTRONIC Nagel GmbH正式完成并购交割程序，标志着上工申贝在国际产业延伸和多元化方面深入推进。杰克股份与开袋机骨干企业鼎牛开展深度的战略合作，联袂推出J5高效开袋机，标志着鼎牛公司和自动开袋机品类正式成为杰克产业生态的一员。因此，国内缝机企业加快高质量发展和向中高端迈进的趋势已经不可逆转，行业内外竞争格局正朝着有利于我国缝制机械行业强变的态势转换。

三、2024年行业形势展望

2024年，行业面临的内外部形势依然复杂严峻，充满着各种不确定性。但是面临的机遇总体要大于挑战，恢复性增长趋势有望得到延续。

（一）面临机遇

1. 内外经贸总体形势趋于改善

一是全球经济持续复苏。经合组织最新预测全球经济增长2.9%，国际货币基金组织上调全球经济增速预期至3.1%，预测显示全球经济将持续复苏和实现软着陆，全球经贸回升势头有望持续。二是主要经济体展现韧劲。2024年我国经济将温和复苏，政府已将GDP目标设定为5%左右，国家一揽子逆周期调节政策累计释放资金总量近8万亿，在预期不断扭转、消费延续修复、投资企稳回升、外贸趋稳向好等积极因素带动下，预计内需有望持续回暖；2024年1~2月美国制造业PMI指数仍处于扩张区间，全年GDP预计将增长2%，美国经济有望实现软着陆，消费潜力中短期依然具有韧性；欧元区景气指数有所回升，日本经济逐渐走出通缩，印度经济保持强劲扩张，均有望带动全球消费需求回温。三是国际贸易回升显现。2024年前2月全球制造业PMI指数持续处于荣枯平衡线上方，中国、越南、印度、韩国、土耳其等主要国家出口普遍呈现个位数甚至两位数的增长，全球外需边际改善，贸易明显回温。预计全球主要地区的出口和进口量增长将在2024年恢复，全球货物贸易量预计增长3.3%。

2. 下游补库需求逐步释放

自2022年9月欧美开始去库存至今已持续一年有余。最新数据显示，美国鞋服零售库销比以及Nike（耐克）、Adidas（阿迪达斯）、Puma（彪马）、迪卡侬、哥伦比亚等多家海外头部品牌库存已经趋于正常化。值得关注是，自2023年底以及进入2024年初，亚洲发往美国的海上集装箱运输量连续稳定增长，美国、欧洲等多个主要市场商品消费逐渐出现好转，纺织品和服装进口呈现环比增长，带动中国以及越南等东南亚国家的纺织品、家具、鞋类等主要出口产品订单增长，部分鞋服企业已经摆脱了订单不足的局面并开始重新接到来自欧洲、美国等传统进口市场的订单。如2024年1月以来，宝成、志强等制鞋大厂营收数据均有明显回增，2024年前两月部分国家鞋服出口开始呈现增长，部分企业显示订单已排到二季度。随着海外去库存基本完成和订单开始释放，海外鞋服主要生产企业已经逐步进入招工、扩线、增产阶段，预计从二季度开始下游行业将迎来订单的明显回升。

3. 产业转型及政策拉动效应显现

一是下游加快数字化、智能化转型，为行业结构调整和产业升级带来机遇。2024年，国家将大力发展数字经济，重点开展"人工智能+"行动，数字化转型将成为各行各业重返增长的重要驱动力。从鞋服行业格局来看，鞋服大厂对数字化、智能化关注度越来越高，重点企业持续在生产制造环节开展自动化、智能化提升改造，打造智能车间、智能工厂，引领鞋服生产管理模式变革；从国际纺织服装产业格局重构态势来看，随着服装产业加速向外转移，我国服装势必要通过数字化、智能化转型来提升供应链反应速度和价值链整合能力，有望带动智能缝制装备、成套智联系统等较快发展。

二是国家实施大规模设备更新政策，有望通过下游带动缝制设备升级和内需回稳。国务院正式印发《推动大规模设备更新和消费品以旧换新行动方案》，明确聚焦在机械、航空、轻纺等十大行业推动设备更新和技术改造。根据以往国家公布的设备更新改造主要支持方向来看，本次轻纺行业的设备更新，将可能聚焦在数字化转型、智能化工厂建设等方向，有望对与智能化、数字化相关联的缝制设备和解决方案带来利好。当然，地方财政支持的力度与下游企业的更新动力还有待观察，预计设备更新政策将是一个逐渐释放、相对长期的过程。

（二）面临挑战

1. 外部环境依然充满不确定性

一是地缘冲突和潜在风险加大，都可能对世界经济和政治局势带来更多的不稳定性。这些不稳定因素，将从宏观上影响全球经贸恢复势头和投资、消费信心，影响我国缝制机械行业的内外总需求，甚至直接影响到缝制设备的海外局部市场出口；二是全球政治经济新形势下，美国主导产业链重构、脱钩，世界各国或将更加推崇"独善其身"的贸易保护政策，全球贸易"去全球化"和碎片化将持续加剧。这些变化将不断重塑国际市场格局，企业开拓海外市场可能要付出更大的努力和成本，对自身的内外市场布局将带来挑战。

2. 加息通胀影响依然存在

当前，美国、欧洲等发达国家依然面临通胀和高利率带来的负面影响，物价高涨，总需求依然不足。许多新兴市场外汇短缺，进口动力不足。从加息来看，欧洲、美国基本结束加息周期，但目前基准利率仍维持高位，各方预测的美国、欧洲开启降息的时间点大概率会是在下半年，因此较高的利率水平预计还将维持一段时间；从通胀来看，全球通胀呈下降趋势，虽然欧洲、美国通胀大幅缓解，但是核心通胀率依然较高并呈现短期波动，尚未下降到合理区间，随着地缘政治冲突升级，是否会导致通胀再次上升，仍存在不确定性。据相关机构预计，全球通胀率估计将从2023年的5.7%降至2024年的3.9%，大多数国家的通胀预计到2025年基本回归正常水平。

总体来看，2024年上半年相对较高的利率和通胀水平仍将对经济和消费产生明显抑制作用，降息对经济和消费的明显激励作用大概率在四季度甚至2025年才会集中显现，因此预计今年海外消费复苏将是一个相对缓慢和慢热型的过程。

3. 下游需求短期较为疲软

2023年，世界成衣和纺织品贸易总量减少了约15%，服装、鞋帽、箱包等行业作为可选消费品，明显滞后于服务消费和必选消费。从主要消费国来看，发达国家服装零售和进口呈现边际改善，但是大涨的动力还不足，如2024年1月美国服装进口依然同比下降14.9%，2月服装服饰零售同比微增长1.3%，显示需求仍在缓慢恢复的前期。中国经济复苏平缓，居民收入、消费等指标逐步改善，但市场预期和消费强度仍有待提振，2024年前2月服装鞋帽类等零售额同比仅微增1.9%，说明鞋服消费等依然处于一个较长周期的恢复性过程；从纺织服装产业来看，下游企业投资下滑尚未扭转，发展信心仍有待提振，部分产能仍处于闲置状态，观望、维稳氛围仍很浓厚。据国际纺联、服装协会等权威机构调研反馈，下游企业投资意愿依然不足，制造商对未来的发展形势依然持相对谨慎态度；从下游重点市场来看，受欧洲、美国消费需求回稳和补库订单释放带动，东南亚、南美等地的鞋服出口和面料进口等均开始呈现边际改善迹象，一些主要鞋服企业订单正在恢复。但目前订单大都集中在为国际品牌代工的少部分企业，尚没有形成大范围的行业复苏和订单释放，整个鞋服行业仍处于产能逐步恢复阶段。

因此，在这种相对弱势复苏的背景下，下游行业没有爆满的可持续订单和较好的经济增长预期，短期内难以激发对缝制设备的大批量更新换代需求，预计缝制设备内外销上半年仍将处于短期局部回暖、总体疲软状态。

（三）形势展望

展望2024年，全球经济持续复苏，通胀影响逐步减弱，货币环境由紧转松，补库动力较快释放，制造业景气度和国际贸易稳步回升，海外因外汇缺乏等被压抑的进口需求有望得到释放，各种向好因素的持续累积，将有效支撑我国缝制机械行业走出低谷，有望迎来"前低、中稳、后高"的企稳回升过程。

2024年，中国缝制机械行业将全面贯彻落实党的二十大精神和中央经济工作会议有关决策部署，坚持稳中求进、以进促稳、先立后破，聚焦高质量发展主线，推进数字化、智能化转型，打造现代化产业体系，巩固增强经济运行回升向好基础，引导行业企业坚定信心，创新变革，以高质量增长思维来迎接新一轮产业发展周期的到来。综合行业发展现状和面临的机遇挑战，对2024年行业经济发展做出以下展望。

1. 经济弱势回升，迈入恢复性增长

2024年，世界经济和上下游仍将处于相对缓慢的恢复期，行业尚不具备大幅反弹的基础。结合2023年行业全年经济数据以及近年来行业经济周期、库存周期的发展规律，经过2022年、2023年连续两年的经济增长放缓、下行和结构性调整，行业库存不断趋于优化，经济企稳基础得到巩固，产品智能化升级成效较快显现，2024年行业有望开启一个触底回升和恢复性增长的新周期。

2024年，随着新兴市场经济回升和欧洲、美国通胀持续缓和，随着国内外服装生产和消费形势持续改善，行业面临的内外部环境将有所好转。从2024年前2月调研统计情况来看，开年以来缝制机械企业补库、增产动力较为强劲，供给端"小阳春"形态初显，但是下游需求侧恢复仍明显要滞后于供给端，说明短期内行业持续回升的基础仍不稳固。预计在经济消费需求缓慢回升、补库潜力逐步释放的双向拉动下，我国缝制机械行业产销有望在上半年止跌企稳，下半年明显增长，在上年低基数基础上，全年经济有望实现弱势回升，迈入恢复性增长的新周期。

2. 内销触底回升，实现中低速增长

2023年，国内服装零售数据持续改善，服装去库存化进程加快，但是受消费习惯发生变化、工作及消费预期不等影响，纺织服装终端需求整体恢复情况尚不达预期。2024年，广东、

湖北等省纷纷出台支持服装高质量发展的战略规划，逐步落地一批重要的技术改造和智能制造项目。随着国家政策端的持续发力和消费者信心的不断恢复，随着新零售模式持续激发内外市场活力，服装、家纺、鞋帽等下游行业有望迎来回暖及增长态势。据最新数据显示，2024年前2月，长三角纺织品运输量同比增长53%，我国服装出口同比增长13%，箱包出口同比增长24%，天猫户外运动销售同比增长34%，骆驼、波司登等羽绒服赛道品牌营收大幅增长，诸多迹象显示出国内生产和海外需求正在持续恢复。

我国缝制设备内销从2021年四季度开始放缓下行，2022年、2023年已经连续两年负增长，留下了一定补库和升级换代空间，特别是下游行业数字化、智能化转型的意愿不断增强，有望在2024年带动行业内销进入回升周期。因此，在开展大规模设备更新等各类政策加持下，各类差异化、创新型智能缝制设备爆品等有望持续激发市场活力，国内终端消费潜能将进一步被挖掘。在上年低基数基础上，预计2024年我国缝制设备内销将有望触底回升，呈现个位数甚至两位数的中低速增长趋势。

3. 外贸止跌企稳，保持持平或小幅增长

2023年，高通胀、高库存导致欧洲、美国订单大幅锐减，加息造成相关国家外汇紧缺，对缝制设备的进口需求降低。从2023年四季度来看，我国缝制机械行业出口仍两位数下行，但2024年1~2月行业出口同比增长13%，增速实现由负转正。原因一方面是2023年初出口基数较低，另一方面是2024年初对印度、越南、巴基斯坦等市场月出口额呈现大幅增长态势。经判断，行业出口筑底企稳和向好的态势可能正在形成，但是这是阶段性的回弹还是持续性的回升仍有待观察。

2024年，随着欧洲、美国等国通胀平缓下行和逐步进入降息周期，海外各国金融和外汇紧缺状况有望得到缓解，降通胀的政策目标将让位于稳增长，进口需求将得到逐步释放。据最新数据显示，2024年初全球贸易形势呈现好转，各国经济持续回升。美国服装零售额保持小幅增长，孟加拉国、乌兹别克斯坦、越南、柬埔寨、巴基斯坦等国纺织服装出口额分别实现近两位数增长，日本服装进口环比上涨，印度服装出口环比增长，裕元、丰泰、志强等国际鞋服品牌制造商业绩向好态势增强。加之2024年巴黎奥运会、欧洲杯、美洲杯等世界大型体育赛事陆续上演，有望拉动鞋服行业重回增长。总体来看，不断改善的外贸形势有望推动我国缝制机械行业出口走出负增长。

因此，判断2024年上半年，海外需求收缩和行业出口下行的惯性力仍有影响，我国缝制设备出口可能总体仍呈负增长，但降幅大幅收窄；下半年，行业出口有望企稳回升，呈现正增长。由于上年行业出口基数相对较高，全年来看，行业出口有望保持持平或实现个位数的小幅增长。

4. 2025年行业有望迈入中速增长

展望2025年，有利的因素体现在：全球经济增长将稳步复苏，大多数国家的通胀将恢复到以前水平，发达国家持续降息至正常利率水平，多个国家大选过后将集中力量振兴经济、推进改革，我国大规模设备更新政策将持续落地发力，主要鞋服生产出口国将加大产能提升和产业升级，全球消费能力和消费需求有望继续提升。不利的因素主要有：一是美国在巨大的债务压力下，极有可能经济大幅放缓甚至呈现阶段性衰退，将对全球的消费回升和缝制设备的内外销带来不利影响，二是中美贸易争端升级以及全球地缘政治冲突的不确定性等。

综合评估认为，行业面临的总体有利因素有望强于不利条件，因此预计2024年四季度开始行业发展将明显加快，2025年将延续回升、增长势头，有望由低速增长转向中速增长，智能化、数字化升级将逐步成为行业增长的重要驱动力。

四、发展建议

1. 将差异化进一步推向深入，锻造核心竞争力

当前，差异化正引领各企业聚焦并走向不同的细分赛道，不少企业在各自领域都逐渐做出特色并拥有一定话语权，差异化正成为推动行业高质量发展的重要动力。在下游消费变化和技术变革的大环境下，各类型缝制设备企业均可以在不同的维度、不同的领域、不同的品类、不同的模式和不同的定位中找到适合自身的差异化赛道。各企业应继续坚定深入推进差异化、专业化、特色化发展策略，在差异化赛道上加大投入重点突破，不断厚植各自差异化优势，加固加高产业护城河，形成行业百花齐放新格局。

2. 聚焦下游客户的需求痛点，强化需求创新

近几年，在市场低迷中实现逆势增长的缝制设备企业，其发展的诀窍就是真正解决了用户痛点、给用户带来了价值的技术创新。经济低迷下，缝制设备企业在寻找出路，下游鞋服企业也一样思考转型和突破，纷纷通过加码研发设计，开发新品，转型高端，打造差异，努力寻找能给他们带来更大价值的先进缝制设备或解决方案。因此，企业应真正关注下游需求的变化，将贴近需求创新落到实处，从下游客户中找潜力、挖空间，以深化需求创新来撬动市场存量和穿透市场周期。

3. 持续优化提升企业赢利模式，加快高质量发展

经过多年充分的、同质化的竞争，行业利润率大幅下滑，大部分企业已先后步入微利时代。要改变这种状况，唯有通过差异化技术创新、发展模式创新、工艺技术革新等高质量发展手段，从根本上优化提升盈利模式。在未来经济趋缓的大环境下，建议企业加快转变到以追求创新为核心、以利润为中心，追求打造内生增长动力和强大内功为主体的高质量发展模式上来，要打价值战而不是打价格战，要以更高的利润率来支撑技术创新、市场拓展、品牌建设和队伍建设，实现企业高质量可持续发展。

4. 关注细分领域的热点和潜力，加快结构性调整

2023年箱包、汽车、中式服装、内衣、冲锋服、羽绒服等领域呈现出较为强劲的需求，在不同程度上带动了一批特色产品和企业的发展。未来在运动户外服装、童装、马面裙以及汉服等传统国潮服饰等领域，可能也会迎来增长机遇。因此，缝制设备企业的产品研发和产品结构调整，要更加关注和适应细分市场的需求和变化，要将客户的视角和范围从经销商不断延伸到下游直接用户，要更加关注下游的热点、潮流和趋势，对市场需求变化做出更早、更接地气和更积极的预判及调整。

5. 协力加强行业供应链建设，提升国际竞争力

当前行业相当一批整机企业，已经具有了强大的、先进的软硬件制造和管理能力，但是

零部件企业的发展仍明显滞后，转型升级后劲不足。作为行业的优质共享资源，广大整机企业应保护好、扶持好、带动好主干零部件企业发展，要给予零部件合理的定价，协力推动零部件企业加快自动化、数字化转型，共同打造极致性价比、极致质量效率和极致竞争力的行业供应链，以持续巩固国际竞争比较优势和有效应对未来可能来自海外的产业链竞争。

附 录

附录一 2023年度十大类纺织创新产品获选产品及单位名单（家纺）

附表1　2023年度十大类纺织创新产品获选产品及单位名单（家纺）

品类	产品名称	企业名称
时尚流行产品	"岁岁平安"刺绣床品套件	湖南梦洁家纺股份有限公司
	"游弋"微磨毛床品套件	宁波博洋家纺集团有限公司
	"罗德里"长绒棉色织大提花床品套件	上海恐龙生活科技有限公司
	"GD·雀予君聆"匹马棉刺绣婚嫁床品套件	上海水星家用纺织品股份有限公司
	花草草本滋养枕	成都晓梦纺织品有限公司
	爱丽舍系列轻法式花边配饰	大连东立工艺纺织品有限公司
	"飞马神兽"提花窗帘	海宁市千百荟织造有限公司
	航天系列真丝眼罩	吴江桑尚丝绸有限公司
非遗创新产品	"凤冠霞帔祥瑞"全棉提花婚庆床品套件	凯盛家纺股份有限公司
户外露营产品	双层PCM凉感垫	无锡万斯家居科技股份有限公司
	单导®动态100功能被	单导科技发展（广东）有限公司
居家舒适产品	新疆长绒棉高毛圈功能性毛巾	孚日集团股份有限公司
	手工艺术漆无缝墙布	广东玉兰集团股份有限公司
	"心椋之窗"橙皮回收纤维/天丝™床品套件	华纺股份有限公司
	精梳棉纬编床品套件	江阴市红柳被单厂有限公司
	"巴塞瑞雪"全棉色织刺绣床品套件	南通兴达贝妮梦家用纺织品有限公司
	"朵彩黄"全棉色织水洗床品套件	四川省三台新川棉花有限责任公司
	醋酸/天丝™软糯抗菌四件套	烟台明远创意生活科技股份有限公司
	煦暖抗菌大豆纤维被	罗莱生活科技股份有限公司

续表

品类	产品名称	企业名称
居家舒适产品	水光棉凉感床品套件及夏凉被	深圳全棉时代科技有限公司
	零碳莱赛尔凉感套件	罗莱生活科技股份有限公司 赛得利集团
	钻石格不倒绒恒温抗菌儿童睡毯	上海英伦宝贝儿童用品有限公司
	石墨烯颈椎调节功能枕	山东稀有科技发展有限公司
	托玛琳柔弹舒眠枕芯	上海妙宅科技发展有限公司
	吐司枕	上海芳欣科技有限公司 愉悦家纺有限公司
	乳胶羊毛枕芯	上海恒源祥家用纺织品有限公司
	高山苦荞益睡学生枕	吉祥三宝高科纺有限公司
	汉麻/桑蚕丝/黏胶色织大提花凉席	雅戈尔服装控股有限公司
老年用产品	双层多功能可水洗床垫	上海东隆家纺制品有限公司
健康卫生产品	可水洗抗菌夏凉蚕丝被	江苏鑫缘丝绸科技有限公司
	备长炭微棉毛巾	南通市怡天时纺织有限公司
	纳米铜/天竹/莫代尔抗菌床品套件	青岛纺联控股集团有限公司
	"蝶舞悠兰"大提花＋数码印花防螨防蚊虫床品套件	山东魏桥嘉嘉家纺有限公司 魏桥纺织股份有限公司 山东魏桥特宽幅印染有限公司
	生机"六合一"多功能床品套	紫罗兰家纺科技股份有限公司
	高强熔喷阻尘无螨乳酸枕	南通特耐姆新材料科技有限公司
绿色低碳产品	短流程扎染隐形印花毛巾	滨州亚光家纺有限公司
	可水洗纯棉被	河北国欣纯棉家纺有限公司
	炼白无染桑蚕丝枕套	江苏华佳丝绸股份有限公司
	波光棉高支高密床品套件	江苏明源纺织有限公司
	"幽·净"天丝™/二醋酸高支高密床品套件	江苏悦达家纺有限公司
	新疆长绒棉缎档抗菌毛巾	上海踏绮科技有限公司
年度纺织精品	"鸿图之志"桑蚕丝色织提花床品套件	浙江罗卡芙家纺有限公司
	"芳华锦时"全棉手推绣床品套件	江苏堂皇集团有限公司

附录二 2023年中国家纺行业科技优秀论文（案例）及优秀专利名单

一、2023年中国家纺行业"科技+家纺"优秀论文（案例）名单

（一）"科技+家纺"优秀论文（排名不分先后）

1. 优秀一等论文（附表1）

附表1 优秀一等论文

序号	论文题目	作者	作者单位
1	聚乳酸纤维及其纺织品的生产技术分析	高洪国，张磊，文洪杰，朱子玉	愉悦家纺有限公司，山东省生态纺织技术创新中心，山东黄河三角洲纺织科技研究院有限公司
2	空间负氧离子场技术及其在纺织品上的应用研究	葛玲，刘金抗，陈凤，袁燕，陈志华，刘桂阳	紫罗兰家纺科技股份有限公司，江苏工程职业技术学院
3	功能型差别化聚酰胺纤维家纺产品开发	武亚琼，沈守兵，陈秀苗	上海水星家用纺织品股份有限公司
4	太极石纤维改善人体深度睡眠研究	林荣银，杨旭红，蔡志城，王荣华，沈飞，洪霜雅	太极石股份有限公司，苏州大学

2. 优秀二等论文（附表2）

附表2 优秀二等论文

序号	论文题目	作者	作者单位
1	新材料、新技术在时尚家纺产品开发中的应用	朱子玉，王玉平，张磊，高洪国	愉悦家纺有限公司
2	纹织叠化风格像景织物的设计	吕治家，邢明杰，李美慧	山东魏桥嘉嘉家纺有限公司，魏桥纺织股份有限公司
3	环保无捻纱在毛巾产品上的应用	贾李锋，彭趁义，冯志玲，罗安桥，韩凤利，侯玉娟，岳媛	孚日集团股份有限公司
4	基于虚拟仿真技术的整体家纺设计信息化教学手段探讨	付岳莹，申博，罗炳金	浙江纺织服装职业技术学院，中国美术学院
5	高效抗菌新型生物基纤维家纺面料的研发及应用	宋均宜，张书峰，李洋，钟军，孟娜	山东联润新材料科技有限公司

3. 优秀三等论文（附表3）

附表3　优秀三等论文

序号	论文题目	作者	作者单位
1	物理抗菌功能性纯棉毛巾的开发	石宝林，陆胜	南通大东有限公司，中拓生物科技（南通）有限公司
2	植物中药在家用纺织品领域的应用	张磊，高林娇，文洪杰，陈超越	愉悦家纺有限公司
3	天然植物染料染色关键技术的探究	陈义忠，周绚丽，张德弘	烟台明远创意生活科技股份有限公司
4	可溶性聚酯纤维含量对棉织物性能的影响分析	胡元元，吕治家，李美慧	山东魏桥嘉嘉家纺有限公司，魏桥纺织股份有限公司
5	防泼水Fleece面料的开发及其在家居产品中的应用	许云燕，丁玉功，曾跃民	青岛上雅家居用品股份有限公司

（二）"科技+家纺"优秀案例（排名不分先后）

1. 优秀一等案例（附表4）

附表4　优秀一等案例

论文题目	作者/投稿人	作者单位
家纺"印缝一体化"工业连锁智造	黄晓宗	苏州琼派瑞特科技股份有限公司

2. 优秀二等案例（附表5）

附表5　优秀二等案例

序号	论文题目	作者/投稿人	作者单位
1	基于标识解析的纺织行业供应链协同案例	邱燕南	江苏通纺互联科技有限公司
2	会发光的抱枕等家纺产品、光敏变色窗帘		海聆梦家居股份有限公司
3	绘睡舒眠水暖垫的时尚科技秀	高洪国	愉悦家纺有限公司
4	绿色差异化纱线在家纺领域的创新应用	宋均宜，钟军，张书峰，朱培，李洋，齐振鹏	山东联润新材料科技有限公司
5	凉感绢制丝绵夏被技术	张林，王晨奇	苏丝丝绸股份有限公司，苏州市纤维检验院

3. 优秀三等案例（附表6）

附表6 优秀三等案例

序号	论文题目	作者/投稿人	作者单位
1	生物基聚酯弹性复合纤维舒弹纶®在家纺填充产品中的应用	欧阳丹晴	上海海凯生物材料有限公司
2	国欣对花纯棉被	顾虹	河北国欣纯棉家纺有限公司
3	耐磨绢丝针织丝线毯	张林，王晨奇，胡颖春，周雪，戴家雨	江苏苏丝丝绸股份有限公司，苏州市纤维检验院
4	无染缝纫线案例介绍	奚德昌	江苏无染彩实业发展有限公司
5	KINDGER®酶漂工艺应用实践	张宁	江苏新瑞贝科技股份有限公司

（三）特别贡献企业（排名不分先后，附表7）

附表7 特别贡献企业

序号	企业
1	愉悦家纺有限公司
2	山东联润新材料科技有限公司
3	山东魏桥嘉嘉家纺有限公司，魏桥纺织股份有限公司
4	江苏苏丝丝绸股份有限公司
5	青岛上雅家居用品股份有限公司

二、2023年中国家纺行业优秀专利名单

（一）金奖（附表8）

附表8 优秀专利金奖名单

专利号	专利名称	专利权人	发明人
ZL201510829888.4	一种全棉防羽绒面料的整理方法	罗莱生活科技股份有限公司	宫怀瑞、马志、徐良平、胡永展

（二）银奖（序号为专利号从小到大排序，附表9）

附表9 优秀专利银奖名单

序号	专利号	专利名称	专利权人	发明人
1	ZL202110158400.5	一种高延伸率的经编合成麂皮材料及其制备方法	宏达高科控股股份有限公司	张建福、王启军、张委、汤胥良、肖维、张玉军、陈友谊
2	ZL202110731003.2	一种发热纤维的凝胶法制备工艺	吉祥三宝高科纺织有限公司	张志成、张丽、马晓飞

(三）铜奖（序号为专利号从小到大排序，附表10）

附表10　优秀专利铜奖名单

序号	专利号	专利名称	专利权人	发明人
1	ZL201810279370.1	一种全棉绒面宽幅面料的染整加工方法	江苏金太阳纺织科技股份有限公司	胡青青、陈红霞、陆鹏、袁洪胜、
2	ZL201810523161.7	一种基于PLC的羽绒分离系统	六安市海洋羽毛有限公司、皖西学院、六安丰羽环保科技有限公司	李林刚、谢成根、余学永、朱业龙、朱富成、胡娟
3	ZL202010459391.9	一种复合低捻纱毛巾及其生产方法	滨州亚光家纺有限公司	王红星
4	ZL202111303393.X	经编横移装置及经编机	江苏苏美达纺织有限公司	程龙、陈伟

(四）优秀奖（序号为专利号从小到大排序，附表11）

附表11　优秀奖名单

序号	专利号	专利名称	专利权人	发明人
1	ZL201580011595.3	羽毛状棉原材料及其制造方法	浙江爱德荣新材料有限公司	平川尚市
2	ZL201710408413.7	一种防静电产生的定型机油烟高效处理装置及处理方法	江阴市红柳被单厂有限公司	黄磊、黄伟广、槐向兵、庄嘉齐、陈晓华
3	ZL201810448025.6	一种嵌入式纬浮线持久蓬松柔软毛圈织物	滨州亚光家纺有限公司	王红星
4	ZL201911376127.2	一种布艺提花组织及其织造工艺	孚日集团股份有限公司	赵瑞英、彭趁义、张在成、贾李峰、邱晓丽
5	ZL202010209889.X	一种防螨抗菌被及其生产工艺	浙江宏都寝具有限公司	吕益民、许加富
6	ZL202011300738.1	一种在不同观看角度呈现不同图案的织物及其制造方法	佛山南海区源志诚织造有限公司	金英爱、毕晓琳、高树立
7	ZL202110143582.9	一种变化网格底组织提花毛巾及生产方法	河北瑞春纺织有限公司	张瑞春、满全县、殷小艳
8	ZL202110818900.7	低致敏聚酯纤维及其制备方法	上海水星家用纺织品股份有限公司	梅山标、黄熠、陈秀苗
9	ZL202111112816.X	一种植物功能性纤维、制备方法及其面料	烟台明远创意生活科技股份有限公司	周绚丽、刘慧、刘燕环、解晓明
10	ZL202111581518.5	一种AB双面异花型六层毯子面料及其织造工艺	孚日集团股份有限公司	张在成、韩东、吴春英、陈涛、赵红玉、姜敏、杜晓江
11	ZL202122277813.3	一种含相变材料的枕头	无锡万斯家居科技股份有限公司	万勇
12	ZL202220221953.0	一种吸湿发热蓄热毛绒面料	青岛上雅家居用品股份有限公司	丁玉功

附录三　中国家用纺织品行业协会智库（第一批）专家名单

附表1　中国家用纺织品行业协会智库（第一批）专家名单

序号	姓名	单位	职称
1	蔡再生	东华大学	教授
2	陈益人	武汉纺织大学	教授
3	陈志华	江苏工程职业技术学院	二级教授
4	范玉顺	清华大学	长聘教授
5	房宽峻	青岛大学	教授
6	姜会钰	武汉纺织大学	教授
7	刘俊艳	青岛科技大学	硕士研究生导师
8	刘万军	东华大学	教授、博士生导师
9	刘　欣	武汉纺织大学	教授
10	汪邦海	安徽职业技术学院	教授
11	王国和	苏州大学	教授
12	王洪亮	北京中科科服科技中心	研究员
13	王　桦	武汉纺织大学	教授
14	王金凤	武汉纺织大学	教授
15	王亚超	天津工业大学	教授
16	闻力生	东华大学	教授
17	夏治刚	武汉纺织大学	教授
18	谢光银	西安工程大学	二级教授
19	薛文良	东华大学	教授
20	徐卫林	武汉纺织大学	中国工程院院士
21	张传雄	中国纺织工业联合会科技发展部	正高级工程师
22	张如全	武汉纺织大学	二级教授
23	张秀芹	北京服装学院	教授
24	张毅	江南大学	教授
25	朱若英	天津工业大学	副教授

（按姓氏拼音首字母排序）

附录四 "海宁家纺杯"2023中国国际家用纺织品创意设计大赛获奖名单

一、创意组获奖名单

（一）金奖（附表1）

附表1　创意组金奖名单

作品名称	姓名	单位名称	指导老师
合契·筑	陈丽睿	山东工艺美术学院	毛正

（二）银奖（附表2）

附表2　创意组银奖名单

作品名称	姓名	单位名称	指导老师
墨·染	杜佳霖	鲁迅美术学院	杨傲云
年轮	彭语	成都纺织高等专科学校	王齐霜，杨震华
五谷丰登	唐晨炯	自由设计师	—

（三）铜奖（附表3）

附表3　创意组铜奖名单

作品名称	姓名	单位名称	指导老师
景·印	陈丛汝	苏州大学	周慧
筑梦	金雨荷	绍兴文理学院	吴玉青
染	舒杰聪	苏州大学	周慧
竹忆	张梦茜	郑州科技学院	张旺
秋霄·霁晓	张雯	鲁迅美术学院	杨傲云

二、软装组获奖名单

（一）金奖（附表4）

附表4　软装组金奖名单

作品名称	姓名	单位名称	指导老师
落花间	傅瑾琦/徐怀谷	浙江理工大学科技与艺术学院	金钰

（二）银奖（附表5）

附表5　软装组银奖名单

作品名称	姓名	单位名称	指导老师
瞰	骆子玄	云南民族大学	刘晓蓉
琥珀晨曦	唐政	浙江纺织服装职业技术学院	付岳莹
川之境—扶摇香	钟定超/吕佳钰/刘苏敏	四川旅游学院艺术学院	齐海红

（三）铜奖（附表6）

附表6　软装组铜奖名单

作品名称	姓名	单位名称	指导老师
林境	费正林	成都纺织高等专科学校	杨震华，王齐霜
观夏	姜依琳	杭州科技职业技术学院	荆晓亮
岁物丰成	江圆欣	成都纺织高等专科学校	杨震华，王齐霜
青阳	杨莹	常州纺织服装职业技术学院	周颖
雨时知润	尹承龙/李锦	鲁迅美术学院	吴一源

附录五 "张謇杯"2023中国国际家用纺织品产品设计大赛获奖名单

一、2023中国家纺产品设计奖

(一)金奖(附表1)

附表1 金奖名单

作品名称	参赛单位/个人
微漾	姜洁沂
此岸—花未落	烟台北方家用纺织品有限公司
向云端	江苏大唐纺织科技有限公司

(二)银奖(附表2)

附表2 银奖名单

作品名称	参赛单位/个人
和光同尘	孚日集团股份有限公司
繁花	上海美络工坊家纺有限公司
叶影	江苏悦达家纺有限公司
盛世蟠龙	江苏明超国际贸易有限公司
秋实	南通棉盛家用纺织品有限公司
生命之树	INDO-ITALIAN FURNITURE CO.PVT.LTD

(三)铜奖(附表3)

附表3 铜奖名单

作品名称	参赛单位/个人
Anthony	江苏南星家纺有限公司
无极一蓝	南通帝帛纺织品有限公司
长宫阙	美罗家纺
上善若水	广州市源志诚家纺有限公司

续表

作品名称	参赛单位/个人
格塔	无锡万斯家居科技股份有限公司
海之韵	杨靖怡、海楠
Alphabet store	金智惠
Yearning	韩志淑
烟雨朦胧	海宁市金佰利纺织有限公司

二、中国家纺品牌潮流风尚奖（附表4）

附表4　中国家纺品牌潮流风尚奖名单

作品名称	参赛单位
囍·锦悦春华	南方寝饰科技有限公司
戴维特	江苏金太阳纺织科技股份有限公司
春和	江苏大唐纺织科技有限公司
罗拉	南通匠造数码布艺有限公司
傍晚的霓虹灯	浙江升丽纺织有限公司

三、中国家纺未来设计师之星（附表5）

附表5　中国家纺未来设计师之星名单

作品名称	参赛者
爱是你我	杨唯一
镜羽	葛梦鑫
竹墨	陈凤
未来之音	解凯
虹	张云雁

四、2023中国家纺设计市场潜力奖（附表6）

附表6　2023中国家纺设计市场潜力奖名单

作品名称	参赛单位/个人
长乐风光	南通玛洛驰纺织品有限公司
源·萃植萃羊绒被	南方生活
原色亚麻	上海美络工坊家纺有限公司
流云晚星	江苏美罗家用纺织品有限公司
拉斐尔	通州区川姜镇亦柏家居经营部

附录六 "震泽丝绸杯"·第八届中国丝绸家用纺织品创意设计大赛获奖名单

一、金奖（附表1）

附表1　金奖名单

作品名称	作者姓名	参赛单位
震泽印象	曹天宇	鲁迅美术学院

二、银奖（附表2）

附表2　银奖名单

作品名称	作者姓名	参赛单位
宋风疏影	任艺	山东工艺美术学院
画卷山水	谢玲娜	鲁迅美术学院
幽林幻影	钟智丛	广州美术学院

三、铜奖（附表3）

附表3　铜奖名单

作品名称	作者姓名	参赛单位
园林丝韵	樊午语	湖北美术学院
璀璨山河	郭文旭	青岛大学
雕甍流花	李飞阳	青岛大学
遗忘之森	孙子媛	北京服装学院
星辰引系列"天机·火"丝巾设计	王美丁	郑州经贸学院

四、最佳创意设计应用奖（附表4）

附表4　最佳创意设计应用奖名单

作品名称	作者姓名	参赛单位
合契·构	陈丽睿	山东工艺美术学院
雾春织梦	李春林	成都纺织高等专科学校
蓝羽采歌	李祎漫/郑晓宇/王欣怡	湖北美术学院
寻遇	王欣怡	湖北美术学院
蔚蓝之海	叶碧霞	成都纺织高等专科学校

五、最佳创意设计题材奖（附表5）

附表5　最佳创意设计题材奖名单

作品名称	作者姓名	参赛单位
指纹之城	权雨洁	中原工学院
"循"找	权雨洁/徐源	中原工学院
万家灯火阑珊处，照尽世间繁华路	余学德	—
山梦之境	郑鑫	郑州科技学院

六、最佳传统纹样表现奖（附表6）

附表6　最佳传统纹样表现奖名单

作品名称	作者姓名	参赛单位
藏珍中原	黄灿雯	河南工学院
丝路雅韵	梁芊	北京服装学院
龙楼吟	山珊	青岛大学美术学院
韵·风	王月铭卿	北京服装学院
凤寻	韦锺影	陕西国际商贸学院

（以上按作者姓名首字母排序）

附录七 2023年国民经济和社会发展统计公报

附表1 2023年居民消费价格比上年涨跌幅度

指标	全国（%）	城市（%）	农村（%）
居民消费价格	0.2	0.3	0.1
其中：食品烟酒	0.3	0.4	0.1
衣着	1	1.1	0.6
居住	0	0	0
生活用品及服务	0.1	0.1	−0.1
交通通信	−2.3	−2.3	−2.4
教育文化娱乐	2	2.1	1.5
医疗保健	1.1	1.1	1.3
其他用品及服务	3.2	3.4	2.5

附表2 2023年居民消费价格月度涨跌幅度

项目	1月	2月	3月	4月	5月	6月	7月	8月	9月	10月	11月	12月
月度同比（%）	2.1	1	0.7	0.1	0.2	0	0.2	0.3	0.2	−0.1	−0.5	0.1
月度环比（%）	0.8	−0.5	0.3	−0.1	−0.2	−0.2	−0.3	0.1	0	−0.2	−0.5	−0.3

附表3 2023年房地产开发和销售主要指标及其增长速度

指标	单位	绝对数	比上年增长（%）
房地产开发投资	亿元	110913	−9.6
其中：住宅	亿元	83820	−9.3
房屋施工面积	万平方米	838364	−7.2
其中：住宅	万平方米	589884	−7.7

续表

指标	单位	绝对数	比上年增长（%）
房屋新开工面积	万平方米	95376	-20.4
其中：住宅	万平方米	69286	-20.9
房屋竣工面积	万平方米	99831	17
其中：住宅	万平方米	72433	17.2
新建商品房销售面积	万平方米	111735	-8.5
其中：住宅	万平方米	94796	-8.2
房地产开发企业本年到位资金	亿元	127459	-13.6
其中：国内贷款	亿元	15595	-9.9
个人按揭贷款	亿元	21489	-9.1

附表4　2019~2023年国内生产总值及其增长速度

项目	2019年	2020年	2021年	2022年	2023年
数值（亿元）	986515	1013567	1149237	1210207	1260582
增幅（%）	6	2.2	8.4	3	5.2

附表5　2019~2023年全部工业增加值及其增长速度

项目	2019年	2020年	2021年	2022年	2023年
数值（亿元）	311859	312903	374546	395044	399103
增幅（%）	4.8	2.4	10.4	2.7	4.2

附表6　2019~2023年全国居民人均可支配收入及其增长速度

项目	2019年	2020年	2021年	2022年	2023年
数值（元）	30733	32189	35128	36883	39218
增幅（%）	5.8	2.1	8.1	2.9	6.1

附表7　2019~2023年社会消费品零售总额及增长速度

项目	2019年	2020年	2021年	2022年	2023年
数值（亿元）	408017	391981	440823	439733	471495
增幅（%）	8	-3.9	12.5	-0.2	7.2

山东魏桥创业集团 >>>

魏桥创业集团是一家集"纺织—染整—服装、家纺—再生棉"产业链及"采矿—氧化铝—原铝—铝精深加工—再生铝"产业链于一体的特大型企业。魏桥特宽幅染厂是国家特宽幅印染产品开发基地,主要生产棉、莱赛尔、竹纤维、莫代尔、麻等品种的染色、漂白、印花等中高档家纺面料。魏桥嘉嘉家纺主要生产家居、酒店、婚庆、婴幼儿、校园公寓等多个系列床品,多款产品入选中国纺联十大类创新产品。

山东魏桥创业集团有限公司
SHANDONG WEIQIAO PIONEERING GROUP CO.,LTD

浙江爱德荣新材料有限公司

电话：15800304220

PMOK 膨刻气绒 ——突破创新朵状串联新材料

全球6大经济体发明专利

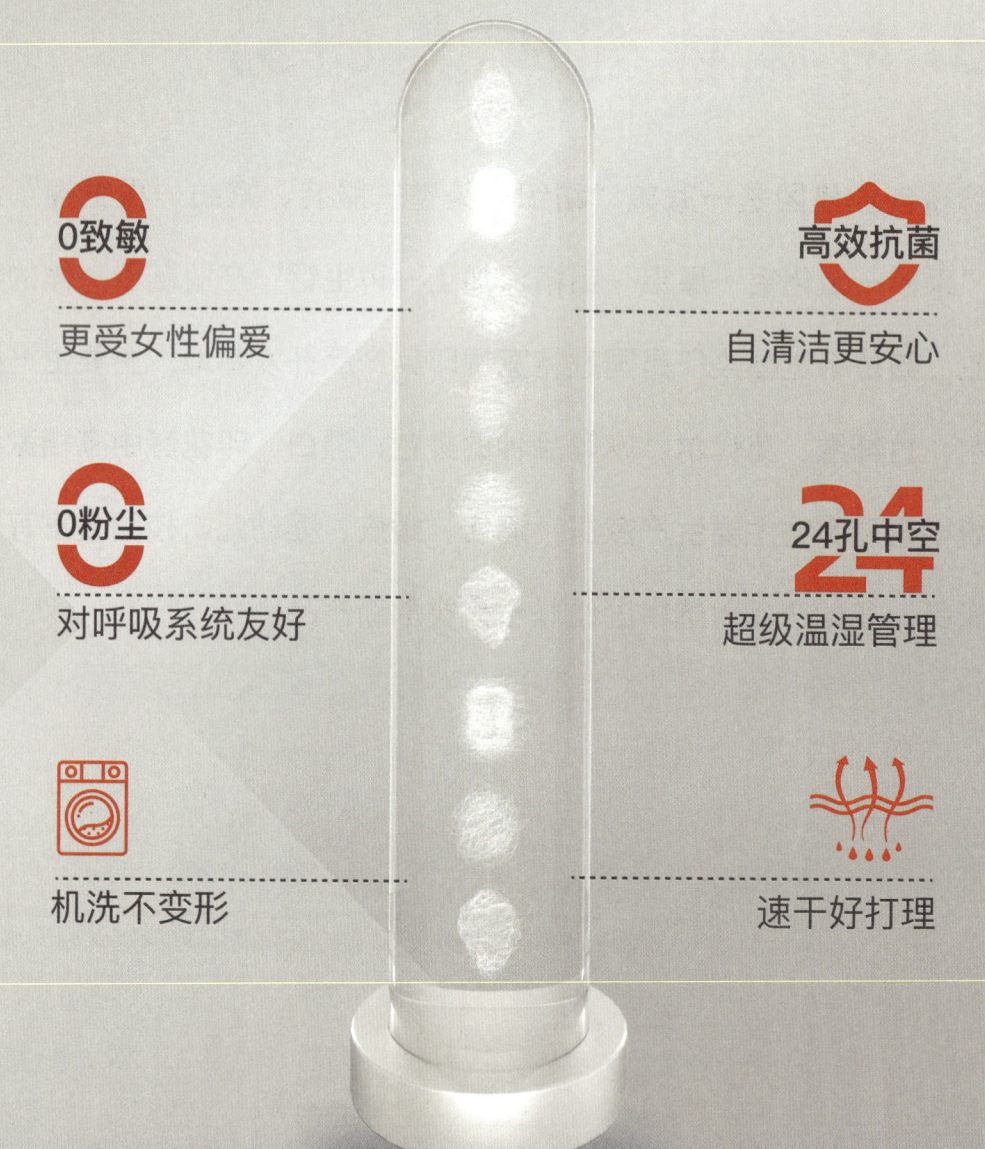

0致敏
更受女性偏爱

高效抗菌
自清洁更安心

0粉尘
对呼吸系统友好

24孔中空
超级温湿管理

机洗不变形

速干好打理

7大系列

基础系列 | 超级系列 | 凉感系列 | 恒温系列 | 抗菌系列 | 天然系列 | 再生系列

4大应用场景 | 家纺产品 | 服饰鞋帽 | 母婴用品 | 户外装备

部分合作案例：MaxMara | Mizuno | BeBeBus | LUOLAI GROUP 罗莱生活 | 网易严选

中国火箭品牌合作伙伴　　　　　　　　　　　浙江省专精特新企业

TEXTILE POWER

intertextile
SHANGHAI home textiles

中国国际家用纺织品
及辅料（春夏）博览会
2025.3.11-13

国家会展中心（上海）
National Exhibition and
Convention Center (Shanghai)

www.intertextile-home.com.cn

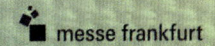

TEXTILE POWER

intertextile
SHANGHAI home textiles

中国国际家用纺织品及辅料(秋冬)博览会

2025.8.20-22

国家会展中心（上海）
National Exhibition and
Convention Center (Shanghai)

www.intertextile-home.com.cn

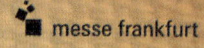

展会官微